D1683747

OKAMATSU BUNKO

Japanwissenschaftliche Beiträge
zur interkulturellen Kommunikation

Herausgegeben von Johannes Laube

Band 2

1995

Harrassowitz Verlag · Wiesbaden

ALLTAG IN JAPAN
Sehenswürdigkeiten der Edo-Zeit - Edo-jidai meisho-zue

herausgegeben von
Alfons Dufey und Johannes Laube

Katalog zur Ausstellung
japanischer Holzdrucke des 17. bis 19. Jahrhunderts
in der Bayerischen Staatsbibliothek München
vom 10. Oktober bis 16. November 1995

1995
Harrassowitz Verlag • Wiesbaden

Das Werk erscheint als Band 2 der Reihe "OKAMATSU BUNKO. Japanwissenschaftliche Beiträge zur interkulturellen Kommunikation" im Harrassowitz Verlag Wiesbaden. Ein Teil der Auflage erscheint außerhalb des Handels als Band 66 der Reihe "Bayerische Staatsbibliothek. Ausstellungskataloge".

Die Deutsche Bibliothek - CIP-Einheitsaufnahme

Alltag in Japan : Sehenswürdigkeiten der Edo-Zeit ; Katalog zur Ausstellung Japanischer Holzdrucke des 17. bis 19. Jahrhunderts in der Bayerischen Staatsbibliothek München, vom 10. Oktober 1995 bis 16. November 1995 / hrsg. von Alfons Dufey und Johannes Laube. /Autoren und Übers. der japan. Texte des Katalogs: Kimiko Hayashi ... Übers.: Thomas Hackner .../. - Wiesbaden : Harrassowitz, 1995

(Okamatsu-bunko ; 2)
ISBN 3-447-03751-2
NE: Dufey, Alfons /Hrsg./; Hayashi, Kimiko; Ausstellung Japanischer Holzdrucke des 17. bis 19. Jahrhunderts <1995, München>; Bayerische Staatsbibliothek <München>; GT

C Alfons Dufey / Johannes Laube 1995
Das Werk einschließlich aller seiner Teile ist urheberrechtlich geschützt. Jede Verwertung außerhalb der engen Grenzen des Urheberrechtsgesetzes ist ohne Zustimmung der Herausgeber unzulässig und strafbar. Dies gilt besonders für Vervielfältigungen jeder Art, Übersetzungen, Mikroverfilmungen und für die Einspeicherung in elektronische Systeme.
Gedruckt auf alterungsbeständigem Papier.

Druck: Kirmair Offset, München; Buchbinderei: Luchsbauer, Gräfelfing
Printed in Germany

ISSN 0949-0795
ISBN 3-447-03751-2

Inhaltsverzeichnis

Grußwort des japanischen Generalkonsuls in München Ryuichi Tanabe	VII
Geleitwort des Direktors der Bayerischen Staatsbibliothek Dr. Hermann Leskien	VIII
Grußwort des Rektors der Ludwig-Maximilians-Universität Professor Dr. Andreas Heldrich	IX
Vorwort der Herausgeber Dr. Alfons Dufey (Bayerische Staatsbibliothek München) und Professor Dr. Johannes Laube (Universität München)	X
Vorwort der japanischen Mitherausgeber von Professor Yozo Konta, Professor Fumikazu Kishi und Professor Shiro Kohsaka (Kinki-Universität)	XI
Verzeichnis der Abkürzungen der Meisho-zue	XIV
Liste der 160 Abbildungen des Katalogs mit Fundort	XV
160 Bilderklärungen deutsch und japanisch	1
Verzeichnis wichtiger Quellenwerke der Meisho-zue (japanisch / deutsch)	322
Literaturverzeichnis (japanisch / deutsch)	324

Schirmherr: Ryuichi Tanabe, Generalkonsul von Japan, München

Veranstalter (alphabetisch): Bayerische Staatsbibliothek München; Kinki-Universität Higashi-Osaka Japan: Ludwig-Maximilians-Universität München; Staatliches Museum für Völkerkunde München

Leihgeber (alphabetisch): Bayerische Staatsbibliothek München (Meisho-zue); Gertraud Brandl (Netsuke); Deutsches Museum München (Ukiyoe-Druckplatten); Galerie Monika Schmid (Ukiyoe), Ikenobo Ikebana Gesellschaft Main Chapter Germany (Ikebana); Kinki-Universität Higashi-Osaka Japan (Meisho-zue); Staatliches Museum für Völkerkunde München (Meisho-zue; Rüstung; Kimono)

Herausgeber des Katalogs (alphabetisch): Alfons Dufey, Johannes Laube; Mitherausgeber der japanischen Texte: Fumikazu Kishi, Shiro Kohsaka, Yozo Konta

Autoren der japanischen Texte des Katalogs: Kimiko Hayashi, Fumikazu Kishi, Shiro Kohsaka, Yozo Konta, Kanji Kurumizawa, Junko Minamoto, Mori Rie, Yoko Sanekata

Wissenschaftliche Beratung: Eva Kraft

Übersetzer: Thomas Hackner, Yoshiharu Kasai, Yoshiyasu Matsui, Kazunobu Minamitani, Martin Moser, Shigeo Osawa-Mestemacher, Angelika Oswald, Ingrid Stury

Layout des Katalogs: Matthias Feist - Industria

Ausstellungsarchitektur: Florian Raff

Weitere Mitarbeiter des Katalogs und der Ausstellung: Corinna Anderl, Michael Baumgartner, Christiane Glück, Bodo Hagner, Esther Haubensack, Marc Fuchsloch, Gabi Hecht, Agnes Heinkele, Doris Iding, Antje Kamm, Kim Hae Yung, Kim Mi Yung, Jana Kirchberger, Jianfei Kralle, Gerda Laube-Przygodda (Korrekturen), Inge Mehnert (Sekretariat), Florian Neumann, Bernhard Peteranderl (Kalligraphie), Petra Pohlenz, Ingo Söllner, Corinna Wöhlbier und die Damen und Herren der Bayerischen Staatsbibliothek, des Staatlichen Museums für Völkerkundemuseum sowie des Deutschen Museums.

Grußwort des japanischen Generalkonsuls in München

Ich freue mich sehr, daß die Ausstellung Edo-jidai meisho-zu durch die Zusammenarbeit der Universität München, der Kinki-Universität in Japan und der Bayerischen Staatsbibliothek München zustande gekommen ist und danke allen an der Vorbereitung Beteiligten von ganzem Herzen für ihren Einsatz. Holzschnitte gehören zu den in Europa am meisten geschätzten künstlerischen Ausdrucksformen Japans. Die hier gezeigten Arbeiten sind eine besondere Art von Holzschnitten. Wörtlich übersetzt heißen sie "Ansichten berühmter Landschaften und Orte der Edo-Zeit". Die Edo-Zeit, die mit der politischen Abschließung Japans zusammenfiel, ist gekennzeichnet durch eine starke wirtschaftliche Entwicklung, die Entstehung von Manufakturen und die Ausweitung des Straßennetzes, die nicht nur dem Handel zugute kam. Eine verbesserte Schulbildung für die Kinder von Bürgern und Bauern trug zu diesem wirtschaftlichen Erfolg bei, den die chônin ("Bürger") in den Großstädten mit Lebenslust und Kulturgenuß verbanden. Ein Ausdruck dafür war die Reiselust aller Bürgerschichten, und die meisho-zu wurde zum wichtigen Bestandteil. Nicht nur konnten sich die Käufer dieser Holzschnitte an den dargestellten Landschaften und Orten erfreuen, sie dienten zugleich als Reiseführer und waren daher sehr beliebt. Die hier gezeigten Exponate stellen das Alltagsleben in Japan vom Ende des 18. bis zum Beginn des 19. Jh. dar und geben dem Betrachter einen amüsanten und interessanten Einblick in diesen Abschnitt der Edo-Zeit, in der die Voraussetzungen für die rasche Modernisierung und Industrialisierung Japans geschaffen wurden. Meinen nochmaligen Dank an die Veranstalter verbinde ich mit der Hoffnung, daß viele Besucher den Weg in diese besondere Ausstellung finden.

Ryuichi Tanabe

在ミュンヘン日本国総領事の御挨拶

このたびミュンヘン大学、近畿大学、在ミュンヘンバイエルン州立図書館の協力により「江戸時代名所図絵」に関する展示会が開催されますことを大変嬉しく思いますとともにこの展示会の実現のために尽力されました方々に心から感謝いたします。

日本の木版画は日本の芸術表現の一形体としてヨロッパにおいて大変評価されております。今回の展示会で展示されている作品は「江戸時代の有名な風景と名所の図」に関するものです。

江戸時代には鎖国政策がとられましたが、マニュファクチュアーの発展、運路網の発達、教育の向上等により国内では経済的な発展がみられました。その結果、大都市の「町人」は生活と文化を享受することとなり、旅行熱も高まりました。「名所図絵」により訪聞したことのない名所の風景を楽しむとともにこの「図絵」は旅行案内の役割もはたしました。

今回の展示会では１７世紀末より１９世紀始めの頃の日本の日常生活が紹介されており、明治時代の急速な近代化、工業化の前提となった江戸時代についての理解を深めることのできる興味ある機会となっています。

「江戸時代名所図絵」展示会の成功を心から祈ります。

田辺・隆一

Geleitwort des Direktors der Bayerischen Staatsbibliothek

Die Edo-Zeit isolierte Japan für zweieinhalb Jahrhunderte von der übrigen Welt. In dieser Abgeschlossenheit entwickelte sich ein spezifisches soziales und kulturelles Leben, das für das ferne Europa fremd blieb. Umso größer ist das Interesse zu veranschlagen, Einblicke in Gewohnheiten und Rituale jener Zeit zu gewinnen.

Die Idee zu der Ausstellung "Alltag in Japan" wurde von den Professoren Yozo Konta und Shiro Kohsaka (Higashi-Osaka) sowie Johannes Laube (München) entwickelt. Da - entgegen der ursprünglichen Planung - die räumlichen Voraussetzungen im Universitätshauptgebäude nicht geschaffen werden konnten, war die Bayerische Staatsbibliothek gern bereit, die Ausstellung in den eigenen Räumen zu veranstalten. Das Haus spielt ohnehin die Rolle des Hauptleihgebers, eine Tatsache, die den Reichtum ostasiatischer Bestände auch auf dem Gebiet der Altjaponica eindrucksvoll dokumentiert. Nach sieben Jahren ist wieder Gelegenheit gcgcbcn, auf die weitverzweigte Erwerbstradition im ostasiatischen Bereich hinzuweisen. 1988 zeigte die Bibliothek in einer viel beachteten Schau kalligraphische Werke aus Japan.

Dank ist den Initiatoren der Ausstellung ebenso zu sagen wie den Leihgebern, insbesondere der Kinki-Universität in Higashi-Osaka, dem Staatlichen Museum für Völkerkunde und dem deutschen Museum, beide in München. Der Katalog, der gleichermaßen in der Reihe "Japanwissenschaftliche Beiträge zur interkulturellen Kommunikation" wie in der Reihe der Ausstellungskataloge der Bayerischen Staatsbibliothek erscheint, wurde von Prof. Dr. Johannes Laube und Dr. Alfons Dufey gemeinsam herausgegeben.

バイエルン州立図書館館長の序文

江戸時代は日本を二世紀半の間世界から孤立させました。孤立している間に遠く離れたヨロッパには馴れ染みのない特殊な社会てきおよび文化的生活育まれました。それだけに、当時の習慣と儀式を認識する関心を評価しなくてはなりません。展覧会「日本の日常 ― 江戸時代名所図絵」のアイデアは、今田洋三教授、高坂史朗教授 （東大阪）そしてヨハネスラウベ教授により取り上げられたものです。当初の計画通りにはいかず ― 大学建造物ないでの前提条件をそろえることが不可能になったので、私どもバイエルン州立図書館が展覧会の催しを快く承った次第であります。我々が、いずれに致しましても、主要貸出人の役割を果たさせていただきます。これによって、東アジアの数多くの価値ある在庫および古代日本の作品をも所有しているということを提示させていただくことになります。再び七年後に、東アジア部門において広範囲にわたる購入の伝統を示す機会が与えられました。１９８８年には、日本からの書道が展示され、多くの注目をあびました。

展覧会提案者は言うまでもなく、貸出人、特に東大阪の近畿大学、ミュンヘンの州立民族学博物館およびドイツ博物館にも同様に御礼を申し上げます。バイエルン州立図書館の展覧会カタログのシリーズと同じように "Japanwissenschaftliche Beiträge zur interkulturellen Kommunikation" というシリーズの一巻として出版されるカタログはヨハネス・ラウベ教授およびアルフオンス・デユフアイ博士により共同編集されたものです。

Um eine breitere Öffentlichkeit anzusprechen, wurde eine Konzentration auf optisch besonders ansprechende Darstellungen angestrebt. Darüber hinaus sind im Katalog Beschreibungen und Abbildungen verzeichnet, die dem Fachwissenschaftler zugleich einen umfassenderen Einblick in den aktuellen internationalen Forschungsstand zu japanischen Holzdrucken bieten.

Die Präsentation lag erstmals in den Händen von Florian Raff. Den genannten Personen wie den vielen ungenannten Mitarbeiterinnen und Mitarbeitern, die an der Vorbereitung der Ausstellung mitgewirkt haben, sei nachdrücklich gedankt. Möge die Ausstellung nicht nur ein gutes Beispiel erfolgreicher multilateraler Kooperation sein, sondern auch zum tieferen Verständnis der Geschichte Japans beitragen.

Dr. Hermann Leskien

Grußwort des Rektors der Ludwig-Maximilians-Universität

Nach dreijähriger Vorbereitung kann die Ausstellung "Alltag in Japan - Sehenswürdigkeiten der Edo-Zeit" (Edo-jidai meisho-zue tenrankai) am 9. Oktober 1995 eröffnet werden. Ich freue mich, daß die Zusammenarbeit zwischen der Kinki-Universität (Higashi-Osaka, Japan) und der Ludwig-Maximilians-Universität, der Bayerischen Staatsbiliothek, dem Staatlichen Museum für Völkerkunde sowie anderen Münchener Partnern zu diesem positiven Ergebnis führte. Hier wird ein gutes Beispiel internationaler Zusammenarbeit gegeben.

多くの方々に気に入っていただくために、特に印象度の強い外観表現になるように努めました。その上、同時に研究者の方々のために、包括的な日本の浮世絵の現在の国際的学問水準を認識させる説明と図が、カタログの中に目録として作成されております。

プレゼンテーションは今回はじめてフロリアン・ラフの担当になっておりました。すでに名前をあげた方々、およびここでは名前を控えますが展覧会準備に携わっていただいた多くの協力者には、改めて深く感謝を申し上げます。展覧会が実り豊かな多国間協力のよき模範であるばかりではなく、日本史のより深い認識に貢献することを願ってやみません。

ヘルマン・レスキーン博士

ルードヴィツヒ・マクシミリアン大学総長のご挨拶

三年間に及ぶ準備の末、１９９５年１０月９日に展覧会「日本の日常 ー 江戸時代名所図展覧会」が開かれることとなりました。　私は、近畿大学（東大阪、日本）とルートヴィツヒ・マクシミリアン大学、バイエルン　州立図書館、州立民族学博物館およびその他ミュンヘンの協力者の方々との共同作業が好ましい結果をもたらしたことを喜んでおります。

このことは国際共同作業のよき模範となることでしよう。

Die Ausstellung selbst und auch dieser Katalog bieten ein für die allgemeine Öffentlichkeit und für die Wissenschaft interessantes und wertvolles Gesamtbild der eigenständigen Kultur Japans vor dem Einbruch der Verwestlichung (ab 1868). Dadurch werden einseitige Klischee-Vorstellungen vom alten Japan korrigiert. Es wird aber auch unser Bild vom gegenwärtigen Japan historisch fundiert und gewinnt so an Tiefenschärfe und Wirklichkeitsnähe Darum begrüße ich besonders, daß das Symposium von japanischen und deutschen Experten, das die Ausstellung begleitet, die gezeigten Bilder (die sogenannten meisho-zue) wissenschaftlich auswerten und uns die Ergebnisse in einem den Katalog ergänzenden Symposiumsberichtsband mitteilen wird.

Professor Dr. Andreas Heldrich

Vorwort der Herausgeber

Die Ausstellung "Alltag in Japan. Sehenswürdigkeiten der Edo-Zeit" hat bis zu ihrer Eröffnung schon eine dreijährige wechselvolle Geschichte hinter sich gebracht. Die Uridee dieses Projekts war, die wertvolle Sammlung von meisho-zue der Kinki-Universität in Higashi-Osaka dem deutschen Publikum bekannt zu machen, sie durch die Zusammenarbeit japanischer und deutscher Fachleute wissenschaftlich auszuwerten und dadurch ein erstes Beispiel der geplanten zukünftigen Zusammenarbeit auf dem Gebiet der vergleichenden Erforschung der Kulturen zu geben. Erfreulicherweise haben nicht nur die Kinki-Universität und die Universität München das Projekt getragen, sondern auch die Bayerische Staatsbibliothek mit ihren großen finanziellen und materiellen Eigenleistungen, ihren schönen Räumen und ihren fachkundigen Mitarbeitern.

展覧会自体そしてこのカタログも、一般大衆および学問にとって関心深く価値がある、西洋化（１８６８年から）が始まる以前の日本独自の文化全像を呈しています。これにより、古い日本に対しての偏った型にはまった考え方が訂正されることになります。我々の現代日本像にもまた歴史的基礎つけが与えられ、焦点深度や身近な現実性が強まっていくことでしょう。

ですから、特に、展覧会と並行して進められる日本およびドイツの専門家によるシンポジウムが展示されている図（いわゆる名所図）を学問的に評価したり、その結果をカタログに捕捉するシンポジウム報告書の中で伝えていただけることを幸いに思っております。

アンドレアス・ヘルドリッヒ教授

編集者のことば

日本の日常 ― 江戸時代名所図展覧会は、その開催に到るまで幾度もの変転を重ねながら、すでに三年にわたる歳月を経てきました。企画は、東大阪市の近畿大学が所蔵する貴重なコレクション、江戸名所図絵をドイツの方々に一般公開し、日本とドイツ双方の共同研究を通じて評価を加えることによって、文化の比較研究の領域で今後に計画されている共同研究の第一歩とする、というところにそもそもの意図がありました。喜ばしいことに、この企画をご支援下さったのは近畿大学とミュンヘン大学ばかりではなく、バイエルン州立図書館も独自に多大の経済的援助、技術的資料とその素晴しい会場の提供、それに館員の皆様の協力によって御支援下さいました。

Auch das Staatliche Museum für Völkerkunde, das Deutsche Museum, die Sammlung Lieselotte Kraft sowie die im Vorspann dieses Buches genannten Privatpersonen haben als Leihgeber von wertvollen Ausstellungsstücken zur Vervollständigung der Ausstellung beigetragen. Die Stiftung Japan Foundation, Herr Senator h.c. Günther Klinge (München) sowie Herr Yoshihisa Okamatsu (Kyôto) haben der Ausstellung finanziell wesentlich geholfen. Wie jeder Leser und Betrachter dieses Katalogs bald bemerken wird, ergeben sich durch die Zusammenstellung zweier so großer, sich ergänzender Meisho-zue-Sammlungen wie die der Kinki-Universität und der Bayerischen Staatsbibliothek erstens ein repräsentatives Bild dieser Gattung von japanischen Holzdrucken und zweitens ein repräsentatives Bild des gesellschaftlichen Lebens im Japan der Edo-Zeit. Diese sinnvolle Ergänzung der meisho-zue der Kinki-Universität durch diejenigen der Bayerischen Staatsbibliothek war nur möglich, weil in den letzten Jahrzehnten systematisch meisho-zue ausgewählt und mit beträchtlicher Unterstützung des Stifterverbands Deutsche Wissenschaft erworben wurden. Allen sei herzlich gedankt, die an der Planung und Verwirklichung der Ausstellung und des Katalogs mitgewirkt haben.

Dr. Alfons Dufey und Professor Dr. Johannes Laube

Vorwort der japanischen Mitherausgeber

Das einzige Ziel dieser Ausstellung ist, die japanische Kultur vorzustellen. Freilich verstehen wir unter dem einen Ausdruck "japanische Kultur" jeweils etwas anderes. Denn mit den Zeiten veränderte sich die Kultur; auch hat sie in den verschiedenen Regionen Japans verschiedene Formen angenommen.

さらにバイエルン州立民族学博物館、ドイツ博物館、リゼロッテ・クラフトコレクションならびにこのカタログの冒頭に個人名をあげた方々は貴重な作品をご提供下さり、この展覧会が完全な形で実現するよう寄与してくれました。展覧会は、国際交流基金、ギュンター・クリンゲ氏（ミュンヘン）と岡松慶久氏（京都）から重要な経済的な援助をいただきました。
このカタログをご覧になればすぐにお気付きのことですが、近畿大学とバイエルン州立図書館が所蔵する名所図絵のように大規模で、互いに補完し会っている二つのコレクションは同時に並べててんじされてはじめて、日本版画のこの分野における一つの典型的な全体像が、さらに江戸時代の日本の社会生活の一つの典型的な姿が明らかになってきます。バイエルン州立図書館所蔵の名所図絵が近畿大学所蔵の名所図絵を有意義に補完できたのは、ここ数十年のあいだ体系的に名所図絵が選び出され、「ドイチェ・ヴィッセンシャフト」財団による多大な援助を得て購入されてきたからこそです。また、この展覧会の開催とカタログを作成を企画し、実現させるためにご協力下さいました皆様方に心から御礼を申します。

アルフオンス・デユフアイ博士、ヨハネス・ラウベ教受

日本の共編集者のことば

の展覧会の唯一の目的は、日本の文化を紹介することである。もっとも、「日本の文化」と一口に言っても、それは時代とともに変化するものであるし、また地域的にも多様なものである。そこで、この展覧会では、１８世紀末から１９世紀初めにかけての日本文化の諸相を「名所図会

In dieser Ausstellung möchten wir die verschiedenen Aspekte der japanischen Kultur der Periode vom Ende des 18. Jh. bis zum Anfang des 19. Jh. durch die Illustrationen der meisho-zue Ihrem Verständnis näher bringen.

Meisho-zue ist der Sammelberiff für Publikationen, die detaillierte Darstellungen "berühmter Orte" (meisho) verschiedener Regionen Japans bieten und mit Hilfe eines ins Bild hineingeschriebenen Textes erklären. Den Anfang machte das Miyako meisho-zue, das 1780 veröffentlicht wurde. Es wurde zu einem Bestseller. Bis zum Ende der Edo-Zeit (1867) erfolgte die Publikation von etwa 30 weiteren meisho-zue. Sie bilden gerade das richtige Material zur Erforschung der damaligen Kultur. Die "berühmten Orte", von denen hier die Rede ist, sind nun nicht mehr mit den "berühmten Orten" aus der Welt der traditionellen japanischen Gedichte identisch (uta-makura), die sich dort ein bestimmtes literarisches "Image" erworben haben. Vielmehr handelt es sich hier um wirkliche "Sehenswürdigkeiten", die für die Zeitgenossen im wörtlichen Sinn "wert zu sehen waren". Die Inhalte der meisho-zue umfassen die japanische Geographie, Geschichte, Folklore, Sitte, aber auch die zeitgenössische Wirtschaft und Technik. Man kann sie deshalb "Enzyklopädien" der japanischen Kultur nennen.

Das Ziel dieser Ausstellung ist zwar nur eines, aber um dieses Ziel zu erreichen, gibt es zwei Wege. Das heißt: Um durch die meisho-zue die japanische Kultur zu verstehen, ist es notwendig, zuerst "die in den Illustrationen ausgedrückten Inhalte" zu verstehen. Doch man darf nicht vergessen, gleichzeitig auch die "Ausdrucksformen" der Illustrationen zu beurteilen und zu bewerten.

の挿絵によって理解していただくことにした。
「名所図会」とは、日本各地の「名所」の詳細な図を集めて、説明文を添えた出版物の総称である。１７８０年に出版されて大ベストセラーとなった『都名所図会』を最初として、以後、幕末まで、およそ３０点ばかりの出版物が数えられ、当時の文化を知る上で格好の資料となっている。ここでいう「名所」とは、もはや、和歌の世界で培われてきた伝統的イメージに彩られた場所（「歌枕」）ではなく、まさに、同時代人にとって「見るに値する」場所であった。「名所図会」の内容は、日本の地誌・歴史・民俗・風俗・物産・技術を網羅しており、それはまさに日本文化の「百科全書」と呼ぶにふさわしいものになっていた。
の展覧会の目的は唯一であるが、この唯一の目的を達成するための道は二つある。すなわち、「名所図会」を通じて日本文化を理解するためには、まず、《挿絵の表現内容》を解読することが必要である。しかしそれと同時に、《挿絵の表現形式》を鑑賞することも忘れてはならない。
言い方を換えれば、この展覧会を見る人たちには、挿絵に描かれた奇妙な《事柄》を理解することとあわせて、挿絵の、これまた奇妙に写るであろう《描き方》そのものにも目を向けてもらいたいのである。それぞれのモティーフの形態の描き方や、それらの配置の仕方、また遠近法的な表現の配慮などは、おそらく、それ自体として、日本文化の「視覚的」な独自性とも見なされるべきものであろう。

Anders ausgedrückt: Wir möchten gern, daß die Besucher dieser Ausstellung die in den Illustrationen "dargestellten fremdartigen Sachverhalte" verstehen und gleichzeitig ihr Augenmerk auf die ebenfalls fremdartige "Darstellungsweise" richten. Die Darstellungsweise der einzelnen Motive, die Weise ihrer Komposition und die Bemühung um ihren perspektivischen Ausdruck kann man wohl selbst schon als die der japanischen Kultur "eigene Weise der Wahrnehmung" bezeichnen

Natürlich muß man auf folgendes gut achten. Die japanische Kultur, die die Illustrationen der meisho-zue inhaltlich darstellen, und die japanische Kultur, die man in der Darstellungsweise der Illustrationen entdeckt, beziehen sich stets auf die Kultur im Japan des ausgehenden 18. und des beginnenden 19. Jahrhunderts. Von der Gegenwart aus gesehen hat sich die japanische Kultur in den seitdem vergangenen rund 200 Jahren wieder verändert.

Die zwei Arten von "Fremdartigkeit", die die deutschen Betrachter in den meisho-zue finden, sind tatsächlich auch zwei "Fremdartigkeiten" für uns Japaner. Auch für uns heutige Japaner ist die Kultur der Edo-Periode voll von Rätseln und bildet als solche einen Gegenstand wissenschaftlicher Forschung. Dafür bitten wir um Verständnis.

Das letzte Ziel dieser Ausstellung, liegt sicherlich darin, die "gegenwärtige" japanische Kultur zu verstehen. Durch diese Ausstellung werden vielleicht Gedanken über das Geheimnis der schnellen Modernisierung Japans und bezüglich des Platzes Japans in der internationalen Gesellschaft wachgerufen. Aber auch in diesem Fall sollte man nicht zu schnell Schlußfolgerungen ziehen.

Professor Yozo Konta, Professor Fumikazu Kishi
und Professor Shiro Kohsaka

もっとも、次の一つのことには十分な配慮が払われるべきである。すなわち、「名所図会」の挿絵が描き出している日本文化、そして挿絵そのものの描き方に見い出される日本文化というものは、あくまでも１８世紀末から１９世紀初めにかけての日本文化だということである。現時点からすれば、おそよ２００年の時間的経過は、日本文化を変質させるに十分な時間であった。ドイツの人たちが「名所図会」に発見することになるであろう二重の「奇妙さ」は、実際のところ、私たち日本人にとっての「奇妙さ」でもある。現在の私たち日本人にとっても、江戸時代の文化は、謎に満ち、それ自体として学問研究の対象であるということを理解していただきたい。

この展覧会の究極的な目的は、確かに《現在》の日本文化を理解していただくことである。この展覧会を通して、おそらく、日本の急速な近代化の秘密や、日本の国際社会における位置について思いが巡らされることになるだろう。しかしその場合でも、決して結論を急がないでいただきたい。できるだけ慎重に、《過去》の日本文化の映像を見据えることをお願いする。

今田・洋三教受、岸・文和教受、高坂・史朗助教受

Verzeichnis der Abkürzungen

Meisho-zue

Awaji	Awaji-kuni meisho-zue
Edo	Edo meisho-zue
Ise	Ise sangû meisho-zue
Itsukushima	Itsukushima-zue
Izumi	Izumi meisho-zue
Kai	Kai sôki
Karaku	Karaku meishô-zue = Higashiyama meisho-zue
Kawachi	Kawachi meisho-zue
Kii	Kii-kuni meisho-zue
Kiso	Kiso-ro meisho-zue
Konpira	Konpira sankei meisho-zue
Meibutsu	Nihon sankai meibutsu zue
Miyako mei	Miyako meisho-zue
Miyako rin	Miyako rinsen meisho-zue
Nijushi	Nijushihai junpai-zue
Owari	Owari meisho-zue
Saigoku	Saigoku sanjûsanjo meisho-zue
Satsuma	Satsuma meisho-zue
Settsu	Settsu meisho zue
Shui Miyako	Shui Miyako meisho-zue
Sumiyoshi	Sumiyoshi meisho-zue
Tôkaidô	Tôkaidô meisho-zue
Tôto	Tôto saijiki
Yakusha	Yakusha meisho-zue
Yamato	Yamato meisho-zue
Zenkô	Zenkôji-dô meisho-zue

LISTE DER ABBILDUNGEN BZW. EXPONATE   Signum (Bayer. Staatsbibl. L. jap. oder Kinki), Jahr, Größe
(eine Abbildung mit * ist nur im Katalog, nicht in der Ausstellung zu sehen)

MEISHO-ZUE GRUPPE 1: SOZIALE ROLLEN - ASPEKTE IHRES TÄGLICHEN LEBENS

001 Der Kaiserpalast in Kyôto (dairi)	4K234-1, 1780, 26x18cm
002 Kaiser Tenmu spielt auf der japanischen Harfe	Yamato 6, 1791, Kinki
003 Besuch des Kaisers Gomizunoô beim Shôgun	4D110, 1626, Langvitrine, 26x1305cm
004 Die Sonnengöttin Amaterasu Ômikami öffnet ihr Versteck*	K227-5, 1797, 26x18
005 Hofadelige begeben sich am Neujahrstag zum Kaiser	Shui Miyako 1, 1787, Kinki
006 Ein traditionelles Ballspiel von Hofadeligen*	D91-1, 1799, 26x18cm
007 Zwei Daimyô lösen sich im Dienst beim Shôgun ab	D64-7, 1830, 26x18cm
008 Samurai verabschieden sich und folgen ihrem Herrn	D64-2, 1836, 26x18cm
009 Samurai üben sich im Reiten	K242-1, o.J., 26x18cm
010 Samurai beim rituellen Selbstmord	Völkerkundemuseum Sieboldiana 1813 (Farbe)
011 Samurai-Rüstung	Völkerkundemuseum (Hochvitrine)
012 Shintoistische Priester	D542-4, 1797, 26x18cm
013 Buddhistische Mönche	Kii 3/ 6, 1838, Kinki
014 Mönche beim Nembutsu-Tanz (Amida-Buddhismus)	Shui Miyako 1, 1787, Kinki
015 Meditierender Mönchen (Zen-Buddhismus)	Awaji 4, 1893-1894, Kinki
016 Der Wandermönch Myôjitsu (Lotus-Buddhismus)	LK Farbe, 50x35cm
017 Bauern beim Reispflanzen*	Zenkô 4, 1849, Kinki
018 Bauern beim Reisernten	D542-3, 1797, 26x18cm
019 Wassergetriebene Reismühle	Shui Miyako 4, 1787, Kinki
020 Salzgewinnung	D104-5, 1804, 26x18cm
021 Bergbau auf der Insel Sado	Cod. 31, Langvitrine, 28x1265cm
022 Fischfang*	D112-2, 1805, 26x18cm
023 Walfang*	D100-5, 1797, 25x17cm
024 Walfangatlas	4E67, Langvitrine, 32x22cm
025 Entenjagd	4E60-2, 1799, 26x18cm
026 Webstühle in Nishijin (Kyôto)	4K235-1, 1786, 26x18cm
027 Herstellung von Gewehren	D115-4, 1796, 26x18cm
028 Herstellung von Reiswein	Settsu 6, 1796, Kinki

029 Trunkener Literat	4K268, 1837, Farbe, 26x18cm
030 Tuchhandelshaus Mitsui in Tôkyô	D64-1, 1836, 26x18cm
031 Küche im Haus der Kaufmannsfamilie Sakuma*	D64-3, 1836, 26x18cm
032 Geschäft in Tôkyô für Fächer aus Kyôto (Omiedo)*	D112-4, 1805, 26x18cm
033 Fächermacher	4K253, 1812, Farbe, 26x18cm
034 Wäscherinnen	K267, 1814, Farbe, Vgl. Plakat, 26x18cm
035 Gasthaus Kawasaki Mannenya (Tôkyô)*	D64-5, 1836, 26x18cm

MEISHO-ZUE GRUPPE 2: ÜBERGANGSRITEN UND ANSCHAUUNGEN VON LEBEN UND TOD

036 Kreislauf der Geburten*	D114-16, 1804, 26x18cm
037 Kinderwallfahrt	Owari kôhen 3, 1880, Kinki
038 Knabenfest	Tôto 2, 1838, Kinki
039 Wallfahrt zum Shintô-Schrein am ersten "Tag des Pferdes"*	D91-4, 1799, 26x18cm
040 Blutrache als Kindespflicht	Konpira 5, 1847, Kinki
041 Mündigkeitsfeier	Awaji 3, 1893-1894, Kinki
042 Hochzeit	D141-5, 1844, 27x19cm
043 Sorge für die Eltern als Kindespflicht	D141-7, 1844, 27x18cm
044 Die Dirne mit dem Namen "Hölle" und der Mönch Ikkyû*	4D115-1, 1796, 26x18cm
045 Frauenwallfahrt zum Mii-Tempel*	Ise furoku, Kinki
046 Die Drachentochter beweist ihre Wunderkraft*	Awaji 2, 1893-1894, Kinki
047 Rückzug eines reichen Alten auf das Land	D114-17, 1804, 26x18cm
048 Eine alte Frau wird auf den "Berg der Aussetzung" getragen	Nijûshi 5, Kinki
049 Alte treffen sich*	Owari 3, 1844, Kinki
050 Krankenwallfahrt zum Fuchsgott von Kasamori*	Settsu 5, 1796, Kinki
051 Familie Oguri hat eine göttliche Erscheinung*	D85-3, 1853, 26x18cm
052 Kintaien, eine Wunderpille*	D114-14, 1804, 26x18cm
053 Der Tod des buddhistischen Heiligen Nyoshin*	Nijûshi kôhen 3, Kinki
054 Abschreiben buddhistischer Sutren*	K215-7, 1842, 26x18cm
055 Das Reine Land des Amida-Buddha*	K215-7, 1842, 26x18cm

MEISHO-ZUE GRUPPE 3: AUSSERGEWÖHNLICHE RÄUME - AUSSERGEWÖHNLICHE WELTEN

056 Die Landschaft Mihô-no-matsubara*	Tôkai 4, 1797, Kinki

057 Die Landschaft Waka-no-ura*	D89-8, 1851, 26x18cm
058 Die acht Ansichten von Kanazawa	D114-6, 1804, 26x18cm
059 Der Berg Fujiyama (Fujisan)*	Kai 5, Kinki
060 Der Berg Fujiyama ("Woge")	LK Farbe, 35x50cm
061 Der Wasserfall von Nachi	4D85-3, 1853, 26x18cm
062 Der Fudaraku-Tempel*	4D85-2, 1853, 26x18cm
063 Der Itsukushima-Schrein*	K215-1, 1842, 26x18cm
064 Der Innere Schrein von Ise	K227-5, 26x18cm
065 Der Shitaya-Inari-Schrein (Tôkyô)*	4D64-16, 1836, 26x18cm
066 Der Kiyomizu-Tempel (Kyôto)	4K235-3, 1786, 26x18cm
067 Der Kiyomizu-Tempel	K263, 1800, Farbe, 26x18cm
068 Die Halle der 500 buddhistischen Heiligen (Tôkyô)*	4D114-18, 1804, 26x18cm
069 Das Vergnügungsviertel Shin Yoshiwara von Tôkyô	4D114-12, 1804, 26x18cm
070 Das Vergnügungsviertel Shimabara von Kyôto	4K234-2, 1780, 26x18cm
071 Lesende Kurtisane	Seiro meijo LK, 50x35cm
072 Die Dame Takao	4J50, 1834, Farbe, 26x18cm
073 Kimono einer Kurtisane	Völkerkundemuseum, Hochvitrine
074 Die Straße der Theater (Tôkyô)	Tôto 4, 1838, Kinki
075 Eine Theaterbühne (Saruwaka Kyôgen)*	D114-2, 1804, 26x18cm
076 Eine Schauspielergarderobe*	Yakusha, 1799, Kinki
077 Yasumoto vor dem Höllenrichter Emma-Ô	4D85-5, 1853, 26x18cm
078 Der Eingang zu den "Sechs Welten"*	4D150-3, 1862, 26x18
079 der Schlangenteich von Numachi*	D89-10, 1851, 26x18
080 der Palast des Drachenkönigs auf dem Meeresgrund	Tôkai 2, 1797, Kinki
081 Der Brunnen der Armen Seelen*	Kii 3/6, 1838, Kinki
082 Der Tod der Berghexe*	Owari kôhen 6, 1880, Kinki
083 Der heilige Stein von Kagoshima-mura (Ibaraki)*	D112-5, 1805, 26x18cm

MEISHO-ZUE GRUPPE 4: AUSSERGEWÖHNLICHE ZEITEN - FESTE UND BESONDERE ERLEBNISSE

084 Das Malven-Fest in Kyôto	4K234-6, 1780, 26x18cm
085 Das Gion-Fest in Kyôto	4K235-2, 1786, 26x18cm
086 Das Kanda-Fest in Tôkyô	4D114-14, 1804, 26x18cm

087 Zeremonie des ersten Pflanzens von Reisschößlingen	D64-10, 1836, 26x18cm
088 Das Fest der Weggötter in Kamedo-mura (Tôkyô)	D114-18, 1804, 26x18cm
089 Kultischer Ringkampf (Sumô)	Kawachi 5, 18o1, Kinki
090 Ringer (Sumôtori)	LK, Passepartout, Farbe, 50x35cm
091 Einladung der Toten (Obon, Kyôto)	D141-2, 1844, 26x18cm
092 Verabschiedung der Toten (Daimonji okuribi, Kyôto)	4D150-2, 1862, 26x18cm
093 Gebet für die "Hungrigen Geister"*	K214-4, 1838, 26x18cm
094 Feier der Herabkunft des Amida-Buddha	K214-2, 1838, 23x16cm
095 Blütenschau im Frühling (Omuro, Kyôto)	Shui Miyako 3, 1787, Kinki
096 Yoshino-Gebirge	2K96, 1713, Farbe, 35x68cm
097 Muschelsammeln in Shinagawa (Tôkyô)	D64-4, 1713, 26x18cm
098 Muschelsammeln (Sumiyoshi, Ôsaka)	D100-3, 1797, 25x17cm
099 Glühwürmchenjagd im Sommer (Uji bei Kyôto)	K234-5, 1780, 26x18cm
100 Herbstausflug zu den Hagi-Sträuchern (Kyôto)	Shui Miyako 2, 1787, Kinki
101 Aussichtsturm Shuami mit Blick über Kyôto	Miyako rin 2, 1799, Kinki
102 Bergsteigen im Herbst	4K250, 1804, Farbe, 31x19cm
103 Panoramakarte der Insel Itsukushima	2K98, 1731?, Farbe, 36x17cm, 15 Falten
104 Holländische Händler im Tôfu-Laden (Gion, Kyôto)	Shui Miyako 2, 1787, Kinki
105 Mahl im traditionellen japanischen Restaurant (Atsuta)	D141-4, 1844, 26x18cm
106 Bad in heißen Quellen (Wakayama)	Kii kôhen 5, 1812, Kinki
107 Der Minister Sugawara no Michizane als Gottheit*	D85-8, 1853, 26x18cm
108 Der General Nitta Yoshioki als Gottheit*	D542-5, 1797, 26x18cm
109 Orakel mit Hilfe von Gedichten*	D542-5, 1797, 26x18cm
110 Kupferstich von Nagasaki	Völkerkundemuseum S 1841, 12,5x18,5cm
111 Stadtplan von Kyôto	Völkerkundemuseum S 1135, 1831, 144x180cm
112 Erster Stadtatlas von Tôkyô	4D129, 1680, Farbe, 32x23cm

MEISHO-ZUE GRUPPE 5: VERKEHR UND HANDEL - ASPEKTE DES REISENS

113 Nihombashi (Tôkyô) - Ausgangspunkt der Landesstraßen	K214-1, 1838, 23x16cm
114 Andô Hiroshiges 53 Stationen der Ostmeerstraße (Nr.21+22)	K36, 1858, Farbe, 36x25
115 Die 50. Station der Ostmeerstraße: Tsuchiyama	LK, Farbe, 50x35cm
116 Die 6. Station der Ostmeerstraße: Totsuka	LK, Farbe, 50x35cm

117 Die 38. Station der Ostmeerstraße: Fujikawa	Lk, Farbe, 50xc35cm
118 Pferdetreiber	Tôkai 2, 1797, Kinki
119 Zerbrochene Sänfte	Völkerkundemuseum 21-33-2, Frühes 19.Jh., Farbe, 26x18cm
120 Planiglobium (Weltkarte)	Cod. jap. 4, 1671, Farbe, 40x55cm
121 Seewege	Settsu 3, 1796, Kinki
122 Verkehr mit China	Yamato 3, 1791, Kinki
123 Gesandte aus Korea	D141-1, 1844, 26x18cm
124 Verkehr mit dem Westen	E60-5, 1799, 26x18cm
125 Elefant	K214-3, 1833, 26x18cm
126 Spezialgeschäft für ausländische Waren	Settsu 4, 1796, Kinki
127 Ainu-Familie	4D81-2, 1786, selten, 26x18cm
128 Wallfahrt nach Ise*	D542-4, 1797, 26x18cm
129 Das Vergnügungsviertel Ai-no-yama*	D85-1, 1853, 26x18cm
130 Wallfahrt zum Schutzgott der Fischer und Seeleute*	Tôkai 4, 1797, Kinki
131 Rundwallfahrt auf den Spuren Shinrans*	Zenkô 2, 1849, Kinki
132 Bergasketen (Yamabushi)*	Yamato 5, 1791, Kinki
133 Ausstellung eines Buddhabildes*	D64-18, 1836, 26x18cm
134 Reismarkt	Settsu 4, 1796, Kinki
135 Monatsmarkt	Owari kôhen 1, 1880, Kinki
136 Reisende Händlerinnen	K234-3, 1780, 26x18cm
137 Buchhändler	Tôto 4, 1838, Kinki
138 Bilderhefthändler	Tôkai 6, 1797, Kinki

MEISHO-ZUE GRUPPE 6: KULTUR, KUNST UND WISSENSCHAFT - ASPEKTE DER BILDUNG

139 Kulttanz (Kagura)*	K227-3, 26x18cm
140 Volkstheater (Dengaku)*	Sumiyoshi 2, 1794, Kinki
141 Nô-Theater	K215-5, 1842, 26x18cm
142 Der Weg der Dichtung	K215-5, 1842, 26x18cm
143 Der Weg des Blumensteckens nacch Meister Ikenobô	D91-2, 1799, 26x18
144 Sen no Rikyû, der Begründer des Teewegs	4D115-1, 1796, 26x18
145 Drei Adepten des Teewegs	4K266, 1818, Farbe, 26x18cm
146 Der Weg der Kalligraphie	D91-3, 1799, 26x18

147 Schule im Altertum	Owari kôhen 2, 1880, Kinki
148 Schule in der Neueren Zeit	Settsu 1, 1796, Kinki
149 Bauernschule	Kii kôhen 12, 1812, Kinki
150 Ausstellung von Heilmitteln in einer Ärzteschule	4D115-1, 1796
151 Westliche Medizin	Völkerkundemuseum S1098, 1849, 22x15cm
152 Die Entstehungsgeschichte des Mandala im Taima-Tempel	D85-7, 1853, 26x18cm
153 Votivbilder (ema)*	Kinki
154 Laden für Ôtsu-e (religiöse Bilder und Amulette)*	Tôkai 1, 1797, Kinki
155 Yasaka-Pagode (Kyôto) als Votivbild	4K13-3, 1821, 26x18cm
156 Tanz der Ausländer	4K13-4, 1821, 26x18cm
157 Schneekristalle	Hokuetsu shohen jô, 1838, Kinki
158 Blumen	4K258, 1813, Farbe, 26x18cm
159 Fische	4K277, 1813, 26x18cm
160 Druckplatten	Deutsches Museum

Bilderklärungen

001 Der Kaiserpalast in Kyôto (dairi)

Der Tennô ist der oberste Herrscher Japans. Vom 5. bis ins 12.Jahrhundert lag die politische Vorherrschaft beim Tennô und beim Adel. In der Edo-Zeit jedoch ging die politische Macht auf den Shôgun über, den höchsten Militärbefehlshaber. Der Shôgun regierte von Edo (Tôkyô) aus, der Tennô aber lebte in Kyôto als Garant des Shôgun. Der Tennô galt als Symbol für die Autorität der japanischen Tradition und Kulturform.

Das Bild zeigt den Kaiserpalast (dairi) in Kyôto. Der wichtigste Gebäudeteil in diesem Palast ist shishinden, der offizielle Arbeitsplatz des Tennô. Das shishinden ist in seiner Architektur erstaunlich schlicht und wirkt fast schutzlos im Vergleich zu den Schlössern der Daimyô oder des Shôgun, um die ein Ring von Verteidigungsanlagen (wie Gräben, Mauern usw.) gebaut war. Dennoch wurde der Kaiser-Palast während der Edo-Zeit kein einziges Mal angegriffen, und das Leben der kaiserlichen Familie oder der Hofadeligen war nie in Gefahr. Der Tennô war nämlich für die faktischen Machthaber in Japan der alleinige Grund ihrer Legitimität und deshalb niemals Ziel eines Angriffs. (Konta)

００１　天皇の宮殿（内裏）

　天皇は、日本における最高の統治者である。天皇は、古代（５世紀から１２世紀まで）を通じて、貴族とともに政治の実権を握っていたが、江戸時代には、最高の軍事指揮官である「将軍（しょうぐん）」に実質的な権力を委譲した。将軍は江戸で統治を行い、天皇は京都にあって、将軍の任命権者として、伝統的・形式的な権威の象徴としての役割を果たしていた。

　図は、「内裏（だいり）」と呼ばれる天皇の宮殿である。中心の建物である「紫宸殿（ししんでん）」が、形式的な執政の場である。将軍や大名たちが生活していた城が、濠や石垣などの堅固な防御施設によって守られていたのに比べると、驚くほど簡素な建築でありほとんど無防備であるように見える。威圧するような建築デザインも用いられていない。しかし、江戸時代を通じて、この内裏が武力で攻撃され天皇一家や貴族たちの命が危険にさらされるという事件は一度も起こらなかった。天皇は、実際上国家の統治に当たる権力者にとって、その正統性を保証する唯一の拠り所であり、決して攻撃の対象ではなかったからである。（今田）

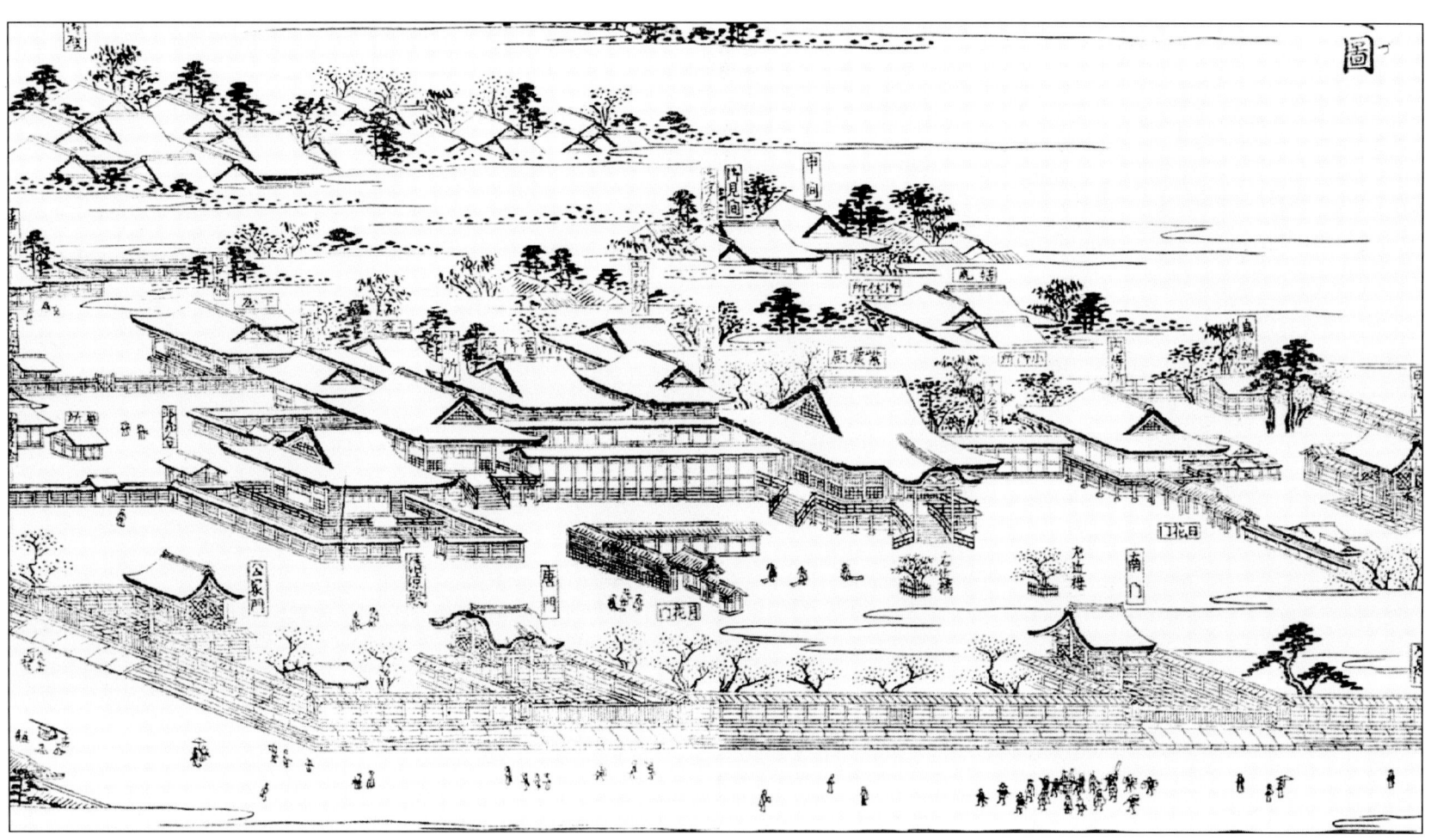

002 Kaiser Temmu spielt auf der japanischen Harfe

In der Edo-Zeit hörte der Tennô politische Berichte von hohen Staatsbeamten zwar an, durfte aber keine eigene politische Meinung ausdrücken. In der vom Tokugawa-Shôgun für das Kaiserhaus und den Hofadel erlassenen Gesetzessammlung Kinchû narabini kugeshohatto heißt es, der Tennô solle sich in erster Linie in Wissenschaft und Künsten bilden.

Das Bild schildert wie Kaiser Temmu, der 40. Tennô, einst in seinem Palast in Yoshino Harfe spielte und ihm ein himmlisches Wesen erschien, das nach seiner Melodie tanzte. Es heißt, Temmu Tennô sei ein heldenhafter und zugleich musikalischer Herrscher gewesen. Er habe nämlich meisterhaft Koto gespielt. Er verkörperte die von den Samurai später in der Edo-Zeit geforderte ideale Gestalt und Funktion eines Tennô, d.h. den Herrscher als Liebhaber und Bewahrer der traditionellen Künste. Freilich ließe sich obige Erzählung auch anders auslegen, nämlich als Darstellung der spirituellen Kraft des Tennô. Denn es gibt in der japanischen Überlieferung zahlreiche Beispiele mit Harfen, kleinen Trommeln oder Flöten als spirituellen Medien. Temmu-Tennô gilt auch als der Begründer des zentralistischen Tennô-Staates im japanischen Altertum. Einerseits schuf er ein mit Hilfe des chinesischen Rechts konsolidiertes Staatswesen, anderseits systematisierte er zur Unterstreichung der Legitimität und Autorität des Tennô als des Herrschers die mythischen Erzählungen von der Staatsgründung. Er ordnete auch das shintoistische Zeremonien- und Schreinwesen. Darin erkennt man die bis heute gültige Grundmethode der japanischen Kultur. Sie führt aus dem Ausland zivilisatorische Einrichtungen und politische Verfahren ein, sucht aber den Ursprung der Autorität des Tennô in der eigenen Mythologie. (Konta)

００２　琴を弾く天武天皇

　江戸時代の天皇は、重臣の貴族から形式的に政治の動きについての報告を受けることはあったが、天皇自身の政治的意見を述べることは、ほとんどできなかったはずである。徳川将軍から示された『禁中並公家諸法度』によると、天皇の行なうべき事は、まず学問と芸能で自らを高めることであった。
　図は、第４０代の天武天皇が琴を弾いていたところ、天人が現われて曲に合わせて舞ったという伝承を描いたものである。古代の英雄的天皇であった天武天皇が、琴の名手でもあったことを物語っているわけだが、この姿は「芸能に親しむ天皇（伝統文化の継承者としての天皇）」という、江戸時代の武士が天皇に求めた理想像を反映していると言えるだろう。もっとも、日本の伝承では、琴や鼓や笛が霊媒の役割を果たすという例が多いから、この物語は、また天皇の呪術的な力を表現しているとも読めるだろう。ちなみに、天武天皇は、天皇中心の古代国家の確立者。中国の法制の導入をすすめて安定した国家体制を作り上げる一方で、天皇の支配権の正統性と権威を強調するために、神話の統合をすすめ、天照大神をはじめとする神々を祭る神社とその祭儀を整えた。ここには、政治技術を含む文明は外国から積極的に導入し、天皇権威の源泉は神話に求めるという、現代におよぶ日本文化の基本型がはっきりと現れている。（今田）

003 Besuch des Kaisers Gomizunoô beim Shôgun

Kan'ei gogyôkô no shidai, Bildrolle, 1626.

  Die Bildfolge schildert den Besuch des Kaisers Gomizunoô mit seiner Gemahlin Kazuko bei deren Vater Ex-Shôgun Tokugawa Hidetada und Bruder Shôgun Iemitsu im neuen Schloß Nijô in Kyôto. Auf je einer Rolle wird der Zug der Kaiserin, der des Kaisers und das Treffen im Palast dargestellt. Die Texte sind mit beweglichen Lettern (kokatsujiban) hergestellt. Diese Drucke mit Altlettern werden heute hochgeschätzt, besonders wenn sie auch noch mit Holzschnitt-Illustrationen ausgestattet sind. Letztere wurden überdies beim aufgelegten Werk mit Stempeln für sich wiederholende Figuren bedruckt (katsu-e), was noch seltener ist. - Lit.: Brown, Luise, Blockprinting and book illustration in Japan. London 1924. Nr.31. - Kawase Hitouma, Kokatsujiban no kenkyû, Bd. 1, S.623. (Dufey)

００３　天皇御行幸之次第

寛永御行幸之次第、絵巻物、１６２６。

　後水尾天皇とその皇后和子が皇后の父上で 、元将軍の徳川英忠と皇后の兄弟で現将軍の徳川家光を京都に新築された二条城に訪問される場面が繰り広げられている。巻物ごとに天皇と皇后の行列、及び二条城での関係者での対面が描出されている。
　物語の文章は古活字で印刷されている。このような古活字印刷物は今日高く評価され、木版の挿絵付きであれば尚更のことである。また。まことにに稀である木版画の挿絵は本が再販される時に、再度刷られた版画であることを示す活絵という印が押された。(Dufey)

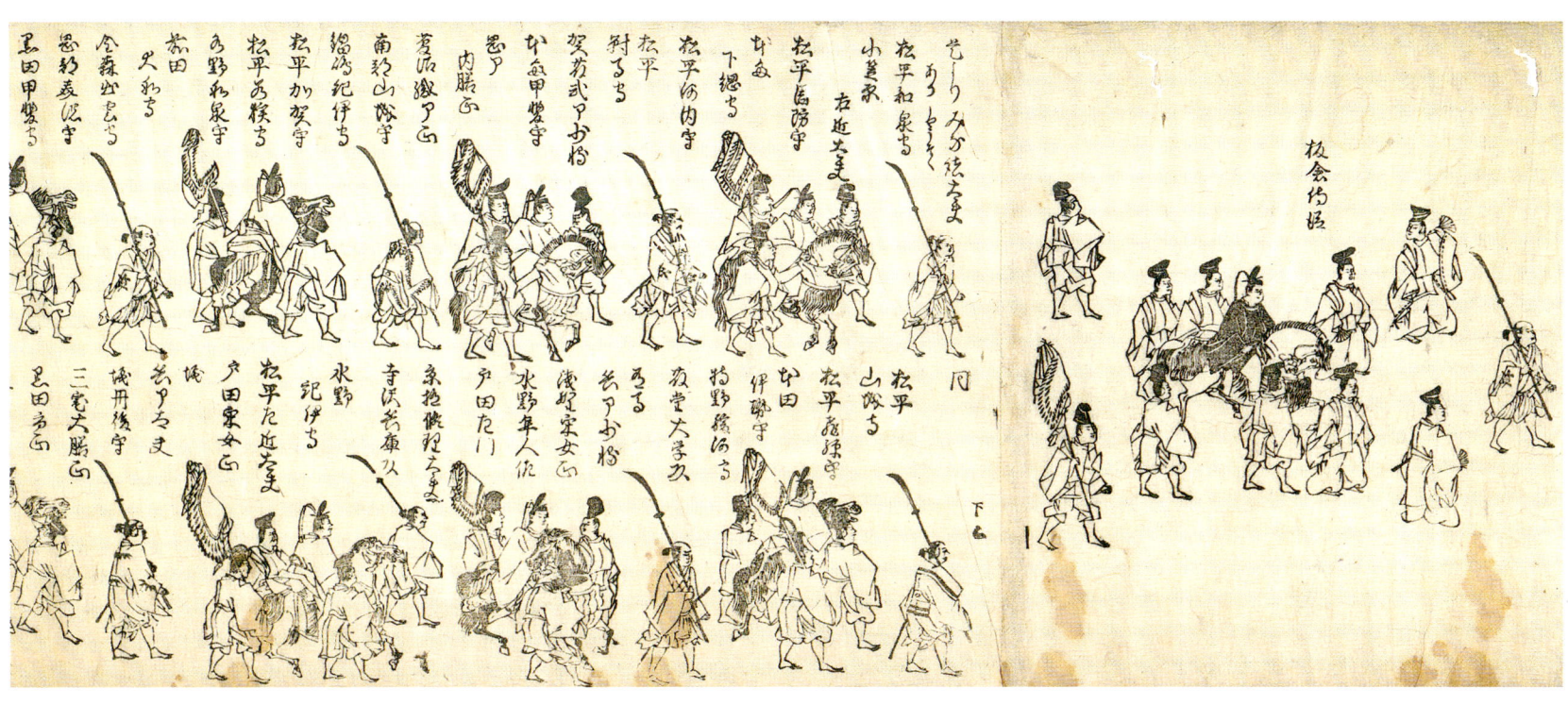

004 Die Sonnengöttin Amaterasu Ômikami öffnet ihr Versteck*

Das Kojiki (712) und das Nihonshoki (720) sind die schriftlichen Quellen, in denen die Annalen des Tennô-Geschlechts dargestellt sind. Nach ihnen ist Amaterasu Ômikami die Ahnherrin. Sie ist die Sonnengöttin und regiert von der Höhe aus über das japanische Reich. Sie schickte eines Tages ihren Enkel Ninigi nach Yamato, um dort das Land zu erschließen. In der fünften Generation nach Ninigi kam Kamuyamato Iwarehiko (der offizielle Name des Jimmu Tennô) an die Macht. Er gilt als der erste selbst ernannte japanische Tennô.

Das Bild zeigt eine Szene aus der Erzählung von Amaterasu Ômikami und ihrem jüngeren Bruder Susanoo. Der hatte sich so grob aufgeführt, daß sich seine Schwester verärgert in einer Felsenhöhle verbarg. Dadurch geriet die Welt in Finsternis, und es gab keinen Unterschied mehr zwischen Tag und Nacht. Die ratlosen Götter veranlaßten daraufhin die Gottheit Ame no Uzume, nackt vor der Felsenhöhle zu tanzen. Sie führten ein großes Spektakel auf. Amaterasu wurde neugierig und zeigte sich wieder. Man kann darin wohl den japanischen Ausdruck des in der ganzen Welt verbreiteten Motivs des Sichverbergens eines Königs und seines Wiedererscheinens (d.h. seines Todes und seiner Wiedergeburt) sehen.

Laut Kojiki - im Bild hier nicht sichtbar - soll Ame no Uzume mit entblößten Brüsten und Hüften herumgetanzt sein, und die Götter sollen aus vollem Halse gelacht haben. Auch das läßt sich anthropologisch interpretieren als die verzaubernde Kraft des nackten Körpers.

Der Hahn auf der Bildfläche in der Ecke rechts gilt übrigens als heiliger Vogel, der den Tagesanbruch (die Wiedergeburt) verkündet. (Konta)

００４　天照大神（あまてらすおおみかみ）

　天皇の系譜について記す資料は、『古事記』（７１２年成）と『日本書紀』（７２０年成）である。これらによれば、天皇家の祖先は「天照大神」である。女性神である天照大神は天上に君臨する神で、孫の「ニニギ」を大和に下して国造りを命じた。ニニギから５代目が「カムヤマトイワレヒコ（神武天皇）」で、自ら宣言して日本の最初の天皇となった。

　図は、天照大神と、その弟「スサノオ」に関わる物語の一場面である。スサノオがあまり乱暴を働くので、天照大神は怒って岩山の洞窟に身を隠してしまった。そのため天下が闇となって昼夜の区別がなくなり、困り果てた神々は、洞窟の前で「アメノウズメ」という女性の神に裸体の踊りをさせ、大騒ぎを演じた。それにつられて天照大神は姿を現わしたのであるが、これはどうやら世界中に見られる「王の死」と「王の復活」という人類学的モティーフの日本的表現でもあるようだ。図には見られないが、『古事記』によれば、「アメノウズメ」は乳房と腰部を露わにして踊り、神々の哄笑を誘ったのであるが、これもまた人類学的には「裸体の呪力」とでも解釈されるものだろう。なお、画面右隅の鶏は、夜明け（復活）を告げる霊鳥として描かれている。　（今田）

005 Hofadelige begeben sich am Neujahrstag zum Kaiser

 Die ranghöchsten unter den Hofadeligen waren die kugyô, die dem Tennô unmittelbar begegnen durften. Unter den kugyô waren die Fujiwara die mächtigsten. Der Einfluß des Fujiwara Klans nahm ab der Mitte des neunten Jahrhunderts sichtbar zu, vor allem aufgrund seiner geschickten Politik des Einheiratens in die kaiserliche Familie. Nachdem Japan im Jahr 894 die diplomatischen Beziehungen zu T'ang-China abgebrochen hatte, das nachhaltig in Schwierigkeiten geraten war, entwickelte sich allmählich eine eigenständige japanische Kultur. So entstand in dieser Zeit beispielsweise die vom Tennô in Auftrag gegebene Gedichtsammlung Kokinwakashû. Auch wurden von weiblichen Autoren, die eine Zeit lang am Kaiserhof gedient hatten, der "Roman vom Prinzen Genji" (Genji-monogatari) und das "Kopfkissenbuch" (Makura-no-sôshi) verfaßt. Das sogenannte shinden zukuri (ein Architekturstil) oder das yamato-e (ein Stil in der Malerei) sind ebenfalls Erscheinungen dieser höfischen Kultur.

 Das Bild zeigt die für die Hofadeligen wichtigste Zeremonie. Sie betreten mit ihren Gefolgschaften den Kaiserpalast, um dem Tennô die alljährlichen guten Wünsche zum Neuen Jahr entgegenzubringen. Rechts oben im Bild steht ein altjapanisches Waka-Gedicht in dem es sinngemäß heißt: "Alle Untertanen wünschen die Herrschaft des Tennô für alle Zeiten, weil man so in Glück und Frieden leben kann". In Wirklichkeit jedoch war der Einfluß der Hofadeligen durch die neue Herrschaft der Samurai beträchtlich geschwächt worden.
(Kishi)

００５　正月の宮廷儀礼

　天皇に仕える貴族たちのなかでも、最も位が高く、天皇と直接対面することのできる貴族を「公卿（くぎょう）」という。その「公卿」のなかでも最も勢力をもっていたのは藤原氏である。藤原氏は、９世紀の中ごろから、皇室と姻戚関係を結んで勢力を伸ばした。８９４年には、混乱が続く中国と国交を断絶したことから、日本独自の貴族文化が形成されはじめた。『古今和歌集』などの勅撰和歌集が編まれ、『源氏物語』や『枕草子』などの文学が宮廷に仕える女性によって書かれたのもこの時代である。また、「寝殿造り」と呼ばれる建築様式や「大和絵」とよばれる絵画様式なども、貴族の文化の現れと捉えることができるだろう。

　図は、公卿たちの最も重要な宮廷儀礼を描いている。公卿が、天皇への新年の挨拶のために、多くの従者を従えて御所に入ろうとする情景である。画面右上には「和歌」が書き込まれているが、その意味は、「天皇の治世は、人民の生活が安定し、国も豊かであるから、永遠に続くことをすべての人が祈っている」ということである。しかし、現実には、彼らの権力は、武士政権のもとできわめて弱体化していたのである。　（岸）

006 Ein traditionelles Ballspiel von Hofadeligen*

Ungefähr ab den Jôkyû-Unruhen (1221) hatte sich die einst mächtige Adelsklasse der kugyô sowohl politisch als auch gesellschaftlich de facto der Samurai-Klasse untergeordnet. Sie wurde ein Anhängsel der Samurai und hatte sich mit den überlieferten höfischen Zeremonien zu beschäftigen. In der Edo-Zeit lebte diese Adelsklasse unter der strengen Kontrolle des Shôgunats. Rang, Einberufung, Entlassung, Kleiderordnung, Beförderung, Bestrafung usw. wurden gemäß der Sammlung von Gesetzen mit dem Titel Kinchû narabini kugeshohatto geregelt.

Das Bild zeigt eine Szene des vornehmen, eleganten kemari-Spiels. Kemari war ursprünglich eine chinesische Sportart. Man kickte einen Ball aus Leder, ohne daß dieser den Boden berühren durfte. Gewonnen hatte, wem dies am häufigsten gelang. Unter den Familien des hohen Adels haben die Asukai und die Nanpa den "Weg des kemari" (shûkikudô) überliefert. Das Bild zeigt acht Spieler (mari-ashi) auf dem von vier jungen Kiefern, den Eckpfosten, umzäunten Spielfeld (kakari) beim traditionellen kemari-Spiel am Abend des 7. Juli. (Kishi)

００６　宮廷文化の継承

　中世に入り、１２２１年の「承久の乱」以後、権勢をほしいままにしていた公家たちは急速にその政治的・社会的支配力を低下させ、実質的には、武家に従属する存在となった。彼らは、政務・法曹・学問・文芸、公私に渡る儀礼についての有職故実を保存する「機関」となったのである。江戸時代になると、彼らは幕府の厳重な監視のもとにおかれるようになり、「禁中並公家諸法度」によって、座次（ざなみ）・任免・衣服・昇進・刑罰などを定められた。

　　図は、貴族の優雅な「蹴鞠（けまり）」の様子である。「蹴鞠」は、中国伝来のスポーツの一種で、革でできた鞠を、落とすことなく蹴り揚げる行為を続け、その回数によって優劣を競うものである。上級貴族の間では、飛鳥井家（あすかいけ）と難波家（なんばけ）が、それぞれ「蹴鞠道（しゅうきくどう）」を継承した。図は、七夕の日に、飛鳥井家で行なわれる蹴鞠を描いたもので、四隅に松の木が植えられた「懸（かかり）」と呼ばれるコートの中で、８人の「鞠足（まりあし）」と呼ばれる競技者が演技を行なっているのが見える。　（岸）

007 Zwei Daimyô lösen sich im Dienst beim Shôgun ab

 Die Klasse der Samurai hatte den obersten Rang in der japanischen Ständeordnung der Edo-Zeit. Aber innerhalb dieser Klasse gab es mehrere Abstufungen. Angefangen beim Shôgun folgten als nächstes die Daimyô, die wiederum unterteilt waren in shimpan (direkte Abkömmlinge des Geschlechts Ieyasus), fudai (Gefolgsleute Ieyasus bereits bei der Schlacht von Sekigahara) und tozama (alle übrigen). Die nächsten darunter waren die jikisan, bei denen es wiederum die Unterscheidung in hatamoto und gokenin gab, je nach dem, ob sie die Erlaubnis zu einer Audienz beim Shôgun hatten oder nicht. Ein Kennzeichen des gesellschaftlichen Lebens der Edo-Zeit war, daß es von dieser Hierarchie überall bestimmt war.

 Das Bild zeigt den in der Nähe des Shôgun-Schlosses von Edo gelegenen Stadtteil Kasumigaseki, wo sich die Residenzen der Daimyô aneinander reihten. Im Schloß von Edo residierte der Shôgun, die Residenzen waren den Daimyô für die Zeit ihres Aufenthaltes in Edo zur Verfügung gestellt. Die Daimyô hatten nämlich die Auflage eines Pflichtbesuches beim Shôgun, weshalb sie alljährlich zwischen ihrer Heimatprovinz und Edo hin- und herreisen mußten. Der offizielle Grund dafür war die Vereinigung der militärischen Macht der Daimyô unter dem Shôgun. Die wirkliche Absicht war aber, die Daimyô durch die übermäßigen Ausgaben für diese wechselnde und kostspielige Lebensführung zu schwächen. In Edo ging es im April durch die in die Heimat zurückkehrenden und die aus den Provinzen ankommenden Daimyô immer recht bunt zu. (Konta)

００７　大名の将軍拝謁

　武家は、士農工商の身分的ヒエラルヒーでいえば、最高位にあった。しかし、武士のなかでも、数十の階層が区別される。将軍・大名（親藩・譜代・外様の区別があるが、その区別の基準は、将軍と姻戚関係があるか否か、また、関ヶ原の合戦以前にすでに徳川方についていたか否かである）・直参（旗本・御家人の区別があり、その区別の基準は、将軍に直接面会できるか否かである）にはじまり、その他大名家臣のなかで、さらに細かく序列が区分されていた。社会のあらゆる場面にヒエラルヒーが貫徹しているのが、江戸時代の社会的特徴であった。

　図は、江戸城の近くの大名屋敷が立ち並ぶ「霞が関（かすみがせき）」という町を写す。江戸城には将軍が住み、江戸城の周辺には地方に居城をもつ大名たちのために邸宅が与えられていたのである。大名たちは、江戸と本国とを１年毎に往復することを義務付けられていたが、これは、表向きは、大名の軍事力を将軍のもとに集中させることを目的とするものであった。しかし、その真の目的は、大名たちの江戸での生活に膨大な支出を余儀なくさせることによって、彼らの力を弱体化させることであった。４月になると、隊列を組んで、本国に帰る大名、本国から江戸にやってくる大名で、江戸の町の中は混雑したのである。（今田）

008 Samurai verabschieden sich und folgen ihrem Herrn

Die Samurai wurden auf zwei Weisen besoldet: karoku und yakuryô. Karoku war das für die Familie des jeweiligen Samurai bestimmte Entgelt, yakuryô erhielten sie für Tätigkeiten der Truppenführung, Waffenaufbewahrung, im Finanzwesen, bei der Steuereintreibung usw. Beide Einkommen wurden in Reis veranschlagt. Das karoku eines mittleren Samurai betrug etwa 50 koku (=7.5 Tonnen Reis pro Jahr und umgerechnet heute 2.5 Millionen Yen). Mit diesem Betrag konnte eine fünf- bis sechsköpfige Familie mühsam ihr Leben fristen, weshalb die lukrativen yakuryô-Dienststellen sehr begehrt waren. Besonders wenn man irgendwo im Finanzwesen des Shôgunats einen Posten ergattert hatte, konnte man auch Dienstreisen machen, z.B. zur Zweigstelle in Ôsaka, und dafür weitere Zuschläge bekommen.

Das Bild zeigt den Zugang zur Hauptstraße zwischen Kyôto und Edo, wo man sich von den Reisenden nach Edo verabschiedete. Die Stadt Kyôto war mit ihren zahlreichen Tempelanlagen ein "touristischer" Ort. Einem Samurai auf Dienstreise nach Ôsaka war es in der Regel gestattet, auf dem Rückweg Kyôto zu besichtigen, und die Geschäftspartner bzw. Lieferanten, die den Samurai in Kyôto herumgeführt hatten, begleiteten ihn danach sicherlich bis zu dieser Stelle und nahmen dann Abschied. Man sagt auch, daß die nach Edo Abreisenden genauso wie die aus Edo Ankommenden oft noch um zwei oder drei Uhr morgens zum Sake ins Teehaus gingen, um sich zu verabschieden bzw. das Wiedersehen zu feiern. (Konta)

００８　武士の勤務

　武士たちの生活の基盤は、家禄（かろく）と役料（やくりょう）の２本立てであった。「家禄」というのは、武士の属する「家」に与えられる俸給であり、「役料」というのは、武士の行なう「業務（部隊の統率、武器の保管、財務、徴税など）」に対して与えられる俸給である。ともに、米の量で表示され、中級の武士の家禄の手取りは５０石（１年間に米７．５トンで、今の金額にすると５００万円）位であり、これで家族５、６人の他に召使いを置いて暮らすのはなかなか厳しかった。したがって、大きな役料収入のある役職に付くことが最大の願望であった。とくに財務関係の役職に付けば、藩の大坂事務所への出張もあり、さらに手当が増えることになったのである。

　図は、京都と江戸とを結ぶ幹線道路であった東海道の京都側の入り口であり、京都から江戸へ旅する人たちが見送られる場所であった。京都は寺社参詣の観光地であり、大坂出張の武士たちも、帰る途中には京都観光を許されるのが常であり、出入りの商人たちが武士たちの観光案内をして、ここで見送るということもあったにちがいない。もっとも、解説には、夜中の２、３時のころから、江戸へ向かう人や、江戸からやって来た人たちが、茶店で酒宴をし、再会を喜び、あるいは、別れを惜しんだとある。（今田）

恐の森此方
をさして宮の御師の
内より出馬わ
ふりふりつ
夜を立ひらき
御師の茶店を
酒迎を催ふ
餞別留別の
ちる送るも
多かりぬ

やうやく日の足ふ
み違りく
盃を
け上り
由あるよ

009 Samurai üben sich im Reiten*

Nach den bukeshohatto, den vom Shôgun erteilten Richtlinien für die Lebensführung der Samurai, sollte sich jeder Samurai ausschließlich mit Wissenschaft und Kriegskunst beschäftigen. Sich mit anderen zu betrinken, den Frauen nachzustellen, um Geld zu spielen usw. galt als unrühmliches Tun, das als Weg in den nationalen Untergang kritisiert wurde. Da jedoch in den Unruhen von Shimabara (in den Jahren 1637 - 38 leisteten einige Lokalherren von Shimabara und die überwiegend zum katholischen Glauben übergetretenen Bauern gemeinsam dem Shôgunat Widerstand) zum letzten Mal Krieg geführt worden war, wurde es danach immer schwicrigcr, eine kriegergemäße, kampfbereite Lebenshaltung zu bewahren.

Das Bild zeigt eine Trainingsstätte für Reiter in Unemegahara. Nach der Idealvorstellung, sowohl in den zivilen als auch in den militärischen Künsten geschult zu sein (bunbu shûren), hatte der 8. Shôgun Tokugawa Yoshimune an der Stelle der ehemaligen Residenz des Matsudaira Uneme-no-kami eine Übungsstätte für Reiter errichten lassen. In der Nähe dieser Trainingsstätte siedelten sich allerdings bald Varieté- und Schauspielhäuser an, so daß schließlich ein Vergnügungsviertel für das gewöhnliche Volk entstand, und die Samurai ihrerseits ihre Übungen im Bogenschießen, Fechten, Reiten usw. vernachlässigten. Es geschah nicht selten, daß ein Samurai bei einer Reitübung vom Pferd fiel und sich schwer verletzte. (Konta)

００９　武士の心得

　武士の心得として将軍が定めた「武家諸法度」には、まず、「文武弓馬の道、専ら相嗜むべき事」とあり、仲間と集まって酒を飲み過ぎること、好色にふけること、博打をすること、などこれらはすべて亡国の原因であると戒めている。しかし、１６３０年代の「島原の乱（九州島原の豪族・キリスト教徒が団結して幕府と戦った事件）」を最後として戦争がなくなると、武士らしい緊張感をともなった生活態度の維持は困難となってきた。

　図は、「采女が原（うねめがはら）」にあった馬術訓練場の光景である。ここは、８代将軍・徳川吉宗が松平采女正の屋敷跡を馬場（馬術訓練場）にしたもので、吉宗の「文武修練（ぶんぶしゅうれん）」の理想に従って設営されたものである。しかし、その後、馬場の近くには、寄席や芝居小屋などが立ち並ぶようになり、ここは庶民の歓楽街の一つになってしまった。武士たちも、弓・剣・馬術の訓練などをともすればおろそかするようになり、時に、馬術の訓練をすれば簡単に落馬して大怪我をする始末であった。（今田）

采女ヶ原

010 Samurai beim rituellen Selbstmord

Farbige Bilderhandschrift, Anf. 19.Jh. Völkerkundemuseum.

 Die Handschrift aus dem Nachlaß Siebolds stellt die vielen grausamen Varianten des altjapanischen Strafvollzuges auf nüchterne und kunstlose Weise dar. Bei der stilgerechten Selbstmordart des Samurai (harakiri oder seppuku), die auch als Strafe verordnet werden konnte, hatte ein guter Freund des Todeskandidaten die Ehre, als Sekundant zu fungieren. Nachdem sich der Verurteilte den Bauch aufgeschnitten hatte, trennte der Helfer mit dem Schwert den Kopf vom Rumpf. Das Verbot dieses Brauches nach der Edo-Zeit wurde bekanntlich his in den Zweiten Weltkrieg hinein immer wieder durchbrochen. - Die besonders spektakuläre Wiederbelebung des harakiri im November 1979 durch den radikal ästhetizistischen Dichter Mishima Yukio, der nach der vergeblichen Anmahnung altjapanischer Gesinnung bei regulären japanischen Truppen "in Schönheit sterben" wollte, erinnerte indessen schmerzlich daran, wieviel Professionalität das traditionelle Schwert erheischt. Dem erwählten Helfer mißlang das Köpfen nämlich dreimal. Danach mußte erst ein anderes Mitglied seines Stoßtrupps einspringen. - Lit.: Yoshikawa Tetsushi, Hagakure no sekai, Kyôto 1993. Mishima, Yukio: Zu einer Ethik der Tat. Hagakure nyûmon, dt. Übers. v. Siegfried Schaarschmidt. München, 1987.) (Dufey)

０１０　腹きり

彩色絵入写本、十九世紀初期。民族学博物館蔵。

　シーボルトの遺比品の一つであるこの写本は昔の残酷な処刑の様々な形態を誇張せずに冷静に描出している。腹きり、又は音読で切腹と称される武士の毅然とした自殺の方法は刑罰の一つとして執行されることもあった。その際には自害するものの知り合いが介添人の役を勤めなければならなかった。有罪の宣告を受けた者が自ら腹をかき切ったあと、介添人は首を罪人の身体から切り落とした。このしきたりは江戸時代以降禁止されていたが、それでも第二次世界大戦中まで幾度も破られた。腹きりは１９７０年１１月、過激な耽美派詩人三島由紀夫によってセンセーショナルに復活した。かれは古き良き日本人のモラルを復興させようと虚しく激を飛ばしてあと、正規の軍隊で「美しい死」を遂げようとしたが、日本刀を使いこなすにはどれほどの練達の業を必要とするかを痛感させられた。選ばれた介添え役が三度首を切り損なったあと、彼の部隊の他の隊員が代役を務めなければならなかったである。(Dufey)

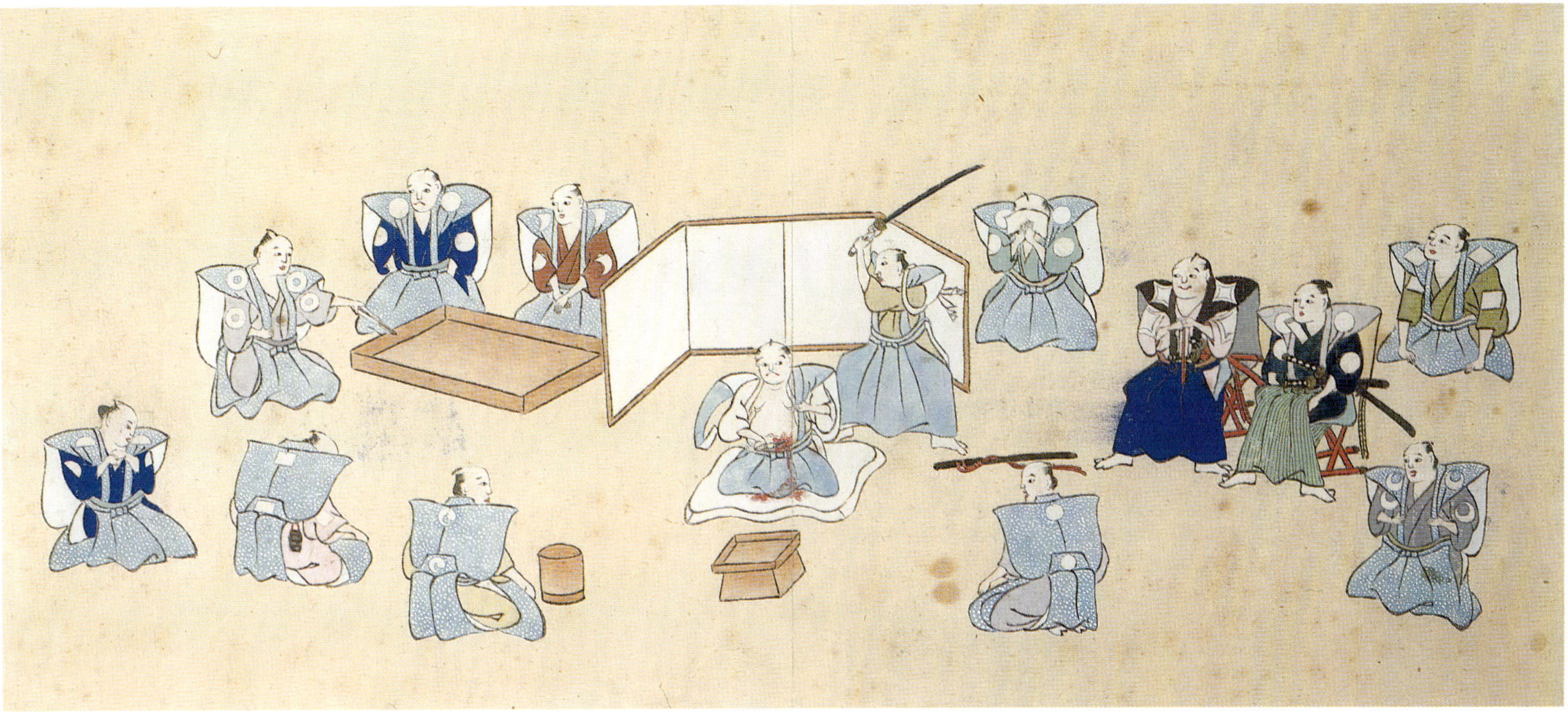

011 Samurai-Rüstung

Rüstung eines Lehensfürsten mit zwei Schwertern. Ende der Edo-Zeit. 134x66x46cm. Dazu Abbildung einer Rüstung aus Shisai Eisan: Buke setsuyôshû, 1681.

Die Rüstung eines Samurai war ursprünglich für den Kampf zu Pferde gedacht und bestand aus zahlreichen Ledersegmenten mit Metallplättchen, die mit Schnüren und Riemen verknüpft waren. Das ausgestellte Stück diente als eine Art von Prachtuniform (ôyoroi) mit vergoldeten Lederplättcchen und Seidenschnüren. Den eisernen Helm (kabuto) mit Nackenschutz ziert das obligatorische kuwagata (ein nach beiden Seiten weit ausladender Helmschmuck) wie ein bedrohliches Gehörn. Zum Exponat des Völkerkundemuseums wird eine beim Stichwort katchû (Panzer) abgebildete Rüstung für den Samurai aus dem Jahre 1681 aus einem Lexikon gezeigt, das die Staatsbibliothek jüngst erwerben konnte. - Lit. Philipp Franz von Siebold, 1796-1866. Hrsg. v. Michael Henker. München 1993. In: Veröffentlichungen z. bayer. Geschichte und Kultur 25. S. 19. Nr.1. (Dufey)

０１１　武士の鎧

二本の刀がついた大名の鎧。江戸時代後期 （１６０３－１８６７）。１３４ｘ６６ｘ４６ｃｍ。さらに思斎永三『武家節用集』（１６８１）の鎧の絵が見られる。

　元来、侍の鎧は騎乗の戦いのための防護服であった。鎧はかぶせ金具のついたたくさんの革からなる。それぞれの革は布紐や革紐によって結合される。ここに展示される大鎧は一種の豪華制服として利用されていた。この大鎧は絹の紐と金の薄板のついた革にしっかり結びつけられている。鉄兜には首筋を防護する革製の後ろかけと規定どりの鍬型はついている。この大鎧はミュンヘンにある民族学博物館のものである。さらに１６８１年の百科辞典も、「甲冑」という見出し語のところに、侍の鎧を描いている。この百科事典は州立図書館が最近購入したものである。(Dufey)

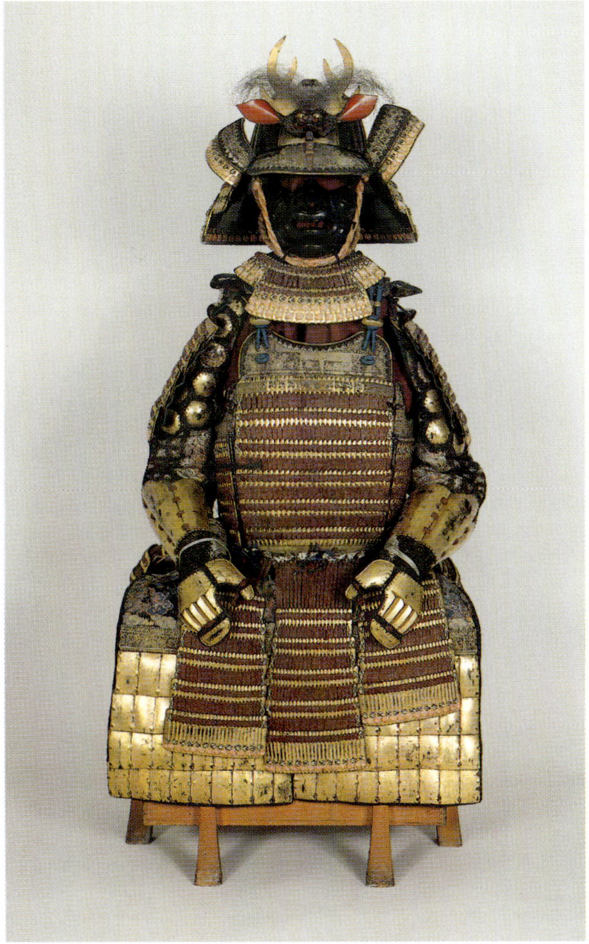

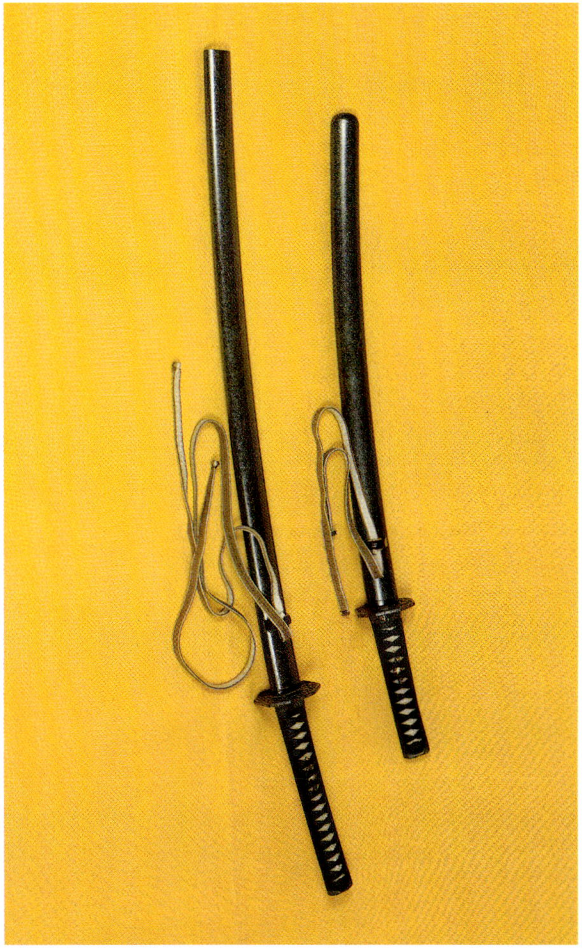

012 Shintoistische Priester

Wenn man früher aus der Ferne ein Dorf betrachtete, sei es ein Bauern- oder ein Fischerdorf, und dann inmitten dieses Dorfes oder auch außerhalb einen großen Wald entdeckte, konnte man sicher sein, daß dort ein Shintô-Schrein stand. Im Altertum hatten die politischen Machthaber auch die Funktion des Priesters. Sie ließen dort viele Schreine errichten, wo die Geister wohnten, nämlich in Bergen, bei großen Wasserfällen, an hohen Felsen und großen Bäumen oder aber auf ihren eigenen Grundstücken. Ab der Muromachi-Zeit etwa, als sich die Dorfgemeinschaften immer mehr entwickelten, bauten die Dorfbewohner gemeinsam einen Dorfschrein. In der Edo-Zeit gab es dann in jedem Dorf Japans einen Shintô-Schrein. Am Neujahrstag besuchten die Dorfbewohner zuerst den Shintô-Schrein. Man betete auch in jedem Dorf zu den Gottheiten um eine gute Ernte und hielt bei einem guten Ertrag prachtvolle Dankfeste ab. Darüber hinaus ging man bei bestimmten Lebensabschnitten der Kinder zum Schrein. Das Leben der Dorfbewohner und der Shintô-Schrein sind eng aneinander gebunden. Für die Instandhaltung des Dorfschreines, die Verehrung der Gottheit und die Leitung der verschiedenen religiösen Feste ist der Shintô-Priester zuständig.

Der Tennô war das Oberhaupt des Staates, gleichzeitig war er für alle shintoistischen Riten zuständig. Die höchste Gottheit wurde im Ise-Schrein verehrt. Eine vom Tennô ausgewählte Priesterschaft verrichtete dort ihre Arbeit. Das Bild zeigt eine der wichtigsten shintoistischen Feiern, das Kannamesai, bei der ein vom Tennô gesandter Shintô-Priester der Gottheit von Ise die neue Reisernte darbrachte. (Konta)

０１２　神主

　農村にせよ漁村にせよ、村を遠くから眺めたとき、村の中心、あるいは村はずれに大きな森が見えると、そこは神をまつる神社の場所と見てよい。古代には、権力者が自ら司祭者となって、神社を山中、大滝・大岩・大木の側など神霊の宿る所、また自分の邸宅内に設けていた。室町時代以降、村が人民の共同体として発展するにつれて、村人が神社を建てるようになり、江戸時代には、神社は全国の村に普及した。村人は正月にまず神社に参拝する。どこの村でも神に豊かな収穫を祈り、また収穫を感謝する祭りが盛大に行なわれた。子供の成長の節目節目にも神社に参拝する。村人の生活は神社との結びつきでなりたっていたのである。この神社を維持し、神を祭り、種々の儀式・祭礼を運営するのが「神主（かんぬし）」である。

　国家の最高位にある天皇は、同時に国内のすべての神の祭祀権をも握った。神々の中の最高位の神は、伊勢の「皇太神宮（こうたいじんぐう）」にまつられ、天皇によって選ばれた神官集団によって運営された。図は、天皇が特別の使者を遣わして、その年の新しい米を伊勢の神に捧げる、神宮の儀式の中でも最も重要な「神嘗祭（かんなめさい）」の場面である。（今田）

其二

度會宮 豐受太神宮

東宝殿

伝進御のえどに宣命をとなへ奉らんとして御祓伯
其の宣命を揚て常磐木の長月の日々語つく
事の宣命を揚て常磐木の長月の日々語つく
都にそ汝中呂旅かへりて奉らと勅を建て
の関を越て諸次あり宮川を渡り
の調物と続二のはぶりより下馬杉引
其馬を引きて中居宣命と申さは
なる折を引きて玉串御門の脇より
御祓をと告りて御祓
ニ添宣正盛の様と云ふ
祭神明代他を
ろと云ふに進んか
さにふして濤綺に一宿
御節らせ給ふを行付て
如させらせ給ふにとの
のゑ

013 Buddhistische Mönche

In aller Regel sieht man in den Dörfern neben dem Wald mit dem Shintô-Schrein auch das große Dach eines buddhistischen Tempels. Die (Shintô-) Dorfpriester hatten viel zu tun, aber die buddhistischen Mönche waren noch mehr in den dörflichen Alltag eingebunden. Die buddhistischen Mönche hatten nichts zu tun mit der weltlichen Macht. Sie machten sich die Rettung der Seelen zur Aufgabe. In der frühen Feudalzeit dienten die buddhistischen Tempel des öfteren als Asyl. Nachdem jedoch in der Edo-Zeit der Shôgun ein Verbot des christlichen Glaubens erlassen hatte, und danach alle Japaner einer buddhistischen Glaubensgemeinschaft angehören mußten, degenerierten die buddhistischen Mönche zu weltlichen Verwaltern, die sich lediglich um die Registrierung der zugehörigen Bevölkerung kümmerten. Trotzdem galt der Mönch im Dorf als religiöser und geistiger Führer und auch als Lehrer. Die zivilen Bildungsstätten in der Edo-Zeit wurden deshalb terakoya genannt, weil sie die Erziehungseinrichtungen der Tempel (tera) waren. Einen Shintô-Schrein suchte man auf, um vor dem Altar die Geburt eines Kindes kundzutun. Im Sterbefall gaben die buddhistischen Mönche das letzte Geleit, damit der Verstorbene ins Paradies gelange. Diese Glaubensformen sind bis heute erhalten geblieben.

In der Edo-Zeit gehörten sämtliche Tempel einer bestimmten religiösen Organisation an, an deren jeweiligen Spitze ein Haupttempel stand. Das Bild zeigt eine Szene aus einer buddhistischen Zeremonie im Kongôbuji, dem Haupttempel der Shingon-Sekte auf dem Berg Kôyasan: die Verneigung vor dem Bild des (Sekten-) Gründers Kûkai. Durch die Verehrung des Bildes eines Heiligen erhofften sich die Gläubigen insgeheim vermutlich dessen Wiedererwachen. (Konta)

０１３　僧侶

　村の中には、きまって、神社の森のほかに、寺院の大屋根も見えた。神主も忙しかったが、村人の生活にいっそう密着していたのが寺の僧侶であった。僧侶は世俗権力と一線を画して、魂の救済を任務とし、寺院は、時には「駆け込み所」としての役割も果していた。しかし江戸時代、将軍がキリスト教弾圧のために、すべての人民がいずれかの仏教宗派に所属するよう命じて以来、僧侶は所属の人民の登録簿を整理する世俗役人の一員となってしまった。それでも僧侶は、村の中の最高の宗教的・知的指導者であり、教師でもあった。江戸時代庶民教育の施設を寺子屋といったが、それは寺の教育施設の意味だったのである。日本人の誕生の祭りは神前で行なわれ、死に際しては僧侶の導きで極楽へと赴くことを祈るのであった。この信仰の形は今でもかわらない。

　すべての寺院は、本山を頂点とする、宗派組織に属していた。図は、真言宗の本山である高野山金剛峰寺における儀式を描いたもので、祖師・空海の画像を掲げて礼拝する場面である。聖人の画像を礼拝するという行為は、おそらく、聖人の蘇りを期待するという心性に基づいていたのであろう。（今田）

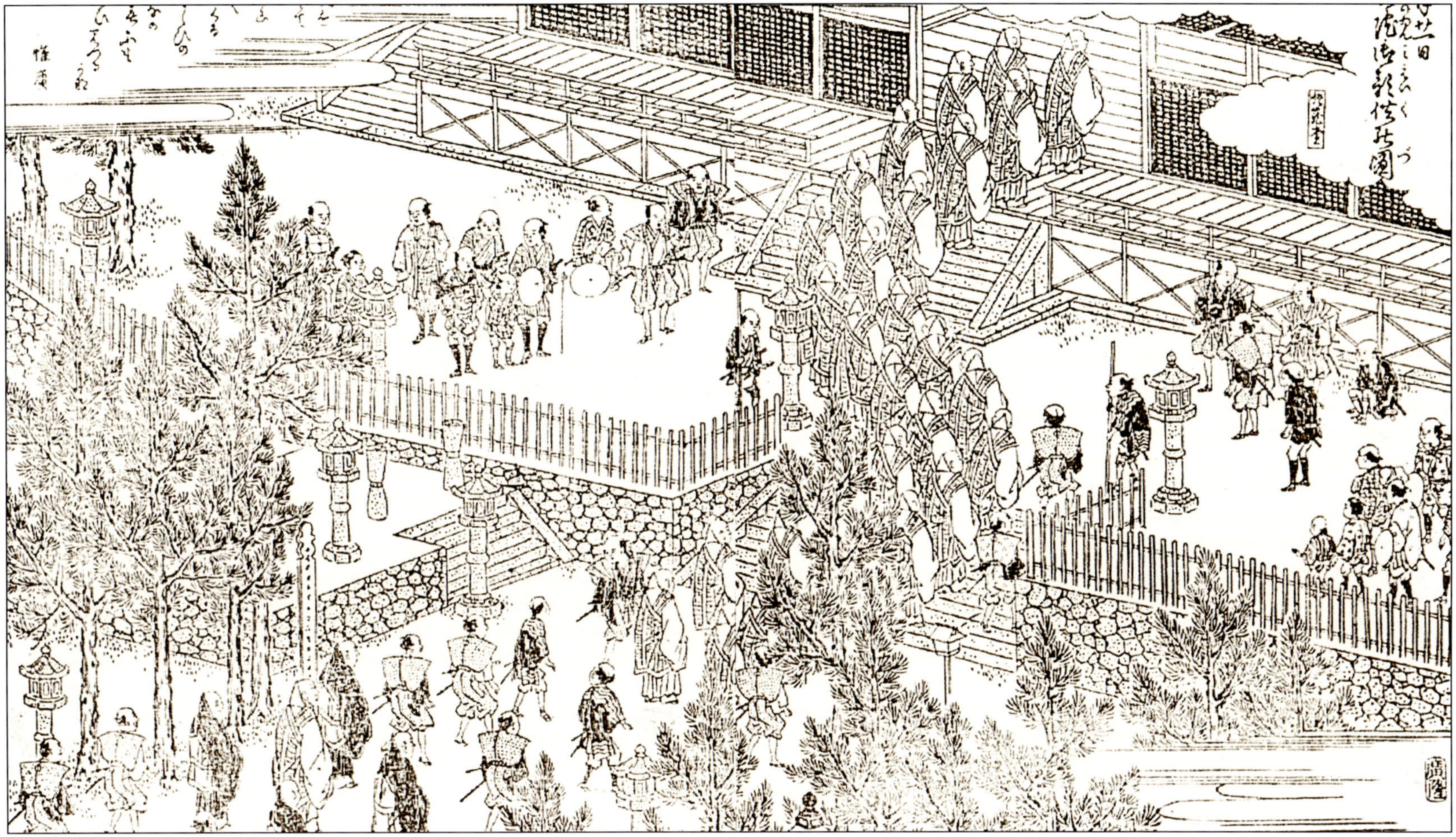

014 Mönche beim Nembutsu-Tanz (Amida-Buddhismus)

    Nach der buddhistischen Lehre gelangte die tote Seele entweder in das Paradies oder in die Hölle. Die Aufgabe eines buddhistischen Mönches bestand darin, die toten Seelen ins Paradies zu führen. Ursprünglich beteten die buddhistischen Mönche in Japan nur für den Tennô oder für die Hofadeligen. Der Mönch Kûya Shônin (10. Jahrhundert) machte jedoch, wenn es um die Rettung der Seelen ging, keinerlei Unterschied zwischen hochrangigen Persönlichkeiten und niedrigem Volk. Er bemühte sich um die Rettung aller Seelen und wurde darum sehr verehrt. Er wanderte durchs ganze Land, ließ Einrichtungen wie Brücken, Brunnen, Bewässerungsanlagen usw. für die Gemeinschaft bauen und sorgte für die Feuerbestattung der achtlos auf den Feldern ausgesetzten Leichen. Kûya lehrte seinen Anhängern die Gebetsformel "Namu Amida-Butsu" und trieb sie zum Gebet für die Wiedergeburt im Paradies an.

    Das Bild zeigt eine Szene im Winter mit Anhängern Kûyas, die "Namu Amida-Butsu" rezitieren und um die von Kûya in Kyôto errichtete Halle tanzen. Die Mönche ziehen danach Kalebassen schlagend und Amida-Butsu rufend durch die Kaiserstadt Kyôto und ihre Umgebung. Dieses Herumziehen hat seinen Ursprung in einer Legende, die erzählt, Kûya habe Taira no Sadamori, der Tag und Nacht mit der Jagd beschäftigt gewesen war, darüber belehrt, daß das Töten von Tieren etwas Schlechtes sei, woraufhin jener sein bisheriges Leben bereut habe. Von da an sei Sadamori jede Nacht die Kalebasse (ein Geschenk Kûyas) schlagend und Amida-Butsu rufend durch die Stadt gezogen. Die Anhänger Kûyas schlagen die Kalebassen im Rhythmus, rezitieren gemeinsam das Nembutsu und geben sich einer religiösen Exstase hin. (Konta)

０１４　踊る僧侶

　仏教の教えでは、死後霊魂は、極楽に行くか地獄に堕ちるかいずれかであり、僧侶の任務は、霊魂を極楽へと導くことにあるとされた。もともと僧侶は、天皇・貴族の為に祈るのが一般的であった。ところが、１０世紀の空也上人は、魂の救済には天皇・貴族・庶民の区別はないという態度で、万人の魂の救済活動を展開し、尊崇をうけた。空也は、諸国を回って道を開き、橋を架け、井戸を掘り、潅漑の施設を作るなどの社会事業を行い、野原に捨てられた死骸を見れば集めて火葬にした。そして、人々に「阿弥陀仏（あみだぶつ）」の名号（みょうごう）を唱えて、一心に極楽往生を祈ることを勧めた。

　図は、空也が京都に建てた「空也堂（くうやどう）」で、空也に帰依した人々が、冬のさなか、念仏を唱えながら踊っている場面で、彼らは、この後、瓢箪（ひょうたん）をたたきながら京の内外を念仏して歩き回るのである。これは、狩猟に明け暮れていた平定盛（たいらのさだもり）が、空也から殺生の恐ろしさを諭されて悔悟し、それから毎夜市中を、空也から与えられた瓢箪をたたきながら回ったという、伝説に基づくものである。信徒たちは、集団で瓢箪をリズミカルにたたき、一心に念仏をとなえ、宗教的エクスタシーに身をまかせるのである。（今田）

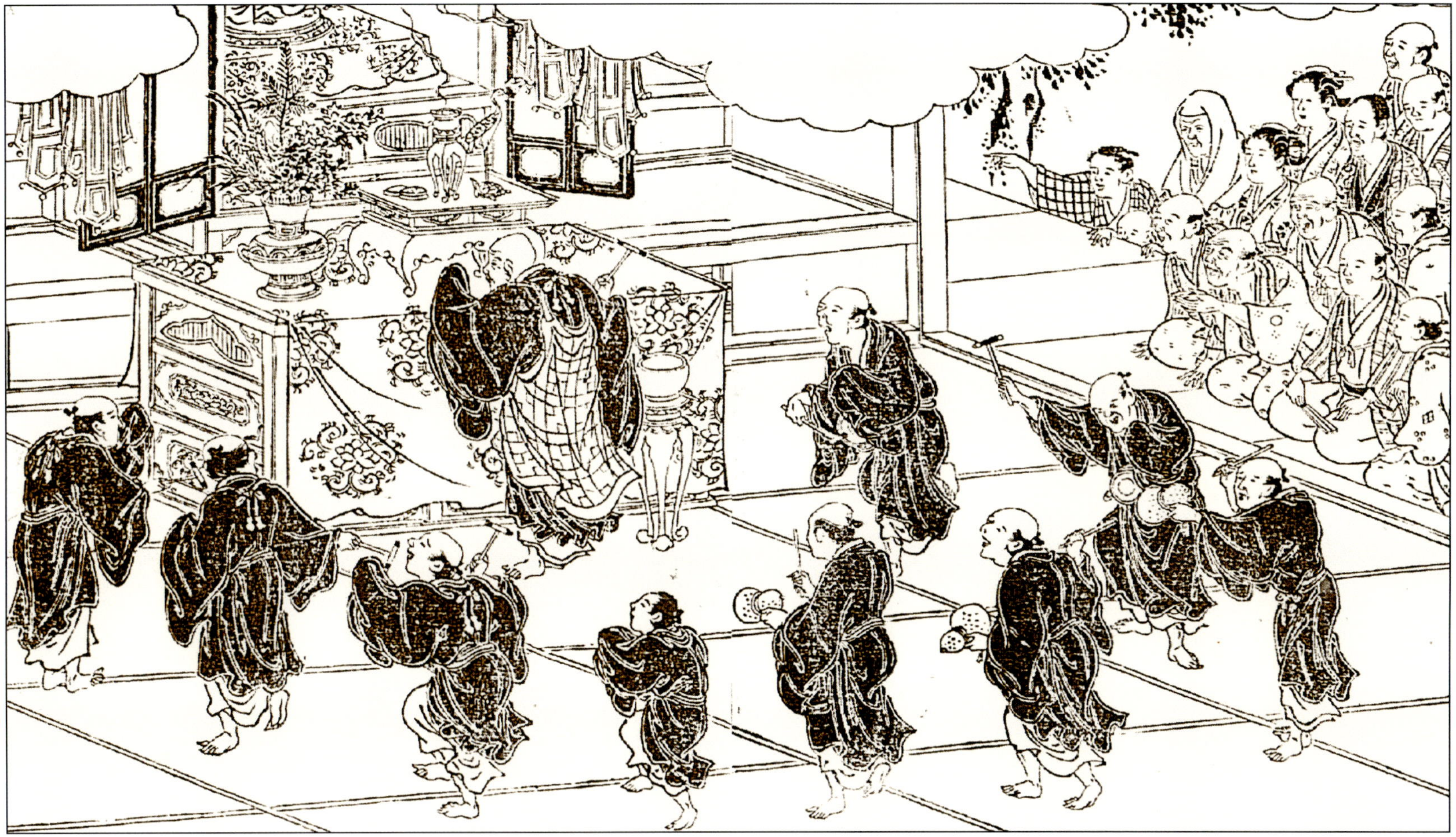

015 Meditierender Mönch (Zen-Buddhismus)

Die wichtigste Übung für die Mönche war im allgemeinen die Lektüre und das Verständnis der buddhistischen Sutren. Für die um die Kamakura-Zeit nach Japan eingeführte Schule des Zen-Buddhismus jedoch war die wichtigste Übung das Zazen. "Zen" bedeutet "stille Versenkung". Man versucht im Zazen die Lehre Buddhas zu erfahren, indem man wie der Buddha im Lotus-Sitz konzentriert meditiert. Man kannte diese Übungsmethode schon seit der Einführung des Buddhismus in Japan, aber praktiziert wurde sie erstmals in der Zen-Schule. Eisai, der Gründer der japanischen Rinzai-Sekte, und Dôgen, der Gründer der Sôtô-Sekte, haben beide den Geist und die Methode des Zazen erläutert. Sie haben dadurch großen Einfluß auf die geistige Kultur der Samurai ausgeübt.

Das Bild zeigt Shôsan Oshô, einen in der Edo-Zeit von der chinesischen Zen-Sekte Ôbaku nach Japan gesandten Mönch, bei der Meditation. Er hat im 17./18. Jahrhundert als Schüler Tetsugen Oshôs aus Osaka Zen gelernt. Als ordinierter Mönch ließ er sich später auf der Insel Awajima nieder und lehrte dort. Er stellte auch Medikamente aus selbstgepflückten Heilkräutern her und verteilte sie kostenlos an die einheimische Bevölkerung. Er lebte bescheiden und asketisch und war sozusagen der ideale Mönch. Es heißt, er habe häufig in einer Felsenhöhle am Meeresufer gesessen und meditiert. (Konta)

０１５　座禅する僧侶

　仏教の僧侶の修行の第一は、一般的に、仏陀の教えを解説する経典を読んで、それを理解することであった。しかし、鎌倉時代に中国から導入された「禅宗」は、修行の第一は「座禅」であると主張した。「禅」とは「静かな瞑想」という意味であり、「座禅」とは、仏のように足をくんで坐り、精神を統一して瞑想し、仏の教えを体得しようとする仏教修行法の一つである。この修行法は、すでに仏教伝来とともに日本で知られていたのだが、禅宗が導入されてから、本格的に行なわれるようになったのである。臨済宗の栄西（ようさい）、ついで曹洞宗の道元（どうげん）がそれぞれ座禅の精神と方法を説き、武士の思想・文化に大きな影響を与えた。

　図は、江戸時代に伝来した黄檗宗（おうばくしゅう）の僧侶・勝算和尚（しょうさんおしょう）の座禅の姿である。彼は、１７、１８世紀、大坂の鉄眼和尚（てつげんおしょう）の弟子として修行し、道徳・見識ともにすぐれた僧となって、淡路島の国清庵（こくせいあん）に入って人々を教導した。彼はまた、自ら薬草を採取して薬を作り、庶民に分かち与え、利益をむさぼる事なく清廉の生活をおくった。いわば理想的な僧だったのである。彼は、しばしば海岸の洞窟の中の岩の上に座って宗教家としての自己を鍛えたという。（今田）

尚賀の
磯子
坐禅す

常仙
主雲

016 Der Wandermönch Myôjitsu (Lotus-Buddhismus)

Toyokuni, Shugyôsha Myôjitsu, Gr. Farbholzschnitt, Späte Edo-Zeit.

 Zur Ausbildung der Priester vieler buddhistischer Schulen in Japan gehörte auch eine Zeit längerer Wanderschaft. Der Holzschnitt zeigt den Nichiren-Mönch Myôjitsu (1297-1364) aus Kyôto mit beiden Händen auf einen Pilgerstab mit Ringen gestiitzt und auf dem Rücken einen großen Schrein tragend. Er studierte bei Nichisô, einem unmittelbaren Schüler des Sektengründers und avancierte später zum Abt und Berater des Tennô. Solche Pilger waren auch auf den Straßen der Edo-Zeit ein vertrautes Bild. Ferner dienten ihre besondere Kleidung in vielen Theaterstücken den verfolgten Helden als Tarnung. - Lit.: Sôgô Bukkyô Daijiten. 1988. S.1379. (Dufey)

０１６　修行僧

豊国筆、　修行者妙実、彩色大判、江戸時代後期。

　多くの仏教の宗派では僧侶が一定期間遍歴の旅に出ることも修行の一つとされていた。この木版画では京都出身の日蓮宗の僧、妙実（１２９７－１３６４）が聖遺物の入った大きな箱を背負いながら、金属の輪のついた巡礼用の杖を握っている。開祖日蓮の弟子の一人で、後には自らも開祖となり、天皇の顧門も勤めた。日像に妙実は教えを受けている。江戸時代には、このような巡礼者のいる風景は身の主人公が逃げる場合の擬装としても役立られた。(Dufey)

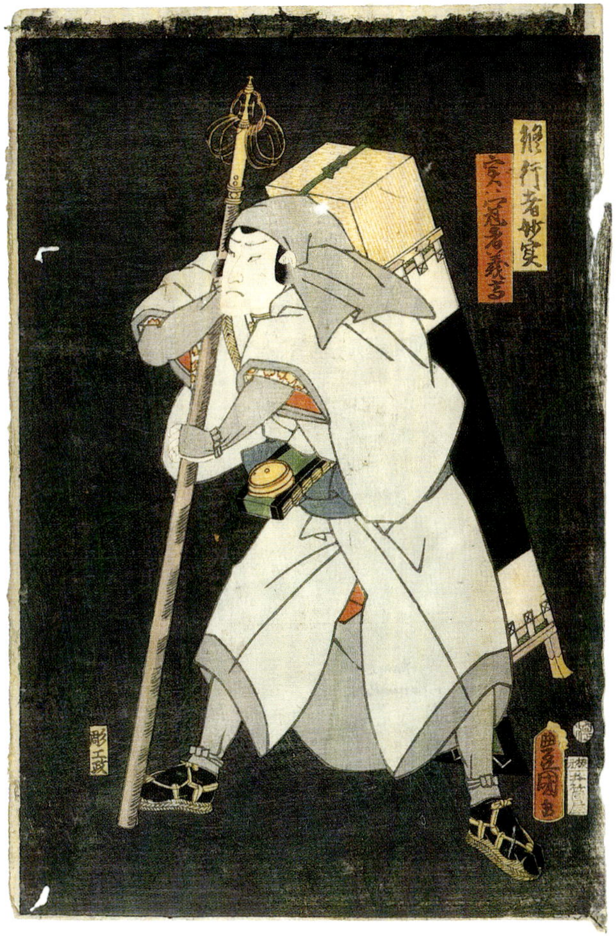

017 Bauern beim Reispflanzen*

 Die Bauern waren die Stütze der Feudalgesellschaft. Obgleich ihnen in der hierarchisch aufgebauten Samurai-Bauern-Handwerker-Kaufleute-Gesellschaft (shi-nô-kô-shô) sogar der zweithöchste Rang eingeräumt war, lebten sie meistens in großer Not. Das hatte darin seinen Grund, daß sie 40-50% ihrer gesamten Ernte an die Obrigkeit abliefern mußten. Vom Bakufu war die Verordnung Keian no ofuregaki erlassen worden, nach der "ein Bauer frühmorgens aufstehen, vormittags mähen, mittags die Felder bestellen, abends Seile drehen und Strohsäcke flechten usw., und all diese Arbeiten mit großer Sorgfalt erledigen" sollte. Es wurde den Bauern darin also ihr Idealtyp vorgestellt. Darüber hinaus mischte sich diese Verordnung aber auch in das Eheleben ein. Der Ehemann sollte sich mit Feldarbeit, die Ehefrau sich mit Weberei und Zubereitung des Abendessens verdient machen. Beide Eheleute sollten also arbeiten. Sollte die Ehefrau ihren Ehemann vernachlässigen, gerne viel Tee trinken, öfter ausgehen, dann hat der Mann sich von ihr zu trennen, egal wie schön sie auch sein mag. Zum Abschluß wird dann in der Verordnung wichtigtuerisch der Spruch verkündet: "Das Leben der Bauern ist ganz einfach, denn der Bauer braucht nichts anderes zu tun als jährlich seine Abgaben zu entrichten."

 Das Reisauspflanzen im Mai gehörte zu den wichtigsten Feldarbeiten, und es waren alle Dorfbewohner daran beteiligt. Manchmal begleiteten einige Männer die Reis pflanzenden jungen Frauen zur Anfeuerung mit Flöten und Trommeln. Das Bild zeigt, wie selbst der Bodhisattva Jizô die rechtschaffenen Bauersleute bei der anstrengenden Arbeit unterstützt. (Konta)

０１７　田植をする農民

　封建社会を支えたのは農民である。彼らは、「士農工商」という社会的ヒエラルヒーからいうと、２番目に位置づけられいるが、収穫量のうち４０～５０％を収奪される厳しい状況下に置かれていた。幕府は「慶安のお触書」という通達を発していた。それには、農民は「朝おきをいたし、朝草を刈り、昼は田畑耕作にかかり、晩には縄をない、俵を編み、何にてもそれぞれの仕事、油断なく仕るべき事」などとあって、農民としての理想的な姿を教え込もうとしている。また、「男は作をかせぎ、女房はおはたをかせぎ、夕なべを仕り、夫婦ともにかせぎ申すべし。しかればみめかたちよき女房なりとも、夫のことをおろそかに存じ、大茶をのみ、物まいり遊山ずきする女房を離別すべし」と、夫婦生活のあり方にも干渉を加え、最後には、「年貢さへすまし候えば、百姓ほど心安きものはこれなく」という訓戒を垂れている。

　農民の生活は、５月の田植が最も大きな仕事の一つであった。家族労働が基本であるが、かつては村中総出で共同作業で苗を植えた。何人かの男たちが笛や太鼓で音楽を演奏し、田植をする女性たち（早乙女）を励ます場合もあった。図は、正直に働く農民を「地蔵菩薩」も援助して、厳しい労働を助けたという物語である。（今田）

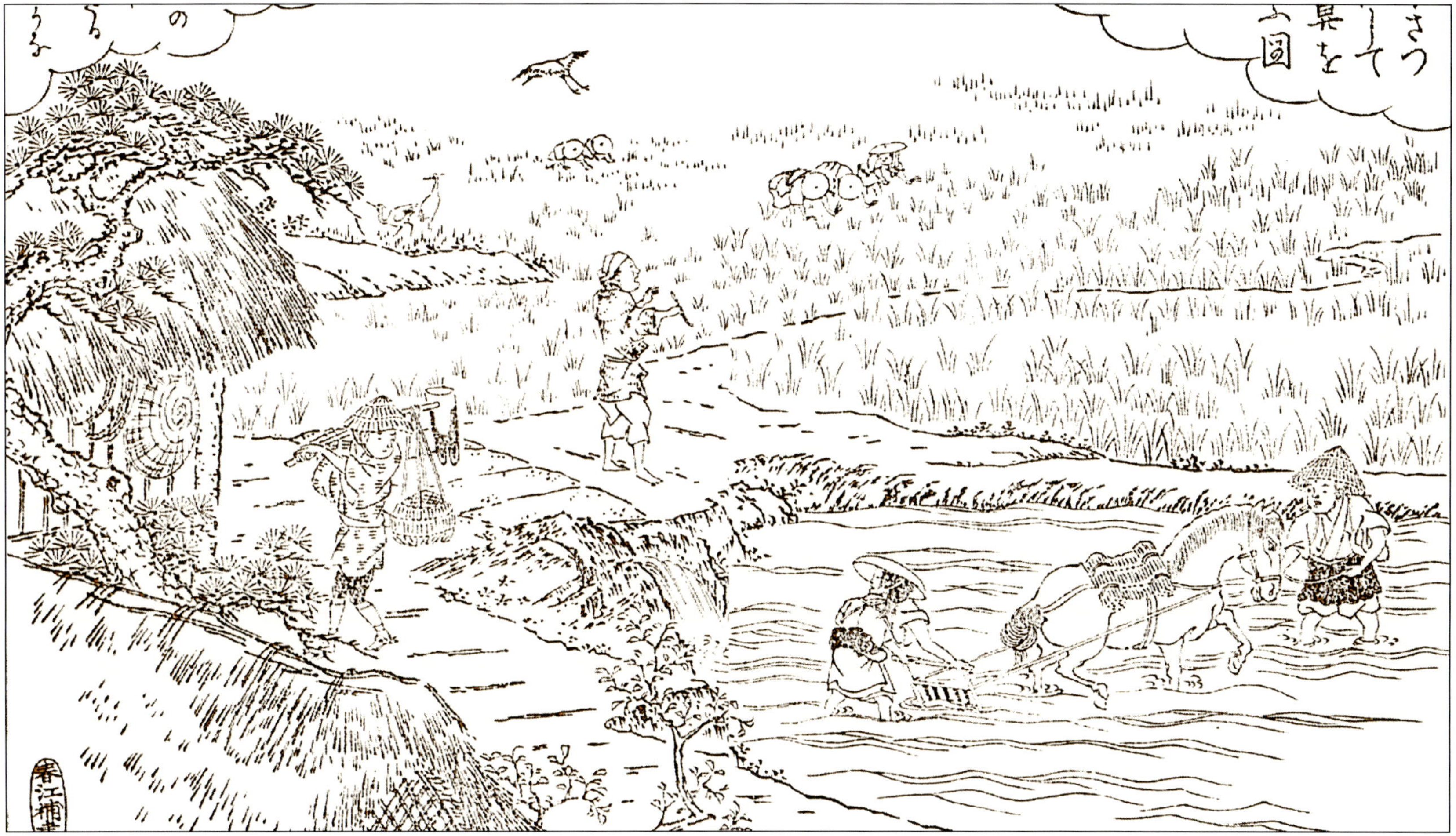
さつ
して
具を
ふ図

018 Bauern beim Reisernten

Noch eine der besonders wichtigen Arbeiten des Bauern ist die Reisernte im Herbst. Er ist überglücklich, wenn sein Reis die Taifune im September überstanden hat, und er ihn mit vollen Ähren ernten kann. Früher konnte man überall beobachten, wie danach die Frauen und die Kinder die noch liegengelassenen Reisähren auflasen.

Das Bild zeigt eine Reisernteszene in Oyodohama in Ise, einem Landstrich mit mildem Klima. Es ist ein harmonisches Bild, und an den prächtigen Ähren freuen sich auch einige herbeigeflogene Kraniche, die als heilige Vögel galten. Allerdings war diese Freude nur von kurzer Dauer, da die Bauern den größten Teil ihrer Ernte an den Landvogt (einen Shogunatsbeamten) abgeben mußten. Wenn jemand die obligatorische Jahresmenge nicht liefern konnte, mußte er sein Grundstück verpfänden, oder seine Frau und Töchter anderen Leuten als Dienstmädchen verdingen. Die Dorfmitglieder waren nämlich bei der Erfüllung des Jahressolls zu solidarischer Verantwortung verpflichtet. Es gab auch Fälle, in denen Bauerntöchter an Freudenhäuser verkauft wurden und als Freudenmädchen endeten. (Konta)

０１８　稲刈する農民

　農民のもう一つの大きな仕事は、秋の「稲刈り」である。９月の台風のシーズンを無事に乗り切り、豊かに実った稲を刈る喜びは、何物にもたとえがたい。稲刈りの済んだあと散らばった落穂を拾う女子どもたちの姿は、どこにでも見られた光景である。
　図は、伊勢の「大淀浜」という温暖な田園地帯の稲刈りの場面である。稲もよく実り、「霊鳥」と考えられていた鶴も飛来して、収穫の喜びを分かちあっているという心和む情景である。しかし、稲刈りがすめば、代官のところに多くの米を税として納めなければならず、歳の暮れは農民にとって、厳しいものであった。もし、年貢の米を納めることができなければ、村中が連帯責任を押しつけられたので、納税できない農民は、土地を抵当に金を借り、あるいは妻や娘を奉公に出さなければならなかった。「廓（くるわ）」に奉公に出され遊女となる娘もあった。（今田）

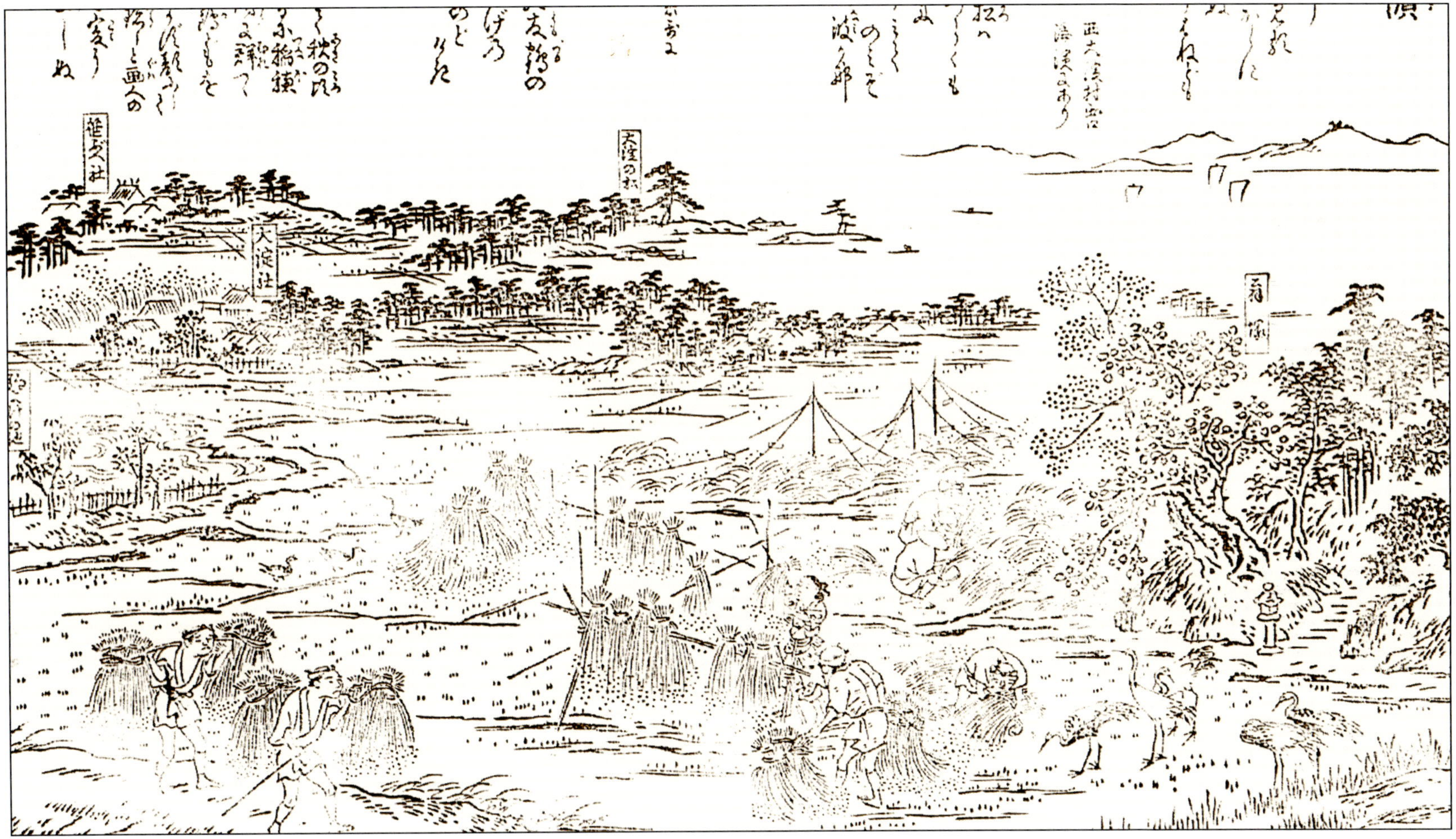

大淀の松
大淀社

019 Wassergetriebene Reismühle

 Die Produktivität in der Landwirtschaft war im beginnenden 17.Jahrhundert nach der Sengoku-Zeit schnell angestiegen. Die Anbaufläche wuchs von drei Millionen Hektar auf sechzehn Millionen, und der Reisertrag verdoppelte sich. Der Grund dafür waren Entwicklungen in der landwirtschaftlichen Technik. Erstens säte man neue Pflanzen, wie Baumwolle oder Raps (also Grundstoffe für die Manufakturen), zweitens erfand man bessere Düngemittel. Drittens wurden verschiedene landwirtschaftliche Geräte und Werkzeuge entwickelt.

 Das Bild zeigt ein durch Wasserkraft angetriebenes Holzrad in einem Dorf südlich von Kyôto, mit dem der Reis poliert und gemahlen wurde. Wasserräder hat es zwar schon im Altertum gegeben, aber deren Vorrichtungen waren nicht so ausgeklügelt. (Konta)

０１９　水車

　１７世紀、戦国時代が過ぎ、平和な徳川時代となると、農業生産は著しい上昇を示した。耕地面積は１６０万ヘクタールから３００万ヘクタールに増加し、米の生産量も倍増した。それは、農業技術の発展を基礎としていた。技術的発展の第１は、新しい作物、とくに手工業原料となる綿・菜種のような作物が新たに植えられるようになったこと、第２に、作物の生育を助ける肥料が改良され、乾燥した鰯（いわし）、菜種油の絞り糟（しぼりかす）などが販売されたこと、第３に、労働生産性を高めるさまざまな道具・器具の開発が行なわれたことである。例えば、千歯扱（せんばこき）、唐箕（とうみ）などは、新しい道具である。

　図は、京都の南方のある村に設営されていた水を動力とする、精米・製粉のための「水車（みずくるま）」である。もちろん、水車は古代以来存在したが、これほど精巧な装置はなかった。　（今田）

川
の
流
れ
を
ひ
く
ら
し
て
昼
夜
を
わ
か
た
ず
蒸
た
る
白
米
を
つ
き
て
麹
の
粉
と
な
し
酒
造
家
に
贈
り
て
是
を
釀
す

羽車

020 Salzgewinnung

Reis, Gerste, Sojabohnen, Kolbenhirse und Hirse nannte man früher "die fünf Getreidesorten" (gokoku). Sie waren die Hauptnahrungsmittel der Japaner. Etwa ab Anfang des 17. Jahrhunderts begannen die Japaner, statt Kolbenhirse und Hirse den Reis zu bevorzugen. In dieser Zeit entwickelte man auch zahlreiche Kochrezepte für die Beilagen. Daher nahm der Bedarf an Gewürzen, Salz, Sojabohnenpaste, Sojasoße, Zucker und Honig stark zu. Vor allem Salz wurde immer mehr produziert. Denn es diente als wichtiger Grundstoff für die Herstellung von Sojabohnenpaste und Sojasoße und war für die Konservierung von Fischen (den wichtigsten Spendern tierischen Eiweißes) unerläßlich.

Akaho in der Provinz Harima war bekannt für seine Salzgewinnung. An bestimmten warmen Plätzen mit täglich langer Sonneneinstrahlung wurden dort Salzfelder angelegt. Man teilte z.B. einen sandigen Strand in einzelne Parzellen auf und leitete das Meerwasser dorthin oder besprengte dieses Feld mit heraufgepumptem Meerwasser. Das Wasser verdunstete aufgrund der Sonnenwärme, und man gewann sehr salzhaltiges Restwasser. Um das Salz zu gewinnen, kochte man nun dieses bereits stark salzige Wasser in einem großen Kessel und ließ es solange sieden, bis keine Feuchtigkeit mehr da war und sich Salzkristalle gebildetet hatten. (Konta)

０２０　製塩

　日本人の食生活の中心は、「五穀（ごこく）」といわれた米・麦・大豆・粟（あわ）・稗（ひえ）であった。なかでも１７世紀に入ると、粟や稗に代わって、米を食べる習慣が広がり、副食品の料理法が多彩なものとなった。庶民の食生活も多彩になり、料理法の工夫が行なわれるようになって、料理に不可欠な、塩・味噌・醬油・砂糖・蜂蜜の需要供給も増大した。特に塩は、味噌・醬油の原料であり、また、動物性蛋白源として貴重な魚類の保存のために必要であったので、その生産量が著しく増大した。
　塩の生産地として著名なのは、播磨国の赤穂で、温暖で日照時間の長い土地柄に合わせて「塩田（えんでん）」が経営された。「塩田」というのは、砂浜を田圃のように区切って海水を取り込んだり、また、汲み上げた海水を撒くなどして、太陽熱で水分を蒸発させ、塩分濃度の高い塩水を作る場所のことである。塩を得るためには、この濃度の高い塩水を、さらに大きな釜にいれ、沸騰させて、水分を完全に蒸発させて、塩を結晶化させるのである。（今田）

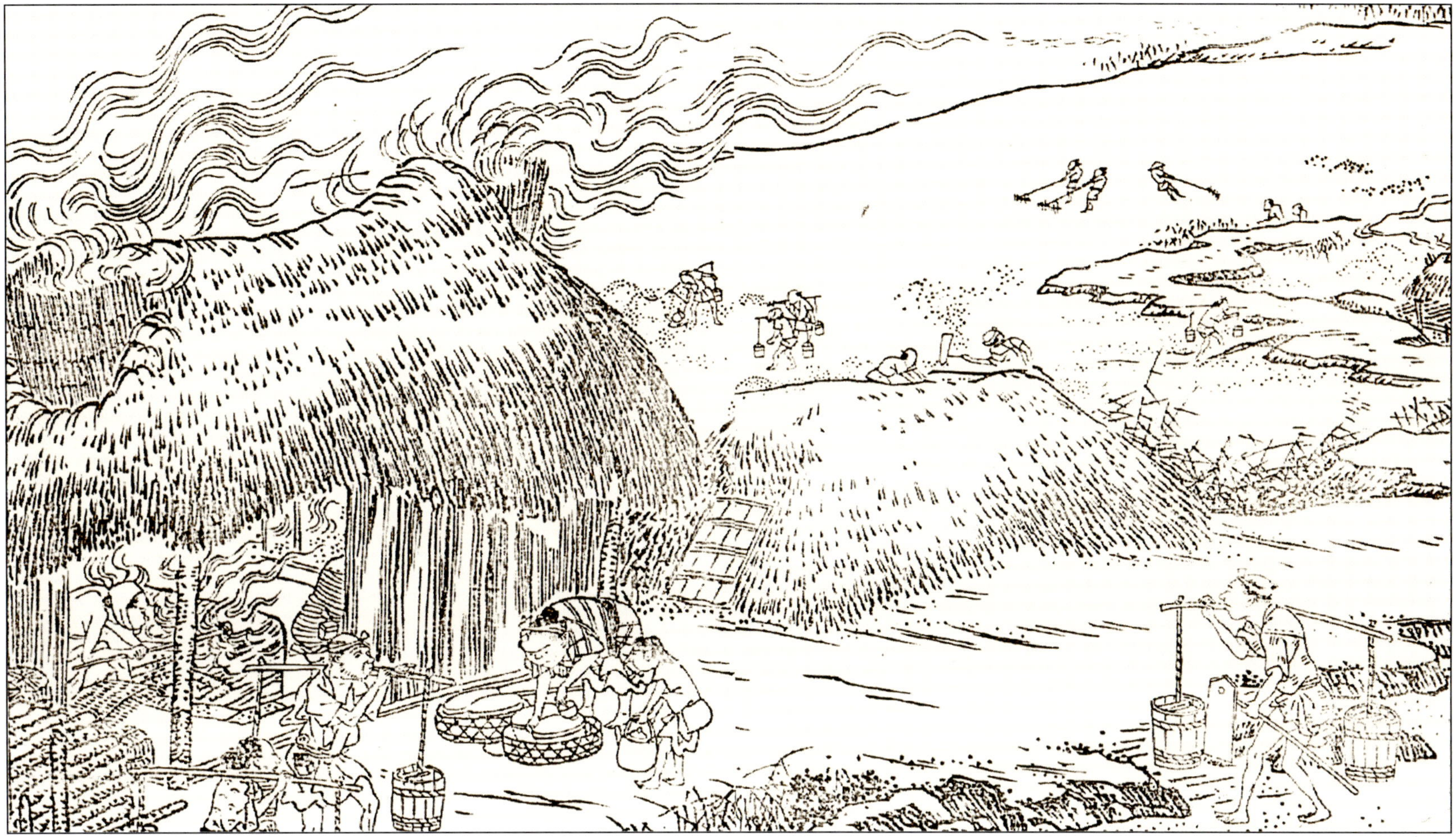

021 Bergbau auf der Insel Sado.

Sashû kingin saisei zenzu. Mit Panoramakarten, 19.Jh.

Die Insel Sado, die größte im japanischen Meer, diente im Mittelalter als Verbannngsort für Prominente wie Kaiser Juntoku, den Sektenstifter Nichiren oder den Nô-Dichter Zeami. Nachdem man aber um 1600 beim Dorf Aikawa Gold- und Silber- Vorkommen entdeckt hatte, wurde Sado als Sonderzone unter direkter Aufsicht des Shogunats einem Gouverneur, dem Sado bugyô, unterstellt. Dieser befehligte einen Beamtenstab sowie 100 yoriki und dôshin als Gendarmen. Nachdem zunächst bis zu 100 Tonnen Gold und Silber im Jahr gefördert werden konnten, sank die Produktion rasch auf weniger als ein Zehntel ab. Geichwohl gedieh eine Tradition minutiöser Darstellung der Grubenorganisation auf Bildrollen seit 1716. Die aufgerollte Handschrift aus dem frühen 19. Jh. zeigt anschaulich alle Phasen der Förderung, die Wasserhebung durch Schöpfwerke, die Vermünzung sowie die rigiden Einrichtungen zur Gruben- und Münzkontrolle. - Lit.: Brown, Yu-Ying, Byways in Japanese illustration. In: British Library, Occasional papers 11, S.289. - Kodansha Encyclopedia of Japan. III, S.362ff. (Dufey)

０２１　佐渡島の採鉱

佐州金銀採製全図、十九世紀。

　日本海に浮かぶ最大の島である佐渡島は、中世には順徳天皇や開祖日蓮や能役者世阿弥等の著名人流刑の地とされていた。しかし、１６００年頃佐渡島の相川で金と銀の埋蔵が明らかになってから、佐渡は幕府直轄の特別地域として佐渡奉行の支配下に置かれた。　この奉行は部下の役人たちや与力や同心をして警察の役割を果たさせた。金と銀は初期には年間約１００トンも採掘されたが、まもなく１０分の１以下の量に下がった。にもかかわらず、絵巻物として坑内の構成を詳細に描出するしきたりが１７１６年頃から流行りだした。　ここに展示された写本は十九世紀初期のもので、採掘や汲み上げ機で水を掻き出し、貨幣を製造するまでの全工程、ならびに厳重な監視装置を描いている。(Dufey)

金銀山敷内稼方之圖

金掘大工金吹
鍵宿へ向ヶ
引立可事

間切役之所
書役
山見役
目付役
棒頭役

間切役人立合縄引改
會所留

此豪ヨリ敷内へ入
金銀銅鍵宿出入

釜之化粧

待楊萬子

022 Fischfang*

Was die Eiweißquellen in der Ernährung angeht, so sind Tôfu und Nattô reich an pflanzlichem Eiweiß. Tierisches Eiweiß aber bezogen die Japaner hauptsächlich aus Fisch. Rind-, Pferde- oder Schafsfleisch wurden gelegentlich als Heilmittel verwendet, aber normalerweise nicht gegessen.

Ukai, das Fangen von Fischen mit Hilfe eines dressierten Kormorans, hat man am Anfang des 17. Jahrhunderts angeblich auch in Frankreich und England versucht. Aber etabliert hat sich diese Fangmethode in China und Japan. Der Kormoran hat in der Regel beträchtlichen Appetit und frißt pro Tag etwa 40 (etwa 10cm große) Fische. Er ist auch in der Lage, einen Fisch von 35cm Länge hinunterzuschlucken und in kürzester Zeit mittels starker Enzyme zu verdauen. Damit der vom Kormoran im Meer gefangene Fisch nicht den Magen erreicht, sondern in der Speiseröhre bleibt, bindet man dem Kormoran den unteren Teil des Halses zu. Das Bild zeigt eine ukai-Szene auf dem Nagara-Fluß in Gifu in der Provinz Mino. Ein Kormoran-Meister (ushô) dressiert einen Kormoran. Am Bug des Bootes brennt ein Fischfeuer. Man praktiziert diese Fangmethode heute noch. Als Naturschauspiel zieht sie viele Touristen an. (Konta)

０２２　漁労（ぎょろう）

　日本人の食生活における蛋白源のうち、植物性のものとしては、豆腐・納豆があるが、動物性蛋白源の中心は魚類であった。牛・馬・羊などの家畜の肉は、薬用に食べることはあったが、普通の時には食べなかった。

　飼い慣らした鵜を使って魚を採る漁法が「鵜飼（うかい）」で、ヨーロッパでも１７世紀の初めにフランスやイギリスでも試みられたことがあると言われるが、技術として定着したのは中国と日本である。鵜は大食で、１０センチ位の魚なら、１日に４０尾を食べてしまう。３５センチ大の魚でも丸飲みすることができ、強力な消化酵素で短時間で消化してしまう。そこで、鵜を水中に放って魚を取らせるのであるが、その際、鵜の頚部下端を紐でしばり、飲み込んだ大きな魚が胃に届かないように、食道に溜るようにしておくのである。

　図は、美濃の岐阜を流れる長良川の「鵜飼」の様子である。ここでは、「鵜匠」と呼ばれる鵜飼の技術者が、船の舳先（へさき）にかがり火を吊し、鵜を巧みに操って魚を取らせているのである。この漁法は、現在でもほとんど変わらず保存され、夏の風物詩として、多くの観光客を集めている。　（今田）

夕やみの
まぎれに
堀しく
粒洞
長柄
川成
くるし
篝火
八幡
美濁

023 Walfang*

Zwischen dem Wal und den Japanern hat es schon immer eine enge Beziehung gegeben. In den Kochbüchern der adeligen Gesellschaft der Muromachi-Zeit (Ende des 15. Jahrhunderts) wird der Wal neben dem Karpfen als Edelfisch erwähnt. Man findet darin auch die Zubereitungsmethoden aufgeschrieben. In der Sengoku-Zeit (16. Jahrhundert) gingen die Menschen der Fischerdörfer gemeinsam auf Walfang, und zwar besonders in den Provinzen Ise, Owari, Sagami. Die neuere Forschung hat allerdings Zweifel daran, ob es sich bei den damals gefangenen Fischen tatsächlich um Wale handelte, es könnten auch Delphine gewesen sein. Am Anfang hat man für den Walfischfang Harpunen verwendet. Später in der Edo-Zeit haben die Fischer der Stadt Taichi in der Provinz Kishû (Präfektur Wakayama) Wale in einer gemeinsamen Aktion mit Hilfe eines Netzes gefangen. In der zweiten Hälfte des 17. Jahrhunderts haben sie auf diese Weise anscheinend sogar den mehrere Meter langen Gondô-Wal und noch größere Wale gefangen.

Das Walfleisch wurde gegessen, das Öl für Lampen benützt. Aus den Knochen und den Innereien des Wales stellte man Dünger her. In der Edo-Zeit war der Walfang ein recht lukratives Geschäft. Daher wurden die Fangmethoden ständig verbessert. Man verfaßte dazu umfangreiches Informationsmaterial.

Das Bild zeigt eine Walfangszene mit Harpunen. 16 Fangboote umzingeln den Wal als ein Fang-Team und harpunieren ihn nacheinander. (Konta)

０２３　捕鯨（ほげい）

　鯨は、日本人にとってきわめてなじみ深い動物である。室町時代（１５世紀）の貴族社会における料理の書物には、鯉（こい）と並ぶ高級魚として、鯨の料理方法が述べられている。戦国時代（１６世紀）には、漁村の人たちが集団で捕鯨を行い、伊勢・尾張・相模などの漁師の間で盛んに行なわれるようになった。ただし、その頃に捕獲されていた「鯨」は、じつは「海豚（いるか）」の類ではなかったかと考えられている。捕獲の方法は、最初は「銛（もり）」で突いて捕っていたが、江戸時代に入ると、紀州（和歌山県）太地町の漁民が、網を使って組織的に捕鯨を行なうようになった。彼らは数メートルの大きさのゴンドウ鯨を捕っていたようであるが、１７世紀後半になると、さらに大型の鯨も捕られるようになったという。

　鯨の肉は食用に供され、その油は灯火に用いられ、骨や内臓からは肥料が生産された。当時、江戸時代の捕鯨は、きわめて利益の多い漁業で、それだけに、捕鯨の技術も発達し、さまざまな捕鯨情報書が著わされるようになった。

　図は、銛（もり）で鯨を捕っている情景である。鯨突船（くじらつきぶね）１６艘が一つのチームとなって、鯨を取り囲み次々と銛を打ち込んでいるところである。
（今田）

鯨寄舩

くぢらつきふ子十六艘五ごとく一のりくミ水
十二人大りりミ水けんを抱てらり一のミ
くぢらのどの小よくなくとをよく籾して
ふじ掘もるこくするく鞘一く五三重り为をも○まりとりと
くうて死しろ付ュ水うていてとるをひする立之んて死

024 Walfangatlas

Isanatori-ekotoba von Oyamada Tomokiyo Der Zeichner ist unbekannt. Leporello zwischen Holzdeckeln.

 Das Luxusholzschnittwerk in Grisailletechnik schildert die Jagd auf Wale vor der Insel Ikitsuki bei Hirado in allen Phasen vom Harpunieren bis zum Zerwirken der Tiere, dem Kochen des Fleisches und den abschließenden Freudentänzen. Die Harpunen sind sogar in Originalgröße dargestellt, was jeweils mehrere Seiten beansprucht. Es folgt ein anatomischer Atlas als Anleitung zum Zerwirken des Fanges. Aufgeschlagen ist die Einkreisung und Harpunierung der Großsäuger, die für die Japaner traditionell die Rolle der "Kühe auf der Weide des Meeres" spielten. - Der Daimyô von Hirado hat diese Prachtausgabe aus Stolz auf sein vorwiegend vom Walfang lebendes Lehen in Auftrag gegeben. Von den heutigen, hochtechnischen und ökologisch umstrittenen Fangmethoden konnten er und seine Vasallen noch nichts ahnen. - (Lit.: Brown, Yu-Ying, Byways in Japanese illustration, in: British Library, Occasional papers 11, S.289.) (Dufey)

０２４　補鯨図

勇魚取絵詞、小山田興清著、挿絵画家不明。木製装表紙のレポレロ図。

　グリサイ図法を駆使した豪華な木版刷りで、平戸の近辺、生き月島における鯨取りの模様の全過程、銛を撃ち込み、解体し、その肉を料理して食べ、喜びの踊をするまでを描写したもの。
　銛は実物大で数ページにかけて載っており、そのあとに鯨を解体する際の便覧として解倍図が続く。ここに従来日本人に「海に放牧する牛」とみなされた巨鯨の取り囲みともり撃つの場面が見える。平戸藩の大名は主に捕鯨で生計をたてていている臣民を誇りに思って、この豪華な木版画を作らせた。
　その大名や家来たちは今日の高度な技術により生態学上議論を呼び起こしている補鯨法など全く想像さえもしていなかったであろう。(Dufey)

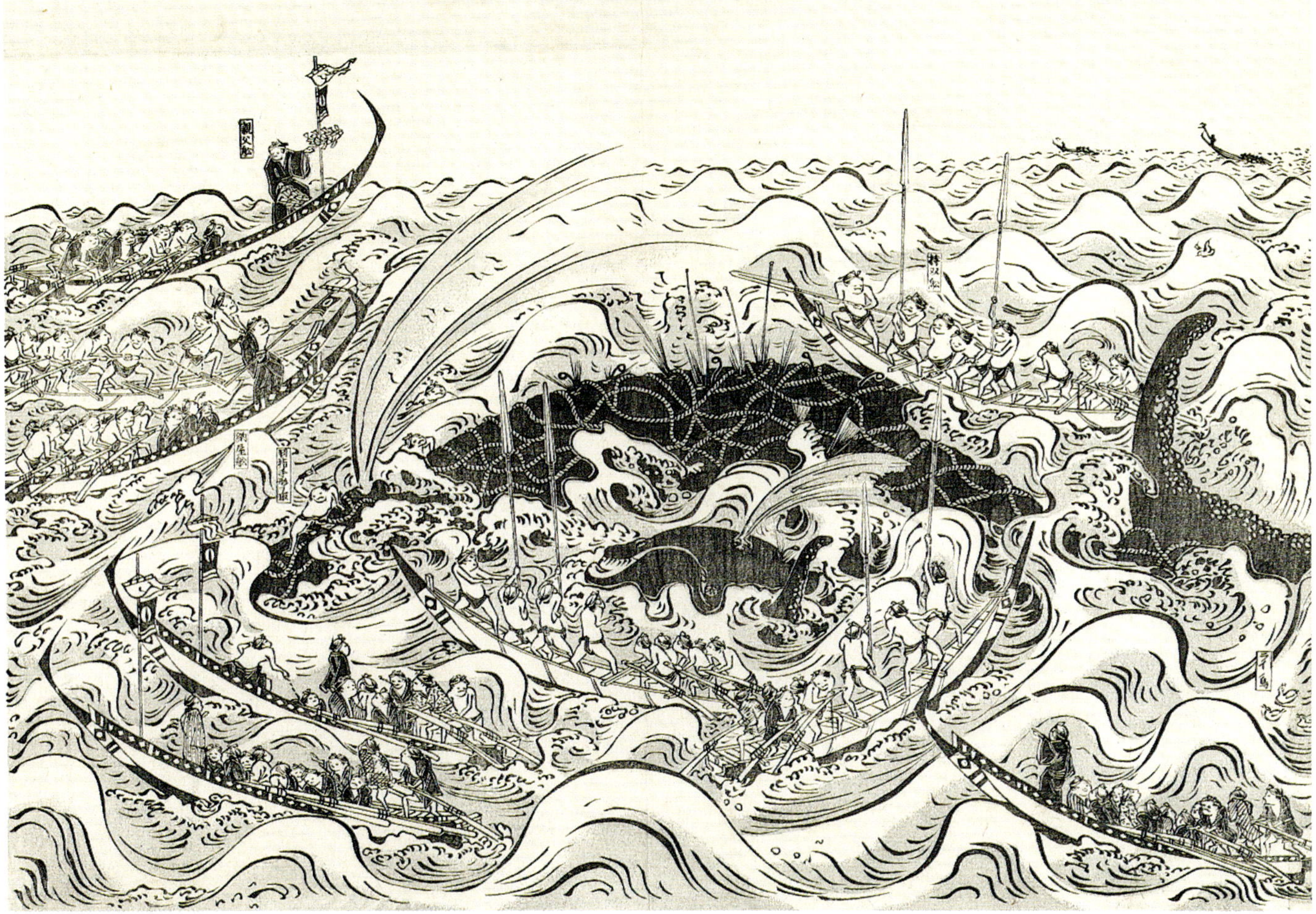

025 Entenjagd

Fisch ist für die Japaner die wichtigste tierische Eiweißquelle. Aber außer Fisch wurde auch Wild gegegessen, also Vögel, Wildschweine, Rehe usw. Yakitori ist also in der Tat ein traditionelles Gericht. Es gibt verschiedene Methoden, wilde Tiere zu fangen. Zu den traditionellen Fangmethoden gehören die Takagari-Falkenjagd, die Kasumi-amiryô-Netzjagd und die Kamoryô-Wildentenjagd. Takagari wurde in der Sengoku-Zeit von den Samurai bevorzugt. Es war unter den Samurai fast ein Ritual, sich einen edlen Vogel zu schenken, den man durch takagari erbeutet hatte. Kasumi-amiryô ist eine Fangmethode, bei der man mit einem Netz aus ganz feinen, kaum sichtbaren Fäden Vögel fängt. Zum Schutz der Zugvögel ist der Vogelfang nach dieser Methode heute untersagt.

Das Bild zeigt eine Wildentenjagd in den Bergen der Provinz Iyo. In den Monaten August oder September nach dem Sonnenkalender ist die Wildente nicht mehr in der Lage, hoch zu fliegen, weil ihre Flügel geschwächt sind. Deshalb versteckt man sich, wenn es dunkel ist (also entweder früh morgens oder spät abends) in einem mannstiefen Loch und lauert den tieffliegenden Wildentenschwärmen auf. Man fängt sie mit einem fächerartigen Netz, das man hoch hinaufwirft. Man kann diese Fangmethode als ziemlich primitiv bezeichnen, aber sie erfordert große Geschicklichkeit. (Konta)

０２５　狩猟

　日本人にとっての動物性蛋白源は、もっぱら魚類であったが、鳥類や猪や鹿のような野生動物も好んで食べられた。「焼鳥（やきとり）」は、まさに伝統的な食べ物なのである。そのような野生動物を捕獲する方法は多様であるが、伝統的な猟法としては、「鷹狩（たかがり）」や「霞網猟（かすみあみりょう）」や「鴨猟」がある。鷹狩は特に武士の間で好まれ、戦国時代に流行した。しばしば、武士の間で鳥が贈答される場合があったが、その多くは鷹狩の獲物であった。霞網猟は、極細の糸でできた見えにくい網を張っておき、鳥を捕まえる猟法であるが、「渡り鳥を保護する」という理由で、現在は禁止されている。

　図は、伊予（愛媛県）の山地において行なわれていた「鴨猟（かもりょう）」の様子である。太陰暦の８月、９月になると、鴨は翼がすりきれてあまり高く飛べないような状態となる。そこで、早朝や夕方など空の暗いときを見計らって、鴨の群れが山の峰を低空で越えてきたところを、穴を掘って待ちかまえ、扇形の網を高く投げあげて捕獲するのである。きわめて原始的な猟法と言うべきであるが、高い技術力を必要とする。（今田）

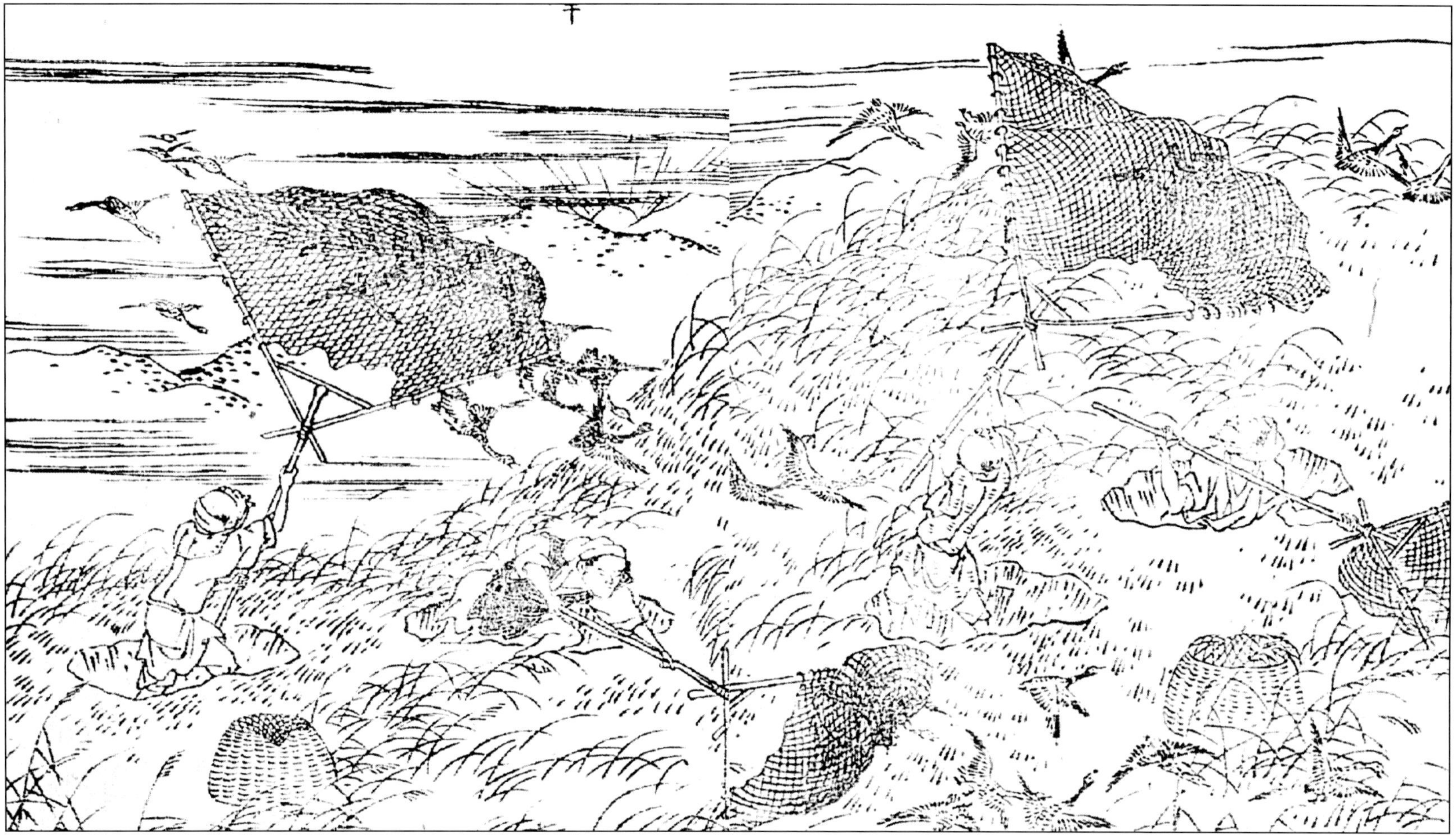

026 Webstühle in Nishijin (Kyôto)

Im Laufe des 17. Jahrhunderts hat sich in Japan die Manufaktur sowohl in technischer Hinsicht als auch quantitativ stark entwickelt. Die Grundlage dazu wurde in der Sengoku-Zeit gelegt. Die Bürgerschaften von Kyôto und Sakai, sogenannte machishû, waren durch ihren festen Zusammenhalt, ihr hohes technisches Niveau und große Aktivität fähig, den Samurai Konkurrenz zu machen. Sie entwickelten eine sprunghafte Aktivität in allen Bereichen der Manufaktur, wie der Herstellung von Waffen, Webereien oder Ziselier- und Druckarbeiten.

Die Grundlage für die japanischen Webtechniken hatten schon im Altertum eingewanderte Chinesen und Koreaner gelegt, in der Zeit der Gründung des japanischen Tennô-Staates. Diese Chinesen und Koreaner hatte man in die Gruppe der Techniker (kakibe) eingegliedert, und die hochwertigen Webstücke, die sie herstellten, waren ausschließlich für den Tennô, den Adel oder für die Tempel bestimmt. In der Phase der wirtschaftlichen Expansion während der Edo-Zeit wurde diese Technik auch für Webereien für das einfache Volk freigegeben, und die Produktionsmenge stieg schnell an.

Das Bild zeigt den Takahata-Webstuhl für die Webart nishikiori in Nishijin (Kyôto). Nachdem das aufwendige, zusätzlich bestickte Nishijin-Gewebe verboten worden war, erfand man die neue yûzenzome-Webtechnik, bei der man das Webstück mit der Hand kolorierte. Die Nishijin-Technik wurde nachgeahmt und überall in Japan entstanden Webereien. (Konta)

０２６　西陣織

　日本の民間の手工業が、その技術・生産量において大発展を遂げたのは１７世紀であるが、その基盤が築かれたのは、戦国時代である。京都や堺の「町衆」と呼ばれる市民集団が、そのきわめて強い団結力、高い技術力、そして積極性によって、武士に対抗するほどの力を発揮し、武器・織物・彫金・印刷など、手工業のあらゆる分野で飛躍的な発展をとげた。

　日本における機織技術の最初の発展は、国家形成期、多くの中国人や朝鮮人が日本に渡来し、先進技術を伝えたことによる。彼らは、「部曲（かきべ）」と呼ばれる技術者集団に組み込まれ、もっぱら天皇や貴族や寺院のために高級な織物を供給した。江戸時代になると、高度成長経済の動きの中で、その技術は庶民向けの織物にまで一般化し、生産量も飛躍的に増大した。

　図は、京都の機織の町、西陣における「錦織（にしきおり）」の装置（「高機（たかはた）」）の図である。西陣織は、豪華な刺繍によって模様も付けられたが、それが禁止されると、手描きの「友禅染め」と呼ばれる染織法が発達した。西陣の技術が模倣されて、日本の各地に織物生産が展開した。（今田）

びろうど織　　　　　　　　　　　　錦織

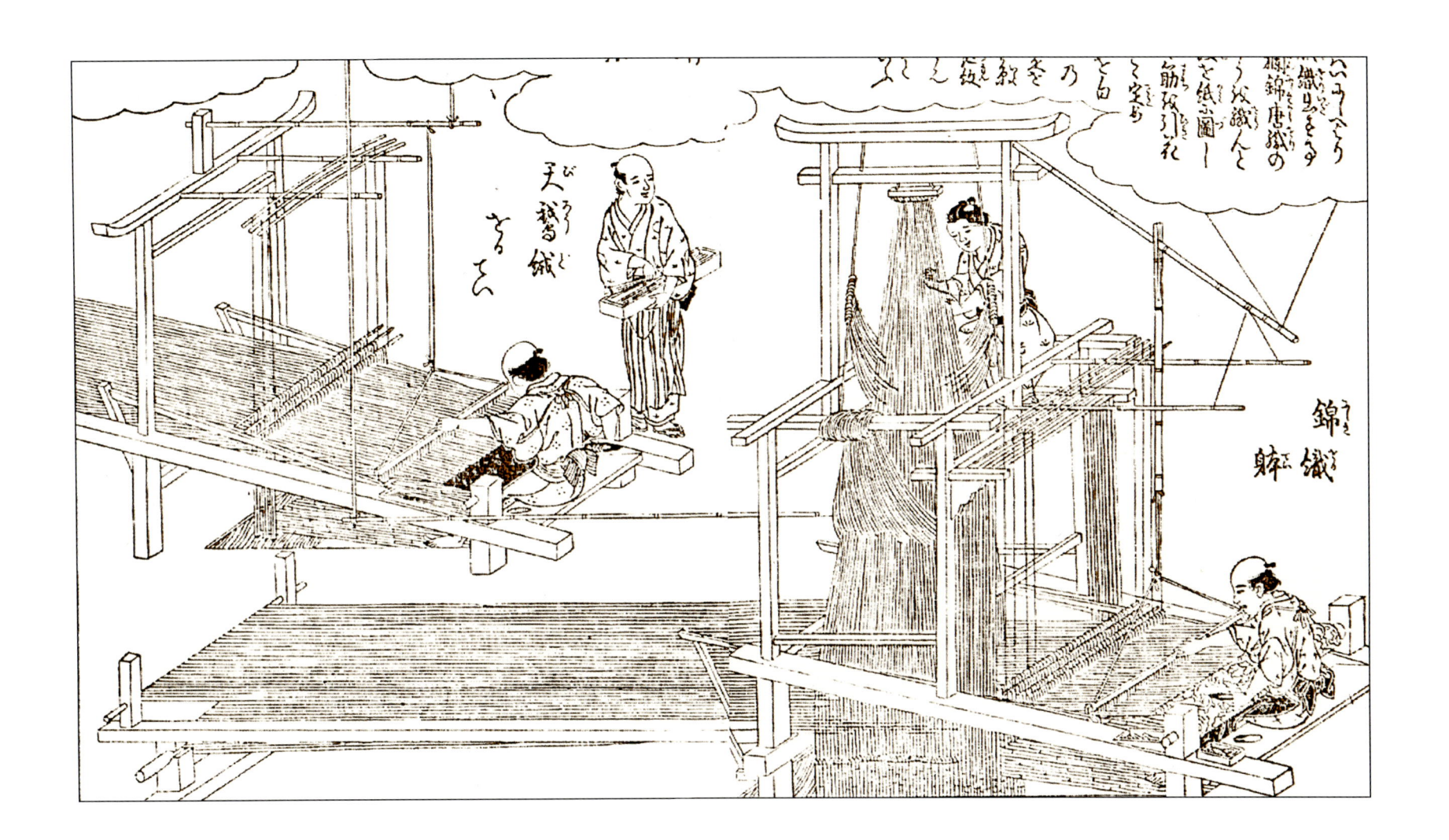

027 Herstellung von Gewehren

Das Gewehr soll ursprünglich 1543 durch auf Tanegashima gestrandeten portugiesischen Matrosen nach Japan gebracht worden sein. Der damalige dortige Landesfürst, Tanegashima Tokitaka, erhielt zwei Gewehre. Im Jahr 1575 setzte Oda Nobunaga zum ersten Mal Gewehre in einer Schlacht ein (Schlacht von Nagashino). Mit 3000 Gewehren besiegte er das feindliche Reiterregiment von Takeda Katsuyori. Die Art und Weise der Kriegsführung und des Burgbaus änderte sich danach radikal. Das Gewehr hat also die Einigung des Landes wesentlich vorangetrieben. Von der Existenz des Gewehres wußten die Japaner allerdings schon seit den Überfällen der Mongolen im 13. Jahrhundert. Die Mongolen verwendeten Waffen, bei denen Geschosse mit Schießpulver abgeschossen wurden. In einer japanischen Aufzeichnung werden diese teppô (Gewehre) genannt. Aber anscheinend maßen im 13. Jahrhundert die japanischen Samurai diesem neuartigen Kriegsinstrument keine Bedeutung bei oder sahen es als nicht notwendig an, diese teppô als neue Waffe einzuführen. Dagegen war das 16. Jahrhundert ein Zeitalter der Übernahme der verschiedensten neuesten Techniken.

10 Jahre nach der Ankunft der Gewehre in Tanegashima eröffnete der Handelskaufmann Tachibanaya Matasaburô aus Sakai, der sich die Methode der Gewehrherstellung und die Schießtechnik angeeignet hatte, ein Geschäft für die Herstellung von Gewehren. Diese fanden sofort zahlreiche Abnehmer, vor allem unter den Daimyô. Sakai wurde fortan das Zentrum für die Produktion von Gewehren. (Konta)

０２７　鉄砲鍛冶

　鉄砲伝来の最初は、１５４３年、ポルトガル船が九州の種子島に漂着し、２丁の鉄砲を領主、種子島時尭（たねがしまときたか）に譲り渡したことにはじまると言われている。この鉄砲を戦争に使用して、大きな効果をあげたのが織田信長で、１５７５年の長篠の戦いにおいて、３０００丁の鉄砲で武田勝頼の騎馬隊を撃破した。以後、戦争の方式、および城郭の建築方式が大きく変化することとなり、鉄砲は、天下統一を促進させたのである。ただし、日本人が鉄砲を知ったのは、１３世紀、モンゴルの襲来の時であった。モンゴル軍は、火薬を使って、弾丸を飛ばす武器を持ち込んだが、日本側の記録では、これを「鉄砲」としていた。しかし、１３世紀の武士たちは、それを「新しい技術」として、研究し導入する必要を感じなかったようである。それに対して、１６世紀は、あらゆる先進技術を導入する時代となっていたのである。

　鉄砲が種子島に伝来して１０年後、その制作方法と射撃術を学んで、堺で「鉄砲鍛冶（かじ）」を始めたのが、橘屋又三郎という堺の貿易商人であった。鉄砲は、たちまち、日本中の大名の求めるところとなり、堺がその一大生産地となった。（今田）

ゑぞ
ゑく
く王まれ
く玉まれ
り作と答ふ
ふあるには
らをちる
ンとぬぐ
あるくろ

028 Herstellung von Reiswein

　Die Produktion von Sake als Ware ist in der Kamakura- und Muromachi-Zeit stetig angestiegen. In Kyôto, Nara und auch in Kamakura blühte die Sakeherstellung. In Kyôto soll es im Jahr 1425 etwa 347 Sake-Brauereien gegeben haben. Eine Ursache für dieses Aufblühen waren die Bankette der privilegierten Gesellschaft, wo man auf Sake nicht verzichten wollte, und später fingen auch die Bürger an, Sake zu trinken. Darüber hinaus begann man in der zweiten Hälfte des 16. Jahrhunderts mit Hilfe einer neuen Brauereitechnik anstelle des bisherigen ungereinigten Reisweins (nigorizake) reinen Sake (sumizake) herzustellen. Zuerst wurde diese innovative Technik von den Sake-Herstellern Itami und Ikeda eingesetzt. Schließlich stieg zu Beginn des 17. Jahrhunderts die Produktion des Reises an, des wichtigsten Grundstoffes für das Brauen von Sake. Außerdem wuchs Edo zu einer Großstadt mit enormem Verbrauch. Dementsprechend erweiterte sich die Produktion von Sake in der Umgebung von Kyôto und Ôsaka.

　Das Bild zeigt die Sakeherstellung in den Brauereien Ikeda und Itami. Der Herstellungsvorgang ist von der Gärung bis zum fertigen Sake in minuziöser Weise dargestellt. (Konta)

０２８　酒造

　商品としての酒の生産は、鎌倉時代、室町時代に増加の一途をたどった。京都・奈良、そして鎌倉でも酒造りは盛んであり、例えば、１４２５年の京都には、３４７軒の「造酒屋（つくりざかや）」があったという。これらの土地で酒造業が発展したのは、まず、寺社・武家・貴族などの特権階級の間で、酒を必要とする宴会が盛んになり、一般町衆の間でも飲まれるようになったからである。次に、１６世紀後半になると、それまで「濁酒（にごりざけ）」であったのが「清酒（すみざけ）」となるなどの技術的発見があり、これをいち早く導入して発展したのが、摂津の池田・伊丹などである。ついで１７世紀になると、原料としての米の生産量が増加し、巨大消費都市、江戸が成立したこともあって、上方における酒の生産はいっそう拡大した。

　図は　池田・伊丹の酒造場面で、「米麹（こめこうじ）」と呼ばれる麹菌を繁殖させたものや水などを原料として酒を造る工程が事細かに描かれている。（今田）

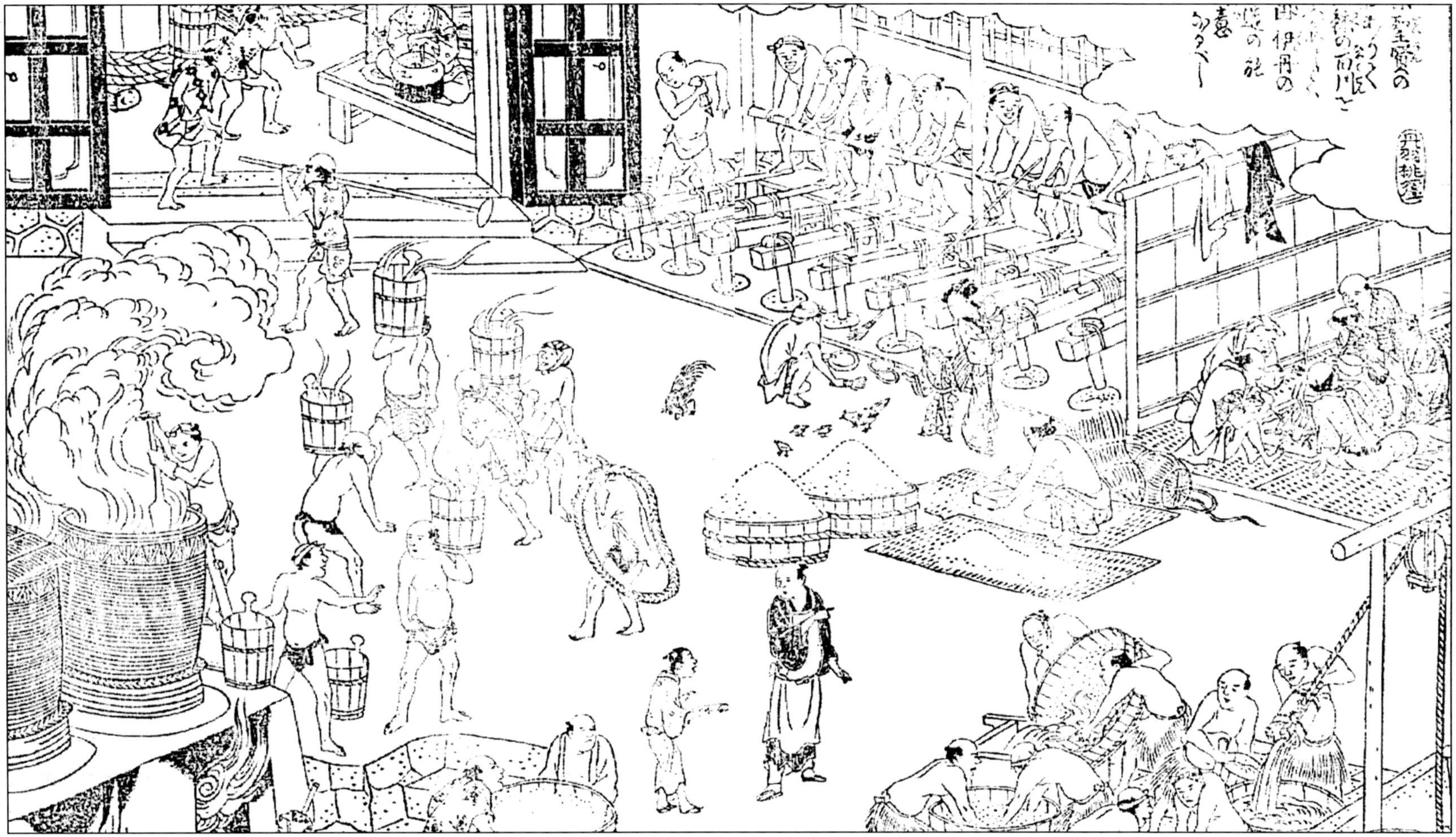

029 Trunkener Literat

Maruyama Ôkyo: En'ô gafu. Farbholzschnittbuch. 1837.

 Das aufgelegte Heft zeigt Holzschnitte nach Gemälden von Maruyama Ôkyo. Das Gedicht bezieht sich auf den weinseligen Hanlin-Poeten Li Bo im Goldglockenpalast, den der kunstsinnige Minister He Zhizhang bei Hofe eingeführt hatte. Dort wurde ihm auch der T'ang-Kaiser Ming Huang so gewogen, daß er dem öfters Berauschten einmal selbst eine Suppe kochte und von seinem Generalissimus Gao die Stiefel ausziehen ließ. Ôkyo fügt indessen die Abbildung des gleichfalls in ganz Ostasien wegen geringer Abstinenz bekannten Ministers He hinzu. Dies ist aus der ikonographisch für ihn reservierten Pose ersichtlich: Er schlummert an eine von ihm selbst geleerte Weinkanne gelehnt. - (Lit.: Edmunds, Will.: Pointers and clues to the subjects of Chinese and Japanese art. London 1934, S.127.) (Dufey)

０２９　酩酊した高官

円山応挙筆、円翁画譜、１８３７年、彩色木版画。

　ここに展示されているのは円山応挙の絵をもとにした木版画である。これは芸術愛好家である唐の大臣賀知章の推薦で宮仕え叶った酒をよくする放浪詩人李白が金鑾殿で詠んだ詩に因んでいる。
　唐の皇帝玄宗は頻繁に酩酊する詩人の李白が大層お気に入りで、あるときには自ら汁を煮て食べさせ、侍従の大将に命じて李白の靴を脱がせたということである。とにかく翁挙はここにやはり大酒家として知られる大臣の賀知章を付け加えているがこれは賀知章が飲み干した酒器によりかかってうたた寝をしているというあまり邪気のない構図からうかがえる。
(Dufey)

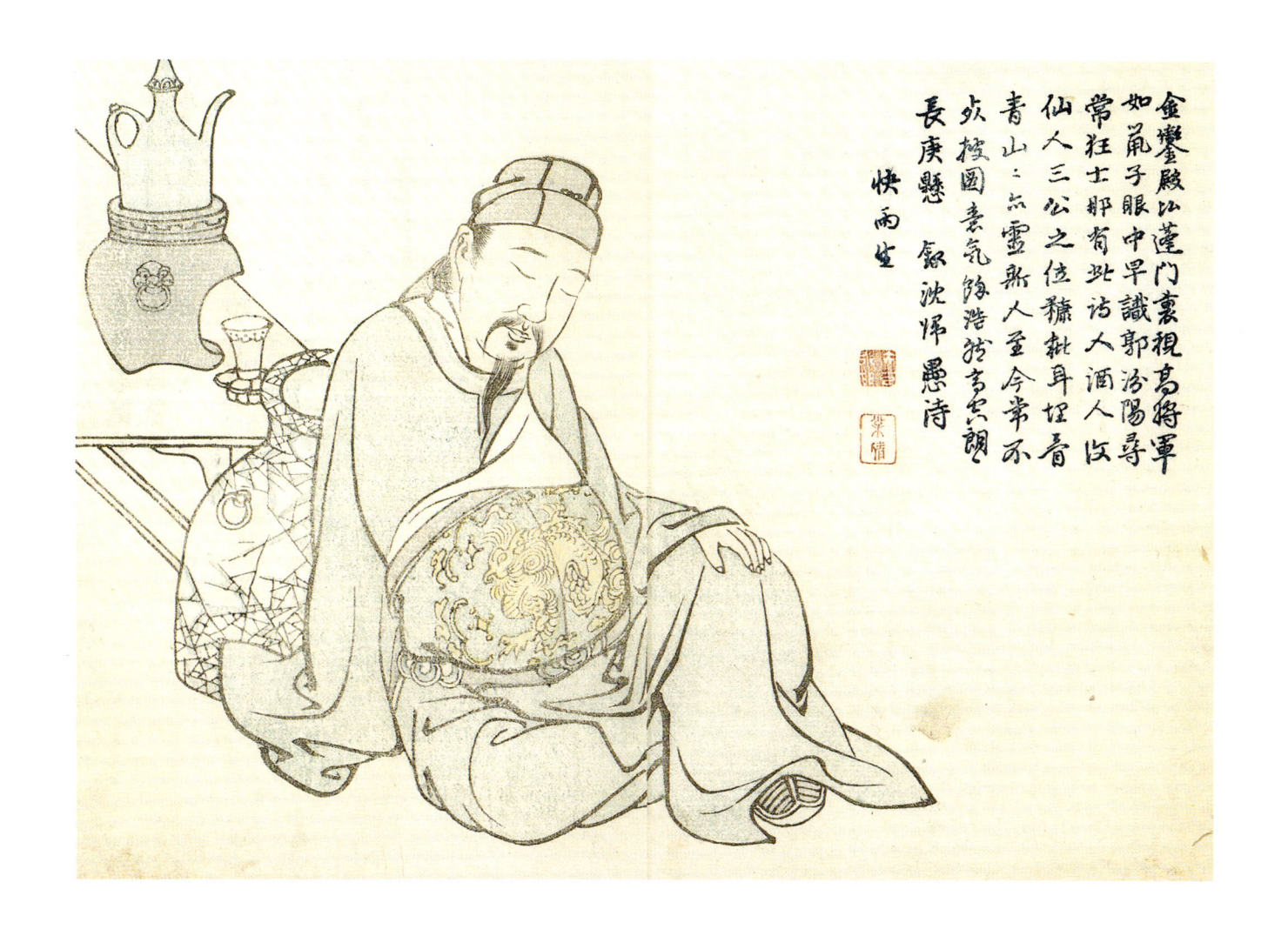

金鑾殿汕蓮門裏視高將軍
如虱子眼中早識郭汾陽尋
常狂士耶有此訪人酒人收
仙人三公之位糠秕耳坦肩
青山二點靈鼎餘人至今常不
炙按圖素氣餘浩於玄雲顏
長庚懸　飲沈歸愚詩
　　快雨生

030 Tuchhandelshaus Mitsui in Tôkyô

 Den Händlern wurde der niedrigste Rang in der Ständeordnung eingeräumt, denn im chinesischen Konfuzianismus galt der arbeitsame Bauer als das Fundament des Staates. In Wirklichkeit jedoch waren die Händler eine wichtige Stütze der Städte und nicht wegzudenken aus den Wirtschaftsplänen des Shôgun und der Daimyô. Als Edo zur neuen Hauptstadt aufstieg, wurden viele Händler des Kansai-Gebietes nach Edo beordert. Sie bildeten die Bevölkerung der Unterstadt (shitamachi).

 Der im Bild dargestellte Stadtteil Surugachô war das Zentrum der Unterstadt. Dieser Stadtteil soll den Namen Surugachô deshalb erhalten haben, weil man von hier aus im Westen den Berg Fuji in der Provinz Suruga sehen konnte. In den Gassen von Surugachô standen einst auf beiden Seiten fast nur Verkaufshäuser von Mitsui, dem größten Bekleidungsgeschäft in Edo. Der Begründer dieser Firma, Echigoya, stammte aus Ise Matsuzaka. Er hatte Riesenerfolg mit neuen Verkaufsstrategien: Gewinn durch Massenware, scharfe Kalkulation, Bezahlung mit Bargeld, Verkauf zu festen Preisen. Um die Wende des 18. Jahrhunderts sollen die Einnahmen von Echigoyas Geschäft mehr als 300.000 ryô (umgerechnet ca. 500 - 800 Mio. DM) gewesen sein. Der damalige Jahresetat des Shôgunats betrug etwa 600.000 - 700.000 ryô. Man kann sich so gut vorstellen, welch enormen Gewinn diese Firma damals machte. Das Tuchhandelshaus Mitsui ist der Vorgänger des Mitsui-Konzerns der Vorkriegszeit und des heutigen Warenhauses Mitsukoshi, der Sakura-Bank sowie der Mitsui-Gruppe. (Konta)

０３０　江戸の豪商

　商人は、士農工商の序列からいうと最も下級の身分とされた。その理由は、まず、中国の儒教思想によるものであり、実際の生産活動に従事する農民こそ国家の基盤であると考えられたからである。しかし実際は、商人は都市に拠点を置き始めた将軍大名の経済政策にとって必要不可欠な存在であった。江戸が新たに大都市となると、関西の多くの商人が招かれ、下町を形成することとなった。

　図に描かれた駿河町は、江戸の下町の中心の町である。この町の通りから西を望めば正面に駿河国の富士山を望むことができるので、「駿河町（するがちょう）」といわれるようになった。この駿河町の通りの両側はほとんど、江戸最大の織物の小売店・三井呉服店（みついごふくだな）（越後屋）で占められている。越後屋は伊勢松坂の出身で、「薄利多売」「現金掛値なし」「正札販売」の新商法で大成功をおさめた。１８世紀初めころには、年間売上は金にして３０万両（現在のお金でいうと３００から５００億円）ほどになっていた。当時の幕府の年間予算はおよそ８０万両ほどであったから、その規模の大きさは理解できるだろう。この「三井」は、近代三井財閥、現在の「三越百貨店」「さくら銀行」「三井物産」など三井グループの前身である。（今田）

呉服店

031 Küche im Haus der Kaufmannsfamilie Sakuma*

 Die "Bilder von Sehenswürdigkeiten" (meisho-zue) sagen ziemlich wenig über den Alltag eines Kaufmannes der Edo-Zeit. Das wichtigste Prinzip im Kaufmannsalltag war natürlich das Streben nach Gewinn, aber in jedem Haus galten die moralischen Vorschriften des Konfuzianismus von Sparsamkeit, Fleiß, Ehrlichkeit. Sie begrenzten das Handeln.
 Das Bild zeigt die Küche von Sakuma Kageyu in Ôdenmachô in Edo. In Ôdenmachô wohnten viele vom Shôgunat mit dem Gütertransport beauftragte Lieferanten. In diesem Stadtteil gab es die verschiedensten Läden, wie Baumwollläden, Arznei- und Bilderheftläden. Prächtige Handelshäuser standen hier, eines neben dem anderen. Es war sozusagen ein Viertel der Handelsherren. Sakuma Kageyu war der Shôgunatsbeauftragte für das Posttransportwesen und zugleich der mächtigste Handelsherr in diesem Viertel. Die ursprüngliche Küche Sakuma Kageyus dürfte etwas größer gewesen sein. Ein Herd ist abgebildet, ein Küchentisch und ein Wasserkrug. Draußen befindet sich ein Brunnen. Die Hauptperson in diesem Bild ist die Magd Take. Sie soll ihr eigenes Essen den noch ärmeren Menschen gegeben und selber die Speisereste des Dienstherren oder der Kollegen gegessen haben. Sie handelte nach der Lehre der Barmherzigkeit und wurde als Heilige verehrt. (Konta)

０３１　豪商の台所

　商人の日常生活がどのようなものであったかは、「名所図会」からはなかなか窺うことはできない。彼らの生活を支える原理は、利益追求にあることはもちろんであるが、家毎に、倹約・勤勉・正直という儒教の教えをふまえた「道徳綱目」が作られ、彼らの行動を律していたのである。
　図は、江戸の大伝馬町にあった佐久間勘解由の台所兼勝手口の様子である。「大伝馬町」というのは、徳川幕府の荷物輸送のために人馬を手配する役目（伝馬役という）を命ぜられた者たちが住んだ町である。町内には、木綿問屋・薬種問屋・絵草紙問屋など各種の問屋が集まり、豪壮な商家が立ち並んでいた。いわば有力商人の町なのである。中でも佐久間勘解由は、伝馬役を果たす町役人で、町内最有力の者であった。佐久間家の台所はもっと大きかったと思われるが、煮炊きをするための「竈（かまど）」や、調理台、水瓶、外には、井戸が設けられているのが見える。この画面の主人公は、召使の「竹」という女性である。彼女は、貧しい人々に自分の食事を分かち与え、自分は、主人や同僚の食器についた米の残り物を集めて、食べていたという。それは彼女の「慈悲」に基づく行動であり、彼女は死後、「仏（聖人）」として人々の信仰の対象となった。（今田）

竹女故事

032 Geschäft in Edo für Fächer aus Kyôto (Mieidô)*

 Bis ins 18. Jahrhundert lagen die Handelszentren Japans in Kyôto und Ôsaka. In Edo sind zwar Artikel für den täglichen Gebrauch hergestellt worden, aber fast alle kunsthandwerklichen Arbeiten, wie z.B. hochwertige Webstücke, Kleidungs-und Schmuckstücke, Schreibwaren wie Pinsel und Tusche, Samurai-Ausrüstungen, Wandschirme, fusuma-Bilder, Bücher usw. wurden aus Kyôto und Ôsaka nach Edo gebracht, und hatten dort als kudarimono einen hohen Wert.

 Das Bild zeigt ein Geschäft in Edo für in Kyôto hergestellte Mieidô-Fächer. Mieidô-Fächer sind eines von vielen berühmten Erzeugnissen aus Kyôto. Sie wurden ursprünglich von Nonnen in der Mieidô-Gebetshalle eines Tempels in der Nähe der Gôjô-Brücke hergestellt und dadurch bekannt. In der Edo-Zeit jedoch wurden die Fächer von jungen, hübsch geschminkten Frauen in den benachbarten Fächerläden hergestellt. Sie wurden als Mieidô-Fächer in ganz Japan vertrieben, und auch dieser Laden in Edo hat sie aus Kyôto kommen lassen, um sie zu verkaufen. (Konta)

０３２　扇子屋

　１８世紀までの商業の中心は、京都・大坂であった。江戸の武士の日常生活に必要な物資は江戸でも作られたが、高級織物・服飾品、筆墨文具類、甲冑類、屏風・襖繪、書籍・絵双紙類などの工芸品のほとんどは、京都・大坂から移入され、「下り物」と言われて珍重された。
　図は、京都で生産された「御影堂（みえいどう）扇」の江戸販売店である。京都には名物がいろいろあるが、「御影堂扇」は、もともと京都の五条橋の近くにあった寺の御影堂（祖師の肖像画を礼拝するための堂）で、尼たちが作って有名になったものである。江戸時代になると、その寺の周辺の扇屋では、若い女房たちが美しく化粧をして、扇を作るようになった。これが「御影堂扇」として、諸国に売り出され、江戸の扇店ももっぱらこれを仕入れて売ったのである。　（今田）

御影堂　御影堂　御影堂

033 Fächermacher

Hatta Koshû: Koshû gafu. Farbholzschnittbuch. 1812.

  Viele der schönsten japanischen Malerbücher entstanden in der neorealistischen Malschule von Maruyama Ôkyo, dessen in Holzschnitte umgesetzte Bilder unter Nr. 029 hier gezeigt werden. Zu seinen bekanntesten Schülern zählt auch Hatta Koshû, 1760-1822, aus dessen Album die Fächermacher aufgelegt sind. - Lit.: Hillier, Jack: The art of the Japanese Book. London 1987. S.709ff.) (Dufey)

０３３　扇屋

八田古秀、古秀画譜、　１８１２年、彩色木版画本

　これは多くの優れた絵画集を後世に残した円山応挙を祖とする新写実派の一人、八田古秀の作品が木版画されたもの。八田古秀（１７６０－１８２２）は円山応挙の最も有名な門人とされており、この扇屋はその画集をもとにしている。(Dufey)

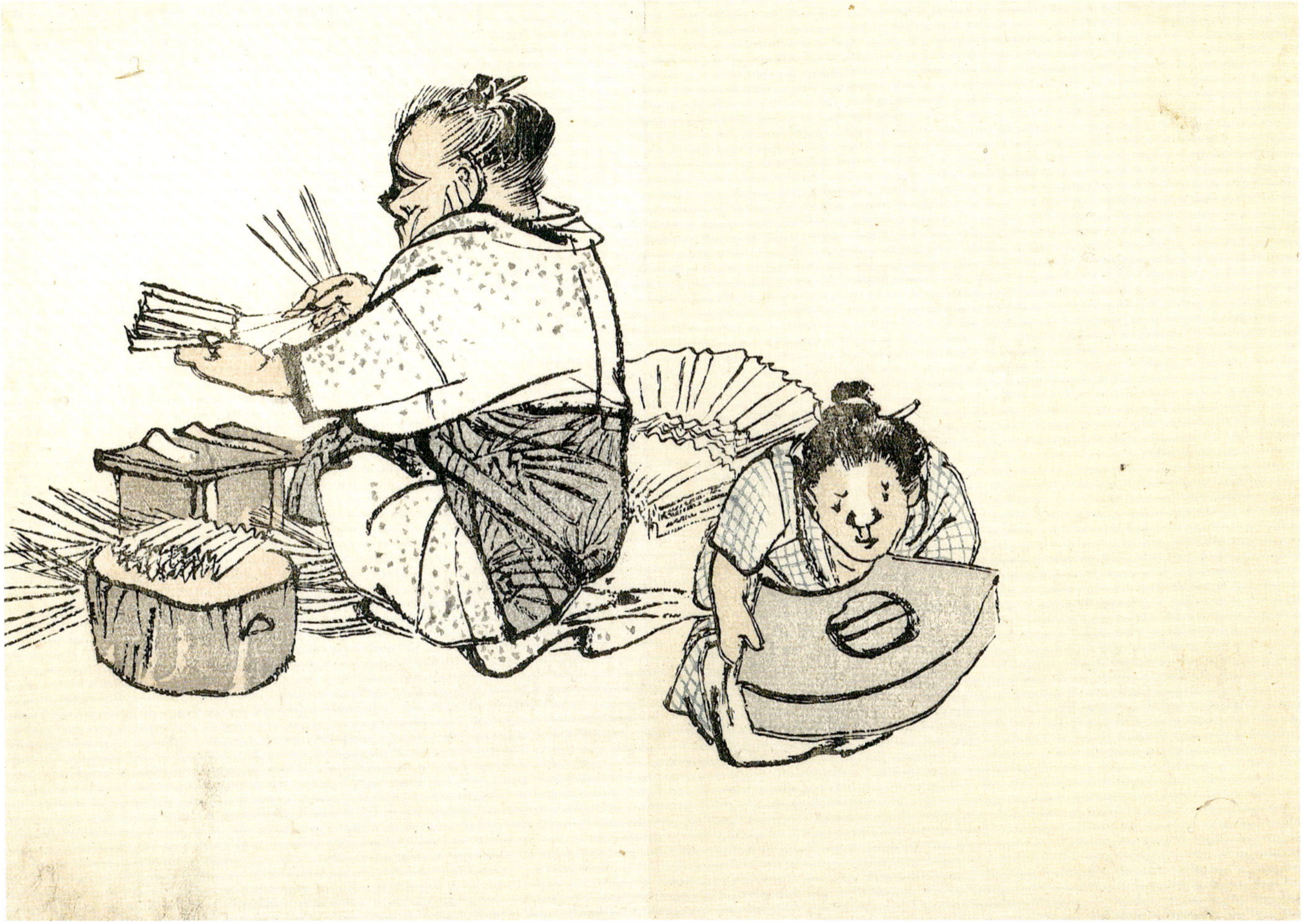

034 Wäscherinnen

Aikawa Minwa: Manga hyakujo Hundert Frauenkarikaturen". Farbholzschnitte. 1814.

 Der stilistisch unabhängige und schwer einzuordende Aikawa hat sich mit der Sammlung heiterer Frauenskizzen an die Shijô-Schule angelehnt und damit beträchtlichen Ruhm erlangt. Durch Umwandlung des abstrakten Zen-Stils ins Humoristische gelangen den Japanern des 18. und 19. Jh. Vorwegnahmen westlicher Zeitungscartoons. Aufgeschlagen sind die drolligen aber durchaus anmutigen Wäscherinnen (vgl. auch das Ausstellungsplakat). - Lit.: Hillier, Jack, The art of the Japanese Book. London 1987. S.665ff. (Dufey)

０３４　洗濯女

合川民和筆、漫画百女、１８１４年、彩色木版画。

　どの流派にも属さない合川民和（－１８２１）は、働く女性を四条派風に戯画化して非常に名高くなった。抽象的な禅即ち南宗画法に背を向けて、風刺画法を重視した十八世紀の日本の画家たちは西洋の新聞の風刺画の芸術的な先駆けとなる作品を残している。ここには滑稽な洗濯女たちが見られる。(Dufey)

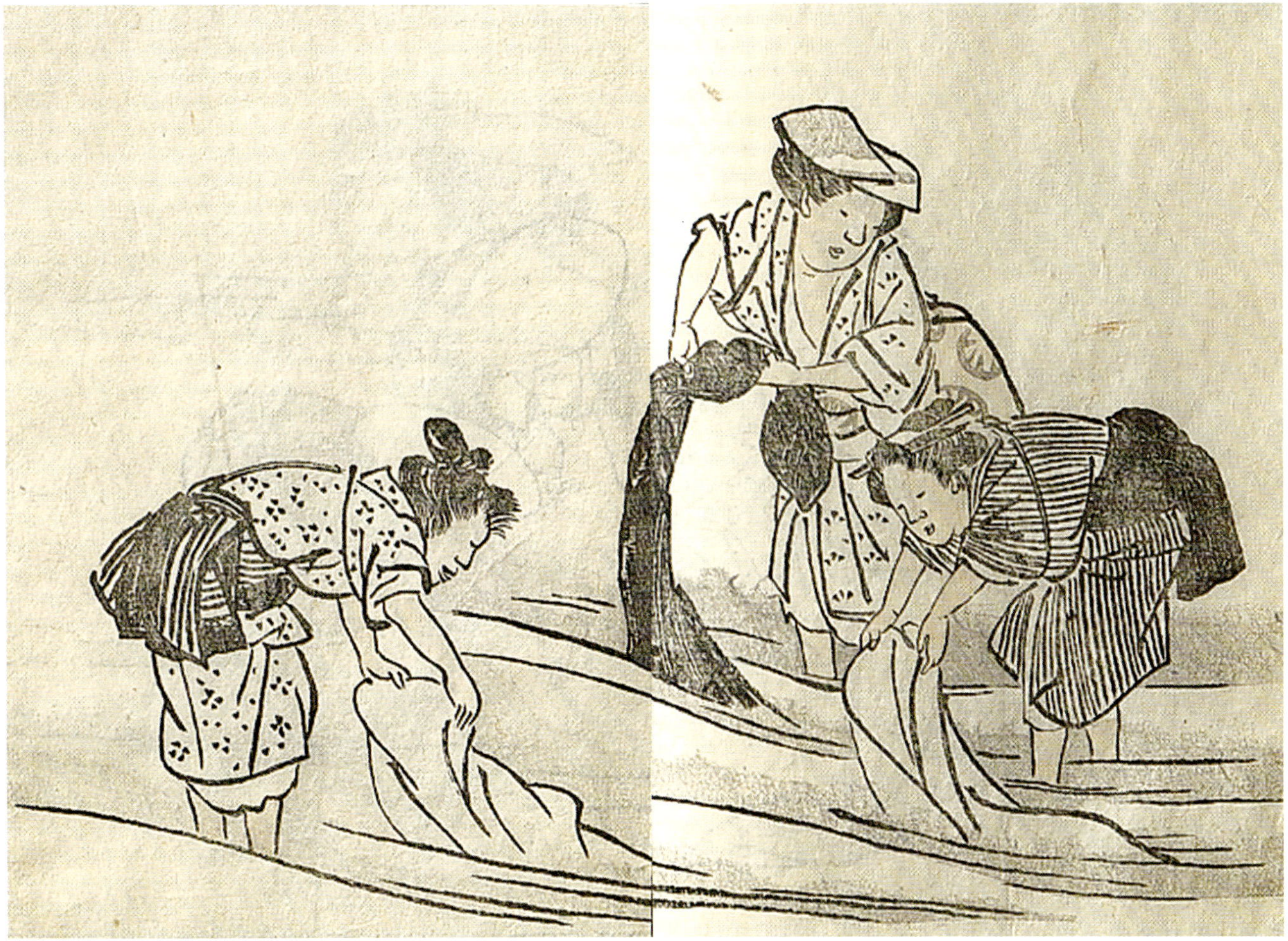

035 Gasthaus Kawasaki Mannenya (Tôkyô)

Zu den typischen Restaurants für das einfache Volk gehörten in Edo neben den soba-Läden (sobaya) und udon-Läden (udon-ya) die Nara-chameshi-Läden. Nara-chameshi ist ein Gericht, bei dem in etwas Salz und wässrigem Tee gekochter Reis mit einer eingedickten Teebrühe übergossen wird. Es gab Varianten von diesem Gericht, indem man den Reis z. B. mit Sojabohnen, Azuki-Bohnen oder Eßkastanien kochte. Dieses Gericht soll ursprünglich aus dem Tôdai-Tempel und dem Kôfuku-Tempel in Nara kommen. In der Edo-Zeit wurde es eines der populärsten Gerichte, in der Hauptstadt ebenso wie auf dem Land.

Das Bild zeigt das Speiselokal Mannenya in Kawasaki, einer Station an der Tôkaidô-Straße. Kawasaki war die Station, wo man sich von den Reisenden nach Westen verabschiedete. Das Speiselokal wurde von den Reisenden und ihren Angehörigen gut besucht. Auch Kameya, ein weiteres Speiselokal in Kawasaki, soll großen Zulauf gehabt haben. Betrachtet man das Bild genauer, sieht man, daß in das Lokal auch Fische getragen werden. Es wurden also außer Nara-chameshi vermutlich auch noch andere Gerichte angeboten. (Konta)

０３５　料理屋

　江戸で最も庶民的な料理屋といえば、蕎麦屋やうどん屋の他に、奈良茶飯（ならちゃめし）を供する店が多かった。「奈良茶飯」というのは、薄くいれた煎茶で焚いた塩あじの飯に、濃くいれた茶をかけて食べるものである。飯を焚くときに、大豆や小豆、あるいは栗などをいれたものもあった。もともと、奈良の東大寺や興福寺で作られたものといわれ、江戸時代になると、江戸はもちろん田舎でも作られる大衆的な料理となった。
　図は、東海道の宿場町であった川崎の「万年屋」である。川崎は、東海道を西に旅する人を送ってお別れをする場所でもあり、この店は、いつも旅人で、あるいは見送りの人で賑わっていたのである。川崎にはもう一軒「亀屋」という店もあって、これもたいへん繁盛していたようである。図を見ると、店先に魚なども運び込まれており、献立としては、「奈良茶飯」以外にもさまざまな物が供されていたようである。　（今田）

河崎万年屋奈良茶飯

036 Kreislauf der Geburten*

In der buddhistischen Lehre gibt es die Wanderung der Seele durch sechs verschiedene Weltbereiche. Man nennt sie rokudô ("Sechs Wege"). Es sind dies das Reich der Hölle, des Hungers, der Bestien, der kämpfenden Ashura-Dämonen, der Menschen und der Halbgötter (Devas). Diese Reiche sind alle ohne großen Unterschied voll von Jammer. Aber die menschliche Seele muß diese Sechs Welten bis zu ihrer Erlösung durchwandern. Das nennt man Seelenwanderung (rokudô rinne bzw. rinne tenshô). Sie ist die Grundlage für die fatalistische Einstellung vieler Japaner.

Das Bild erzählt den Traum des Mönches Shôjinbô aus Edo. In diesem Traum erfährt er den Ort, wo seine Gebeine aus seiner früheren Existenz begraben sind. Später wird er sie tatsächlich dort finden. Der Ort ist Tsuchiyu in der Provinz Mutsu (heute Präfektur Fukushima). Shôjinbô begegnet dort einem Jäger, den er bittet, unter einer Kiefer zu graben. Der Jäger aber weigert sich mit dem Argument, daß er, wenn er jetzt nichts finge, für den nächsten Tag nichts zu essen hätte. Da greift der Mönch nach Pfeil und Bogen des Jägers, schießt und trifft wie von selbst in der Ferne einen Hirsch. Daraufhin gräbt der Jäger nun wunschgemäß den Boden auf und findet dort die Gebeine des Mönches aus seiner früheren Existenz. Man sagt, der Mönch habe damit die Seele seines vergangenen Lebens zur Ruhe gebracht. (Kishi)

０３６　輪廻転生

　仏教には、人間の霊魂は、さまざまな世界に生まれ変わるという考え方がある。その世界とは、地獄界、餓鬼界、畜生界、修羅界、人間界、天上界の６つであり、これらは「六道」と呼ばれる。これらの世界は、程度の差はあれ、苦しみの世界であることに変わりはなく、人間の霊魂は、解脱（げだつ）して仏（ほとけ）になるまで、これらの６つの世界を生れ変りながら巡らざるをえない。これを「六道輪廻（ろくどうりんね）」あるいは「輪廻転生（りんねてんしょう）」と言い、日本人の死生観の根底をなしている。

　図は、江戸の性信坊という僧侶が、夢の中で、自分の前世の骨のある所を知り、その場所に至って、骨を発見するという物語を描いている。夢に見た場所は、陸奥国信夫郡（福島県）の土湯（つちゆ）という所であった。そこに至った性信坊は、一人の猟師に会い、松の木の下を掘ることを依頼するが、猟師は獣を捕らなければ明日の食料もないと断った。すると、性信坊は、猟師の弓矢を取って投げ捨てると、矢はひとりでに発射されて、かなたの鹿を射止めた。猟師は、驚いて、頼みに従って土を掘ると、案の定、僧の前世の骨が発見された。僧は、自ら、自分の骨を供養したという。　（岸）

年の秋
愛想う
つらき過去
の拙を思
ひ信大郡
に至り信
に一の
師云く
我過去生の

事を
知らんと思
はれしがあ
るに過去
を射ようとあるの
愆を射しか
けしか既に
悟り得るよ
はれりの性
皆廓然一
地を掃して
やき覺るる
處を拂ひて
法を得す
る

037 Kinderwallfahrt

Die Phasen des menschlichen Lebens in die fünf Altersstufen Kleinkind, Kind, Jugend, Erwachsener und Greis zu unterteilen ist auch in Japan allgemein üblich. Vom Alter her gesehen ist man bis zum Alter von sieben Jahren Kleinkind. Von ihm heißt es, daß es "noch bei den Göttern ist", d.h. noch nicht als Mensch betrachtet wird. Seine Existenz, die noch die Möglichkeit offenhielt, in die andere Welt zurückzukehren, galt als noch unsicher. Das Kleinkind wurde mit sieben Jahren zum Kind und erst mit diesem Zeitpunkt als Mitglied der menschlichen Gesellschaft betrachtet.

Das Band zwischen Kleinkindern und den Göttern war äußerst stark. Die Kleinkinder wurden am 32. Tag nach der Geburt (Mädchen am 33.Tag) erstmals zum Schrein der Familiengottheit gebracht. Dieser Schreinbesuch (miya-mairi) wurde danach zu den verschiedenen Altersstufen mit drei, fünf und sieben Jahren wiederholt. Das Hauptziel dieses Rituals war, für die Kinder den Schutz der Götter und ein sicheres Aufwachsen zu erbitten. Seine soziale Bedeutung lag in der Anerkennung als vorläufiges Mitglied der Gesellschaft. Dabei wurde mit miya-mairi bei sieben Jahren das Ende der Kleinkindzeit gefeiert. Dadurch wurde das Kleinkind zum ujiko (Familienmitglied) und von der Gesellschaft und den Göttern als Mensch anerkannt. Die Abbildung zeigt den Besuch des Nebenschreins Chigo no miya des Watanokami-Schreins in der Provinz Owari. (Kishi)

０３７　神としての幼児

　人生の諸段階を、幼児・子ども・青年・壮年・老年という５つの「世代」に区別することは、日本でも一般的である。これを、年齢的に見ると、まず、７歳までは「幼児」で、「七歳までは神のうち」と言われるように、いまだ人間とはみなされておらず、他界に戻ってしまう可能性のある不安定な存在と考えられていたようである。「幼児」は、７歳から「子ども」となり、この時点ではじめて人間の仲間入りをするのである。
「幼児」と神社との結びつきはきわめて強い。幼児は、まず、「宮参り」と言って、生後３２日目（女児の場合は３３日目）にはじめて氏神に参拝し、その後、３歳、５歳、７歳と、成長の段階ごとに参拝する。その主たる目的は、幼児が神の加護を受けて無事に成長することを願うことであるが、社会的には、共同体の準構成員として認知を受けるための儀礼であった。なかでも「七歳の宮参り」は、幼年期最後の祝いであり、これによって、幼児は「氏子」となり、神からも社会からも人間として承認されることになる。図は、尾張国にある綿神社（わたのかみのやしろ）の別社「児宮（ちごのみや）」への参拝風景である。（岸）

唱せしほど信長公声をあげて憂嘆し、給ひ、卒年五

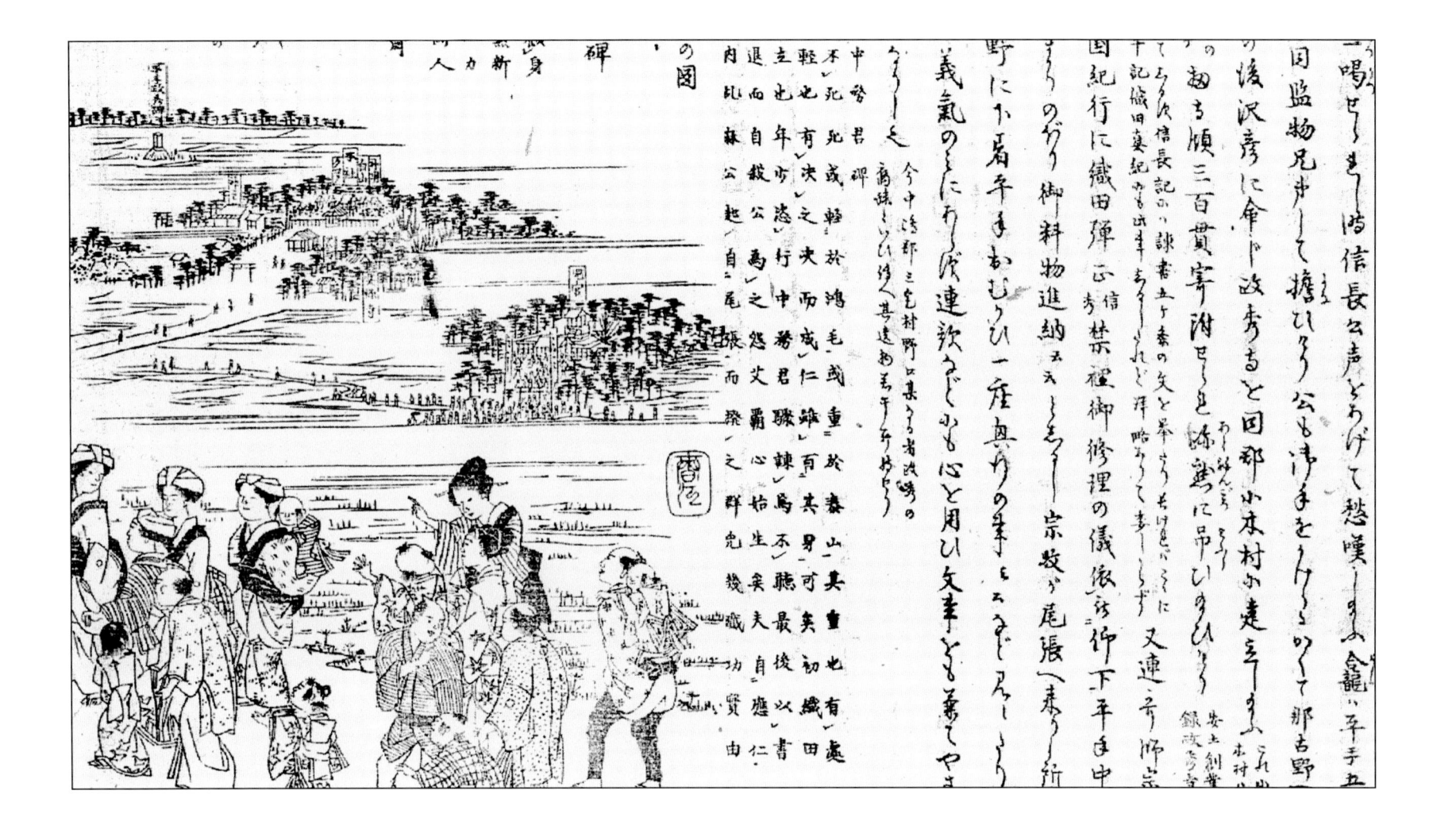

同監物兄井ニて、擔ひしろ公も涙をうけて那古野一

の援沢彦ニ命じて改葬すると同郡小牧村小牧之

劫もの頃三百貫寄附せよと練鷲に吊ひしろひしろ

て又次信長記に諌書五ヶ条を挙げられしを長

十記織田変紀かたされ拝略されしむゞらず又連歌師宗

国紀行ニ織田弾正信秀禁裡御修理の儀依行仰下平生中

のゾリ御料物進納五百貫ときゝ宗数か尾張へ参りそ

野にかゞむらひ茂連歌きぎみも心と用ひ文辞をも爲てゃ

義氣のまじはり二座興あり一座奥州

ウマレミ、之ため味ふはへ、さかりこ、集る者政務の

中将君卒碑

不死亦不決輕妝鴻毛或重二於泰山美重也有處

軽於亦之決而成仁鞭、有其男可矣初織田

立也年少沈行中勢君駿練為馬不聴最後以書

退西自殺公為之怨父霸心始生矣夫應仁

肉比蘇公起ニ尾張而發之群党織功賢由

今中勢郡三毛村野ニ集るち者改葬の

高昧ニ比移其遠あるます、

の図

碑

安土創業
銀改彦章

038 Knabenfest

In Japan wurden der 7. Tag des 1., der 3. des 3., der 5. des 5., der 7. des 7. und der 9. des 9. Monats sekku genannt. An diesen Tagen ruhte die Arbeit und bestimmte Feste wurden gefeiert. Am 5. Tag des 5. Monats, dem Tango no sekku, wurden von alters her Wasserlilien, von denen man glaubte, sie würden Miasmen vertreiben und vor Krankheiten schützen, an die Dächer gehängt, am Körper getragen und ins Badewasser geworfen, um ein "Lilienbad" zu nehmen. Schließlich, als die Ära der Samurai kam, wurde das Fest wegen der Homophonie der Wörter "Wasserlilie" und "Kriegergeist" zum Knabenfest. Der 3. Tag des 3. Monats, Momo no sekku genannt, wurde übrigens zum Mädchenfest.

Um diesen Tag zu begehen, wurden bei den Samurai und Stadtbürgern, die einen noch nicht siebenjährigen Sohn hatten, vor der Haustür Banner mit dem Bild des Gottes Shôki errichtet, der Krankheiten vertrieb und Böses abhielt, oder Banner, die einem Karpfen, dem Symbol des gesellschaftlichen Erfolges, nachgebildet waren. Auch wurden Samurai-Puppen oder Rüstungen und Helme aufgestellt. (Kishi)

０３８　端午（たんご）の節句

　日本では、１月７日、３月３日、５月５日、７月７日、９月９日を、「節句（せっく）」と呼んで、仕事を休み、特別の行事を行なった。５月５日は、「端午の節句」と呼ばれ、古代以来、「邪気（じゃき）をはらう」また「疫病を除く」という効能を持つと信じられた菖蒲（しょうぶ）を軒に吊したり、身に付けたり、また風呂に入れて「菖蒲湯」を浴びたりしてきた。やがて、武士の時代になると、「菖蒲（しょうぶ）」の音が「尚武（しょうぶ）（武道、軍事を重んじること）」に通じることもあって、この日は、男児のための節句とされるようになった。ちなみに、３月３日は「桃の節句」と呼ばれ、女児のための節句とされるようになった。

　の日、武家はもとより一般の町家にいたるまで、７歳以下の男子のいる家では、疫病神を追い払い魔を除く神とされた鐘馗（しょうき）像を描いた幟（のぼり）や、「出世の魚」とされた鯉を象（かたど）った「鯉幟（こいのぼり）」を戸外に立て、武者人形や、甲冑等を飾って、この日を祝った。（岸）

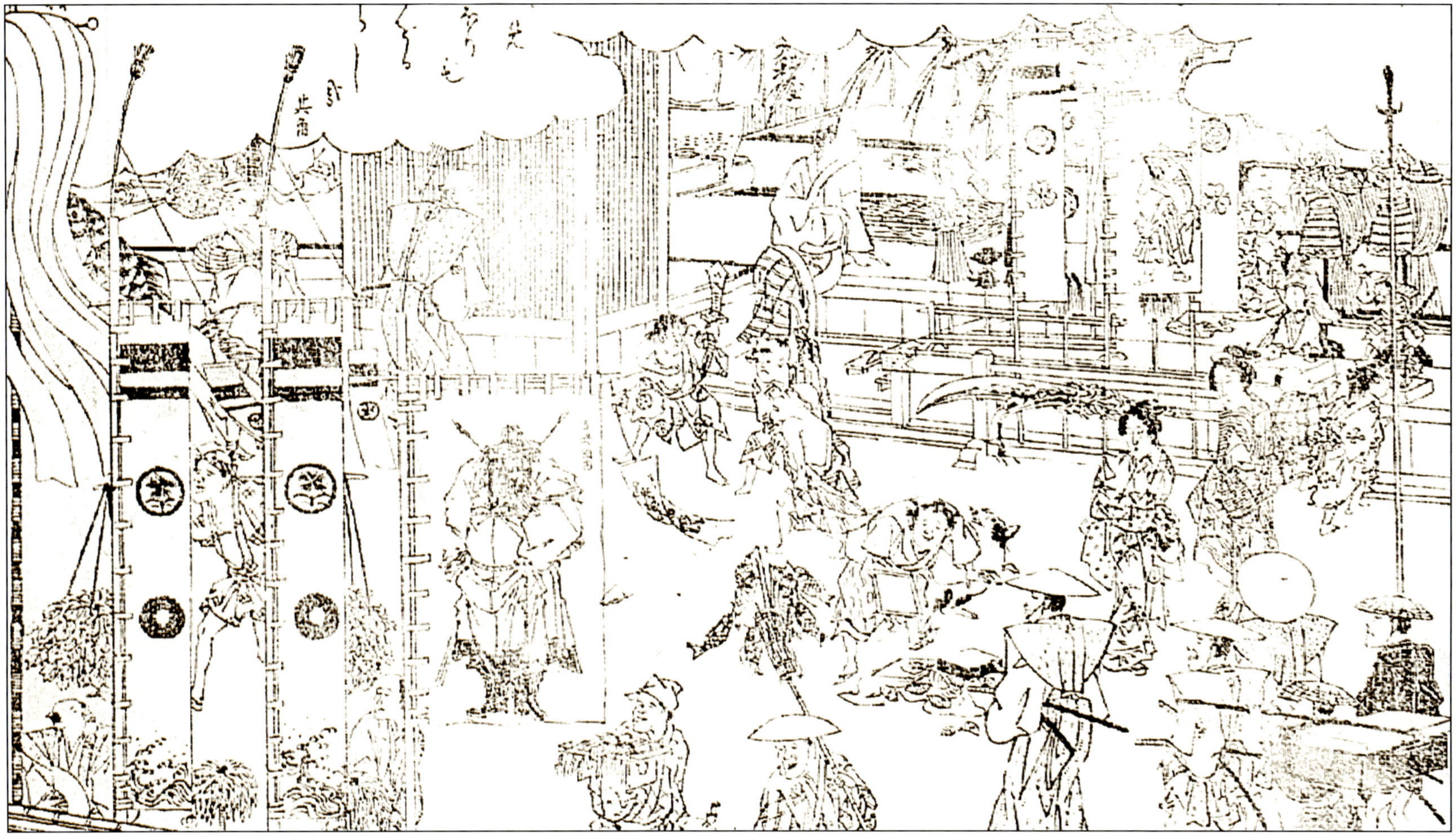

039 Wallfahrt zum Shintô-Schrein am ersten "Tag des Pferdes"*

Die Kinderzeit dauerte, macht man sie am Alter fest, von sieben bis fünfzehn Jahren. Das Kind war jetzt zwar als Mensch anerkannt, führte aber immer noch ein unreifes und folglich unselbständiges abhängiges Leben. Die Entdeckung des Kindes als eines vom Erwachsenen verschiedenen Wesens und als Objekt der Erziehung fällt in Japan ins 18. Jahrhundert. Um diese Zeit fanden Tempelschulen (terakoya) allgemeine Verbreitung, spezielles Spielzeug für Kinder wurde hergestellt, Bilderbücher, Lehr- und Kinderbücher wurden gedruckt und die Anschauung vom Kind wandelte sich.

In den terakoya wurde das für den Alltag Notwendige, d.h. Lesen, Schreiben und der Gebrauch des Abakus gelehrt. Die Lehrer rekrutierten sich aus buddhistischen Mönchen, Shintô-Priestern, Kalligraphen, Ärzten, herrenlosen Samurai. Als Schüler kamen außer den Kindern der Samurai, Kinder von Bauern, Handwerkern und Händlern zur Schule. Die Abbildung zeigt eine Szene am Inari-Schrein in Fushimi (Kyôto) an hatsu-uma. Hatsu-uma wurde das Fest am ersten "Tag des Pferdes" des zweiten Monats im neuen Jahr genannt. Man brachte im (dem Fuchsgott geweihten) Inari-Schrein das Lieblingsgericht des Fuchses dar, gebackenes Tôfu. Man nahm Essen und Trinken mit und bestieg den Inari-Berg. Kinder, die das entsprechende Alter erreicht hatten, kamen an diesem Tag in die Schule. (Kishi)

０３９　子どもの発見

「世代としての子ども」は、年齢からすると、７歳から１５歳までである。彼らは、すでに人間として承認されているわけであるが、人間とは言っても、未成熟の、したがって、非独立的（依存的）な存在であった。日本では、大人とは異なる存在としての「子ども」が＜発見＞され、教育の対象と意識されるようになったのは、１８世紀頃である。この頃になると、寺子屋が一般的となり、子ども向けの玩具が作られ、また絵本や教育書・育児書の類が出版され、「子ども」に向けられる眼差しが変容したことが分かる。

「寺子屋」では、日常生活に必要な、いわゆる「読み書きそろばん」が教えられた。教師は、僧侶・神官・書家・医者・浪人などで、生徒は、武士を除く、農・工・商の子弟であった。図は、京都伏見の「稲荷社」で行なわれる「初午（はつうま）」の様子である。「初午」とは、２月最初の午の日に行なわれる行事で、稲荷（狐の神）の祠に狐の好物である油揚げを供え、酒食を持参して稲荷山に登った。学齢に達した子どもたちは、この日から、寺子屋入りをした。
（岸）

社福

ひとつ
いなり山
れ杉も
とうろう

伴蒿蹊

040 Blutrache als Kindespflicht

War das Kind fünfzehn geworden, wurde es als Erwachsener behandelt. Aber seiner Rolle als Nachkomme wurde das Kind nie ledig, wie alt es auch sein mochte. Das Verhältnis der Kinder zu den Eltern war unauflöslich. Wurden z.B. die Eltern ermordet, war dem Kind die Verpflichtung zur Blutrache auferlegt. Die Blutrache wurde durch die konfuzianistische Idee des Fugutaiten (nicht ruhen, bis das dem Vater, der Mutter usw. widerfahrene Unrecht gerächt ist) aus dem "Buch der Sitte" gerechtfertigt. Während der Edo-Zeit wurden etwa hundert solcher Fälle aufgezeichnet. In der frühen Edo-Zeit ereigneten sich diese nur unter den Samurai, später auch im gewöhnlichen Volk, unter Bauern, Handwerkern und Händlern.

Die Abbildung zeigt, wie der junge Kotarô auf dem Reitplatz des Hachiman-Schreins in Kokubu durch ein Wunder des Zôzusan (des Gottes Konpira) seinen vor 17 Jahren ermordeten Vater rächt. Wegen der im Hintergrund sichtbaren Bambuspalisaden muß diese Rache unter amtlicher Aufsicht stattgefunden haben. Es war kein Vergehen, bei einer Blutrache den Täter zu töten. Es kam auch vor, und zwar nicht nur bei einem Angriff, daß der Rächer getötet wurde. Übrigens, da das Alter Kotarôs mit siebzehn Jahren angegeben wird, muß er Zeit seines Lebens auf eine Gelegenheit zur Rache gewartet haben. (Kishi)

０４０　子どもの義務

「世代としての子ども」は１５歳になると、一人前の人間（「大人」）として扱われるようになるが、いくつになっても、「子孫としての子ども」という役割から解放されることはなかった。つまり、「親に対しての子ども」という関係は絶対的なもので、例えば、親が殺されると、子どもは「敵討（かたきうち）」を行なうことが義務付けられた。「敵」は、「不倶載天（ふぐたいてん）」という儒教的倫理観（『礼記』）によって正当化され、江戸時代の公式の記録によるだけでも、およそ１００件の「敵討」があったという。江戸初期には、武士だけが行なったが、中期以後になると、農・工・商の一般庶民の間でも行なわれるようになった。

図は、国分八幡宮（こくぶはちまんぐう）の馬場で、１７年前に父を殺された「小太郎」が、象頭山（ざうずさん）の霊験によって、敵討を成就した様子を描いている。二人の背後には竹矢来（たけやらい）が見えるから、この敵討は役所の監督のもとで公然と行なわれたにちがいない。敵打では、敵（かたき）を殺しても罪にはならなかったが、必ずしも成功するとは限らず、「返討（かえりうち）」といって逆に敵に殺されることもあった。ちなみに、小太郎はこの時１７歳であったというから、彼は生まれてからずっと敵討の機会をうかがっていたことになる。（岸）

久上叡吾真應集ニ出

に國分寺へ詣ぐ懺悔せしぐ城下漸く辭り疲癒えぬ止りをも返る時報春往來一給ひる薪を荷ふ人を催促し答ふ

當寺とふ白峯をふりて車五十间坂あり是を岡分坂とふ山徑王俗の裏坂と号す暑中遍路の者も往どとらず
分八幡宮 國分寺より十丁絆東山の麓下とふ村中の生土神く社頭の番八姓
傳公寛永元年當岡の侍士武谷源八堀源を左ェ門未遺恨うふ馬場先本發よび民谷ふ運ヤ堀げきふ小を良切とふ敵と討さ象頭山ふ祈誓とをろ〻霊驗空しからず小太郎の討きと一場所
ゟ御生活の與儀とさぎ同十七年の春先年父の討きと尾う敵を討あふて一時小太郎年十七なり甚ぐ源凡そく

頭山の異驗太郎父のと後も

041 Mündigkeitsfeier

Der Ritus des Übergangs vom Kind zum Erwachsenen hieß genpuku und wurde meist im Alter von fünfzehn Jahren abgehalten. Bei diesem Ritual wurden Haarschnitt und Kleidung dem Stil der Erwachsenen angeglichen. Gleichzeitig wurde der Kindername durch einen Erwachsenennamen ersetzt. In den Familien des Kriegeradels wurde dabei die ebôshi genannte Kopfbedeckung aufgesetzt. Seit dem 17. Jahrhundert hielt auch das einfache Volk genpuku ab. Den Mädchen wiederum wurden als Zeichen der Mündigkeit bei der Hochzeit die Augenbrauen rasiert, die Zähne geschwärzt und das Haar zu einem Knoten gebunden.

Die Abbildung zeigt das genpuku-Ritual eines Dorfkindes auf der Insel Awaji in der Edo-Zeit. Im Schrein des Gemeindegottes haben sich die Verwandten, Eltern und Freunde versammelt. Ein Dorfältester wurde zum ebôshi-oya (Ebôshi-Vater) ernannt. Er setzt dem Jüngling die Kopfbedeckung ebôshi auf. Aber in dieser Abbildung ist die dargestellte ebôshi eine Schöpfkelle, von der der Stil entfernt wurde, um die beim genpuku-Ritual der Samurai verwendete ebôshi zu nachzuahmen. Passanten aus dem Dorf verfolgen die Szene mit großem Interesse. In der Edo-Zeit waren solche übermäßig förmlichen genpuku-Feiern allgemein nicht mehr üblich. Heute wird für Männer und Frauen im Alter von zwanzig Jahren ein Volljährigkeitsfest (seijinshiki) abgehalten. (Minamoto)

０４１　成人式

　子どもから成人への通過儀礼は「元服」と呼ばれ、１５歳前後に多く行われた。その式では、髪型や服装を成人男子の様に改め、同時に、幼名を成人らしい名に変えた。武家では、烏帽子と呼ばれる冠を頭に被った。１６世紀ごろから庶民の間でも元服が行われるようになった。また女性の場合は、結婚すると眉を剃り、歯を染め（お歯黒）、髪を丸髷に結って、これを元服の印とした。

　図は、江戸時代の淡路島のある村の子どもが、土地の神様（産神・氏神）を祀る神社で、両親や親戚、友人に見守られて元服するときの様子である。儀式に当たっては、土地の古老、長老が「烏帽子親（えぼしおや）」となり、少年に烏帽子を被せる役をつとめている。もっとも、この図に描かれている烏帽子は、柄の抜けた杓子（しゃくし）で、武家の元服で被る烏帽子をまねているのである。通りすがりの村人が興味深くその様子を見ている。しかし、江戸時代には、「当世冠礼を廃す」といって、これほど格式張った元服の式は行われないのが一般的であった。現代では、男女が２０歳になると、「成人式」が行なわれている。　（源）

瀬の山分をうて、少年元服の狩烏帽子親をよのひとゝ
其頭まれし老人少年を伴ひて産神み詣て神前み
いて老人の云樹の陰ろゐ誰等と少年こくこゝて曰
木今日元服を乞ふト老人やがて柄のぬけなる杉の蔭ふ
をつけて少年か首みのそて云真顔しやりもっと夫より
友酒合みつて一祝ひ参きてとうとふ當世冠禮ハ廃
らゝとと僻地みわ猶古式遺みるゝらふるべーと常磐
ふ見へぶり

042 Hochzeit

In der Edo-Zeit verließ die Frau bei der Eheschließung ihr Elternhaus, zog in das des Mannes und gebar Kinder. Wenn aber die Kinder nur Mädchen waren, wurde der Ehemann der ältesten Tochter adoptiert und erbte die Rechte des Familienoberhaupts. Bei Ehen wurde auf die Gleichheit der sozialen Position und des Ansehens beider Partner großen Wert gelegt und mit dem Ausdruck niai no fûfu (ein passendes Paar) wurde diese Übereinstimmung in Rang und Ansehen gefeiert. Heirateten Samurai, war die Erlaubnis des Lehnsherrn erforderlich. Für das gemeine Volk gab es solche Beschränkungen nicht.

Die Abbildung zeigt die Hochzeit zwischen Nene und Toyotomi Hideyoshi, der in der Zeit der kämpfenden Reiche aus dem Bauernstand aufgestiegen war und anstelle des Kaisers die Politik bestimmte. Nene war die Tochter von Asano Mataemon, Hideyoshis Lehnsherrn aus seiner Zeit als einfacher Soldat. Mataemon hatte sich, in Erwartung von Hideyoshis Zukunft, für ihn als Schwiegersohn entschieden. Die Hochzeit fand im Haus Mataemons statt. Das Brautkleid Nenes ist aus dem Zeremonialbanner von Mataemons und Hideyoshis früherem Lehnsherren Oda Nobunaga genäht. Nene und Hideyoshi bestätigen vor Mataemon den Eheschluß durch den Austausch der Hochzeitstrinkschale. Im Flur bereitet Nenes Mutter das Hochzeitsmahl zu. (Minamoto)

０４２　結婚

　近世における結婚は、女性が生家を出て、男性の家に入り、子どもを生むことであった。しかし、子どもが女ばかりである場合には、長女に婿養子を迎え、家督を嗣がすこともあった。結婚では、女性と男性の身分・格式の釣り合いが重んじられ、「似合いの夫婦」ということばは、２人の身分や格式が相応しいことを祝ったことばであった。武士が結婚するときには、「主君」の許可が必要だった。庶民が結婚するときには、武士ほどの制約はなかった。

　図は、戦国時代、農民から成り上がって、天皇にかわって政治を執った豊臣秀吉と「ねね」の婚礼の様子である。ねねは、秀吉がまだ身分の低い足軽であったときの主人・浅野又右衛門の娘である。又右衛門は、秀吉の将来を見込んで、娘の婿にすることにしたのである。婚礼は、又右衛門の家で行われた。ねねが着ている花嫁衣装は、又右衛門・秀吉の主君である織田信長が儀式に使った旗を縫い合わせたもので、ねねと秀吉は、又右衛門の前で夫婦の固めの杯を交わしている。土間では、ねねの母が祝いの料理を調理している。　　　（源）

貧賤の時
方と婚礼

043 Sorge für die Eltern als Kindespflicht

In der Edo-Zeit stand die Lehre des Konfuzianismus in hohem Ansehen. Die Grundlage der konfuzianistischen Lehre sind die fünf Beziehungen, d.h. "daß zwischen Vater und Sohn die Liebe ist, zwischen Fürst und Diener die Pflicht, zwischen Mann und Frau der Unterschied der Gebiete der Tätigkeit, zwischen Alt und Jung der Abstand, zwischen Freund und Freund die Treue." (Wilhelm, R., Mong Dsi, Jena 1921, S.57) Dies wurde von konfuzianistischen Gelehrten und buddhistischen Mönchen gelehrt und durch den Unterricht in den terakoya im Volk weit verbreitet. Aber durch das Zutagetreten gesellschaftlicher Widersprüche verfiel dieses Prinzip. Das Shôgunat und die Daimyate belobigten darum vor allem Menschen, die kindliche Pietät gezeigt hatten. Diese Fälle wurde in Lehranekdoten verbreitet und so zu Präzedenzfällen.

Auf der Abbildung brät Soyo für ihren Vater, der Reiswein trinkt, auf der Feuerstelle einen Fisch. Soyos Vater heißt Zenroku. Er ist ein armer Bauer, da er keine Felder hat, von denen sie leben könnten. Zenrokus Familie bestand aus seiner Mutter, seiner Frau und vier Töchtern. Weil er von der Landwirtschaft nicht leben konnte, fing er Fische und sammelte Muscheln, um sein Leben zu fristen. Auf Grund der Armut stritten seine Frau und seine Mutter fortwährend. Seine Frau lief fort und ließ die zweijährige Soyo zurück. Aber diese übte sich in kindlicher Pietät. Es heißt, Soyo nahm wegen ihrer Armut nur einfachste Speisen zu sich, und war zufrieden, wenn sie nur ihrem Vater ein Fischgericht zubereiten konnte. Als der Daimyô endlich von Soyos Pietät erfuhr, befreite er ihre Familie von den jährlichen Steuern und schenkte ihr Geld. (Minamoto)

０４３　親孝行

　江戸時代は、儒教倫理が尊ばれた時代である。儒教倫理の基本は、５つの対人関係であり、それは「父子に親あり、君臣に義あり、夫婦に別あり、長幼に序あり、朋友に信あり」であった。これらは、儒者や僧侶によって説かれ、寺子屋での教育を通して、庶民に広くいきわたった。しかし、社会的な矛盾が表面化することによって、この原則も乱れがちであった。幕府や藩が、特に親孝行を尽くした人々に褒美を与え、これを美談として喧伝したのも、このような事情を踏まえてのことである。

　図は、「そよ」が、炉端で酒をたのしむ父親のために魚を焼いている様子である。そよの父親の名前は善六。仕事は、自活できる畑もない極貧の百姓である。善六一家は、母と妻、そして娘のそよの４人家族であった。百姓だけでは生きていけないので、彼らは魚や貝を捕って生活していた。そんな貧しい生活のため妻と姑はいつも争い、妻は２歳になるそよを置いて家出するが、娘そよは、親に孝行を尽くした。そよは、貧しい生活のなかで、自分は粗末な食事をとり、父親には魚料理をつけてできるだけよい食事を作ったという。そんなそよの孝行は、やがて殿様の知るところとなり、年貢を免除され、金銭を賜ったという。　（源）

女
孝養の図

成あつく／＼たにやま
れをも身をもかへり
みず孝とうとしこ
ときけはうつくしい
うちよりちにあへてしそ
うらたきひ

冷泉為村卿

044 Die Dirne mit dem Namen "Hölle" und der Mönch Ikkyû*

In der Edo-Zeit war die soziale Position der Frau allgemein niedriger als die des Mannes. Die Frau folgte als Kind den Eltern, als verheiratete Frau ihrem Mann und im Alter ihrem Sohn. Gehorsam war zur weiblichen Tugend an sich geworden. Aber als im 17. Jahrhundert die wirtschaftlichen Aktivitäten des Volkes zunahmen, wurden mit der Entstehung der Großstädte und der zunehmenden Bedeutung der Frau als der zentralen Stütze der häuslichen Aktivitäten, Zeichen einer Aufwertung der sozialen Position der Frau sichtbar. In den terakoya wurden Jungen und Mädchen gemeinsam unterrichtet. Der Alphabetisierungsgrad der Frauen stieg sprunghaft an und die mutmaßlichen Leser der verschiedenen Romanhefte waren in erster Linie Frauen. Aber es ist ebenso gewiß, daß unter den armen Familien des Volkes und der herrenlosen Samurai die für ihre Eltern in die Prostitution verkauften Mädchen zahlreich waren.

Der Abbildung liegt die Erzählung vom uta-asobi (Gedicht-Spiel) des berühmten Zenmönchs Ikkyû zugrunde. Beim uta-asobi richtet der Gast ein Gedicht an das Freudenmädchen, das wiederum mit einem Gedicht antwortet. Es heißt, daß das Freudenmädchen mit einem schlagfertigen Gedicht antwortete. Ihr Name war übrigens Jigoku ("Hölle"). Sie wurde wegen ihres Karmas aus einem früheren Leben Freudenmädchen und im Bewußtsein, daß sie nach ihrem Tod gewiß in die Hölle stürzen würde, gab sie sich als öffentliches Bekenntnis selbst den Namen Jigoku. In diesem Bild wird von der Tugend des Priesters Ikkyû erzählt, der auch das Freudenmädchen noch als Mensch behandelte, das sich selbst schon als Untermensch verachtete (Minamoto)

０４４　遊女と一休禅師

　江戸時代において、女性の地位は、一般的に、男性に従属させられていた。「女の三従（さんじゅう）」と言って、女性は、生まれては親に従い、嫁しては夫に従い、老いては子に従うものとされ、服従こそ女性の「美徳」とされていたのである。しかし、１７世紀後半、庶民の経済活動が活発となり、都市が形成されて、女性が家族労働の中心的な担い手としてその重要性を増すとともに、女性の社会的地位も向上の兆しを見せるようになった。寺子屋では、男女共学の教育が行なわれ、女性たちの読み書き能力も飛躍的に高まって、江戸の絵草紙類が想定する読者は、まず女性だったのである。しかし、浪人や庶民の貧困家庭において、親のために遊女となる女性が多くあったのもまた確かなことである。
　図は、禅宗の高名な僧一休（いっきゅう）と遊女の歌あそびの物語に取材している。「歌あそび」とは、客が遊女に歌を送り、遊女がそれに歌を返す遊びであり、遊女は、一休の歌に当意即妙に歌を返したという。ちなみに、遊女の名前は「地獄」という。彼女は、前生の因果で遊女となり、死んでからも地獄に堕ちるにちがいないと自覚して、せめて「懺悔（ざんげ）」のために、自ら「地獄」と名乗っていたのである。この絵は、人間以下に貶められた身分の遊女にも人間を見たという一休和尚の徳を物語ろうとしているのであろう。　（源）

尚ハ後の世遊女
の人をそゝび
猖奥の
諦無非道
いへて
門只心
終ニ共ふ
もれとろ

045 Frauenwallfahrt zum Mii-Tempel*

Das religiöse Prinzip der Gleichheit aller vor den Göttern entspricht dem Bedürfnis des modernen Menschen. Aber im Buddhismus wurde die Frau diskriminiert, weil es für sie fünf Hindernisse (goshô) gebe, ein Buddha zu werden. Zu den Hindernissen gehörten viele Übel. So hielt man z.B. Heuchelei, Faulheit, Zorn, Haß und Neid dafür. Frauen durften z.B. an bestimmten religiösen Zeremonien nicht teilnehmen (nyonin kinsei) und Heiligtümer nicht betreten. Saichô hatte Frauen das Betreten des Hiei-Bergs untersagt und auch auf dem Kôya-Berg waren sie von den Heiligtümern verbannt. Aber, und das ist ganz natürlich, in der Heian-Zeit wurde zu diesem Zweck, weil die Frauen das Bedürfnis nach Erlösung bewegte, der Murô-Tempel speziell für die Frauen errichtet. Er wurde nyonin kôya (Frauen-Kôya-Berg) genannt. Die Frauen, die den Hiei-Berg nicht betreten durften, pilgerten zu dem an seinem Fuß liegenden Mii-Tempel und riefen dort den Buddha an.

Die Abbildung stellt die nur am 15. Tag des 7. Monats (Obon) erlaubte Frauenwallfahrt zum Mii-Tempel dar. (Minamoto)

０４５　三井寺参り（女性と信仰）

　神仏の前では万人は平等であるというのが、宗教の原則であってほしいというのが現代人の願いである。しかし、仏教においては、女性は仏に接近するに際して５つの障害（「五障（ごしょう）」）をもつという理由で、差別された。「五障」にもいろいろあるが、例えば、欺（だま）す、怠（おこた）る、瞋（いか）る、恨（うら）む、怨（のろ）うがそれだと信じられていた。そこで、例えば「女人禁制」といって、女性が、特定の宗教行事に参加したり、聖域に入ることを禁ずることが行なわれていた。最澄が、比叡山に女性が入ることを禁じて以来、高野山でも女性は聖域から追放された。しかし、当然のことながら、女性が救済を求める気持ちには切なるものがあり、そのために、平安時代には、女性向けの霊場である室生寺が建立され、それは「女人高野（にょにんこうや）」と呼ばれるようになった。また、比叡山に入山することのできない女性たちは、その麓の三井寺に参拝して、仏にすがったのである。

　図は、毎年７月１５日の「お盆」の日に限って、女性たちが三井寺に参詣することを許された「女人詣（にょにんもうで）」を描いたものである。（源）

石山寺
　参
詣
　の
　躰

046 Die Drachentochter beweist ihre Wunderkraft*

Ein Buddha zu werden und Erlösung zu erlangen, war für eine Frau nicht einfach. Die Überlieferung, daß Frauen, die irgendwie einen Fehltritt begingen, in Drachen verwandelt wurden, ist wohl ein Ausdruck der schwierigen Lage der Frauen. In den Bergen des Frauen-Kôya, d.h. des Murô-Tempels in Yamato gibt es eine Höhle, die "Drachenloch" heißt und Spuren einer Verehrung des Drachengottes zeigt. Der Drache ist der Gott, der für das Wasser zuständig ist, also der Wasssergott. Vermutlich ist der Murô Tempel auf einem dem Wassergott-Glauben heiligen Grund errichtet worden. Deshalb läßt sich hier von einer ambivalenten Natur des Drachen sprechen. Während er das Schicksal tragen muß, kein Buddha werden zu können, ist er glcichzeitig für das für den Ackerbau höchst wichtige Wasser zuständig.

Der Abbildung liegt die Geschichte zugrunde, in der eine Drachentochter den großen Felsen spaltete, der in der Provinz Awaji einen Bergbach blockierte. In dieser Geschichte heißt es weiter: Wenn der Heilige Jikkô vom Nariai-Tempel kam, erschien eine schöne Frau, um seine Unterweisung zu hören. Als sie der Heilige verwundert fragte: "Wer seid Ihr?", antwortete sie ihm: "Ich bin die Drachentochter, die seit alter Zeit in diesem Bach lebt. Bitte, erlöst mich von meinem Schicksal!" Da trug ihr der Heilige auf, den großen Felsen, der den Bach im Tal staute, zu zerschlagen. An jenem Abend ringelte sich die Drachenfrau leicht um den Felsblock, und der Fels spaltete sich plötzlich. Als der Heilige dann die Drachentochter mit einem Altargerät an der Stirn berührte, fielen die Hörner ab, unter denen die Drachentochter so gelitten hatte. In jener Nacht träumte der Heilige, daß die Drachentochter ein Buddha geworden sei. (Minamoto)

０４６　竜女（女性と救済）

　女性が仏となって救済されるのは、容易なことではなかった。女性が何かの罪を犯して龍に化身せしめられるという伝承も、女性の立場の難しさを表現しているものであろう。「女人高野」と言われた大和室生寺の山奥に、「龍穴」という洞窟があり、龍神が祀られていた形跡がある。龍は水を司る神、すなわち水神でもあり、室生寺は水神信仰の聖地に建てられた寺であったのだろう。したがって、龍は成仏できない苦しみを負う存在でありながら、しかも同時に、農耕で最も重要な水を司る存在でもあるという、両義的な性格をもっていたと思われる。

　図は、淡路国の渓流を塞いでいた「大磐石（だいばんじゃく）」という大きな岩を砕いた竜女の物語に取材したものである。その物語によると、成相寺（なりあいでら）の実弘上人（じっこうしょうにん）が修行していると、しばしば美しい女性が教えを聞きに来たという。上人は不思議に思って、彼女に「あなたはどなたですか」と訊ねると、彼女は「私は昔から渓流に住んでいる竜女です。どうぞ私の苦しみを除いて下さい」と上人に訴えた。そこで上人は、谷川を塞いでいる大きな石を除くように言うと、その夜、竜女はその岩の上で身をゆるやかに動かし、たちまちのうちにその岩を砕いてしまったのである。そこで上人は、竜女の額に法具をつけると、竜女を苦しめていた角がとれた。その夜、上人は竜女が成仏した夢を見るのであった。　（源）

賓弘上人々ゝんしやく磐石を

047 Rückzug eines reichen Alten auf das Land

 In der Edo-Zeit hatten die Kaufleute, die es zu etwas gebracht hatten, das Ideal, in Nachahmung der Lebensweise der bunjin (Literaten) und haijin (Dichter), die ihnen verbleibende Zeit zu genießen. Unter Ruhestand (inkyô) verstand man die ursprünglich im Mittelalter bei den Samurai entstandene Sitte, daß der Familienvorstand aus eigenem Antrieb den Sohn zum Familienoberhaupt machte und ihm seine Rechte übergab. Dieser Brauch war bis zum Ende des Zweiten Weltkriegs in Japan rechtlich sanktioniert.

 Auf dieser Abbildung ist das Leben in einer an einem Ort namens Ueno no morikage errichteten Ruhestandsklause dargestellt. Der im Ruhestand befindliche Hausherr spielt mit einem Gast oder Bedienten als Partner gerade Go. Der Hausherr trägt die u.a. bei haijin beliebte Teemeisterkappe und benimmt sich tatsächlich, wie jemand, der sich ganz aus der Welt zurückgezogen hat. Aber seltsamerweise scheint der dargestellte Hausherr die Zurückgezogenheit irgendwie leid zu sein. Eine junge Frau hilft ihm bei den alltäglichen Verrichtungen in seinem Ruhestandshaushalt. Sie tritt gerade aus dem Tor, um bei einem Straßenhändler etwas zu essen einzukaufen. (Minamoto)

０４７　隠居

　江戸時代になると、功成り名を逐げた商人たちは、文人や俳人の生き方をまねることによって、余生を楽しむことを理想とした。彼らは、街の喧噪から遠く離れ、郊外に清楚な隠居所を建てて、花鳥風月を愛でたのである。「隠居（いんきょ）」とは、もともと中世に武家によって作られたしきたりで、家長が自分の意志によって、家督を息子に継承させ、家長権を譲ることをいう。その伝統は、日本では、第二次世界大戦が終わるまで法律で認められていた。
　この図は、江戸の商人が、「上野の森蔭（もりかげ）」といわれた根岸というところに建てた隠居所での生活を描いている。隠居した主人とその客人、あるいはかつての自分の使用人を相手に囲碁をしているところである。主人は、俳人などが好んだ茶人帽をかぶっており、いかにも世捨て人をふるまおうとしているが、隠居した主人の描き方は、なにか隠棲にあきあきしているようでおかしい。また隠居の日々の生活は、若い女性が世話をしており、戸口では、その女性が行商人から食料を買い求めている。（源）

きぬ
た
の
里
は
う
ち
藐
て
ゝ
い
に
し
へ
よ
り
歌
人
多
く
こ
ゝ
に
杖
を
弛
め
其
砧
の
音
を
聞
て
ふ
か
く
賞
愛
せ
ら
る
ゝ
よ

048 Eine alte Frau wird auf dem "Berg der Aussetzung" getragen

In den Bergbauerndörfern der Edo-Zeit waren die Felder klein und der Ertrag nicht ausreichend. Dies führte zum Aufkommen der Sitte, daß die Alten plötzlich in den Bergen ausgesetzt wurden, um das Überleben des Dorfes zu sichern. Tatsächlich gibt es in der Präfektur Nagano einen Berg, der Ubasute-yama ("Großmutter-Aussetzungsberg") heißt.

Die Abbildung zeigt eine Szene, die der Legende vom Ubasute-Berg entnommen ist. Die grausame Szene, wie der entschlossene Sohn (Enkel?) im Mondlicht auf einem Bergpfad zum Gipfel aufsteigt, die weinende und schreiende Mutter auf dem Rücken, ist bezeichnend für die schwierigen Umstände, unter denen die Landbevölkerung von alters her leben mußte.

Bereits in der Heian-Zeit wurde in der setsuwa-Sammlung Yamato-monogatari eine Geschichte über ubasute notiert. Darin fordert eine Frau ihren Mann auf, die alte Frau, die ihn an seiner Eltern statt aufgezogen hat, in den Bergen auszusetzen, weil sie sie stört. Es heißt, der Mann folgte der Anweisung seiner Frau und setzte die Alte in den Bergen aus. Aber auf dem Rückweg im Mondschein tat es ihm leid, und er holte sie im Licht des Tages wieder. Auch in der setsuwa-Sammlung Mumyôshô gibt es eine Geschichte, in der die Mutter getäuscht und in den Bergen ausgesetzt wird. Diese Geschichten, in denen die Alten als störend empfunden werden, werden auch kirô-densetsu (Altenaussetzungslegenden) genannt. Auch in der Gegenwart kennt man das Aussetzen der Alten, wenn auch in veränderter Form: Die Alten bleiben allein in den entvölkerten Bergdörfern zurück, während die Jungen in die Städte ziehen. (Minamoto)

０４８　女性の老後

　江戸時代の山国の農村は、耕地も狭く生産量も十分ではなかった。村の生活を維持するために、しばしば年老いた人たちは、山の中に捨てられたという伝承が生まれる程であった。現実に「姨捨山（うばすてやま）」という名の山が、長野県にはある。
　図は、姨捨山の伝説に取材した情景である。月の光に照らされた山道を、決心した息子が、泣きわめく老母を背負って山頂まで登るという残酷な情景は、古来、農民が置かれてきた厳しい境遇を描いて余りある。
　平安時代の『大和物語』に、すでに「姨捨て」の説話が書かれている。親に代わって育ててもらった姥が年老いて、邪魔に感じた妻が、夫に対して、姥を山に捨てるようにいう。夫は、妻の勧めに従って姨を山に捨てたが、帰る道を照らす月明かりに、悔いる心が起き、明朝、迎えにいったという。また『無名抄』にも、母をだまして姨捨山に捨てたという説話があり、これは、老人を邪魔物と考える「棄老伝説（きろうでんせつ）」ともいわれる。現代にも形を変えた棄老が知られる。過疎の山村に一人で住む老人たちである。　（源）

山 やま

049 Alte treffen sich*

Alte Menschen fanden sich aber nicht nur in solch schwierigen Situationen, wie sich aus dem Leben zurückziehen zu müssen oder in den Bergen ausgesetzt zu werden. Als Kulturträger versuchten sie bis zuletzt eine positive gesellschaftliche Funktion auszufüllen.

Die Abbildung zeigt im Chôei-Tempel auf dem Kongô-Berg in Owari den Seniorenclub Shôshikai, zu dem sich neun alte Herren zusammengeschlossen haben. Shôshikai war die Bezeichnung für eine Party für Leute in hohem Alter, wurde aber auch zur Bezeichnung eines Seniorentreffs verwendet. Unter ihnen waren kanshi-, renga- und haiku-Dichter, aber auch regionale Führungspersönlichkeiten. Die Herren waren zusammen 771 Jahre, im Durchschnitt 86 Jahre alt. Für eine Zeit, in der die durchschnittliche Lebenserwartung 50 Jahre betrug, war jeder von ihnen erstaunlich betagt.

Die Alten versammeln sich in einem Zimmer (mit tokonoma) um den Tisch und überlegen, was sie tun sollen. Der dritte von rechts heißt Kimiyama. Er überlegt, wie er in das Bild, das er gerade gemalt hat, ein Bildgedicht einfügt. (Minamoto)

０４９　老人クラブ

　老人は隠遁したり、捨てられたりする過酷な境遇にあったばかりではなかった。老人は、文化の継承者として、積極的に、その社会的な役割を最後まで果たそうとしたのである。
　図は、尾張の金剛山長栄寺に古老９人が集まって出来た「尚歯会（しょうしかい）」という老人クラブの様子である。「尚歯会」というのは、長寿の人を囲む会合の名称であるが、それはまた、老人会の名称としても用いられたのである。彼らは、漢詩・連歌・俳句など文芸の達人たちで、地域社会の指導者でもあった。古老９人の年齢の合計は７７１歳、平均すると８６歳となり、当時の「人生五五〇年」と言われた平均寿命からすれば、驚くほど長命の面々であった。
　老人たちは床の間のある一室に集まり、卓を囲んでなにやら考え込んでいる風である。右から２人目に描かれているのが君山で、彼は絵を描いているようで、彼らは、どうやら彼の描いている絵にどのような画賛の詩を書き込もうかと思案しているのである。（源）

齒會

白雲居
千秋齋
君山
幸山
無孔笛
明星菴
鳥
也有
棕木軒

古人東南角所筆九先者像之遺圖了雅縮摹

050 Krankenwallfahrt zum Fuchsgott von Kasamori*

Bei vielen Krankheiten waren die Heilungschancen leider gering, und es gab viele schreckliche Krankheiten, die sich lange hinzogen, bevor man starb. Hatte man eine solche Krankheit, betete man zu den Shintô-Göttern und Buddhas. Eine davon war die im 16. Jahrhundert aus China und Europa eingeschleppte Syphilis. Durch die Ausdehnung der Städte und die Zunahme der Prostitution in der Edo-Zeit wurde sie zu einer verbreiteten Krankheit. Der in der Edo-Zeit bekannte Arzt Sugita Genpaku berichtete 1810: "Ich behandle mehr als tausend Patienten im Jahr. 700 oder 800 davon sind Syphilitiker. In vierzig bis fünfzig Jahren werde ich einige zehntausend Syphilispatienten behandelt haben."

Vom abgebildeten Kasamori-Inari-Schrein glaubte man, er würde Syphilis heilen und vor ihr schützen. Das ist darauf zurückzuführen, daß bei einer Syphilisinfektion am ganzen Körper Geschwüre auftraten, die man kasa nannte, und das kasamori von Kasamori-Inari-Schrein wurde nun mit kasa kara mamoruru (vor den kasa schützen) gleichgesetzt. Der Kasamori-Inari-Schrein lag im Norden Ôsakas (in der Stadt Takatsuki). Pilger aus Ôsaka und aus Kyôto kamen dort zusammen. Der Autor des Settsu meisho-zue erklärt den Volksglauben für falsch. Auf der Abbildung stiften Pilger Votivtäfelchen (ema) als Bitte um und Gabe für die Genesung und als Schutz vor der Syphilis. (Konta)

０５０　病気と信仰

　さまざまな病の内でも、苦しく、治る可能性が少なく、しかも死にいたる時間の長い病ほど恐いものはなかった。そのような病にかかった場合には、神仏に祈った。１６世紀に、中国や西洋から入ってきた梅毒は、そのような恐ろしい病であった。江戸時代には、都市の発展、売春婦の増加で流行の病となった。江戸の著名なオランダ流医師・杉田玄白は１８１０年「自分は毎年１０００人余りを治療しているが、その内、７、８００人は梅毒患者である。これを４、５０年も続けたから、数万人の梅毒患者を治療したことになる」と語っている。
　図の笠森稲荷社は、梅毒を直し、また、梅毒から身を守ってくれると信じられた。なぜなら、梅毒にかかるとやがて「瘡（かさ）」という吹出物が全身にできるが、笠森稲荷社の「笠森（かさもり）」の音が「瘡（かさ）から守（まも）る」に通じるからである。笠森稲荷社は大坂の北（高槻市内）にあって、大坂からも京都からも参詣人が詰めかけたが、『摂津名所図会』の作者は、この俗説が誤りであると言っている。図では、参詣人が、梅毒の平癒と予防の祈願と報謝のため、「絵馬（えま）」を奉納しようとしている。（今田）

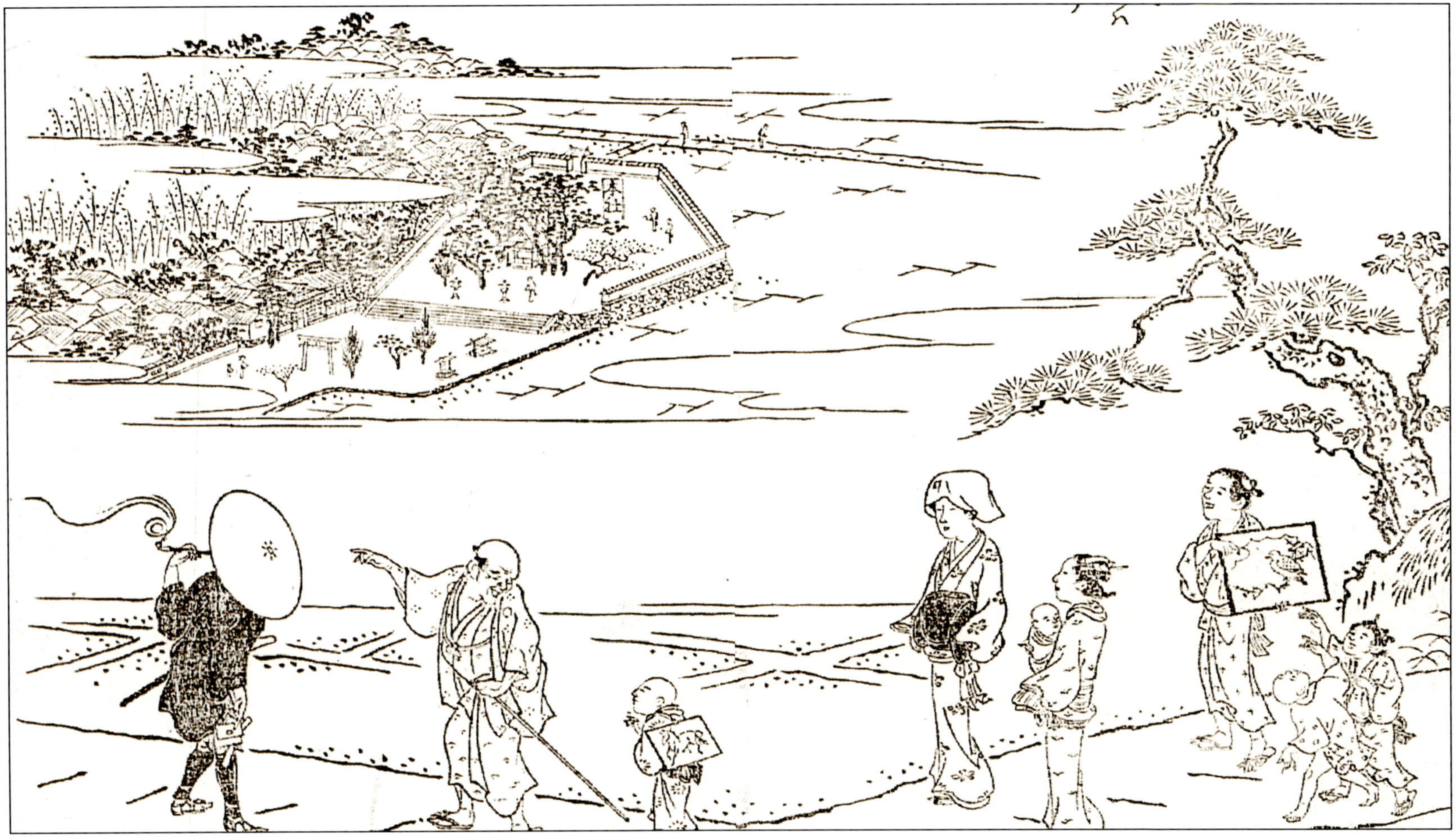

051 Familie Oguri hat eine göttliche Erscheinung*

 Zur Grundlage des Glaubens der Japaner an Götter und Buddhas gehört der Wunsch, durch das Erflehen der magischen Kräfte dieser Gottheiten praktische Vorteile zu erlangen. Man betete zur Wunderkraft der Götter und Buddhas, um ein friedliches und besseres Leben oder die Wiedergutmachung von Unglück und Katastrophen zu erlangen. Wurden die Wünsche erfüllt und es ereignete sich ein Wunder, durch das ein Unglück oder eine Katastrophe wiedergutmacht wurde, sprach man von reiken, was soviel heißt wie "Zeichen einer geheimnisvollen Wunderkraft".

 Die Abbildung beruht auf der in der Muromachi-Zeit (16.Jh.) entstandenen Geschichte Ogurihangan. Oguri, der Sohn eines einflußreichen Mannes aus der Nähe von Kyôto, hörte nicht auf seine Eltern, wurde nach Kantô verbannt und heiratete dort Terutehime. Aber da die Heirat ohne Einverständnis der Eltern der Prinzessin stattfand, wurde Oguri mit einer Lähmung des Unterkörpers geschlagen. Er bestieg einen Wagen, den Frau und Kind zogen, und wandte sich nach Kumano im Süden der Präfektur Wakayama. Dort erhielt er durch die Wunderkraft der Buddha-Erscheinung von Kumano seine ursprüngliche Gestalt zurück. Das ist der Kern der Geschichte. Kumano war im Glauben des Kaisers, des Adels, der Krieger und des Volkes der mächtigste magische Ort Japans. (Konta)

０５１　病気と霊験

　日本人の神仏信仰の基本には、神仏の霊力にすがって現実の利益を得たいという願いがある。生活の安全と向上、そして現実に起こってしまった不幸や災厄を回復するために、彼らは、神仏の霊力にすがり、祈ったのである。願いがかなえられ、不幸・災厄が回復するという奇跡が起こったとき、この奇跡を、「霊力の不思議な験（しるし）」という意味で「霊験（れいげん）」と言った。

　図は「小栗判官（おぐりはんがん）」という室町時代に成立した物語に取材したものである。京の近くの有力者の息子であった小栗は親に背いて関東に追放され、そこで照手姫（てるてひめ）と結婚する。しかし、姫の一族の承諾を得ない結婚だったので、小栗は迫害にあって下半身不随となり、妻子の引く箱車（はこぐるま）に乗って和歌山県南部の熊野に赴く。そして、「熊野権現（くまのごんげん）」の霊力によって元の姿にもどる、というのが物語の骨子である。熊野は、天皇・貴族をはじめ、武士・庶民も信仰した日本最大の霊場である。（今田）

親子権現の
△△と
△る

052 Kintaien, eine Wunderpille*

Einerseits war der Glaube an die Wunderkraft der Götter und Buddhas weitverbreitet, andererseits florierten Produktion, Verkauf und Anwendung von Medikamenten aus der chinesischen Medizin und der Erfahrungsheilkunde. Der fünfte Shôgun stellte dem holländischen Arzt Kaempfer medizinische Fragen , ob z.B. im Westen ein Unsterblichkeitselixier entdeckt worden sei und ob es eine Therapie bei Krebsgeschwüren im Bauch gebe. Der achte Shôgun, Yoshimune, ließ alle japanischen Tiere und Pflanzen erfassen und auf eine medizinische oder anderweitige Verwendbarkeit hin erforschen. Diese Form der Naturwissenschaft nannte man "honsôgaku"(Kräuterkunde). Es war sozusagen Naturkunde. Auch im einfachen Volk blühte die Arzneimittelforschung. In Städten im ganzen Land und natürlich in Kyôto, Ôsaka und Edo gab es prosperierende Apotheken.

　Die Abbildung zeigt die Ladenfront der berühmtesten Apotheke in Edo, Kangakuya. Sie verkaufte u.a. Kintaien (Kugeln in Brokatbeuteln). Es hieß, daß einem Vorfahren mit Namen Kangakubô, der zu den Göttern und Buddhas um ein Schatzhaus für alle Sutren betete, im Traum ein berühmter Mönch erschienen sei. Dieser zog aus einem Brokatbeutel eine Kugel heraus und gab sie ihm. Weil Kintaien im Ruf stand, bei allen Krankheiten zu helfen, soll Kangakubô schnell 3000 Ryô (ca. 5 Mill. DM) verdient und mit dieser Summe die Schule Kangakuryô gegründet und mehr als 30.000 Schriftrollen gesammelt haben. Daneben gab es auch Suharaya, die größte Apotheke in Edo, die ein Medikament verkaufte, das gegen die Frauenkrankheit junkisan (Geistesverwirrung) helfen sollte. Der Romancier Shikitei Sanba hat mit dem Medikament dokushogan (Lesepille), das die Stimmung aufhellen sollte, Geld verdient. (Konta)

０５２　医薬

　神仏の霊験（れいげん）がひろく信仰された一方で、中国医学や経験的治療法にもとづく薬の製造・販売・使用もさかんであった。５代将軍徳川綱吉は、オランダ人医師・ケンペルに、西洋では不老長生（ふろうちょうせい）の薬は発見されているか、腹内にできた癌の治療にはどんな方法があるか、等を質問している。また、８代将軍吉宗は、日本にある動植物をすべて調査させ、薬効その他の有用性の研究をさせた。こうした自然研究を「本草学（ほんぞうがく）」といった。いわば「博物学」である。民間でも薬品研究が盛んとなり、京都・大坂・江戸はもちろんのこと、全国の町々に「薬屋」が出来て大いに繁盛した。

　図は、江戸で最も有名な薬屋「勧学屋（かんがくや）」の店頭である。祖先・勧学坊（かんがくぼう）が神仏に一切経蔵（いっさいきょうぞう）設立の祈願をした時、夢の中に高僧が現れて「錦の袋」から取り出して与えたと言われる「錦袋円（きんたいえん）」を売っていた。万病に効くという評判で、たちまち３千両（現在の３億円）の大金を儲け、それを資金として「勧学寮（かんがくりょう）」という学校を設立し、３万余巻の書物を集めたという。江戸最大の本屋であった須原屋は薬屋も兼ねており、「順気散（じゅんきさん）」という婦人病に効くという薬を売っていた。小説家・式亭三馬は「読書丸（どくしょがん）」という気分がすっきりするという薬で儲けていた。（今田）

此地に慈庵と号し彼
図して意を其儘
親々先
さ未を待さりと
そう

の病頂み鈴
患者を恥る
ところ其
と家の庶を

053 Der Tod des buddhistischen Heiligen Nyoshin*

Bei jedem Menschen rückt der Tod unaufhaltsam näher. Menschen, die eine Sünde begangen hatten, Menschen, die selbst zwar keine Sünde begangen hatten, aber auf denen die Schuld naher Verwandter lastete, alle zitterten bei der schrecklichen Vorstellung, in die Hölle stürzen zu müssen. Deshalb beteten alle zu Buddha und häuften gutes Karma an, um nach dem Tod im Reinen Land ein Buddha zu werden. Dem Bau prächtiger Tempel, der Aufstellung von Buddhabildern, der Stiftung von Lehen usw. lag die Absicht zugrunde, die Gnade des Buddha zu gewinnen und ins Paradies zu gelangen. Aber dem breiten Volk waren solch aufwendige religiösen Werke unmöglich. Die Antwort auf die Angst des Volkes war die Lehre, daß jeder, der ernsthaft zu Amida-Buddha betet, im Paradies wiedergeboren werde. Der Vollender dieser Lehre war der in der Kamakura-Zeit (12. bis 14. Jh.) auftretende Heilige Shinran. Nach seiner These akunin shôki setsu, werden gerade die schlechten Menschen (akunin), die kein gutes Karma anhäufen konnten, von Amida erlöst. Shinrans direkte Nachkommen gründeten die Jôdoshinshû-Sekte.

Die Abbildung zeigt Shinrans Enkel, den Heiligen Nyoshin auf dem Totenbett. Zwei Tage und zwei Nächte lang erfüllte ein Duft wie von feinem Räucherwerk den Raum und von draußen war Musik zu hören. Zusammen mit der Rezitation des Namu Amida-Butsu soll dies zu einem friedlichen Tod führen. Zwischen dem Heiligen und der Wolke am Himmel, vor der die Blütenblätter tanzen, sind Linien gezeichnet. Sie sind wohl Ausdruck der ernsthaften Hoffnung, daß in der Todesstunde Amida-Buddha erscheint, wenn man an ihn glaubt, und den Weg ins Paradies weist. (Konta)

０５３　死と救済

　すべての人に死は容赦なく迫る。しかも、不善をなしたるもの、自ら不善をなさざるも近親の不善の罪を負わされているもの、すべて「地獄」へ落ちねばならない、という恐怖の教説に、人は恐れおののいた。したがって、人々は、死後、「極楽浄土」に成仏するために、ひたすら仏にすがり、善を積もうとした。貴族は壮麗な寺院をつくり、仏像を安置し、荘園を寄進するなどしたが、それらはすべて、仏の恩寵を得て極楽往生を遂げようとする行為であった。しかし、一般大衆にとって、このような財物に頼る行為など不可能であった。そこで、こうした大衆の不安に応えて成立したのが、ひたすら阿弥陀仏を念じれば極楽往生がかなうという教えであった。この教えを徹底させたのが、鎌倉時代（１２世紀～１４世紀）に現れた親鸞上人で、彼が説いた「悪人正機説」によれば、積善をなしえない「悪人」こそ阿弥陀仏の救済活動の対象である。親鸞の血縁直系の人たちが作り上げた大教団が「浄土真宗」である。

　図は、親鸞の孫・如信（にょしん）上人の臨終の面。２日２夜、妙なる香りが室内に満ち、窓外には音楽が聞こえ、「南無阿弥陀仏」の称名とともに大往生を遂げたという。上人と天上の花びらの舞う雲の間には、導きの糸のような物が描かれ、これは、阿弥陀を信仰すれば、臨終の時、必ず阿弥陀仏が現われ、極楽へと導いてくれるという切なる願いの表現であろう。（今田）

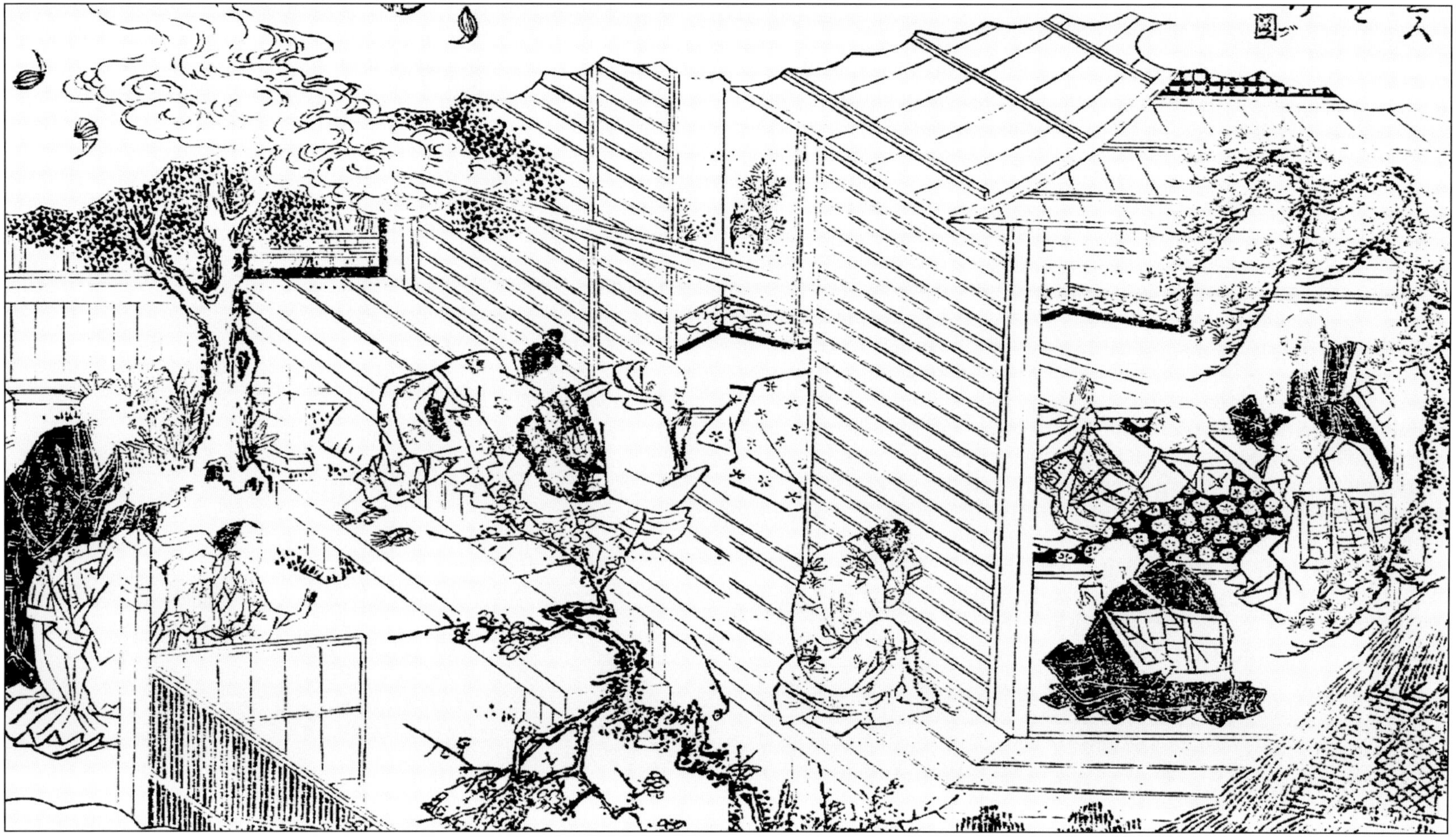
図

054 Abschreiben buddhistischer Sutren*

Kaiser und Adel des Altertums ließen in großem Umfang Tempel und Buddhabilder errichten, um dem Schrecken von Krankheit und Tod zu entfliehen und um den Frieden des Staates zu erbitten, wenn er zerbrochen war. Man ließ Großtempel wie den Hôryû-Tempel, den Yakushi- oder den Tôdai-Tempel errichten, in jeder Provinz Provinz-Tempel erbauen und in großem Umfang Buddhabilder aus Bronze, Holz oder Ton anfertigen. Im Vergleich zur Errichtung von Tempeln und Buddhabildern ist das sorgfältige Kopieren von Sutren (shakyô) eine bescheidene Tätigkeit, wurde aber als das dem Buddha am meisten wohlgefällige, wichtige religiöse Tun betrachtet und lebhaft betrieben. Im Tôdai-Tempel gab es shakyôsei genannte professionelle Kopisten, die von morgens bis abends über ihren Pulten saßen. Das Arbeitspensum der Kopisten muß immens gewesen sein. Es sind Dokumente überliefert, die besagen, daß die Kopisten sich zusammenschlossen und eine Verbesserung ihrer Lage forderten. Sie kopierten die Sutren für das Kaiserhaus und den Adel, die das ursprünglich selbst tun sollten.

Die Abbildung zeigt, wie Mitglieder der Taira-Familie, die am Ende der Heian-Zeit auf dem Höhepunkt ihrer Macht war, alter Sitte folgend selbst ernsthaft Sutren kopieren, obwohl stolz auf ihren Reichtum, doch getragen vom Bewußtsein der Vergänglichkeit des Erfolgs. Sie sind mit Jagdhemden bekleidet und tragen einen Mundschutz, um zu verhindern, daß ihr Atem die Sutren trifft. Auf solche Weise hergestellte Sutrenkopien werden heute als Nationalschatz unter dem Namen Heike-nôkyô im Itsukushima-Schrein aufbewahrt. (Konta)

０５４　写経

　古代の天皇・貴族は、死や病の恐怖から逃れるため、ひいては国家の安泰を願うため、造寺造仏の大事業を盛んに行なった。法隆寺・薬師寺・東大寺などの大寺院が造営され、諸国には国分寺・国分尼寺が建立され、そして、ブロンズや木彫や粘土による仏像が大量に生産された。このような造寺造仏に比べると、経典を丁寧に写す「写経」は、地味な行為であるが、仏の最も喜ぶ大切な宗教行為と考えられ、盛んに行なわれた。東大寺では、「写経生」という写経専門の工人がいて朝から晩まで、机に向かっていたのである。写経生が団結して待遇改善を訴え出たという文書も残っているほど、夥しい仕事量を押しつけられていたようである。彼らは、本来、皇族・貴族たちが自らなすべき写経を、代わりに行い、また、テキストとしての経典を生産していたのである。

　図は、平安時代の末、当時最も権勢を誇った平家の貴族たちが、栄華を誇りつつも、「盛者必衰（じょうじゃひっすい）」の不安に駆られて、古式にのっとりひたすら自分で写経を行なっている場面である。彼らは狩衣姿（かりぎぬすがた）で、口には写経に息をかけることを避けるためにマスクをしている。このようにして制作された写経は、国宝「平家納経（へいけのうきょう）」として、厳島神社に現在も保存されている。（今田）

家の諸卿經書写の圖

055 Das Reine Land des Amida-Buddha

Für Japaner war die erhoffte Welt nach dem Tod das ewige Reine Land, das Utopia der ewigen Jugend. Da die Angst, ohne jede Hoffnung in die Hölle zu stürzen, sehr tief saß, war das Streben nach dem Reinen Land stark. Man dachte, es gebe ein Reines Land des Amida-Buddha, eines des Maitreya-Buddha, eines des Potalaka-Buddha usw., die sich durch den jeweils ihr Zentrum bildenden Buddha unterschieden. Am Ende der Heian-Zeit war die Vorstellung verbreitet, daß das Reine Land des Maitreya 567 Millionen Jahre nach dem Ende der Welt erscheine, während das Reine Land des Amida im Westen bereits existiere, und wer zu Amida bete, sofort nach seinem Tod dort wiedergeboren werden könne.

Die Abbildung ist ein Bild aus einem Buch der Sammlung Heikenôkyô, die von der zu jener Zeit mit ihrem Reichtum protzenden Taira-Familie erstellt wurde, um dem Weltende zu entkommen. Dargestellt ist vermutlich das Reine Land des Amida, von dem man glaubte, es befinde sich im Westen. Die Frau, die von den Wellen aus ein Opfer darbringt, ist wohl die Herrin des tokoyo no kuni (Land des Jenseits) oder Drachenpalastes, von dem die Japaner glaubten, er befinde sich auf dem Meeresgrund. Vielleicht läßt sich die Prinzessin des Drachenpalastes auch als Symbol der Familie Taira selbst deuten, deren wirtschaftliche Basis der nationale und internationale Seehandel bildete. Übrigens, das Daibabon in der Abbildung ist ein Sutrenkapitel, das erklärt, daß selbst Frauen Buddhas werden können und auch schlechte Menschen diese Möglichkeit haben. (Konta)

０５５　浄土

　日本人にとって望まれる「死後の世界」とは、永遠の浄土、つまり不老長生の「極楽」である。望まずして落ちる地獄への恐怖感が深ければ深いほど、この浄土への憧れには激しいものがあった。浄土には、阿弥陀浄土（あみだじょうど）、弥勒浄土（みろくじょうど）、補陀落浄土（ふだらくじょうど）などがあると考えられ、それぞれの中心を構成する「仏」が異なる。弥勒浄土は、世界の終末から５６億７千万年後に出現する浄土であるが、阿弥陀浄土は、すでに西方に準備されており、阿弥陀仏にすがれば、死とともにそこに再生できるという思想が平安時代の末に広がった。

　図は、その頃に栄華を誇った平家一門が終末の恐怖から逃れるために行なった「平家納経」の一本を描いたものである。描かれているのは、おそらく、西方にあると信じらていた「阿弥陀浄土」であり、波のうえから供物を捧げている女性は、日本人が伝統的に海上にあると信じていた「常世の国（とこよのくに）」、つまり「竜宮」の主神・乙姫（おとひめ）であろう。平氏一門の経済的基盤は、国内・国外の海上交易であったから、この「竜宮」の主神・乙姫は、おそらく、平氏そのものの象徴であったと考えられるだろう。ちなみに、図の「提婆品（だいばぼん）」は、女人成仏を説明し、悪人成仏も可能であるとする経典である。　（今田）

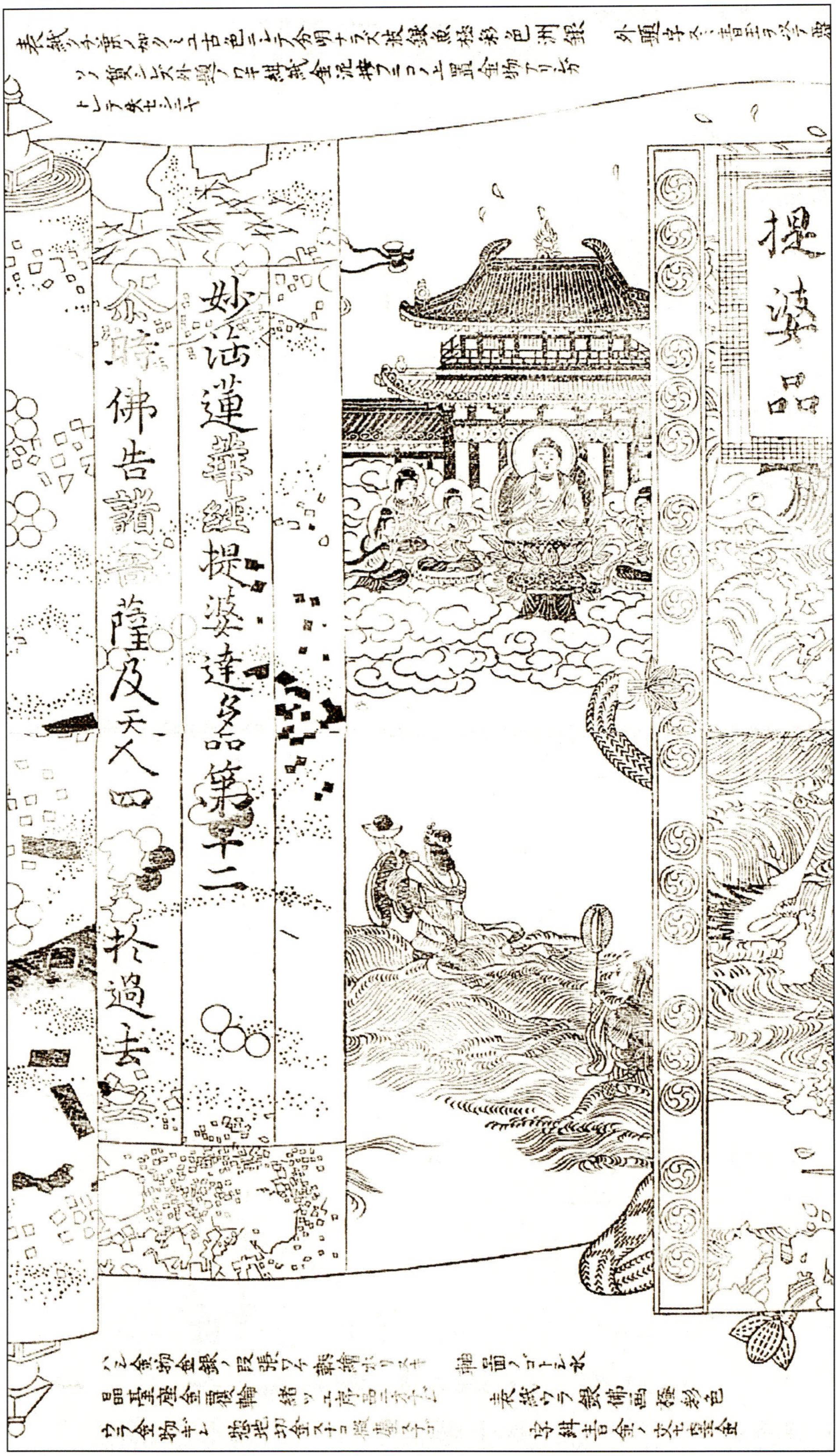
提婆品
妙法蓮華經提婆達多品第十二
佛告諸菩薩及天人四衆吾於過去

056 Die Landschaft Mihô-no-matsubara

Meisho sind Orte, die bekannt sind aufgrund ihrer besonderen Landschaft, oder weil sie einmal in Geschichte oder Literatur Schauplatz waren. Darüber hinaus muß das Image dieser Stätten gesellschaftliches Allgemeingut sein und auch immer wieder als solches weitergegeben worden sein. Was die landschaftlichen Sehenswürdigkeiten betrifft, so kannte man diese schon durch zahlreiche Gedichte oder Bilder, auch wenn aufgrund der schlecht entwickelten Verkehrsmöglichkeiten nur wenige Autoren sie besucht hatten. In der Tat scheint es bei den meisten literarischen Werken, die solche Landschaften zum Motiv nahmen, weniger um die tatsächliche Landschaft gegangen zu sein, als vielmehr um die damit assoziierten Vorstellungen. Die landschaftlichen Sehenswürdigkeiten wurden immer wieder in den Gedichten gepriesen. Dadurch sprengten sie allmählich den Rahmen eines gewöhnlichen geographischen Ortes und wurden zu utamakura, die literarische Vorstellungen wach riefen.

Das Bild zeigt eine Teilansicht (von der Suruga Bucht bis zum Berg Fuji) der Provinz Suruga (Präfektur Shizuoka). In der Mitte des Bildes, wo sich auf einer Düne bis zur Bucht ein Kiefernwald hinzieht, liegt Mihô-no-matsubara. Mihô-no-matsubara ist ein Beispiel für ein utamakura. Diese schöne Aussicht hier hat die Japaner seit jeher fasziniert. Viele Gedichte sind darüber geschrieben worden. Mihô-no-matsubara bietet aber nicht nur eine schöne Landschaftsansicht, sondern es schwingen darin auch verschiedene tiefere Bedeutungen mit. Bei matsu (Kiefer) z. B. "ewig grüner Baum", bei kaijô-no-sunahama (Sandstrand an der See) "Paradies", oder beim Fuji-Berg durch phonetische Angleichung "nicht sterben" (fushi). Das meisho-zue Mihô-no-matsubara ist aus der Kombination solcher mitschwingender Assoziationen entstanden. (Sanekata)

０５６　三保松原（みほのまつばら）

「名所」とはすぐれた自然の景観や文学・歴史的出来事の舞台として広く知られた土地のことで、そのイメージが社会に共有され伝承されて成立したものである。名所は和歌に詠まれたり絵に描かれたりして人々に親しまれてきたが、中世までの交通の未発達な時代には、その地を実際に訪れる人は少なかった。実際、名所を扱ったこの時代の文学や芸術作品は、多くの場合、現実の景観よりもそれぞれの名所に伴う固定観念や地名から呼び起こされるイメージのみに依拠して制作されたようだ。名所は繰り返し和歌に歌われることで、単なる地名という枠を超え、芳醇な文学的イメージを喚起する「歌枕（うたまくら）」となっていた。

　図は、駿河国（静岡県）の久能寺付近から駿河湾、さらに富士山をはじめとする対岸の山々を見渡したもので、図の中央部、湾内に突出した砂嘴に松の林が続くところが三保松原である。その「松」は「枯れることのない常緑の樹木」、「海上の砂浜」は「仙人が住む蓬莱山などのパラダイス」、「富士山」は「不死（ふし）の音に通じる不老不死のイメージ」という象徴的意味を担っている。このように様々なイメージが交錯して「美保松原」という名所がかたちづくられるのであるが、「名所図会」の眼差しはきわめて写実的である。（実方）

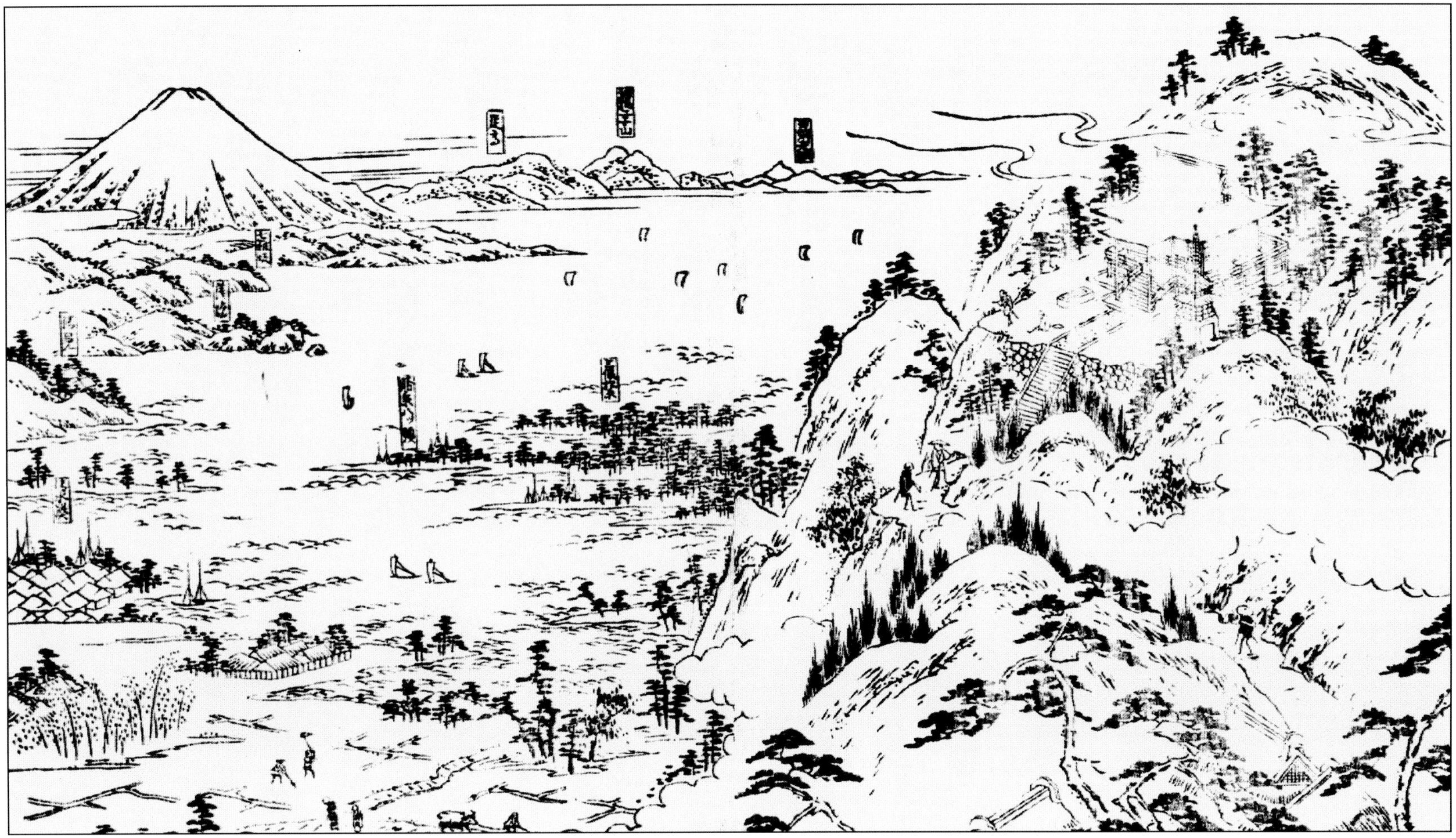

057 Die Landschaft Waka-no-ura*

 Wallfahren hat sich während der Muromachi-Zeit zu einem allgemeinen Brauchtum entwickelt. In der Edo-Zeit gab es dann schon einen regelrechten Wallfahrtsboom, weil inzwischen ein günstiges Verkehrsnetz entstanden war und viele Leute sich eine solche Reise finanziell leisten konnten. Die Reisenden drängten sich an den "berühmten Orten" (meisho). Sie wollten möglichst viel sehen. Tabi ("Reise") bedeutete damals eine zeitweilige Flucht aus dem Alltag. Die Städter konnten sich von den großartigen Stimmungen der Natur beeindrucken lassen, die Dorfbewohner von dem eleganten Flair der Städte. Für beide gab es wohl nichts Schöneres. Vor allem unter den Leuten aus der Hauptstadt gab es die Vorstellung, daß man aus der Natur (dem Meer, den Flüssen, den Bergen, den Bäumen, den Felsen) spirituelle Kraft schöpfen könne.

 Das Bild zeigt einen Turm des Mii-Tempels in der Provinz Kishû (Präfektur Wakayama). Man hat von diesem Turm aus einen Blick auf die Bucht von Waka. Man sieht Menschen aus den unterschiedlichsten gesellschaftlichen Schichten, Altersstufen, Geschlecht: Samurai-Familien mit ihren Kindern, feiertäglich gekleidete Frauen, wallfahrende Städter usw. Sie sehen in dieser malerischen Strandlandschaft von weißem Sand und grünen Kiefern alle sehr entspannt aus. In dieser frischen Seeluft Pfeife zu rauchen, mag wohl besonders genüßlich gewesen sein. (Sanekata)

０５７　和歌浦（わかのうら）

　室町時代に巡礼の旅は始まり、江戸時代になると、次第に交通網が整備され、人々に経済的余裕も生まれきて、観光を兼ねた巡礼ブームが起こった。各地の名所は、出来るだけ多くの所を見て回ろうとする旅人たちで大変繁盛したようだ。名所はようやく実際に足を運ぶことのできる現実的な場となったのである。「旅」とは一時的に日常生活から離脱することであり、都会の人々は普段接することのない雄大な自然の中に身を置くことで、また地方の人々は華やかな都の景気に触れることで、この上ない喜びを得ることができた。特に都会の人たちには、海や山、木や岩など自然界のものから霊的な力を与えられるという思想があり、彼らは山海の名所で自然と交感し、新たな活力を得て日常に戻っていくのであった。

　図は、紀州（和歌山県）の紀三井寺の楼閣と、そこから見える和歌浦の眺望を描いたものである。子供連れの武家の一団や、晴れ着を着た婦人たち、巡礼姿の町人など、身分・性別・世代を問わない様々な人たちの姿が見える。白砂青松の海浜風景に接し、彼らは思い思いにくつろいでいる。とりわけ、ほのかに磯の香りを含んだ新鮮な空気の中での煙管の一服は格別であろう。　（実方）

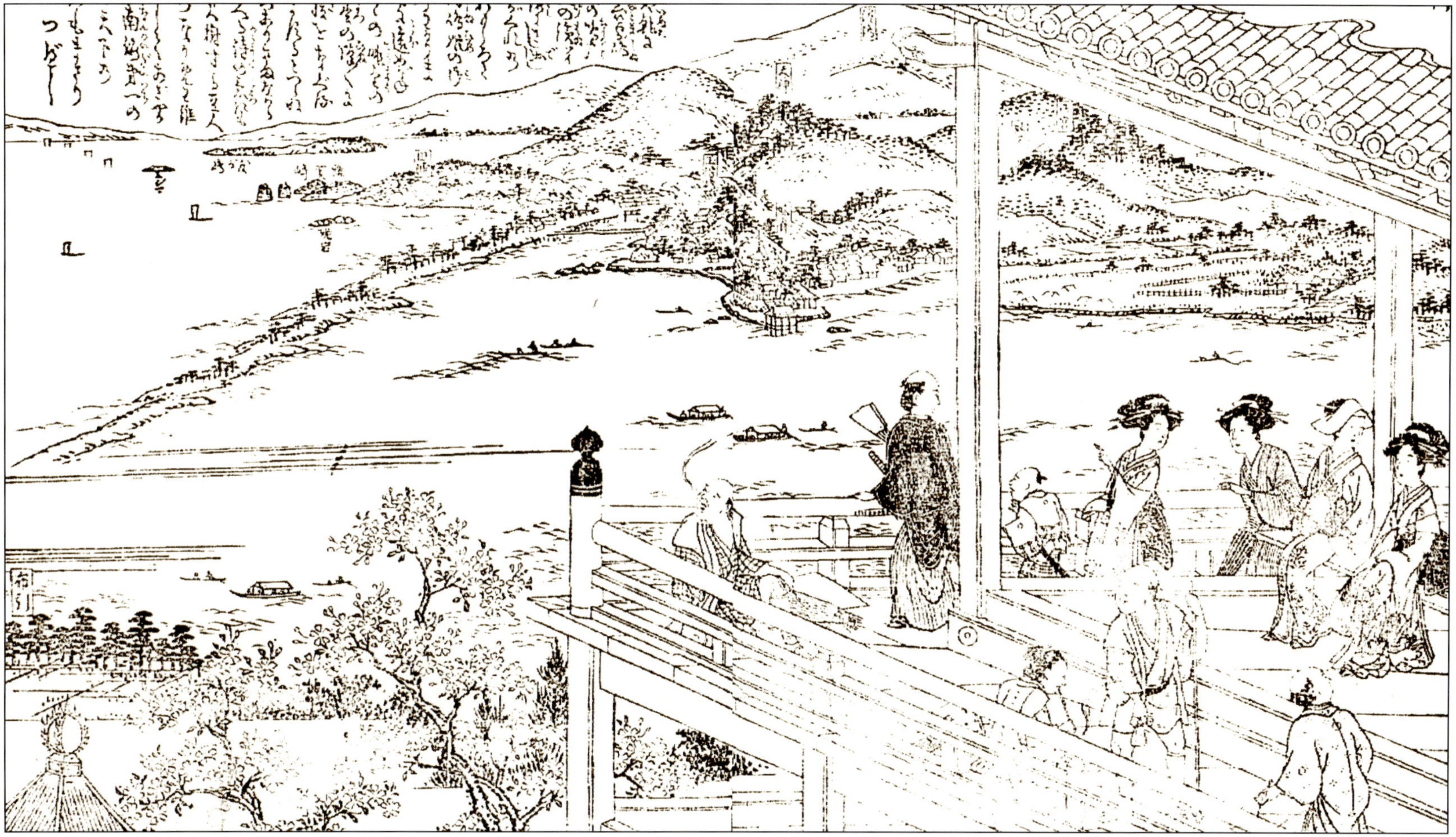

058 Die acht Ansichten von Kanazawa

０５８　金沢八景

In der späten Edo Zeit machten die Bürger der dichtbesiedelten Millionenstadt Edo häufig Ausflüge in die nahe Umgebung. Deshalb wurden in der Nähe von Edo zahlreiche Sehenswürdigkeiten geschaffen. Auch die Veröffentlichung von Holzdrucken dieser Sehenswürdigkeiten, ursprünglich gemalt von erstklassigen Ukiyoe-Malern, steigerte das Interesse. Ein Beispiel war der für seine schöne Lage seit alters bekannte Ort Kanazawa (Präfektur Kanagawa). Dank der geringen Entfernung von Edo stieg der Ruf dieses Ortes allmählich an. Denn Kanazawa gehörte nicht zu den sehenswürdigen Orten, wo man sich in jenen Zeiten nur hinsehen konnte, als das Reisen noch beschwerlich war, sondern es war ein schöner Ausflugsort, den man wirklich in unmittelbarer Nähe von Edo besuchen konnte.

　　Das Bild zeigt Kanazawa von der Tempelhalle Nôkendo aus gesehen. Man sieht vom Berg aus ein belebtes Stadtbild um den Shômyô-Tempel herum inmitten einer abwechslungsreichen Küstenlandschaft mit Inseln im Meer, einer vom Land ins Meer hinausgestreckten Sandbank sowie den Bergen der gegenüberliegenden Bôsô-Halbinsel. Die Bezeichnung Kanazawa hakkei ("Acht Ansichten von Kanazawa") stammt übrigens aus dem "chinesischen" Gedicht eines japanischen Zenmönches, der darin diese Landschaft mit den "Acht Ansichten von Xiexiang" in China verglich. Die "Acht Ansichten von Xiexiang" waren in der Muromachi-Zeit sehr beliebt als Motiv für Dichtung und Malerei. Später wurde es Mode, Ortschaften in Japan mit diesen "Acht Ansichten" zu vergleichen. Dieses Bild beruht zwar auf der von dem Mönch besungenen poetischen Welt, doch scheint es dem Künstler wichtig gewesen zu sein, die tatsächliche Welt realistisch darzustellen. (Sanekata)

　江戸時代後期には、百万人の過密都市江戸の人々は、自然を求めて頻繁に郊外へ足を運ぶようになった。その結果、江戸近郊にも新しい名所が数多く開拓された。一流浮世絵師による名所の絵図の版行もそのブームに拍車をかけた。現在の神奈川県にある金沢はその一例で、その美景は古くから賞賛されてはいたもののあまり一般的な名所ではなかった。しかし、江戸の町から気軽に出掛けられるという「近さ」によって、この地の評判は次第に高まったのである。つまり、金沢は旅の困難な時代の憧れの対象としての名所ではなく、実際に訪れることのできる身近な観光地であった。

　図は山上の能見堂（のうけんどう）から金沢一帯を見下ろしたものである。海中の島や陸からのびた砂州（さす）、そして対岸の房総半島の山々など、変化に富む海浜風景の中、眼下には称名寺（しょうみょうじ）の門前に栄えた町並みが見える。ところで「金沢八景」（金沢の８つの景勝）は、この地を中国の「瀟湘八景（しょうしょうはっけい）」に見立てた禅僧の漢詩に由来する。瀟湘八景は詩画の題材として室町時代に愛好され、後にはこのように日本の各地を八景に見立てることが流行した。この図も、禅僧の詠んだ詩的世界を踏まえて描かれているのだが、「名所図会」の絵師は、現実の世界をリアルに描くことに関心をもっているようにも見える。
（実方）

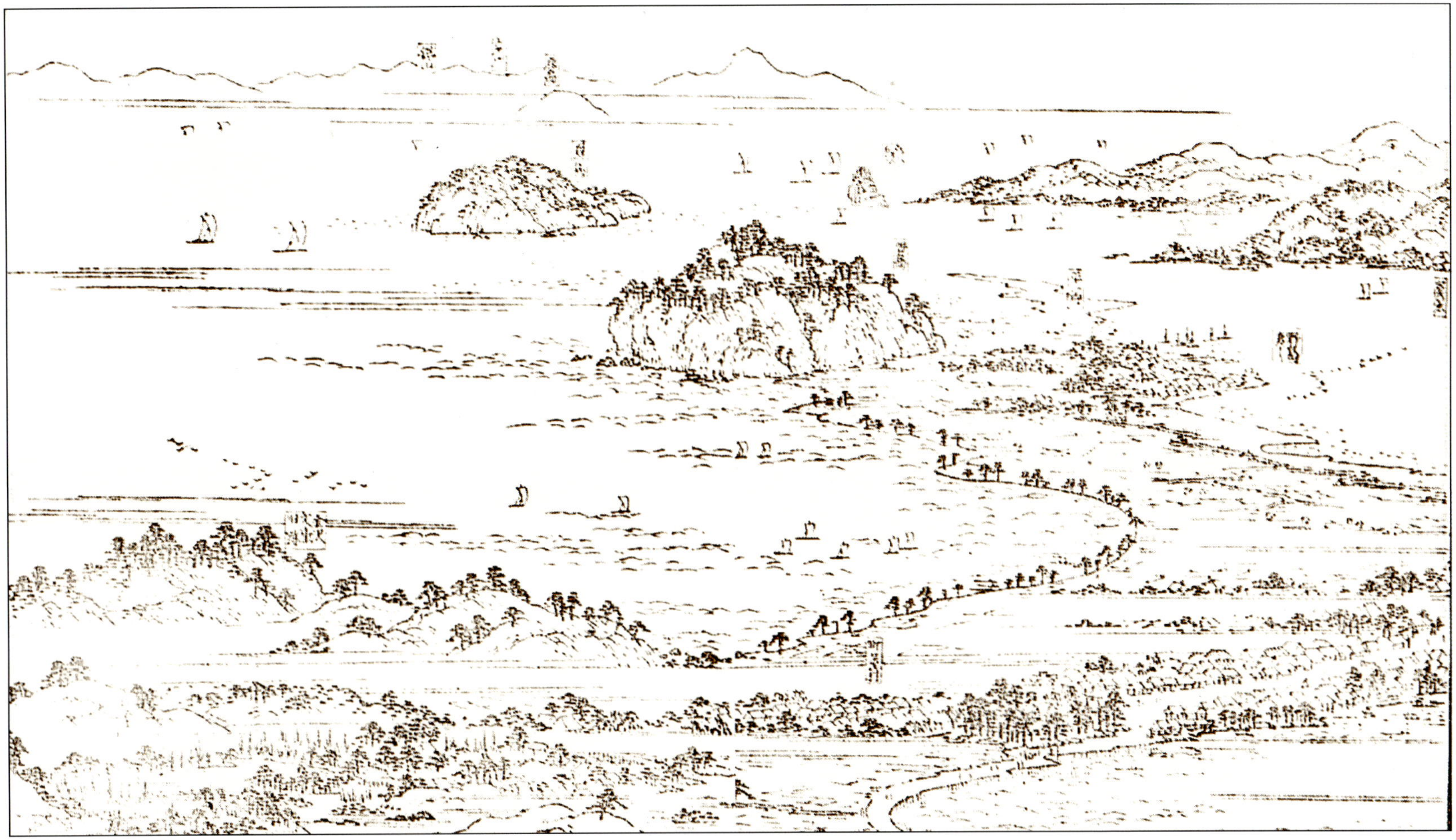

059 Der Berg Fujiyama (Fujisan)*

    Für Japaner gibt es viele "heilige Räume", Naturlandschaften, also z.B. Berge, Wälder, Felsen, Flüsse, Bäume, Quellen usw., oder aber heilige Orte und Grabstätten, die in einem Zusammenhang mit den Weisen stehen. Hohe Berge, die höher ragen als die Wolken, gehören dabei zu den heiligen Stätten, die man schon seit den frühesten Zeiten verehrt hat. Der Fujisan ist repräsentativ für sie, und er ist mit 3776m der höchste Gipfel Japans. Die kegelförmige Gestalt des Berges (man nennt das "konisch") und die Schönheit des sich sanft ausbreitenden Bergfußes sind seit alters her gepriesen und in vielen Liedern besungen worden. Aber der Fuji ist kein Berg, der einfach nur schön ist. Er war als "Berg einer geheimnisvollen Gottheit" und "Schutzberg Japans" auch Gegenstand der Anbetung. Die Gottheit des Fuji ist eine "Wassergottheit", die reiches Wasser gibt. Sie gilt auch als eine "Feuergottheit", die das Unheil der Vulkanausbrüche bringt. Die Gottheit des Fuji ist eine Göttin, die gigantische Energien in ihrem Inneren birgt. Sie heißt Asama-myôjin. Verehrt wird diese Gottheit in den Sengen-Schreinen, welche rings um den Fuji-Berg verstreut sind.

    Schon in alten Zeiten ist man auf den Fuji gestiegen, aber seit der Mitte der Edo-Zeit glaubte man, daß man durch eine Fuji-Besteigung vom Unglück verschont bliebe, und es etablierte sich die Bergbesteigung als Pilgerschaft. Es gibt mehrere Routen, die auf den Fuji hinauf führen. Die Zeichnung zeigt den Fuji von Norden her betrachtet. Dort gibt es eine Menge heiliger Stellen, die Gegenstand des Glaubens geworden sind. (Kishi)

０５９　富士山

　日本人にとって「聖なる空間」は、山・森・岩・川・樹木・泉などの自然景観や、聖人にゆかりの霊地・墓所であることが多い。なかでも、雲より高い高山は、最も古くから畏敬されてきた聖地である。富士山はその代表的なもので、標高３７７６メートルで、日本の最高峰である。「コニーデ」と呼ばれる円錐形の山体となだらかに広がる裾野の美しさは、古代以来、賞賛され、多くの歌に詠まれてきた。しかしながら、富士山は、たんに美しいだけの山ではない。それは、「霊妙な神の山」「日本国鎮護の山」として崇拝の対象でもあった。富士神は、豊かな水を与える「水神」であり、噴火をして災いをもたらす「火神」でもある。富士神は、偉大なエネルギーを内に秘めた女性神であり、その名を「浅間名神（あさまみょうじん）」と言う。この神を祠るのが「浅間神社（せんげんじんじゃ）」であり、富士山を取り巻くように多数点在している。

　富士登山は、古くから行なわれていたが、江戸時代中期以後、富士山に登ると災難から逃れることができると信じられて、「参詣」のための登山が確立した。富士山には、いくつかの登山ルートがあるが、図は、富士山を北側から眺めたところであり、聖なる遺跡が多数存在して、信仰の対象となっていた。（岸）

富士山
北口

萬壑千峯鬱戲攢
爭高競秀各爭顏
就中富士獨渾穹
便是東方第一山
　　朝川善庵

060 Der Berg Fujiyama

Katsushika Hokusai: Kanagawa oki namiura. Aus: Fugaku sanjûrokkei. Der Berg Fuji durch ein Wellental erblickt. Gr. FarbhoIzschnitt:Ôban. Nach 1832.

   Die Berge genossen im Shintô-Glauben eine besondere Verehrung, am meisten aber der ebenmäßige Vulkankegel des Fuji. Besonders auf dem Gebiet der Buchillusstration entwickelte sich seit 1771 ein regelrechter Kult um das von 13 Provinzen aus sichtbare nationale Heiligtum. Der auch als "Die Woge" bezeichnete berühmteste japanische Holzschnitt, war wegen des kühnen Bildaufbaus vor allem im Westen einflußreich. Debussy's 1906 komponiertes impressionistisches Tongemälde "La mer" ("Das Meer") soll davon inspiriert sein. Die Bilderfolge entstand ursprünglich 1823-32 und liegt hier wohl in einem späteren edozeitlichen Abzug mit neu verteilten hell- und dunkelblauen Wellenschraffen auf. - Lit.: Japan und Europa 1543.1929. Berlin 1923. S.172; F. A. Kauffmann, Die Woge des Hokusai. In: Versuche 4. Stuttgart 1966. (Dufey)

０６０　富士山（荒浪）

葛飾北斎筆、富岳三十六景の一つ、神奈川沖浪浦、１８３２年以降、彩色大判木版画。

　神道においては山岳は特別な信奉を受けているが、なかでも円錐形の火山富士山は、一番崇拝されている。特に本の挿絵の分野で、周囲十三の地方から展望可能なこの日本の聖地が持ってはやされるようになるのは、１７７１以降である。「荒浪」はもっとも有名な浮世絵の一つであるが、その大胆な構図のため、西洋芸術に多大な影響を与えた。ドビュッシが１９０６年に作曲した印象派的音響絵画とでも言うべき「海」は、北斎のこの「荒浪」からインスピレーションを受けたと言われている。富岳三十六景は１８２３年から１８３２年の間に成立しており、ここに展示されている木版画は江戸時代後期の複写で、浪の画線が新たに濃淡の紺色に区別されている。(Dufey)

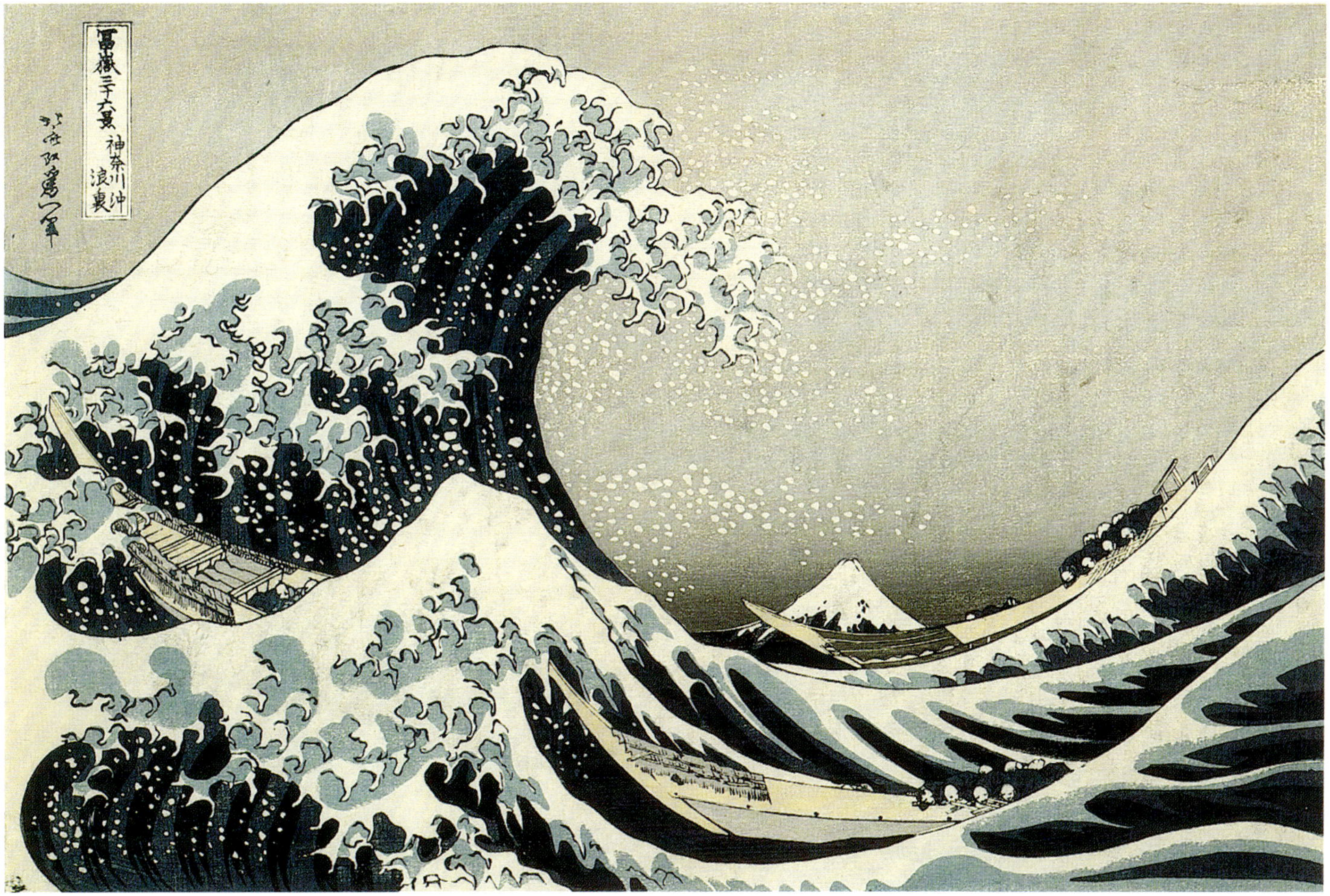
冨嶽三十六景 神奈川沖浪裏

061 Der Wasserfall von Nachi

Der Distrikt Kumano im Südosten der Präfektur Wakayama besteht aus einem Gebirgszug, an dessen Fuß ein großer Fluß fließt. Von Kumano aus kann man auch den Pazifik sehen. Derartige geographische Bedingungen haben schon früh den Glauben entstehen lassen, daß "die Seelen der Toten nach Kumano gehen", oder daß "man die Seelen der Toten treffen kann, wenn man nach Kumano geht". Dies ließ den Ort in den Rang eines "heiligen (beseelten) Ortes" aufsteigen. Um die Mitte des 11. Jahrhunderts entstanden die sogenannten "drei Berge (drei heiligen Stätten) von Kumano", der Kumano-Hongû-Großschrein (in der Stadt Hongû), der Kumano-Hayatama-Schrein (in der Stadt Shingû) und der Kumano-Nachi-Schrein (in der Stadt Nachikatsu-no-ura). Ein steiler Berg reiht sich hier an den anderen, aber trotz der ungünstigen Verkehrsbedingungen pilgerten, viele Menschen - einschließlich der Tennô - nach Kumano. An dem von Urwald überwucherten Nachi-Berg gibt es so viele Wasserfälle, daß man sie "die 48 Wasserfälle vom Nachi-Berg" nennt. Aber im allgemeinen ist, wenn man vom "Nachi-Wasserfall" spricht, der hier abgebildete Wasserfall gemeint. Dieser Wasserfall, dessen Gefälle bis zu 133 Meter tief hinunterstürzt und der bis zu 13 Meter breit ist, ist selbst eine Gottheit, die man die "Erscheinung des fliegenden Drachens" nennt. Man glaubte, daß in der Berührung durch seine Wassergischt wunderbare Kraft zu langem Leben in einen übergehe. Dieser Wasserfall, der selbst Gegenstand der Verehrung war, diente gleichzeitig als Ort der Übung sennichi shugyô (tausend Tage unter dem Wasserfall stehen). (Kishi)

０６１　那智滝（なちのたき）

　和歌山県南東部の熊野地方は、ふもとに大きな河が流れ、しかも太平洋を見渡すことのできる山岳地帯である。このような地理的条件は、早くから「死者の霊は熊野に行く」とか「熊野に行けば死者の霊に会える」といった信仰を生み、この地を聖地（霊地）へと昇格させた。１１世紀中ごろには、「熊野本宮（ほんぐう）大社」（本宮町）、「熊野速玉（はやたま）神社」（新宮市）、「熊野那智（なち）大社」（那智勝浦町）のいわゆる「熊野三山（三聖地）」が成立した。この地は、険しい山が続き、交通不便の地であったにもかかわらず、天皇をはじめ多くの人々が熊野詣（くまのもうで）を行なった。
　図は、熊野三山の一つである「那智山（なちさん）」にある「那智滝」である。原生林の繁茂する那智山中には、「那智四十八滝」と呼ばれるほど多くの滝があるが、一般的には、「那智滝」と言えば、この「一ノ滝」のことを指す。落差１３３メートル、幅１３メートルにも及ぶこの滝は、それ自体が「飛滝権現（ひろうごんげん）」と呼ばれる神体であり、そのしぶきに触れると延命長寿（えんめいちょうじゅ）の霊験（れいげん）があると信じられていた。また、この滝は、崇拝の対象であると同時に、修行の場でもあった。古くから、多くの人たちが山に籠り、千日の間滝に打たれる千日修行（せんにちしゅぎょう）を行なった。　（岸）

智山瀑布

冬さへのこる川柳も
　うちなびく
さとりある
那ちの社
大ヶ瀧

　　直香

062 Der Fudaraku-Tempel*

In der Nähe des Nachi-Schreines gibt es einen Tempel mit dem Namen Fudaraku-Tempel, der zum Schutz des Schreins Hamano-miya da war. Fudaraku bedeutet das Reine Land der Bodhisattva Kannon (angeblich einen Berg oder auch eine Meeresküste oder Meeresinsel im Süden Indiens). Der Tempel hieß Fudaraku-Tempel nicht deshalb, weil er selbst das Reine Land darstellte, sondern weil er als der Ort galt, an dem man die religiösen Übungen vollzog, um in jenes Reine Land zu gelangen, das man sich im "Südlichen Meer" vorstellte. Im Nanki meisho ryakushi ("Kurze Notizen über die schönen Landschaften im Süden") steht folgendes: "Seit alters bauen die Mönche dieses Tempels immer wieder Schiffe, um zum Fudaraku-Berg hinauszufahren. Sie laden Proviant für zwei bis drei Tage ein und lassen sich vom Wind ins südliche Meer hinaustreiben. Das ist gemeint, wenn man sagt: Sie gehen zur Übungsstätte der Kannon und sind gleichzeitig schon angekommen. Diese Fahrt zu Lebzeiten zum Fudaraku ist nicht nur von Priestern und Laien überliefert. Doch seit dem Mittelalter hat dieser Brauch aufgehört. Wenn allerdings der Hauptpriester des Fudaraku-Tempels stirbt, legt man auch heute noch seine Leiche in ein Boot und schickt es von dieser Bucht aus auf die hohe See. Das nennt man Fudaraku-tokai ("Hinausfahren aufs Meer zum Fudaraku").

In den Aufzeichnungen ist das Beispiel von ca. 20 Personen verzeichnet, die lebend aufs Meer hinausfuhren. Bis ins Mittelalter waren die Anwärter für diese Fahrten offensichtlich höhere Priester dieses Tempels. Seit der Neueren Zeit aber hat es keine Anwärter mehr dafür gegeben, und die Fahrt zum Fudaraku wurde abgeändert in eine Meeresbestattung der Toten. (Kishi)

０６２　補陀洛寺（ふだらくじ）

那智大社の近くに、浜宮と呼ばれる神社を守護していた補陀洛（山）寺という寺がある。「補陀洛（ふだらく）」というのは、インド南端の山とも、また海岸とも、また海中の島とも言われる観音菩薩（かんのんぼさつ）の浄土、「補陀落山（ふだらくせん）」のことである。この寺が「補陀洛寺」と呼ばれるのは、この寺そのものが浄土だというよりも、南海にあると信じられていた浄土に赴くための修行を行なう場所とされたからである。『南紀名勝略誌（なんきめいしょうりゃくし）』には、次のように記されている。

「当寺の僧、往古（いにしえ）は補陀洛山に渡るとて新しく船を造り２、３日の食物を貯（たくわ）え、風に任せて南海へ放ちやるなり。これは観音の道場へ生きながら至るといふことなり。その外（ほか）、昔は僧俗に限らず、存生（ぞんしょう）の内、補陀洛渡海の事ありたるよし言ひ伝ふるなり。中古よりこのこと廃絶せり。ただ今も補陀洛寺の住職遷化（せんげ）の時、死骸を舟にのせ、この浦の沖に捨つるなり。これを補陀洛渡海（ふだらくとかい）と云ふ」記録には、生きたまま渡海したおよそ２０名の例が記されおり、中世までは、渡海の希望者がこの寺の住職になったようである。しかし、近世になると、渡海の希望者がいなくなって、補陀洛渡海は、死者の水葬へと変化したのである。（岸）

濱之宮
補陀洛寺

063 Der Itsukushima-Schrein*

Die als "die drei Ansichten Japans" bezeichneten, für Japan besonders repräsentativen Szenerien sind die Insel Matsushima in Mutsu (Präfektur Miyagi), Ama-no-hashidate in Tamba (Verwaltungsbezirk Kyôto) und Miyajima in Aki (Präfektur Hiroshima).

Matsushima mit seinen über 200 in der Bucht verstreuten Inseln und Ama-no-hashidate mit seiner 3600 m langen Sandbank und seinen Kiefern sind schöne Naturlandschaften. Demgegenüber ist Miyajima eine Landschaft, wo sich ein vom Menschen geschaffenes Bauwerk in harmonischem Einklang mit der Natur befindet.

Das Zentrum von Miyajima ist der Itsukushima-Schrein. In diesem Schrein werden die drei Göttinnen Ichikishima-hime-no-mikoto, Tagori-hime-no-mikoto und Tagitsu-hime-no-mikoto verehrt, und es heißt, sie seien Töchter des Drachenkönigs. Der Umfang, den dieser Schrein heute angenommen hat, hat seine Anfänge darin, daß Taira Kiyomori, der die Absicht hatte, den Seetransport in der japanischen Inlandsee zu entwickeln, zum Herrn des Landes Aki (Präfektur Hiroshima) ernannt wurde und diesen Schrein als Schutzgottheit des Meeres verehrte. Seither sind zahlreiche Tennô und Shôgune hierher gepilgert, und der Itsukushima-Schrein ist als Hauptschrein der japanischen Inlandsee zu großer Blüte gelangt. (Kishi)

０６３　厳島神社（いつくしまじんじゃ）

「日本三景」と呼ばれる日本を代表する景勝地は、陸奥（宮城県）の松島、丹後（京都府）の天橋立（あまのはしだて）、そして安芸（広島県）の宮島である。「松島」は、湾内に散在する２００余の島々、「天橋立」は全長３６００メートルにおよぶ砂州と松によって構成された美しい自然景観であるのに対して、「宮島」は人間の創り出した建造物と自然の調和した風景である。

宮島の中心をなすのが厳島神社である。この神社に祀られているのは、市杵島姫命（いちきしまひめのみこと）、田心姫命（たごりひめのみこと）、湍津姫命（たぎつひめのみこと）の３女神であり、彼女たちは、竜王の娘であると言われている。この神社が現在のように大規模になったのは、瀬戸内海の海運の発展を企図した平清盛が、安芸国（広島県）の守（かみ）に任じられて、この神社を海上の守護神として崇拝したことに始まる。以来、多くの天皇や将軍の参詣があり、厳島神社は、瀬戸内海の大社として大いに栄えた。（岸）

八景新文學字　
浪花海浪金
蒼宇浮
蓬萊東
断須弥
習業香花奔韻
茶夢驚一到珊瑚宝
無神鴉送初覺百八珠燈
所椿祐擁護如許隆
平相國義熱元就底螟
達瑤階下。仰歎大關門
言。一言而可以與邦東説
相不省袞如龍娥。聰明正直
忠効泊埃忠聴明
歸照丹衷銀燭良刀今
借先翁長歡世聲寂
藤瀧中賴家真畵誰如聞
同對之猶疑褪末逮如聞
　柴邨疫

有の
三會潟
宝波り
九十周通會七里

064 Der Innere Schrein von Ise

In Ise (Präfektur Mie) befindet sich der Ise-Schrein. Der Ise-Schrein besteht aus dem Inneren Schrein, in dem Amaterasu Ômikami verehrt wird, und aus dem Äußeren Schrein, in dem Toyouke Ômikami verehrt wird. Amaterasu Ômikami ist die göttliche Ahnherrin des Tennô, Toyouke Ômikami ist die Gottheit, die das Gedeihen der "Fünf Getreidesorten" in ihrer Obhut hat. Warum die göttlichen Ahnen in dem von Yamato weit entfernten Ise verehrt wurden, ist nicht ganz sicher,. Aber es gibt eine Theorie, nach der der Grund dafür darin liegt, daß diese Gegend für die Verehrung der aus dem Meer aufsteigenden Sonne geeignet war. Ein weiterer Grund aber soll gewesen sein, daß diese Gegend als Ausgangspunkt für die Verwaltung der Länder der Yamato-Dynastie im Osten günstig war. Zum höchsten Schrein im Staate ernannt wurde dieser Schrein wahrscheinlich im 7. Jahrhundert zur Zeit von Temmu Tennô oder Jitô Tennô.

In der Schrein-Halle ist die Form der ältesten Schreinarchitektur erhalten, weil in der Zeit von Temmu Tennô der Brauch des Umzugs des Schreines (sengû) geregelt wurde, wonach diese Halle alle 20 Jahre vollständig neu aufzubauen ist. Diese Regel wird bis in die Gegenwart eingehalten. Als Platz für den Bau des Schreines sind zwei benachbarte Orte vorgesehen, auf denen abwechselnd alle 20 Jahre der neue Schrein gebaut wird. Auf diese Weise bewahrt der Ise-Schrein als ranghöchster seine Würde. (Kishi)

０６４　伊勢神宮（いせじんぐう）

　伊勢国（三重県）には伊勢神宮がある。伊勢神宮は、天照大神（あまてらすおおみかみ）を祀る内宮（ないくう）と、豊受大神（とようけおおみかみ）を祀る外宮（げくう）から構成されている。天照大神は、天皇の祖神であり、豊受大神は、五穀生産を司る神である。なぜ、天皇の祖神が、大和を遠く離れた伊勢に祀られたかは定かではないが、この地が、海上に昇る太陽を祭るにふさわしい土地であったからであるという説もある。また、この地が、大和朝廷の東国経営の拠点としてふさわしい地の利を占めていたからであるとも言われている。この伊勢神宮を国家最高の神社に指定したのは７世紀の天武天皇・持統天皇の頃と考えられている。

　神宮の神殿は、最も古い神社建築の様式をそのまま保持している。それは、天武天皇の時に、２０年毎に神殿を全部建て直す「遷宮（せんぐう）」が定められ、現在に至るまでこの定めが守られているからである。神殿建設の土地は、隣接して２箇所用意されており、交互に、２０年毎に、新しい神殿が建設された。これによって、伊勢神宮は、神々の最高位にある神社としての権威を保っているのである。　（岸）

内宮宮中図

065 Der Shitaya-Inari-Schrein (Tôkyô)*

In der regional gegliederten Gesellschaft der Neueren Zeit gehörten fast alle Menschen einerseits zu einem shintoistischen Schrein und andererseits zu einem buddhistischen Tempel. In jedem Haus gab es einen shintoistischen und einen buddhistischen Altar. Am shintoistischen Altar verehrte man die Klangottheiten und am buddhistischen Altar die Seelen der Vorfahren. Allerdings genügte es im täglichen Leben nicht, nur diese Klangottheiten und die Seelen der Vorfahren zu verehren, sondern man rief auch andere helfende Gottheiten an (shintoistische Kami und Buddhas oder Bodhisattvas).

Die Inari-Gottheit ist auch eine solche helfende Gottheit. Sie ist eine Gottheit des Ackerbaus, die über die "Fünf Getreidesorten" und die anderen Lebensmittel sowie die Seidenraupenzucht die Obhut hat. Sie ist auch eine Schutzgottheit des Bodens. Darum wird sie bei der Neukultivierung des Bodens angerufen. Folglich findet man den Kult der Inari-Schreine häufig fern von den Städten in den Dörfern der Grenzgebiete. In diesen Gebieten werden stets Füchse als Gehilfen der Gottheit verehrt. Allerdings sind die Inari-Gottheiten seit dem Mittelalter bis in die Edo-Zeit, als Handwerk und Handel zur Blüte kamen, Gottheiten der produzierenden Industrie, des Handels und der Wohnhäuser geworden. Man hat sie nicht nur in den bäuerlichen Dörfern, sondern überall bei den Daimyô und in den Kaufmannsfamilien verehrt. Die Abbildung zeigt den Shitaya-Inari-Schrein in Edo. (Kishi)

０６５　稲荷社（いなりのやしろ）

　近世の地域社会においては、ほとんどの人々が、一方では、氏神－氏子という関係で神社に属し、もう一方では、壇那寺－檀家という関係で寺院に属していた。それぞれの家には、神棚と仏壇とがあり、神棚には地域の守護神である氏神が祀られ、仏壇には一家の祖霊が祀られている。しかし、日常的な信仰生活は、これらの氏神や祖霊を崇拝するだけでは満足せず、それ以外の神格（縁結びの神、安産の神、眼の神など）を創り出し、またさまざまな仏の現世利益（病気を治す薬師如来、さまざまな苦悩を救う観音菩薩、子供を護る地蔵菩薩など）を喧伝するようになった。

　稲荷神もそのような神の一つである。「稲荷神」というのは、五穀をはじめすべての食物や養蚕を司る農耕神であると同時に、土地の守護神でもある。稲荷神は、土地が開発されて行く過程で、土地の地主神が祀られるようになったものでもある。したがって、稲荷社は、市街地から離れ、農村地帯との境界に祀られることが多く、また、境内には、神の使いとして狐を祀ることを常としている。それは、稲荷社が、地域開発の過程で逐われて行く狐の祟り（たたり）を鎮めるために設けられたことを物語っているだろう。しかし、中世から近世にかけて、手工業や商業が盛んになると、稲荷神は、殖産工業神、商業神、屋敷神とされるようになり、農村ばかりでなく、大名や町家の随所に祀られるようになった。図は、江戸の下谷の稲荷社である。　（岸）

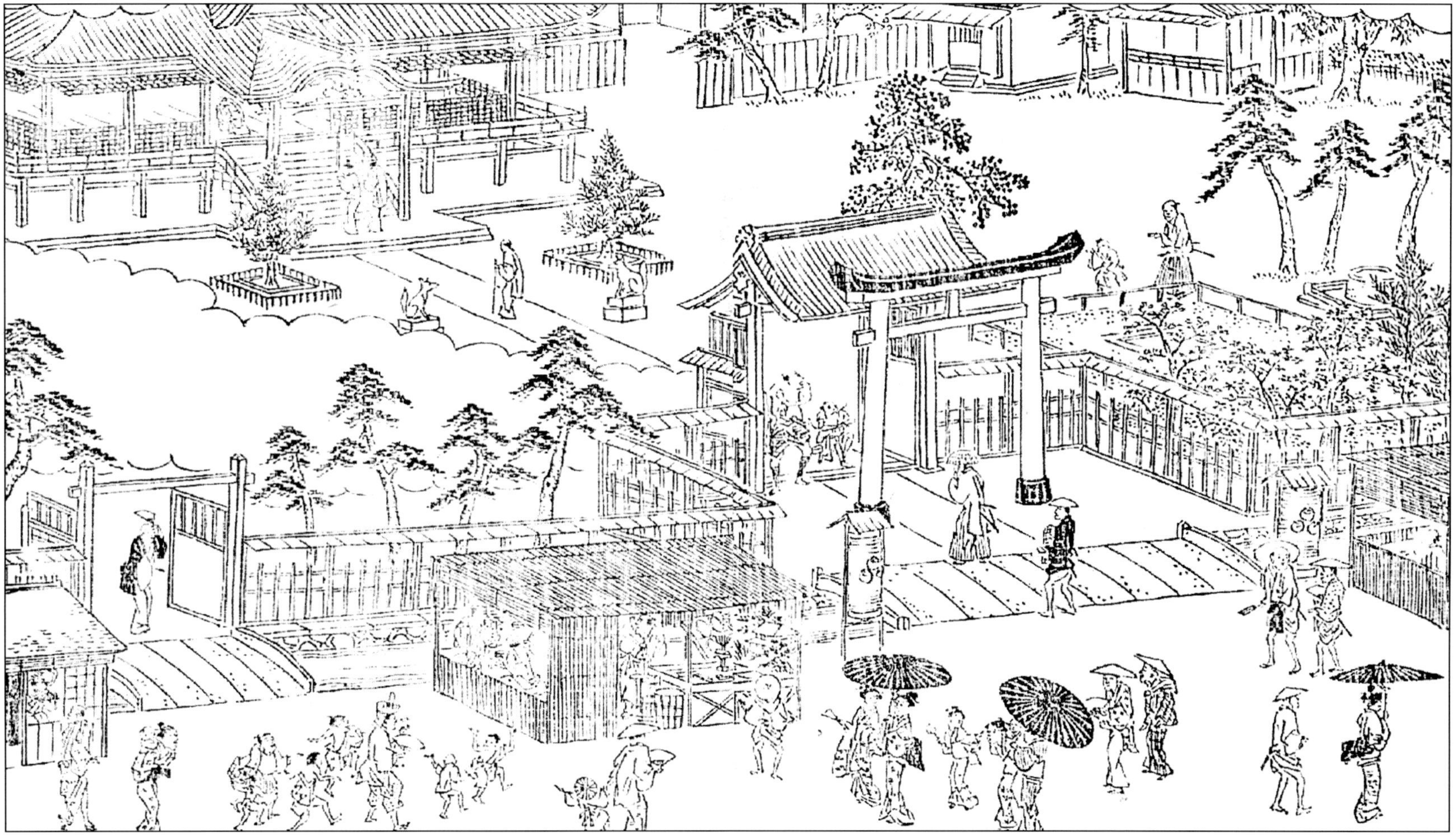

066 Der Kiyomizu-Tempel (Kyôto)

Es gibt eine große Anzahl von heiligen Orten in Zusammenhang mit dem Buddhismus. In allen Tempeln werden wundersame und seltsame Geschichten überliefert, die sich um Buddha-Statuen, weise Menschen und um Schätze ranken, und den Menschen, die jene Orte auf der Pilgerschaft besuchen, wird die Rettung ihrer Seele und die Heilung des Leibes versprochen.

Der in der Abbildung dargestellte Kiyomizu-Tempel ist auch einer dieser heiligen Orte. Das Jahr seiner Errichtung ist nicht gesichert. Aber es heißt, daß Enchin, ein Mönch des Oshima-Tempels im Land Yamato, angezogen vom goldenen Licht in einem Flußlauf zum Otowa-Wasserfall gelangte, dort einem Greis in weißem Gewand (einer Inkarnation der Kannon) begegnete und mit der Errichtung einer Kannon-Statue beauftragt worden sei. Enchi hat danach die Unterstützung des Shôgun Sakanoue-no-Tamuramaro bekommen und eine Kannon-Halle gebaut. Aber im Bezug auf die Kannon-Statue heißt es, daß ihm im Traum elf Mönche erschienen seien, die sie in einer Nacht errichtet hätten. Diese elfgesichtige Kannon ist die Hauptstatue im Kiyomizu-Tempel. Man glaubt, daß sie in den verschiedensten menschlichen Notlagen hilft. Seit der Heian-Zeit hat eine Vielzahl von Pilgern sich um sie versammelt. Als den 16. der "33 heiligen Orte der (Bodhisattva) Kannon in Westjapan" haben seither viele Menschen aus dem einfachen Volk diesen Pilgerort besucht. Sie haben im Wasser des Otowa-Wasserfalls gebadet, das bei vielen Krankheiten helfen soll, und gebetet. (Kishi)

０６６　清水寺（きよみずでら）

仏教に関係する聖地も数多く存在する。すべての寺院には、仏像・聖人・宝物にまつわる霊験（れいげん）や奇跡が伝えられ、その場所を訪れて参拝する人々に、魂の救済と肉体のいやしとを約束している。

図に描かれた京都の清水寺もそのような聖地の１つである。創建の年代は明かではないが、大和国小島寺の僧・延鎮（えんちん）が、川の流れの中の金色の光に導かれて音羽の滝（おとわのたき）に至り、そこで観音の化身である白衣の老翁と出会い、観音像の造立を依頼されたという。延鎮は、その後、将軍・坂上田村麻呂（さかのうえのたむらまろ）の助力をえて、観音堂を創建したのであるが、観音像は、延鎮の夢の中に１１人の僧がやってきて一夜のうちに造り上げられたという。清水寺の本尊はこの十一面観音であり、あらゆる人間の苦悩を救うと信じられて、平安時代以来、多くの参拝者を集めるようになった。中世以後は、「西国（さいごく）三十三所観音霊場」の第１６番札所として、多くの庶民が巡礼としてこの地を訪れるようになり、諸病に効くと信じられた音羽の滝の水を浴びて、祈願を行なった。　（岸）

羽山清水寺

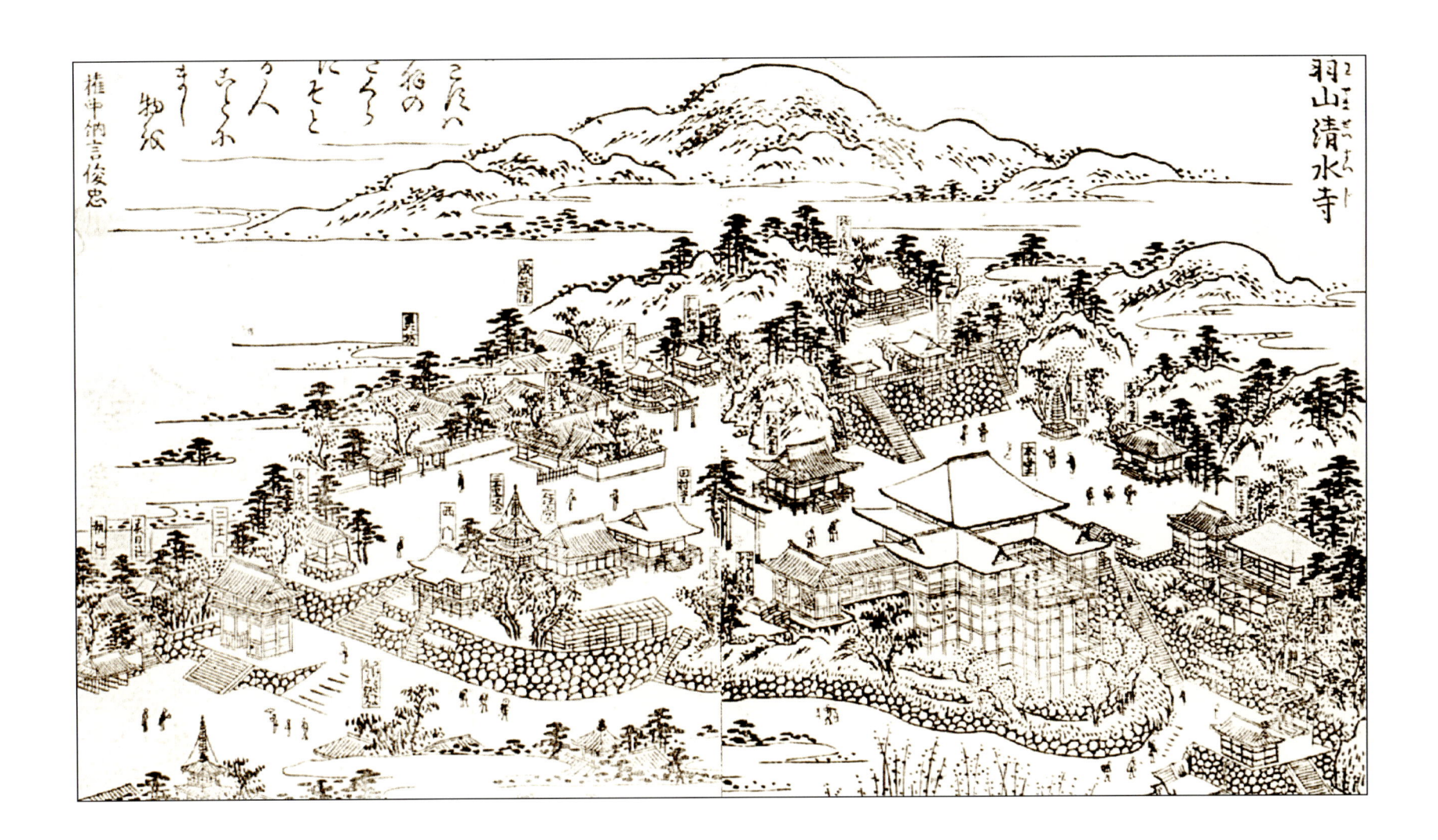

いにしへの
名のみの
こゝろ
にそと
る人
まし
物佗

権中納言俊忠

067 Kiyomizu-Tempel

Kitao Masayoshi (Keisai): Sansui ryakuga-shiki. Edo, 1800. Landschaftsskizzen. Farbige Holzschnitte.

  Der unter dem Namen Keisai bekanntere Künstler gilt in vieler Hinsicht als Vorläufer Hokusais, dies nicht zuletzt wegen seiner virtuosen Landschaftszeichnungen, aus denen dieses Album zusammengestellt ist. Aufgeschlagen ist der Kiyomizu-Tempel im Higashiyama-Viertel in Kyôto. Er wurde 798 von dem Mönch Enchin in der Nähe eines Wasserfalls gegründet (Kiyomizu: "klares Wasser"). Von der weitläufigen, der volkstümlichen buddhistischen "Göttin der Barmerzigkeit" Kannon geweihten Anlage ist die auf einem Felsvorsprung errichtete, für den Tempel charakeristische Haupthalle mit Veranda sichtbar, die einen schönen Rundblick über Kyôto gewährt. Darunter ist ein weiterer Tempel aus Kyôto abgebildet, aus dem ein "grosser Buddha" (daibutsu) blickt. Es handelt sich dabei wohl um eine historische Darstellung der 19 Meter hohen Bronzestatue im Hôkôji, die schon 1662 bei einem Erdbeben zerstört wurde. Sie wurde mehrmals durch kleinere Holzstatuen ersetzt. - Lit.: Encyclopedia Epoca. Gakugeika Jiten. Tôkyô 1975. Bd. 11, S.247. (Dufey)

０６７　清水寺　（きよみずでら）

北尾政美（恵斎）筆、山水略画式、江戸、１８００年、風景写生画、彩色木版画。

　絵師としては恵斎の名で知られている北尾政美は、この画集のもととなった巧妙な風景画をはじめ、様々な点で葛飾北斎の先輩とみなされている。ここに見られるのは京都の東山区にある清水寺である。清水寺は７９８年に延鎮によって滝の近くに開山された（清水とは済んだ水という意味）。観音を祀った広々とした特徴のある舞台付き本堂は岩棚の上に建ててられており、そこから京都市内が一望できる。その下の方には大仏の座す寺が見えるが、これは空想的な描写で、１６６２年の地震で　崩壊する１９メートルの青銅の立像が京都の方広寺にそびえ立てていた。この大仏はその後も何度も小型の木像に取り替えられ。（Dufey）

清水

大佛

068 Die Halle der 500 buddhistischen Heiligen (Tôkyô)*

Im Zentrum eines heiligen Ortes hat man immer irgendwelche Bilder oder Skulpturen aufgestellt, die den Schutz und die Rettung von Leib und Seele symbolisieren. Vom Buddhismus ist bekannt, daß er am Anfang keine Buddhastatuen als Gegenstand der Verehrung gebrauchte. Man hat während mehrerer hundert Jahre lang nach dem Tod Shakyamunis keine Buddhastatuen geschaffen. Die Gläubigen verehrten Stupas, welche Reliquien Shakyamunis bargen, und selbst in buddhistischen Malereien, in denen die Taten Shakyamunis dargestellt wurden, wurde Buddhas Gestalt nicht direkt, konkret beschrieben. Um das Jahr 100 jedoch tauchten in (der Provinz) Gandhara erstmals Buddhastatuen auf. Als im 6. Jahrhundert die buddhistische Lehre nach Japan gebracht wurde, kamen mit den Sutren auch Buddhastatuen.

Die Zeichnung zeigt das Innere des Rakan-Tempels (d.h. des Tempels der buddhistischen Heiligen mit dem Titel: Arhat oder Rakan) in Honjo in Edo. In der Mitte steht die Hauptstatue des Tempels, Shaka Nyôrai, auf den beiden Seiten sind die Statuen von mehr als 500 Schülern Shakyamunis in der Form des Zeichens ko (einem Halbkreis) angeordnet. Man nennt diese Schüler Rakan und meint damit die Asketen, die überragende Fähigkeiten besitzen. Sie haben sich tief in die Berge zurückgezogen und buddhistischen Übungen hingegeben. Deshalb werden sie abgemagert und in rauher Kleidung dargestellt. Ihnen obliegt die Aufgabe, mit ihren übermenschlichen Fähigkeiten das Gesetz Buddhas den gewöhnlichen Menschen zu übermitteln. Die Gestalt des Rakan (Arhat) galt im Volk der Edo-Zeit als ein buddhistisches Ideal. (Kishi)

０６８　五百羅漢堂（ごひゃくらかんどう）

　聖地の中心には、魂と肉体の救済と守護を象徴する何らかの彫像や画像が安置された。仏教は、最初、礼拝の対象としての仏像をもたなかったことはよく知られているところであろう。仏像は、釈迦の死後数百年間は制作されず、信者たちは、釈迦の遺骨を納めた塔（ストゥーパ）を礼拝し、釈迦の事績を描く仏伝図でも仏陀の姿を直接的・具体的に描き出すことはしなかった。しかし、紀元100年頃にガンダーラにおいて初めて仏像が出現し、6世紀に日本に仏教が伝来した時には、経論とともに仏像が招来された。

　図は、江戸の本所にあった羅漢寺（らかんじ）の内部の様子である。中央に安置されたのが本尊の釈迦如来像（しゃかにょらいぞう）であり、その両側に、500余体の釈迦の弟子たちの像がコの字形に配置されている。これらの弟子たちを「羅漢」と呼び、優れた能力をもつ修行者のことを指す。彼らは、深山にこもって修行する姿をとり、肉は落ち衣服も粗末なものを着ているが、超人的な能力をもって仏法を後世に伝達する役割を担っている。このような超越性と人間性とを兼ね備えた修行者の姿は、江戸時代の庶民たちの仏教的な理想像であった。
　（岸）

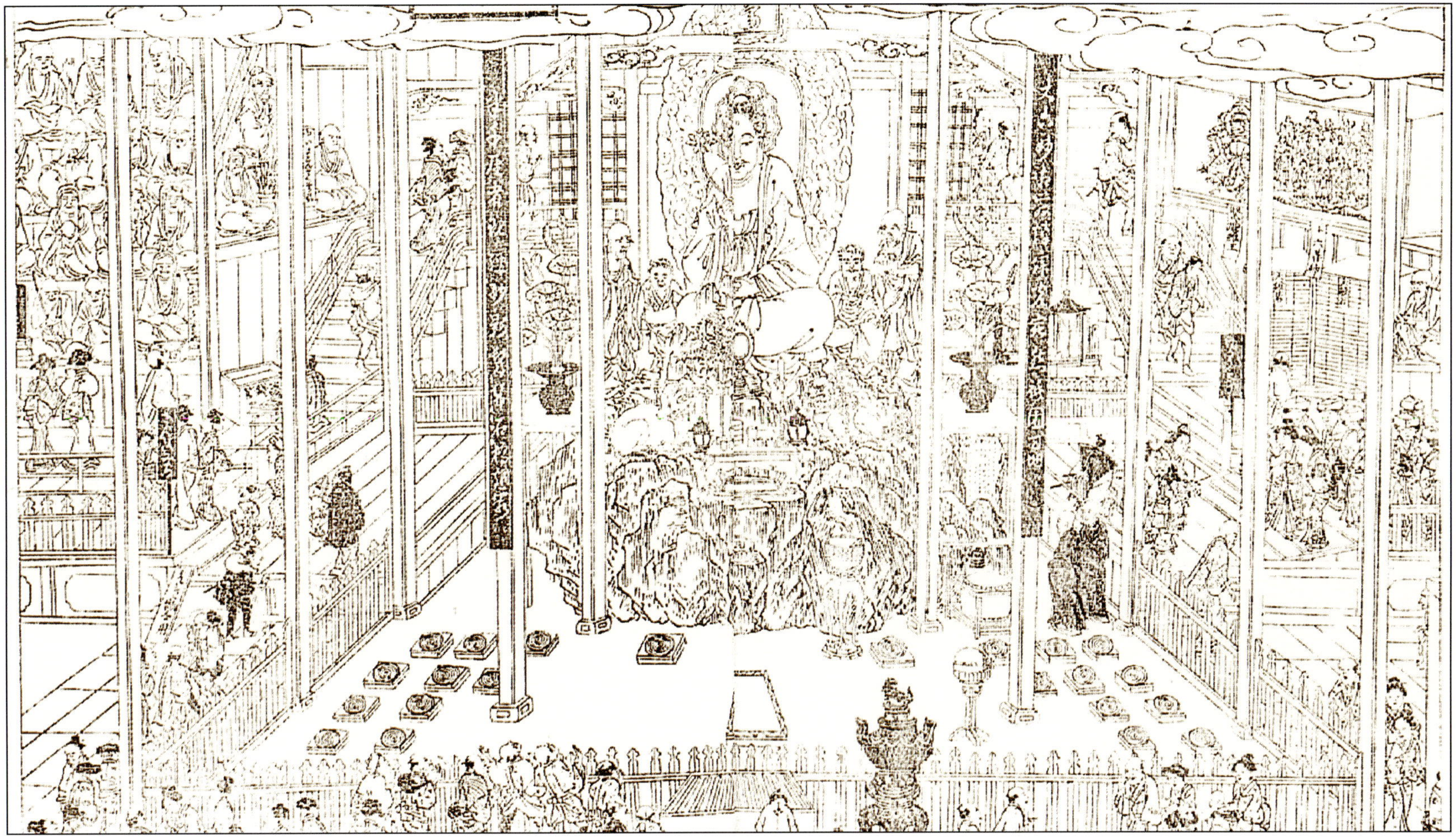

069 Das Vergnügungsviertel Shin Yoshiwara in Tôkyô

Kaku ("Viertel") bedeutet das Innere eines umzäunten, von den gewöhnlichen Wohngegenden abgetrennten Gebietes. Sowohl das Burgviertel, als auch Wohnorte, wo Freudenmädchen gerne wohnten, sind kaku. Man nennt diese auch Freudenviertel. Die Entstehung der Vergnügungsviertel ist mit der Entstehung der öffentlichen Prostitution verbunden. Sie wurde praktiziert, seit Toyotomi Hideyoshi sie in Kyôto und Ôsaka erlaubt hatte. Die Freudenviertel hatten als Teil der Stadtpolitik die Aufgabe, die Vergnügungsorte der Krieger und des gewöhnlichen Volkes zu bestimmen, die Ausbreitung von Geschlechtskrankheiten zu verhindern und gleichzeitig die entsprechenden Steuern zu erheben. Das Freudenviertel hieß in Edo Yoshiwara (später Shin Yoshiwara: "Neu-Yoshiwara"), in Kyôto Shimabara und in Ôsaka Shin-machi.

Die Zeichnung zeigt eine Ansicht von Shin Yoshiwara in Edo. Die Vergnügungsgäste kommen von einem Dammweg (im Bild links unten) einen Hang herunter zum Haupttor (daimon). Hier ist der einzige Ein-und Ausgang von Shin Yoshiwara. Von dort aus verläuft die innere Hauptstraße Naka-no-machi in gerader Linie weiter. Die Gäste gelangen durch die Hikite-Teehäuser, die die beiden Seiten der Hauptstraße säumen, zu den Häusern der Freudenmädchen, die sich in Yokomachi aneinanderreihen. Den Hikite-Teehäusern war das gesamte Management anvertraut, etwa, daß sie sich um die Mädchen kümmerten, die Bezahlung regelten usw. Um die Mitte der Edo-Zeit gab es etwa 3000 Freudenmädchen, die meisten im Alter zwischen 15 und 25 Jahren. (Konta)

０６９　江戸の廓

　「廓」とは、周囲を囲んで一般の居住地から区別された内部のことを言う。城郭も「廓」であり、遊女を住まわせた場所も「廓」であり、また「遊廓」とも呼ばれた。廓の成立は、また公娼制度の成立でもあった。それが本格的に行なわれるようになったのは、豊臣秀吉が京都・大坂に認可してからである。廓は、都市政策の一環として、武士や庶民の遊び場所を設定し、性病の蔓延を防止し、同時に、税を徴収するという目的をもっていた。江戸は吉原（やがて新吉原）、京都は島原、大坂は新町というのが、廓の町であった。

　図は、江戸の新吉原の景観である。遊客は、画面左下に見える日本堤という土手を、衣紋坂から降りて、大門口に至る。ここが新吉原の唯一の出入口であり、そこから「中の町」と呼ばれるメインストリートが一直線に続いている。客は、このメインストリートの両側に並ぶ「引手茶屋（ひきてちゃや）」を経て、横町に立ち並ぶ遊女屋へと送り込まれた。引手茶屋は、遊女の世話、代金の支払いなど、遊びの一切をマネージメントする役割を担っていた。江戸時代の中頃には、遊女の数は３０００人ほどで、年令は、１５歳から２５歳位が中心であった。（今田）

墨水八首　日本堤
大堤春水満
相袂送春衣
日暮達公子
不知何處歸南郭

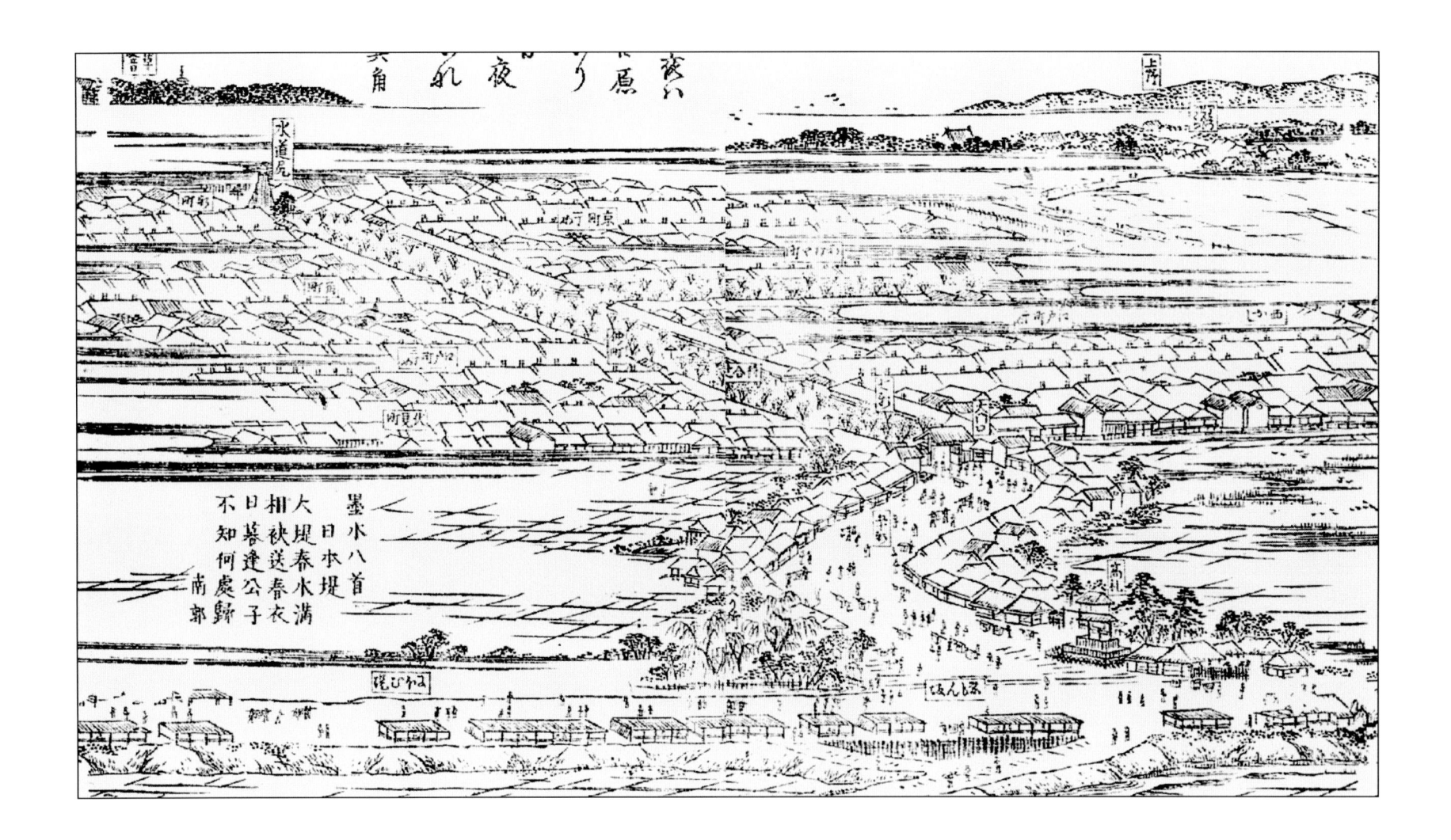

070 Das Vergnügungsviertel Shimabara in Kyôto

Das Vergnügungsviertel von Kyôto lag in der Edo-Zeit in Nishi-shin-yashiki im heutigen Shimokyô-ku und wurde gewöhnlich Shimabara genannt. Man nannte es aber auch Keiseimachi und das deshalb, weil es der Stadtteil war, wo so viele schöne Frauen wohnten, daß der sich Landesherr in ihrem Charme verlor und sich seine Burg fast (dem Untergang zu-) neigte. Shimabara war genauso wie Yoshiwara auf allen vier Seiten von Gräben umgeben, und der Ein-und Ausgang war auf einen einzigen Ort beschränkt. Dieser Ein-und Ausgang hieß deguchi ("Ausgang"), und daneben stand die "Ausgangs-Weide". Shimabara war in der Anfangszeit ein Ort der Geselligkeit für Daimyô, Adelige und reiche Kaufleute. Hohe Bildung wurde von den Freudenmädchen verlangt, die zu ihrer Gesellschaft da waren. Um eine tayû (höchster Rang eines Freudenmädchens) zu werden, mußte man, Schönheit selbstverständlich vorausgesetzt, berühmte japanische Gedichte (waka) rezitieren, im Empfangszimmer die 54 Bände des Genji-monogatari haben usw., also sich reichlich Kenntnisse von der klassischen Literatur angeeignet haben und die ideale Frau für den Mann spielen. Auch die Beherrschung der Schauspielkunst, z.B. der Kabuki-Rollen, oder das Schreiben von Liebesbriefen an den Mann in graziöser Schrift war ein wichtiger Teil ihrer Aufgaben. In gleicher Weise war umfangreiche Bildung auch für die Freudenmädchen aus Shin Yoshiwara in Edo wichtig. Die Freudenviertel waren damit also Orte der Kultur. Aber man darf auch nicht vergessen, daß sie eine Welt des Leidens waren, des Leids von diskriminierten Frauen. (Konta)

０７０　京都の廓

　江戸時代の京都の廓は現在の下京区の西新屋敷に設立され、一般には「島原（しまばら）」と呼ばれた。廓は、また「傾城町（けいせいまち）」とも呼ばれたが、それは、国主も色香に迷って城が傾くほどの美人が大勢住む町だったからである。島原も、新吉原と同じように、四方を溝で囲まれ、出入口が一箇所に限定されていた。その出入口は「出口（でぐち）」と呼ばれ、その傍らに「出口ノ柳」があった。
　初期の島原は、大名や公家や豪商らの社交の場でもあり、相手を勤める遊女たちは、高い教養を要求された。遊女の最高位である太夫となるためには、美しさはもちろんのこと、有名な和歌を暗誦し、座敷に『源氏物語』５４巻を備えるなど、古典文学への豊かな知識を身につけ、男性にとっての理想的な女性像を演じなければならなかった。歌舞音曲などの芸能を身につけること、そして、優雅な書体で男性たちにラブレターを書くことも、彼女たちの大切な仕事であった。江戸の新吉原の遊女たちにとっても、同様に、教養豊かであることが必要であった。廓は、このように文化的な場所ではあったのだが、女性差別の「苦界（くがい）」であったことは忘れることはできない。
（今田）

柳
真 橋
角

071 Lesende Kurtisane

Hosoda Eishi:Matsubaya Kisegawa aus der Serie Seiro bijin rokkasen. Gr. Farbholzschnitt: Ôban.

 Die prominente Kurtisane Kisegawa aus Matsubaya, eine der "36 Blumennymphen aus den Grünen Häusern", wie man im alten Japan die Freudenhäuser nannte, liest in einer bebilderten Buchrolle des Ise-monogatari. Die Fortsetzung der Sammlung von Liebesgeschichten liegt noch in ein Seidentuch eingeschlagen vor ihr. Der hohe Hofämter bekleidende Eishi, 1756-1829, schuf Holzschnitte großer, gertenschlanker Schönheiten, deren mannequinhafter Chic auch von Utamaros Frauenbildern nicht erreicht wird. - Lit.: Binyon, Laurence, A catalogue of Japanese and Chinese Woodcuts. London 1916. S.158. (Dufey)

０７１　書を読む遊女

細田栄之筆、青楼美人六花仙の一つ、松葉屋瀬川、彩色大判木版画。

　売春婦の古称である青楼美人で三十六花仙の一人、松葉屋の瀬川が伊勢物語絵巻を読んでいる場面。この恋愛物語の続編は、まだ絹の風呂式に包まれたまま側におかれている。高位の延臣であった細田栄之は、歌麿の美人が画にも劣らないファシオンモデルのように粋な、しかもしなやかですらりとした背の高い美人の像をここに描いている。(Dufey)

青楼美人六花仙
松葉屋高瀬川

072 Die Dame Takao

Kabocha Motonari: Ryûkô meibutsushi. Kyôka-Anthologie mit Farbholzschnitten. 1834.

　Aufgeschlagen ist: das Bild der Kurtisane Takao "aus den Weidenalleen." Mit den berühmten Schönheiten "aus den Weidenalleen" sind bestimmte hochrangige Kurtisanen im Vergnügungsviertel Yoshiwara von Edo gemeint. Diese konnten einen atemberaubenden Liebeslohn fordern und obendrein bei der Auswahl ihrer Freier noch ungemein heikel sein. Sie beschäftigten die Phantasie des Adels und stachelten den Erwerbstrieb der emsigen Kaufleute an, zumal sie erst beim dritten Besuch Intimitäten gestatteten. Dem Kreis ihrer Verehrer ist die Sammlung kalligraphischer Tollverse zugedacht, für die der Maler Kabocha no Motonari das Portrait der Dame Takao einem Scherzvers mit dem Titel "Herbstlaub" (momiji) beigesellt hat. Dieser strahlendste der 2000 Sterne am Yoshiwara-Himmel fand aber auch in traurige Kabuki-Romanzen Eingang. Der Name Takao wurde im Lauf von zwei Jahrhunderten von mehr als einem Dutzend Mädchen adoptiert, von denen zwei sogar von Fürsten losgekauft wurden. Einer mußte dafür ihr Gewicht mit Gold aufwiegen, nur um zu erleben, daß sie sich ihm aus Liebe zu einem herrenlosen Samurai durch den Freitod entzog. - Lit.: Encyclopedia Epoca. Gakugeika Jiten. Tôkyô 1975. Bd. 11, S.300. (Dufey)

０７２　花柳界の遊女：高尾

加保茶元成筆、柳巻名物誌、１８３４年、彩色木版画挿付き狂歌選

　ここに展示されているのは遊女高尾の肖像画である。江戸の遊女、吉原の花魁たち、特に名の通った花柳界の奇麗所は息を飲むばかりの愛の報酬を求め、客を選ぶにもことのほか気難しく、三度目のお呼ばれまで気を許さないといった具合なので、上流階級の殿方は思いをかきたてられ、熱を上げた商人たちは競って我がものにせんとした。狂歌選は花魁の贔屓筋にあてつけたもので、ここでは紅葉なる題名の狂歌に加保茶元成が有女高尾の肖像を添えている。遊女２０００人を抱える吉原のトップ・スター高尾は、しかし歌舞伎では濡事の悲恋の主人公として登場する。高尾という源氏名は２００年間に１２以上の遊女たちに引き継がれ、そのうち二人は藩主に身請けけされいる。この藩主の一人は彼女の体重にみあう莫大な金を払ってあげく、他の浪人の恋に落ちたその遊女に死なれてしまう。(Dufey)

073 Kimono einer Kurtisane

　Leihgabe des Staatlichen Völkerkundemuseums München. Es handelt sich um ein prachtvolles Brokat-Frauengewand aus der ersten Hälfte des 19.Jahrhunderts. Es heißt, es sei früher von einer hochrangigen Kurtisane getragen worden. Auf die Bedeutung der Trägerin und des Kleides weist wohl das Drachenmuster hin. (Dufey)

０７３　遊女の着物

　ミュンヘンにある州立民族学博物館の所蔵品、十九世紀前半の豪華な婦人服（錦）。これは、竜模様のためか、有名な高等売春婦（いわゆる花魁）の衣装であったとされている。(Dufey)

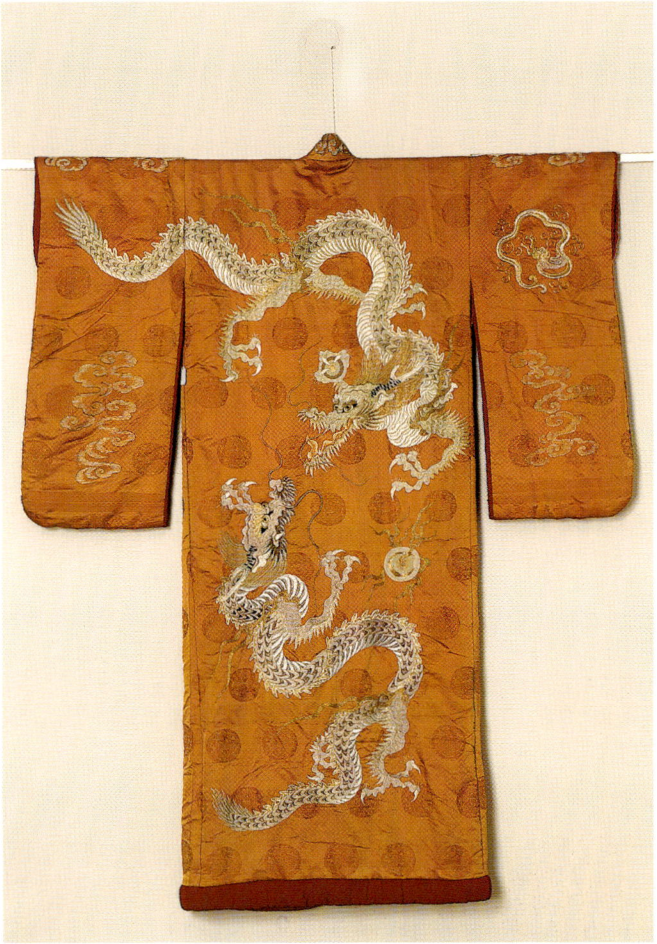

074 Die Straße der Theater (Tôkyô)

Kabuki war in der Edo-Zeit das beliebteste Theater. Es ist zu Beginn der Edo-Zeit in Kyôto entstanden und hat sich in den drei großen Städten Kyôto, Ôsaka und Edo schnell entwickelt, erreichte bei den Kaufleuten und sogar in der Klasse der Krieger unerhörte Beliebtheit und war gegen Ende der Edo-Zeit bis in die Provinzstädte und dörflichen Gebiete vorgedrungen. Kabuki begann zunächst als Tanz von Frauen, mit einer einfachen Story. Aber aufgrund von Maßregelungen der Shogunats-Regierung wurde es bald nur noch von Männern aufgeführt und wandelte sich gleichzeitig so, daß es nun einen richtigen dramatischen Inhalt bekam. Die Darstellungskunst des Kabuki-Theaters ist äußerst stilisierend. Das hat seinen Grund in dem Streben nach "der Abbildung der Wirklichkeit". In Kyôto, Ôsaka und Edo sind die Vorführungsorte durch Maßregelungen der Shogunats-Regierung auf bestimmte Plätze beschränkt worden. Diese Vorführungsorte bezeichnete man als die "Schauspielstadt". Die Schauspielstädte waren neben den "Freudenvierteln" Orte der Unterhaltung, und sie waren ein Raum der Feste, der die Menschen in die Welt der Illusion entführte.

Die Zeichnung zeigt Sakaichô und Fukiyachô - Schauspielstädte in Edo. In Edo waren die Vorführungen an nur drei Kabuki-Theatern erlaubt, und das Nakamura-Theater und das Ichimura-Theater sind zwei davon. Was die Zeit angeht, so öffnet sich im Monat November der Vorhang für die Kabuki-Saison. Alles drängt sich zu kaomise, d.h. zur Vorführung, in der die Theater ihre vertraglich verpflichteten Schauspieler der Öffentlichkeit vorstellen. Dieses bunte Treiben gehörte für die Stadtleute von Edo fest zur Einstimmung auf den Winter. (Hayashi)

０７４　芝居街（しばいまち）

　歌舞伎は江戸時代の最もポピュラーな演劇であった。江戸時代の初めに京都で生まれた歌舞伎は、やがて京都・大坂・江戸の三大都市で発達し、町人から武士階級に至るまで絶大な人気を得て、江戸時代後期には広く地方都市や農村部まで浸透した。歌舞伎は、最初、女性による簡単なストーリーを持った踊りとして始まったが、やがて幕府の政策によって男性だけで演じられるようになり、同時に本格的な演劇的内容に備えたものへと変貌した。歌舞伎の演技は、きわめて様式的であるが、その根底には「写実」の追求がある。京都・大坂・江戸では幕府の政策によって興行地が一定の場所に限定されており、その興行地は「芝居街」と呼ばれた。芝居街は「廓」と並ぶ歓楽の地であり、人々を虚構の世界に誘う祝祭的空間であった。

　図に描かれているのは、江戸の芝居街である堺町（さかいちょう）と葺屋町（ふきやちょう）である。江戸では歌舞伎の３つの座にのみ興行が許されており、そのうち中村座と市村座がこの地にあった。時は、歌舞伎のシーズンの幕が明く１１月で、それぞれの座が契約した役者たちを紹介する「顔見世（かおみせ）」興行で賑わっている。この賑わいは江戸市民にとっては冬の風物詩でもあった。　（林）

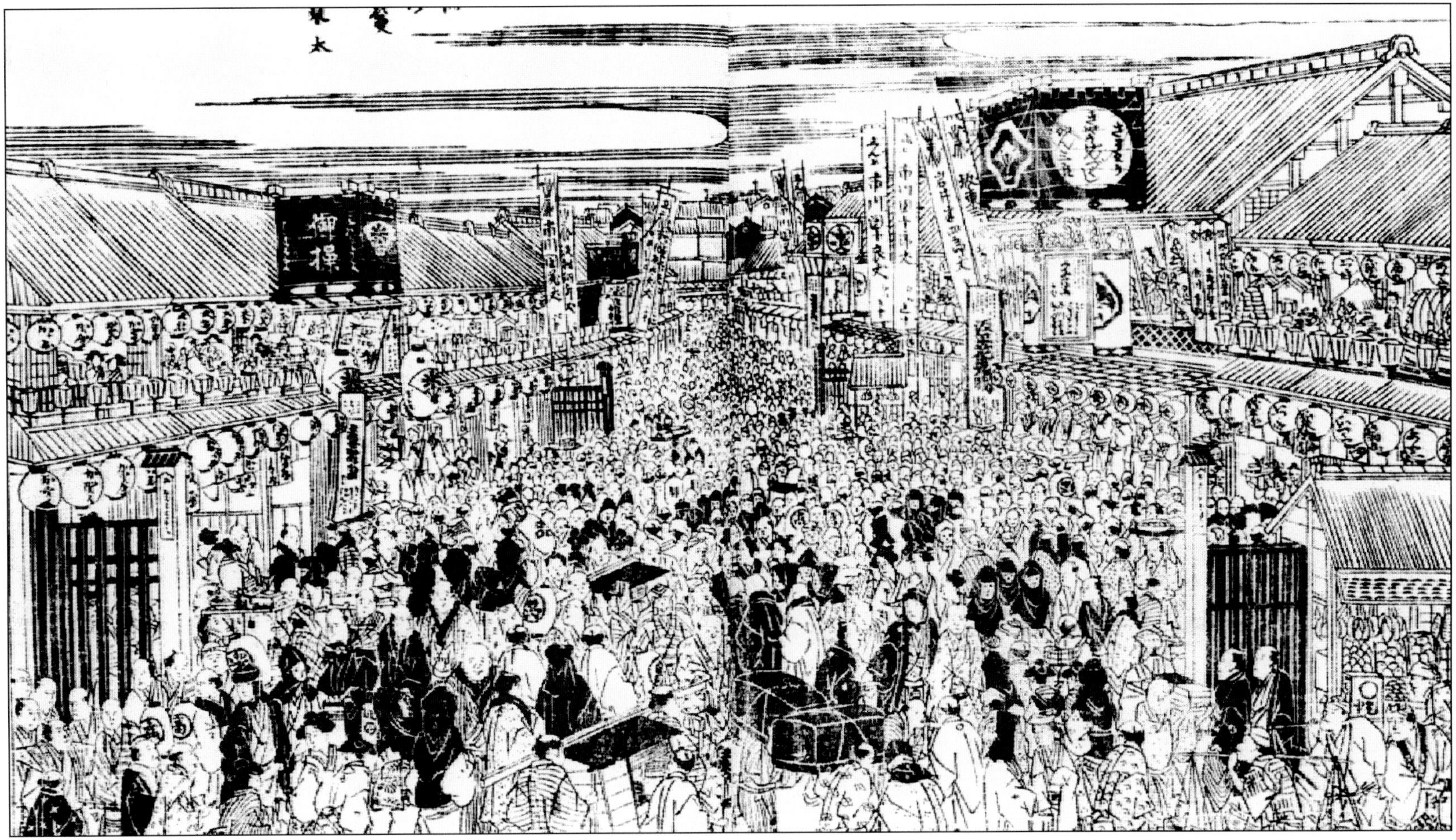

075 Eine Theaterbühne (für Saruwaka Kyôgen)*

  Das Kabuki war anfangs weniger ein Schauspiel als vielmehr ein Tanz mit einer einfachen Story, wurde aber bald zum dramatischen Einakter. Später entstand der Vielakter, und schließlich kam es zur Aufführung von kompliziert aufgebauten Werken, die bis zu acht Stunden dauerten. Die ganze Edo-Zeit hindurch (bis ungefähr zur Mitte der Meiji-Zeit) hat das Kabuki seinen Inhalt und seine Spielweise der jeweiligen Zeit entsprechend verändert und sich Mühe gegeben, den Zuschauer zu erreichen. Als das Kabuki um die Mitte der Edo-Zeit schon eine über 100jährige Geschichte hatte, begann man sich seiner Tradition bcwußt zu werden. Diese Tendenz wurde deutlich in der neu aufblühenden Hauptstadt Edo. In den Theatern von Edo kam es zu Sonderaufführungen, in denen die lange Tradition des eigenen Theaters stolz zur Schau gestellt wurde. Bei diesen Gelegenheiten wurden auch alte Kyôgen-Stücke aufgeführt, in denen noch das Gesicht des frühen Kabuki sichtbar war.

  Die Abbildung beschreibt das Kabuki-Theater um die Mitte des 17. Jahrhunderts. Die Bühne hat die Gestalt einer Nô-Bühne, wo Kabuki in seiner Anfangsphase aufgeführt wurde. Es gibt auch noch keinen hana-no-michi (keinen Bühnensteg), und die Zuschauerplätze sind nicht geordnet. Gespielt wird Saruwaka, ein Einakter, in dem ein Daimyô und ein witziger Diener mit Namen Saruwaka vorkommen. Es ist ein Stück, das um die Mitte des 17. Jahrhunderts häufig aufgeführt wurde. Aber nach dem 18. Jahrhundert ist es nur noch am Nakamura-Theater in Sakaichô in Edo überliefert. Es wurde bekannt als ein Stück, in dem sich die Tradition des Nakamura-Theaters zeigt. (Hayashi)

０７５　歌舞伎の舞台

　歌舞伎は、最初、演劇というよりは簡単なストーリーを持つ踊りであったが、やがて一幕物の寸劇になり、多幕物が生まれ、ついには上演時間が８時間にも及ぶ複雑な構成の作品を上演するようになった。江戸時代を通じて（明治の半ば頃までは）、歌舞伎は時代とともにその内容や様式を変化させて、観客の当りをとることに腐心した。江戸時代も半ばを過ぎて、歌舞伎が１００年以上の歴史を持つようになると、一方ではその伝統が意識されるようになった。新興都市の江戸でその傾向が著しく、江戸の劇場では、自らの劇場の伝統の長さを誇示する特別興行が行われるようになった。その折には、草創期の歌舞伎の面影を残す古い狂言（きょうげん）も上演された。
　図は１７世紀中ごろの歌舞伎を描いたもので、舞台は初期の歌舞伎が演じられていた能舞台の形をしており、まだ花道もなく、観客席も整っていない。演じられているのは「猿若（さるわか）」で、大名と機知にとんだ猿若という家来が登場する一幕劇である。１７世紀中ごろにはよく演じられていたものであるが、１８世紀以後は江戸堺町の中村座のみに伝えられ、中村座の伝統を示すものとして知られるようになった。　（林）

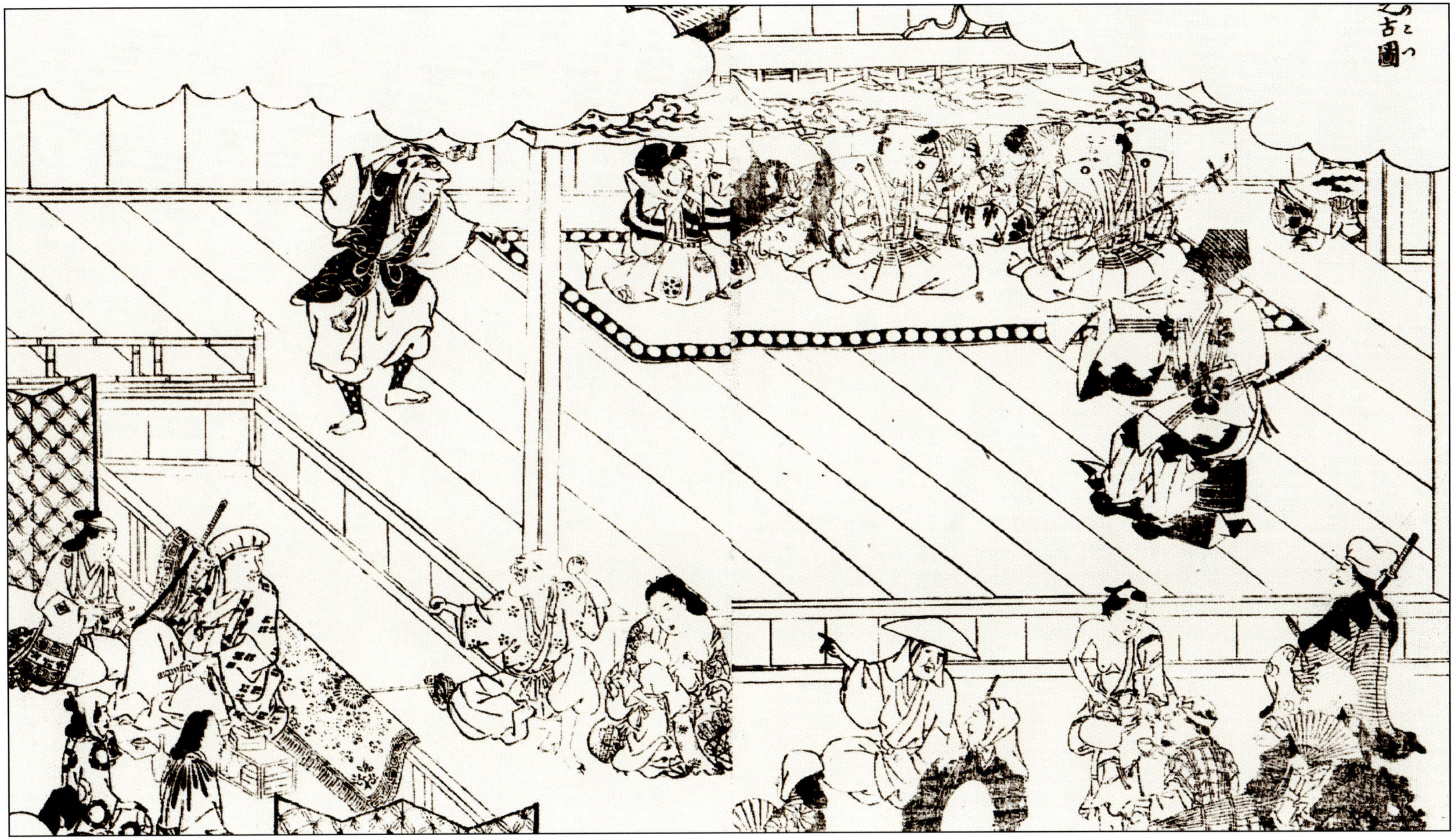
之古圖

076 Eine Schauspielergarderobe*

Die Welt der Schauspieler war eine Konkurrenzgesellschaft, in der echtes Können Vorrang hatte. Jedoch kann man vom Kabuki-Theater nach der Mitte des 18.Jahrhunderts nicht (mehr) sagen, daß es vollkommen eine Welt des echten Könnens gewesen sei. Diejenigen, die es in einem Theater von der untersten Klasse bis zur Rolle des Hauptdarstellers geschafft hatten, waren nur ganz wenige an der Zahl. Die meisten Schauspieler mit Hauptrollen waren Kinder von Schauspielern oder hatten Beziehungen zu jemandem im Theater. Wenn man sich jedoch allein auf die Verhältnisse zwischen den Hauptdarstellern beschränkt, so kann man sagen, daß hier sich immer ein heftiger Konkurrenzkampf abspielte. Ein Schauspieler wurde mit jeder einzelnen Rolle in einen (bestimmten) Rang eingestuft, und dies wurde auf Tafeln sichtbar, die vor dem Theater hingen, oder auch auf den im Theater verkauften banzuke ("Anfügung der Nummern"), d.h. Druckblättern, auf denen die Besetzung angegeben war. Es gibt auch eine große Anzahl von Episoden, in denen sich der heftige Kampf der Schauspieler um die Rangeinstufung zeigt.

Die Zeichnung zeigt die Garderobe eines Schauspielers, der die männliche Rolle tachiyaku spielt. In der Mitte sitzt der bereits fertig kostümierte Schauspieler, in dem Spiegel auf der linken Seite sieht man das Gesicht des Schauspielers beim Schminken. Daß der Schauspieler, der mit einer Tabakspfeife in der Hand vor dem Spiegeltisch sitzt, der beliebte Schauspieler Bandô Hikosaburô ist, erkennt man an dem Namensband auf seinem Rücken. Für wichtige Rollen wie die des tachiyaku gab es einen Perückenmacher und einen Assistenten. (Hayashi)

０７６　楽屋

　役者の世界は実力が物を言う競争社会であった。もっとも、１８世紀半ば以降の歌舞伎は完全な実力主義の世界とは言えず、下積みから主役の座を勝ち得た者はごくわずかであった。主だった役者たちのほとんどは、おおむね役者の子弟か幕内の関係者であった。しかし、主だった役者たちの間に限って言えば、そこには常に熾烈（しれつ）な競争が繰り広げられていた。役者は役柄ごとに常にランク付けされており、それは劇場の前面に掲げられた看板や、劇場内で売られていた「番付（ばんづけ）」という配役を記した印刷物によって明示されていたのである。ランク付けをめぐる役者たちの苛烈な競争を示すエピソードも数多い。

　図は「立役（たちやく）」という男性の役を演ずる役者の楽屋を描いたものである。中央にすでに扮装を済ませた役者が座っており、左手前の鏡には化粧する役者の顔が写っている。煙管（きせる）を手に鏡台の前に座っている役者は背後の名札から、人気役者の坂東彦三郎（ばんどうひこさぶろう）であることが分かる。主要な立役には鬘師（かつらし）と下働きの者がついていた。
（林）

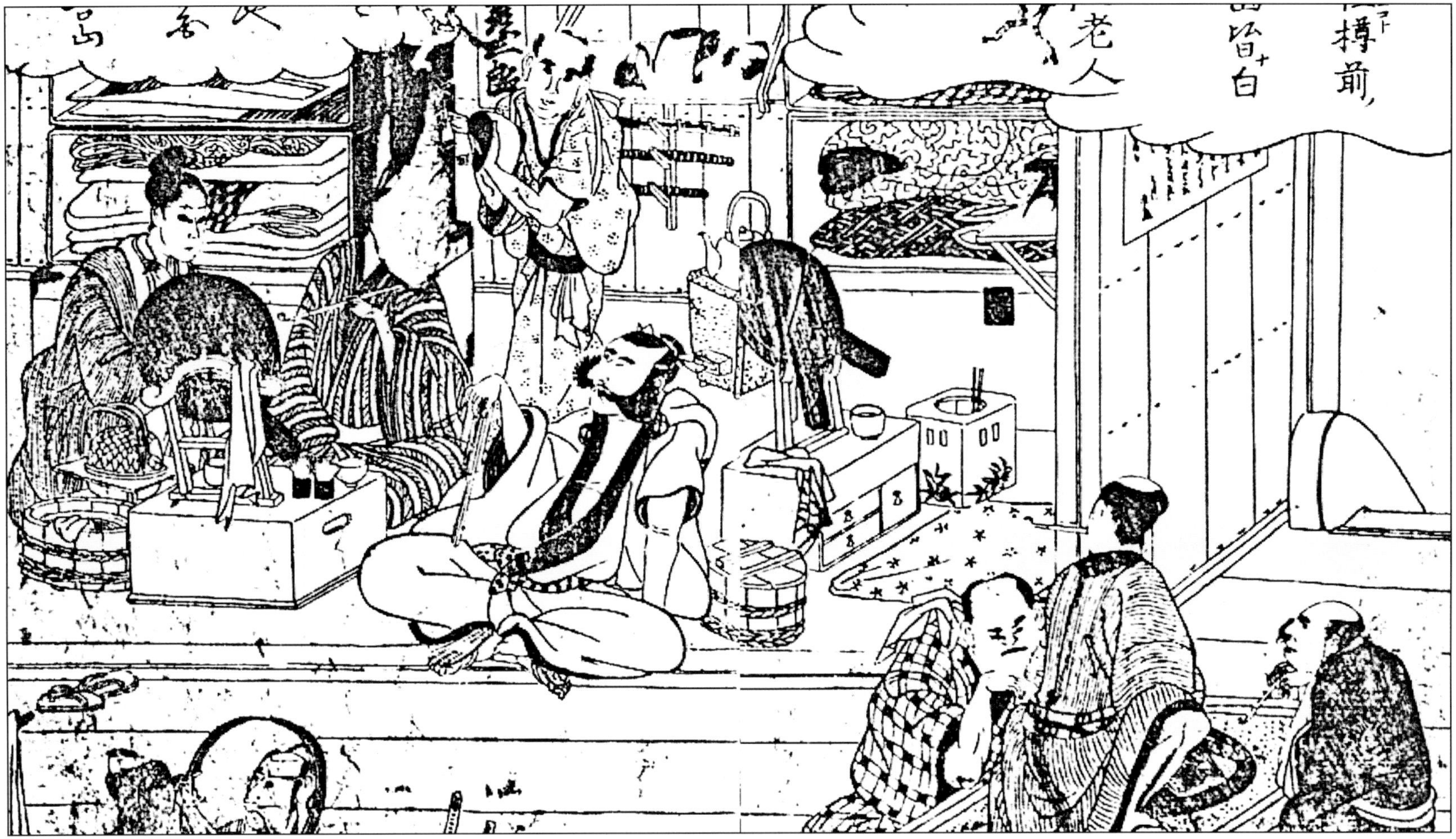
揖前
皆白
老人

077 Yasumoto vor dem Höllenrichter Emma-Ô

Nach der religiösen Weltanschauung der Japaner gibt es in der Welt, in die man nach dem Tod kommt, sowohl ein Paradies als auch eine Hölle. Das Paradies ist das "Reine Land" als eine Welt ohne Altern und Tod, und die Hölle ist als das Gegenteil davon eine "Welt des ewigen Leidens". Die Hölle liegt unter der Erde. Man stellt sich vor, daß man entsprechend der zu Lebzeiten begangenen bösen Werke gequält wird. Wenn der Mensch stirbt, überquert er sanzu no kawa (d.h. den "Fluß der drei Wege"), welcher im Grenzgebiet zwischen dieser und jener Welt liegt. Er wird vor Emma-ô, den König der Hölle, gestellt und vor diesem über das Gute und Böse seiner Handlungen befragt. Es gibt dort einen jôhari no kagami, einen Spiegel, in dem sich die Handlungen des Toten zu seinen Lebzeiten widerspiegeln. Es gibt auch einen mirume-kaguhana ("sehendes Auge - riechende Nase") genannten männlich-weiblichen Kopf. Weil dieser die Wahrheit sieht und durch Geruch unterscheidet, kann man ihn nicht anlügen. Diejenigen, die zu Lebzeiten gute Taten vollbracht haben, können ins Paradies eingehen. Diejenigen, die böse Werke aufgehäuft haben, fallen in die Höllen hinunter, von denen es 136 gibt. Ihren sündhaften Werken entsprechend werden die Menschen dort von den gokusotsu-Teufeln gepeinigt.

Die Zeichnung zeigt die Szene, als Fujii Yasumoto sein Urteil erfährt. Vor Yasumoto steht ein Kind. Es erklärt dem großen König und Richter (Emma-Ô) Yasumotos einzige gute Tat und bittet um Vergebung der Verbrechen von Yasumoto. Schließlich wird Yasumoto die Geburt in eine höhere Stufe gewährt. Das Kind war in Wirklichkeit eine Inkarnation des Boddhisattva Avalokiteshvara (Kannon Bosatsu). (Hayashi)

０７７　地獄

　日本人の宗教的世界観では、死後に赴く世界には、極楽と地獄とがあった。極楽は、汚れのない不老・不死の世界としての「浄土（じょうど）」であり、その対極としての地獄は、苦しみが永遠に続く「苦界（くがい）」である。地獄は地下にあり、生前の悪業によって責め苦を受けると考えられた。人は死ぬと「三途川（さんずのかわ）」というこの世とあの世の境界にある川を渡り、地獄の王である閻魔王（えんまおう）の前に裁きを受ける。そこには「浄玻璃（じょうはり）の鏡」という死者の生前の行いを映し出す鏡や、「見目（みるめ）・嗅鼻（かぐはな）」という男女の首があって、真実を見通し、嗅ぎ分けるので、嘘がつけない。生前、善行を行っていた者は極楽に往生できるが、悪業を重ねた者は地獄へ落され、罪業に応じて針の山、血の池、焦熱地獄等、１３６もある地獄で昼夜の別なく獄卒（ごくそつ）の鬼に責め苦しめられるのである。
　図は、藤井安基（ふじいやすもと）という人物が最後の裁きを受けている場面である。安基の前には、１人の子どもが立っているが、彼は閻魔大王に、安基の唯一の善行を説明することによって罪を許すように頼んでいるのである。その結果、彼は蘇ったのだが、実は、その子どもは観音菩薩の化身であった。　（林）

涙を流して曰く我死して冥路を飛行くこと箭を射るがごとく肝

膽を大熾来つて身を焼き熱き事限りなし今は聞の之地獄に堕るべ
しと曰く地獄の門に近づきそう余見生と六百十丈の火熾燃上を罪人の
面ひじして戦きこと其怖しき事喩んものなし時に牛頭馬頭の鬼来
と云ぶて行んとする所に二人の童子飛来て鬼共を制して我を伴
ひ王の前に至つて宜く汝が罪を赦して我に與へよと一人の閻王之を戚
罪人と軽しめ剋て佛縁を破て薪として殺生を勤めて堂舎と織
生を佛と云て軽しめ剋佛像を破て薪として殺生を勤めて堂舎と織
の罪人ふんぬ一年長谷寺回録の御造営の材木を曳て長谷寺
結縁せし者なれば罪を免じ一回娑婆へ還し給はこと期く
後悪を制し佛果に至をしめ門前より拂せず還り
王潜に義引のひ坐と免し我を今一回娑婆へ還へ
下一方に對い如何もの御佛そてやまん哉と尋ねる我は則ち長谷

観音の慈悲に
獄の罪科と

078 Der Eingang zu den "Sechs Welten"*

Neben der Hölle gab es auch noch andere furchterregende Orte. Da war der "Weg der hungrigen Geister" und der "Weg der Bestien". Wenn man zu diesen noch den [im vorherigen Bild erläuterten] "Weg der Hölle" hinzufügte, waren das "Die drei Wege des Übels". Darüber hinaus gibt es, ein wenig besser als die "Drei Wege des Übels", in der Welt des Leidens noch andere Wege. Das sind der Weg der "streitenden Dämonen" (Ashuras), der Menschen und der "himmlischen Wesen" (Devas). Der Mensch muß diese "Sechs Welten" des Leidens durchwandern. Der "Weg der hungrigen Geister" ist eine Welt, in der man durch unstillbaren Hunger getrieben wird, der "Weg der Bestien" ist die tierische Welt der Fleischeslust und der Völlerei, der "Weg der streitenden Dämonen" ist die im Zorn befangene Welt des Streites, der "Weg des Menschen" ist die Welt des Menschen, der den Leiden von Geburt, Krankheit, Altern und Tod nicht entkommen kann, der "Weg des Himmels" ist die Welt der himmlischen Wesen, die zwar glücklicher sind als die Wesen auf dem Weg der Menschen, und auch weniger leiden, die aber trotzdem dem Tod nicht entrinnen können. Das Durchwandern dieser "Sechs Welten" nennt man "Geburtenkreislauf", und das Loskommen von diesem Kreislauf ist die "Erlösung". "Erlösung" ist nichts anderes als "Loslösung" (hodoke) vom Kreislauf. Das bedeutet ein Buddha zu werden, ein hotoke.

Die Zeichnung zeigt den Chinkô-Tempel in Toribeno (einem Friedhof in Kyôto). Es hieß, dieser Tempel sei der Eingang zu den "Sechs Wegen". Jedes Jahr im August gab es das Shôryômukae-Fest zur Begrüßung der Seelen, an dem die Menschen mit einer Glocke die Seelen der Verstorbenen riefen, sie zu einem bestimmten Baum kommen ließen und nach Hause begleiteten. (Konta)

０７８　六道への通路

　地獄の他にも恐ろしい場所があった。餓鬼道（がきどう）と畜生道（ちくしょうどう）がそれで、これに地獄道を加えて、これを「三悪道」と言っていた。三悪道よりは少しはましだが、苦しみの世界は他にもあって、それは修羅道（しゅらどう）、人道（にんどう）、天道（てんどう）であった。仏教的な世界観では、人間はこれら６つの苦の世界（六道、ろくどう）を巡り歩かなければならない。「餓鬼道」とは、限りのない食欲に捕らわれた世界、「畜生道」とは、弱肉強食の動物の世界、「修羅道」とは、憎しみに捉えられた戦いの世界、「人道」とは、生・病・老・死の苦しみから逃れることのできない人間の世界、「天道」とは、人道よりも楽で苦は少ないが死からは逃れることのできない天人の世界である。これら６つの世界を巡ることを「輪廻（りんね）」と呼び、この永遠のサイクルから脱することが「解脱（げだつ）」である。それはサイクルから「解（ほどけ）る」こと、つまり、仏（ほとけ）になることに他ならない。

　図は、京都の墓所である鳥部野にある珍皇寺（ちんこうじ）で、この寺は、六道の世界への出入口だと言われていた。毎年８月には、「聖霊迎え（しょうりょうむかえ）」という祭りがあり、人々は、鐘を突いて亡くなった人の霊魂を呼び出し、「高野槙（こうやまき）」と呼ばれる樹木に付着させて、家に連れ帰るのであった。
（今田）

六道ノ
珎皇寺
聖靈市

半山画

かゝてき
喜の月
ちうも
ひとし
宇山
戸完
築

079 Der Schlangenteich von Numachi*

Die Welt des Anderen hat auf dieser Erde an verschiedenen Orten ihre Öffnungstore. Ein randvoll mit Wasser gefüllter Teich oder Sumpf oder auch ein Graben, in dem Wasser steht, waren Orte, in denen Bewohner einer anderen Welt hausten. Die "Große Schlange" und der "Drachen" gehörten zu den Wesen, von denen man glaubte, daß sie unter der Wasseroberfläche wohnten. Von der Großen Schlange, die auch bei anhaltender Dürre auf dem Grund des noch nicht ausgetrockneten Wasserrests wohnen blieb, glaubte man, daß sie die Obhut über Regen und Wasser hatte. Für den Reisanbau war Wasser notwendig. Überall in Japan flehte man die Drachengottheit um Regen an. Außerdem gibt es im ganzen Land Teiche oder Sümpfe, von denen man glaubte, in ihnen wohne eine Große Schlange. Man hat sich viele Legenden über die Herrin dieser Orte erzählt.

Auch in dem hier dargestellten Shûji-Teich in der Provinz Kii wohnte seit alters eine Große Schlange und bedrohte die Menschen. Die einzige Tochter eines reichen Mannes aus der Region war auf dem Weg zu ihrem Bräutigam, einem Offizier der Leibwache am Hofe. Als sie zu diesem Teich kam, verdunkelte sich plötzlich der Himmel, und die Gegend erdröhnte. Aus dem Teich stieg die Große Schlange. Sie verwandelte sich in einen Jüngling, raubte die Tochter und verschwand wieder im Teich. Der Krieger, der die Braut hätte in Empfang nehmen sollen, wurde sehr zornig, kam mit vielen Soldaten, legte den Teich trocken und bezwang die Große Schlange. Es heißt, diese Gegend sei danach von Katastrophen verschont geblieben und sie habe reiche Ernten gehabt. (Hayashi)

０７９　沼地

異界はこの世の中の様々なところに口を開けていた。水を満々とたたえた大きな池や沼、また水の淀んだ淵（ふち）なども異界の住人の棲むところであった。水面の底に棲むと考えられていたものに、「大蛇（だいじゃ）」や「竜（りゅう）」がある。旱（ひでり）が続いても渇れることのない水底に棲む大蛇は、雨や水を司ると信じられていた。稲作には水が必要である。夏に旱が続くと雨乞いが行われたが、雨を降らせてくれるように竜神に祈願する例は日本各地にある。また、大蛇が棲むとされる池や沼も全国にあって、その池や沼の主をめぐる伝説が語りつがれてきた。田に水を引いた者には娘を与えると言う長者の言を信じて、大蛇が雨を降らしたという「夜叉ヶ池（やしゃがいけ）」の話や、美しく成長した娘が実は大蛇の精であったという「赤松池」の話はよく知られている

図に描かれた紀伊国の住持池（じゅうじいけ）にも、昔からの伝説によると、大蛇が棲み、人々を脅かしていた。この地の長者の一人娘が宮中警護の武士のところへ嫁入りする途中でこの池を通りかかると、急に空が暗くなってあたりが鳴動し、池の中から大蛇が２０歳ばかりの若者となって現れて娘を奪い、池の中に入ってしまった。嫁を迎えるはずであった武士は大いに怒り、大勢の兵を連れてこの池を干しあげ、大蛇を退治した。その後この地は災害を免れ豊かな実りを得たという。（林）

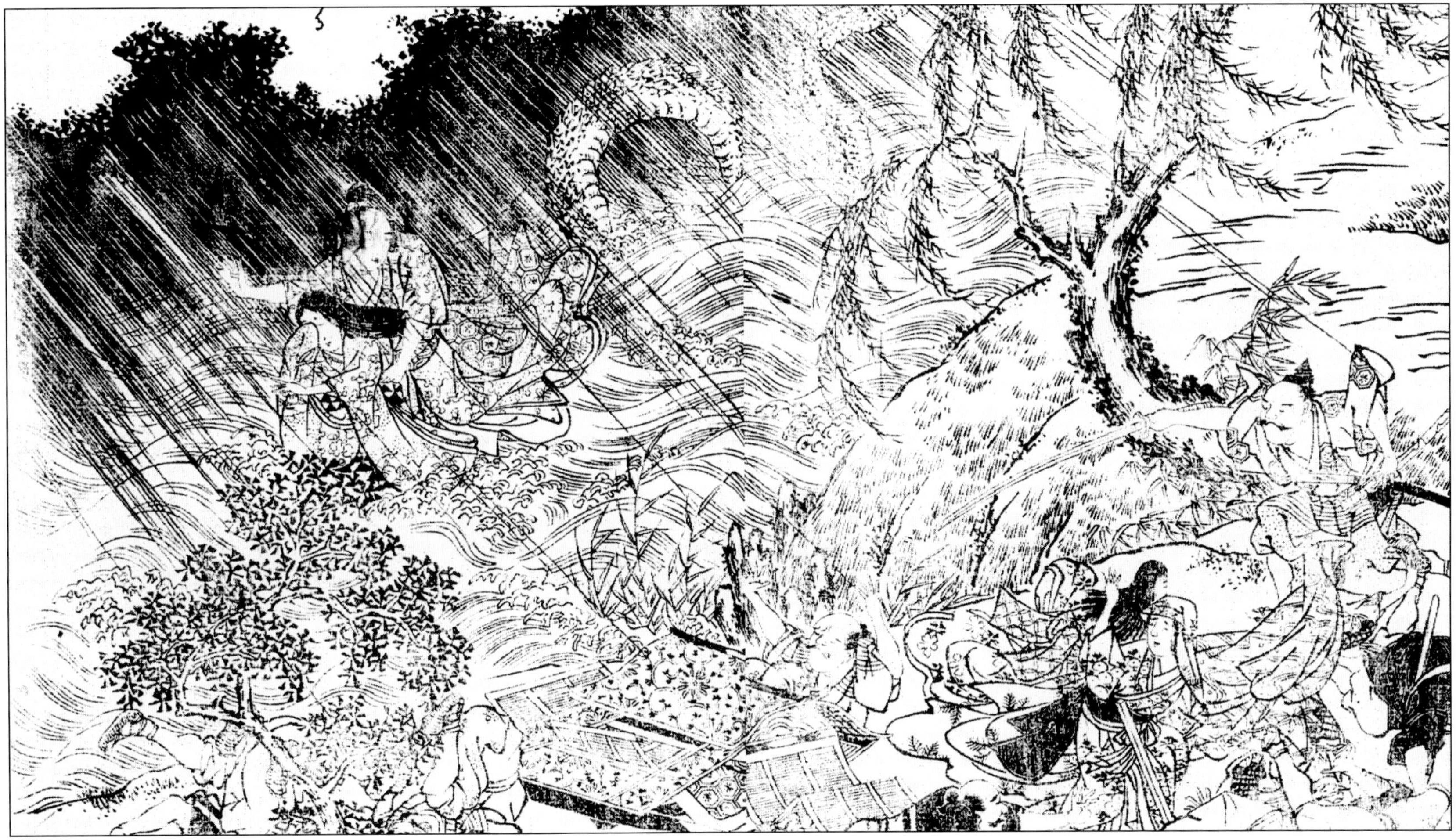

080 Der Palast des Drachenkönigs auf dem Meeresgrund

   Das Schloß, in dem der König der Drachen wohnt, nennt man ryûgû ("Drachenpalast"). Man glaubte, er befände sich in oder auch auf dem Meer. Auch in den buddhistischen Sutren gibt es Erzählungen von Drachenpalästen auf dem Grunde des großen Meeres oder auch von Palästen aus Silber, Smaragd und Gold. Ebenso tauchen sie in China in den Volkserzählungen gelegentlich auf, in denen beispielsweise geglaubt wird, der Drachenpalast befinde sich im Meer östlich der Provinz Su. Repräsentativ für die Drachenpalastgeschichten in Japan ist die von Urashima Tarô, der, begleitet von einer Schildkröte, der er einst geholfen hatte, zum Palast des Drachen kommt und von der Prinzessin des Drachenpalastes freundlich aufgenommen wird. Urashima Tarô bekommt als Geschenk eine Perlenschachtel, die er aber nicht öffnen darf. Doch er bricht das Versprechen, öffnet sie und wird augenblicklich ein alter Mann mit weißem Haar. Denn der Drachenpalast ist nicht nur ein von den alltäglichen Räumen verschiedener Ort, sondern auch eine Welt, die die alltägliche Zeit übersteigt.

   Die Abbildung zeigt den Drachenpalast, der sich auf dem Grund des Wassers des Ortes Seta befinden soll, wo das Wasser des Biwa-Sees in der Präfektur Shiga herausfließt.. Das Bild zeigt die Szene, in der Fujiwara Hidesato in den Palast des Drachen eingeladen und freundlich aufgenommen wird. Als Geschenke erhielt er neben dem, was ein Kriegsheld begehrt, wie Waffen, Fahnen und Tücher auch einen Strohsack. In dem Strohsack war Reis, der nie ausgehen sollte. Aber weil ein Nachkomme Hidesatos den Boden des Sackes ausklopfte, kam von da an kein Reis mehr aus ihm heraus, heißt es. (Konta)

０８０　竜宮（りゅうぐう）

　竜王の住む宮殿は「竜宮」と呼ばれ、海中あるいは海上にあると信じられていた。仏教の経典にも、大海の底にある竜宮や、白銀・瑠璃・黄金で造られた海上の竜宮の物語がある。中国でも、竜宮は蘇州の東方の海にあるとするなど、しばしば、民話の中に登場する。日本における竜宮物語の代表は、浦島太郎が、助けた亀に連れられて竜宮に赴き、乙姫（おとひめ）の歓待を受けるというものである。浦島太郎は、土産として開けてはならない玉手箱をもらうが、約束を破って開けてしまい、たちまち白髪の老人になってしまう。竜宮は、日常的な空間とは異なった場所にあるばかりでなく、日常的な時間を超越した世界だというわけである。

　図は滋賀県にある琵琶湖の水が流れ出る勢多（せた）という所の水底にあるという竜宮を描いている。竜王を悩ませていた百足（むかで）を退治した藤原秀郷（ひでさと）という武将が、竜宮に招かれて歓待を受けている場面である。彼は、土産に、武器・旗・幕などの武将の持ち物のほか、俵・巻絹・包丁・釣鐘などをもらった。俵からは尽きることなく米が出たが、秀郷の子孫が誤って俵の底を叩いたため、米が出なくなったという。おそらく、秀郷は、竜王から俵の底を叩いてはならぬと言われていたのであろう。（今田）

下河邊雄

081 Der Brunnen der Armen Seelen*

　Der Brunnen war etwas Wichtiges, was im alltäglichen Leben nicht fehlen durfte. Gleichzeitig galt der Brunnen wiederum als Weg in die Andere Welt. Es gibt viele Erzählungen davon, daß jemand in einem Brunnen ertränkt worden ist, und dann als Totengeist aus dem Brunnen erschien. Oder man hat, um jemandem, der bereits gestorben war, noch einmal Atem einzublasen, in die Tiefe des Brunnens hineingerufen. Man hat wohl geglaubt, daß ein tief in die Erde gebohrter Brunnen mit der Unterwelt in Verbindung stand.

　Die Zeichnung gibt eine Erzählung wieder, in der der Totengeist einer Frau, die sich ertränkt hatte, in Erscheinung tritt. Es ist eine Episode aus dem berühmten Kriegsepos Heike monogatari und ein Nachspiel zur Geschichte der unglücklichen Liebe zwischen Saitô Takiguchi und einer Frau namens Yokobue. Dem jungen Krieger Takiguchi ist die Liebe zu Yokobue verboten worden, und so verläßt er sein Haus, um im Raizôin-Tempel auf dem Kôya-Berg Mönch zu werden. Dort erscheint ihm nun in Gestalt einer Nachtigall der Totengeist der Yokobue, die durch den Weggang Takiguchis des Lebens überdrüssig sich ertränkt hatte. Die Nachtigall singt von ihrer Trübsal, stürzt am Ende in den Tempelbrunnen und stirbt. Die Erzählung sagt, daß daraufhin der Geist der Verstorbenen, die sich in den Brunnen gestürzt hatte, dem Mönch erschien und wieder in den Brunnen zurückkehrte. (Hayashi)

０８１　井戸

　井戸は生活に欠かせない大切なものである。と同時に、井戸はまた異界への通路でもあった。井戸に沈めて殺された者が、亡霊となって井戸から現れる話は数多くある。あるいは、絶命したものの息を吹き返させるために、井戸の底に向かって呼びかけることも行なわれた。地中深く穿（うが）たれた井戸は地下の冥府につながるものと信じられていたのであろう。

　図は、入水（じゅすい）して死んだ女性の亡霊が現れた話を描いている。有名な軍記物語である『平家物語』に見えるエピソードで、斎藤滝口（さいとうたきぐち）と横笛という女性の悲恋物語の後日談である。若武者滝口は横笛との恋を禁止され、出家して高野山の来蔵院で修行していた。そこへ、滝口の出家により身をはかなんで入水して死んでしまった横笛の亡霊が、鶯（うぐいす）に姿を変えて現れる。鶯は、身の嘆きを囀（さえずる）が、しまいに寺の井戸に落ちて死んでしまう。井戸に身を投げて死んだ者の亡霊が現れて、再び井戸に帰っていくという話である。　（林）

　　　　　　　　　　　　や
口入を
ちか来
お住居
の雜司
の亡魂入
い鷺と
寺
愁勝を

082 Der Tod der Berghexe*

　　Auch die Berge waren ein Bereich des Anderen. Und nicht nur die Berge, sondern auch das Meer, die Flüsse, Teiche, Sümpfe, der Dorfrand, die Landesgrenze, Straßenkreuzungen usw. An allen möglichen Stellen auf der Erde gab es in der Nachbarschaft der Menschenwelt den Bereich des Anderen. In diesem Bereich des Anderen wohnten die anderen Wesen, die Gespensterwesen. Auch yama-uba (oder: yamanba) ist ein Gespensterwesen, das in den Bergen haust. Man stellt es sich vielfach als altes Weib vor, als eine sehr große Frau mit einem fürchterlichen Gesicht. Man hielt sie für eine Berggottheit bzw. jemanden, der den Berggottheiten diente. Man fürchtete, daß derjenige, der sie sieht, krank wird, und berichtete sogar von Fällen, in denen jemand daran gestorben sei. Überlieferte Erzählungen in Zusammenhang mit yamauba gibt es in Japan überall. Eine furchterregende Existenz war sie jedenfalls. Aber es gibt auch Legenden, nach denen die Berghexe als Glücksgottheit in einem Dorf erschien und mit ihrem Besuch Glück in die Häuser brachte. Eine yama-uba, die tief im Wald wohnt und im Nu die Berge und Felder der vier Jahreszeiten durchstreift, kommt auch in den darstellenden Künsten der Großstädte vor. In der Edozeit entstand die Geschichte, die Berghexe sei die Mutter des Helden der kleinen Leute, Sakata Kintoki.

　　Die Abbildung schildert, wie in den Bergen der Provinz Chûbu ein Jäger auf der Suche nach Beute tief in den Bergwald geriet und an der Gebetshalle eines Shintô-Schreines einer Berghexe begegnete. Sie war drei Meter groß. Sie kämmte gerade ihr grünes Haar. Der Jäger erschoß sie mit seinem Bogen. Er besiegte also die "andere Welt". (Hayashi)

０８２　山姥（やまんば）

　山もまた異界であった。山のみならず、海・川・池・沼・村はずれ・国境・辻など、地上のあちこちで異界は人間界と隣あって存在していた。その異界には異人、妖怪（ようかい）が棲んでいた。人々は異界とそこに棲む異人を恐れながら、異界と共存していた。山姥は山に棲む妖怪である。多くは老婆と考えられており、たいていは身の丈３メートル余りの大女で、恐ろしい顔をしており、山中で遭遇する時は伸び放題の髪を梳（す）いていることが多い。山の神や山の神に仕えるものとされ、その姿を見たものは病気になったり、死んでしまう場合さえあると恐れられていた。山姥に関する伝承は日本各地にある。恐ろしい存在であった一方で、里に現れ、家に福をもたらす来訪福神としての山姥伝説もある。さらには都会の芸能の中にも、山深くに棲んで一瞬のうちに四季の山野を駆け巡る山姥が登場し、江戸時代には山姥は坂田金時（さかたきんとき）という庶民の英雄の母親であるという物語も生まれた。

　図は中部地方の山中で獲物を求めて山奥深くまでわけ入った猟師が、神社の拝殿で山姥に遭遇した話を描いている。出会った山姥は身の丈３メートル、緑色の髪を梳いていた。この挿話では猟師は山姥を弓で射たことになっており、異人は退治される対象となっている。
（林）

福富新三
二の宮山小山姥を射る圖

083 Der heilige Stein von Kagoshima-mura (Ibaraki)*

In der japanischen Überlieferung ist der Wels ein Bewohner der "Anderen Welt" im Erdinnern. Man glaubte, daß ein Erdbeben dadurch entsteht, daß ein tief im Erdinnern schlafender Wels tobt. Die Gottheit des Kashima-Schreins bändigt diese Ausbrüche, indem sie dem Wels einen Stab aus Stein in den Kopf schlägt, und diesen Stein nennt man Kaname ishi. Es gibt auch eine Überlieferung, die besagt, man könne der Katastrophe eines Erdbebens entrinnen, wenn man das waka "Mag es auch beben, der kaname ishi wird sicherlich nicht herausgehen [aus dem Kopf des Welses], solange es die Gottheit von Kajima gibt" auf ein Papier schreibt oder einen Abdruck davon an eine Säule heftet. Anderseits aber hatten die Leute aus dem Volk auch die Illusion, daß die Katastrophe des Großen Erdbebens diese von Leid und Ungerechtigkeit volle Welt augenblicklich zerstören und ihnen die Welt der Utopie herbeibringen würde. Diese Illusion vermischte sich mit buddhistischem Gedankengut, und so wurde das Große Erdbeben zur "Erneuerung der Welt", bei der der Bodhisattva Miroku, der in 567 Millionen Jahren kommen soll, in Erscheinung treten wird, um die durch die Wiedergeburt auf den "Sechs Wegen" leidenden Seelen zu erlösen. Erdbeben verstand man also als von ambivalentem Charakter, sowohl als Zerstörung wie auch als Schöpfung. Jedoch war das Große Erdbeben in jedem Fall ein Gegenstand der Furcht und der Unruhe.

Die Zeichnung zeigt den kaname ishi im Kashima-Schrein in der Provinz Hitachi (Präfektur Ibaragi). Es handelt sich dabei um einen gigantisch langen Stein tief in der Erde, dessen Größe nicht zu ermessen ist, weshalb das, was man in der Zeichnung sieht, nur ein Teil dieses gigantischen Steines ist. (Konta)

０８３　要石（かなめいし）

　日本の伝承では、鯰（なまず）は地中の異界の住者である。地震は地中深く眠っている鯰が暴れて起きると信じられていた。鹿島神宮（かしまじんぐう）の神が、その鯰の頭の所に石の棒を打ち込んで、暴れないように押えており、その石は「要石」と呼ばれている。「揺らぐともよもや抜けじの要石鹿島の神のあらむかぎりは」という和歌を紙に書き、あるいは印刷したものを柱などに貼っておけば、地震災害を免れることができるという伝承もある。一方、庶民たちは大地震による大災害は、苦しみと不平等に溢れたこの世を一時的に破壊して、ユートピアをもたらしてくれるという幻想をも抱いていた。この幻想が仏教思想と交じると、大地震とは、５６億７千万年後に現れるべき弥勒菩薩（みろくぼさつ）が、六道の輪廻に苦しむ魂を救済するために出現する「世直し」だということになる。したがって、地震は、破壊と創造という両義的な性格をもつものと捉えられていたのであるが、いづれにせよ、地震は恐怖と不安の対象であることに変わりはなかった。

　図は常陸国（茨城県）の鹿島神宮にある要石である。それは、地中深く入っている長く巨大な石で、その大きさは窺い知ることができない。したがって、図に見えるのは、その巨大な石の一部に過ぎない。（今田）

子神とうろ又船よて舟に廉源氏出くゆふよりんを舵工ふ路
と云うそ浦風そよく吹来を六濵ぞげろ舟をゆこ市
そろて千里をきりゆ舟路の形くひとろ
雲さろうて聞さうへ海ふ岸くや舵取らへ伝
漕じも防く舟車くえなくより申そ行舟ふ涛の麦あろろ
いそ逆風ゆるつ楫ろへをよく板久の方へ舟るとろ波中
應一度へりろべーとよくつくゆろう好ろ風の方車にそ度
とろうは里も煮ほけんふ源へ廠ちもふみに手をひ板を
中のむぶ灸至ろふ腹をさへのぬごげれろかよ船へ何のさう
猛をしわべふそ好の接くしそほごふ当にすろせばつぐ事
句ひの地へそべせんは舵工御凱の亀式さし
て小所あろつ押ふ舟え爹ーしそ又楫我立き一押乃

084 Das Malvenfest in Kyôto

Japanische Feste wurden gefeiert mit der Bitte um eine reiche Ernte in der Landwirtschaft, um reiche Beute auf der Jagd usw., oder mit der Bitte um die Verhinderung von Katastrophen. Die Feste waren aber gleichzeitig Zeremonien, die den Zusammenhalt der Gemeinschaft stärkten. Wenn als Ort für die Feier ein "Schrein" bestimmt war, dann bedeutete dies die Begrüßung von bestimmten Gottheiten oder Seelen von Verstorbenen, und die Zeremonien des Bewirtens und Abschiedsgeleits wurden an den einzelnen Schreinen mehr und mehr in jeweils eigentümlicher Weise gestaltet. Das Aoi-matsuri ist ein Fest des Kamigamo- und des Shimogamo-Schreins in Kyôto, und es heißt, daß seine Anfänge noch vor der Nara-Zeit lägen, nämlich in den Gebeten um Erlösung von ungünstigem Wetter und Mißernten. In der Heian-Zeit bedeutete das Wort matsuri eben dieses Aoi-matsuri, Es war der Prototyp jedes matsuri.

Die Zeichnung zeigt die Prozession, die vom kaiserlichen Gosho-Palast aus über den Shimogamo-Schrein zum Kamigamo-Schrein geht. Diese Prozession wird von einer Priesterin geleitet, die ein Orakel der Gottheit erhält. Eine Vielzahl von Gesandten begleiten sie, die der Tennô ausschickte, um den Gottheiten zu opfern. Vor allem wurde die Priesterin aus den unvermählten Töchtern des Tennô ausgewählt. Die Teilnehmer der Prozession trugen ihre beste Kleidung und Aoi(Malven)- Blüten, und auch die Sänften und Karren, in denen die Vornehmen saßen, waren schön geschmückt. Man inszenierte eine von der ke- (Alltags)- Zeit verschiedene hare- (Fest)- Zeit. Man freute sich an der befreiten Atmosphäre, die anders war als der Alltag. (Sanekata)

０８４　葵祭（あおいまつり）

　日本の祭は、狩猟・農耕などの豊かな収穫と、災厄の回避を祈願するために行なわれたが、それは同時に、共同体の結束を強化する儀式であった。「神社」という祭祀の場が確定されると、特定の神や死者の霊魂を迎え、それぞれの神社に特有の方法でもてなし送り返すという行事が行なわれるようになった。葵祭は京都の上賀茂神社と下鴨神社の祭礼で、すでに奈良時代以前に、気候不順と凶作の回復を願って始められたものであると言われている。平安時代、「祭り」と言えばこの葵祭のことを指し、それは祭りの原型の１つであった。

　図は御所から出発し、下鴨神社を経て上賀茂神社に向かう行列を描いている。この行列は、神の托宣（たくせん）を受ける女性である斎王（さいおう）を中心に、神に捧げ物をするために天皇が派遣した多数の使者からなる。祭りの行列に加わる人たちは清浄な身であることが要求され、特に斎王は天皇の未婚の娘から選ばれる。行列の参加者はそれぞれ葵（あおい）の葉を身につけて盛装し、高貴な人物の乗る腰輿（たごし）や牛車（ぎっしゃ）も美しく飾り、「ケ（日常）」の時とは異なる「ハレ（祭り）」の時を演出する。観衆が身分を問わずに集って普段とは違う開放的な気分を楽しむのである。
（実方）

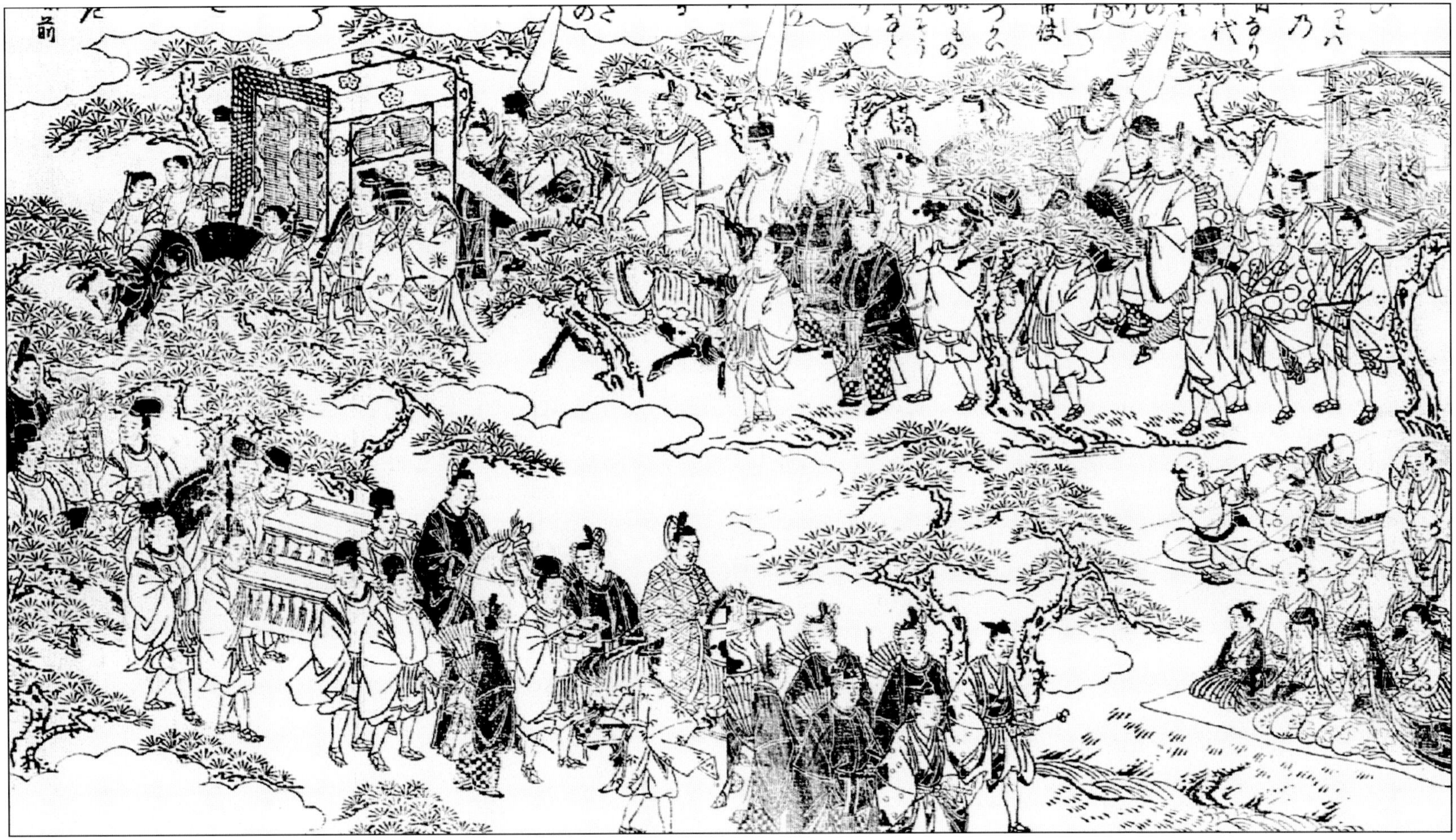

085 Das Gion-Fest in Kyôto

   Zum Empfang der Gottheiten bereitet man bei einem Fest (matsuri) schöne Kleidung vor, heitere Musik zum Singen und Tanzen und Speisen und Getränke. Dies dürfte auch für die in Zusammenhang mit dem Fest stehenden Menschen selber eine große Freude sein. Der Mittelpunkt des Festes ging bald von den Gottheiten auf die Menschen über, und es entstand ein prächtiger, lebendiger Raum des Feierns.

   Das Gion-matsuri wird jedes Jahr im Sommer veranstaltet. Es begann im 9. Jh. wohl damit, daß man die Gottheit Jôyaku des Yasaka-Schreins besänftigen wollte, deren Zorn man für die Ursache einer Epidemie hielt. Die Zeichnung zeigt die Höhepunkte des Gion-Festes. Mehrere Dutzend hoko und yama werden durch die Stadt gezogen. Hoko sind die Wagen für die Götter, mit Musikinstrumenten und schönen Dekorationen ausgestattet. Yama sind Wagen mit Puppen und riesigen Modellen, die alte japanische oder chinesische Begebenheiten darstellen oder auch buddhistische und konfuzianistische Erzählungen. Hier kann man die chaotische Form des Volksglaubens erkennen und beobachten, woran die Masse ihr Herz hängt. Yama und hoko könnte man fast als bewegliche Museen bezeichnen, so sehr sind sie zu Schatzkammern wichtiger Kulturgüter geworden. Ihre Malereien, Skulpturen und Farbwebereien usw. zeigen den Stand der Kunstfertigkeit der einzelnen Zeitalter und spiegeln die wirtschaftliche und gesellschaftliche Kraft der das Fest tragenden Gemeinschaft von Gläubigen des Yasaka-Schreins wider. Besonders an den belgischen Tapisserien, den persischen und chinesischen Teppichen kann man die Finanzkraft und den Handelsumfang der damaligen Kaufleute ermessen. (Sanekata)

０８５　祇園祭（ぎおんまつり）

　祭では神をもてなすために、美しい装飾、賑やかな歌舞音曲、山の幸海の幸を集めた料理などが用意される。それはまた、祭礼に関わる人間自身にとっても大きな楽しみであろう。祭の中心はやがて神から人間へとスライドし、派手で賑々しい祝祭空間が発生した。

　祇園祭は京都で毎年夏に行なわれる。その起源は９世紀頃、流行病の原因とされた八坂神社の除厄神（じょやくしん）の怒りを鎮めるために始められたという。図は祇園祭のハイライトであり、数十基の山（やま）と鉾（ほこ）が市中を引き回される山鉾巡行（やまぼこじゅんこう）の１シーンである。「鉾」とは、神霊の乗り物であり、独特の音楽とともに美しい装飾が施された。また、「山」とは、人形や巨大な模型が乗せられた車であり、一見、祭神とは直接関係をもないような和漢の故事、仏教や儒教の説話などを表現した。そこには大衆が心の拠り所としたもの、混沌とした世俗的信仰の形がうかがえる。山と鉾は「動く美術館」と称されるほど、貴重な文化財の宝庫である。絵画・彫刻・染織など各時代の技術の粋を集めた装飾品は、祭を支えた八坂神社の信徒集団（多くが町人）の経済的、社会的な力を反映している。特にベルギーのタピストリーや、ペルシャや中国の緞通（だんつう）などからは当時の商人の交易範囲や財力の規模がうかがえる。　（実方）

小家ら人社ひも都ぞ其角

086 Das Kanda-Fest in Tôkyô

Das Kanda-matsuri ist das Fest der Gottheit Kanda-myôjin, welches ab dem 17. Jahrhundert zusammen mit der Entwicklung der Stadt Edo zur Blüte gelangte. In der Zeit seiner höchsten Blüte sollen 36 sorgfältig geschmückte Festwagen und außerdem ein Sing-und Tanz-Zug mit der Göttersänfte in der Mitte eine lange Prozession gebildet haben. Hier war das Augenmerk weniger auf die rituelle Seite, also die Verehrung der Gottheit, gelegt, als vielmehr auf die unterhaltsame Seite, das Schmücken, Musizieren und durch die Straßen Ziehen. Unterstützt und veranstaltet wird das Fest von der Gemeinde des Schreins Kanda-myôjin. Durch die Spenden für die einzelnen Prozessionswagen in den verschiedenenStadtteilenwirddas Gemeinschaftsgefühl gestärkt. In Japan liegt die Bedeutung der Feste auch stark darin, daß sie die Zusammengehörigkeit der regional gegliederten Gesellschaft bestätigen. Bisweilen haben die Regierenden versucht, solche Prozesse politisch zu benutzen, und haben die Feste geschützt und kontrolliert. Aber in vielen Fällen folgten die Volksmassen ihrer eigenen Tendenz.

Die Zeichnung zeigt den Schauwagen eines Stadtteils. Er stellt eine Szene aus der weitbekannten Erzählung "Die Bezwingung des Teufels am Berg Ôe" dar, den Triumphmarsch der vier Helden, die den Kopf des Großen Teufels, der Böses getan hatte, abgeschnitten haben. Hinter der riesigen Nachbildung des Teufelkopfes folgen berittene Personen - in der Kleidung der Helden. An den Häusern auf beiden Seiten der Straße sind Tribünen aufgebaut. Zuschauer drängen sich. Das Bild erzählt uns von der Leidenschaft des echten Bürgers von Edo, der auch wenn er nichts mehr für seinen Lebensunterhalt hatte, für Feste stets noch etwas aufbrachte. (Sanekata)

０８６　神田祭

　神田祭は江戸の神田明神の祭礼で、１７世紀以降、江戸の町の発展と共に盛んになった。最盛期には神輿（みこし）を中心とした長い行列に、意匠をこらした山車（だし）３６六基、さらに歌舞の列が随行したという。ここでは神の祭祀といった儀礼的な面より、飾りたて囃したて練り歩くといった娯楽的な面に主眼がおかれている。それは、大衆にとっての祭礼というものが、日常の生産的営みから開放され、さらなる活力を生成することであったということを考えれば当然のことだろう。また祭を支持、運営するのは神田明神の氏子集団であり、彼らが町内ごとに山車を奉納することで連帯感を強めることともなる。祭礼は地域社会の連帯性を確認するという意味も強いのである。時として、為政者はこのような作用を政治的に利用しようとして祭を保護・統制したが、多くの場合そのような意図とは裏腹に民衆のエネルギーは独走した。

　図はある町内の練り物（ねりもの）で、これは「大江山の鬼退治」という広く知られた伝説の１場面を表している。それは悪行を働く大鬼の首を四人の勇者がついに討ちとり凱旋（がいせん）行進するところで、鬼の首の巨大な作り物に、勇者に仮装した騎乗の人物が続く。沿道の家々には桟敷（さじき）が設けられ、見物客がひしめきあっている。生活費はなくとも祭の費用は捻出したという江戸っ子の情熱が伝わってくる。　（実方）

神祭禮

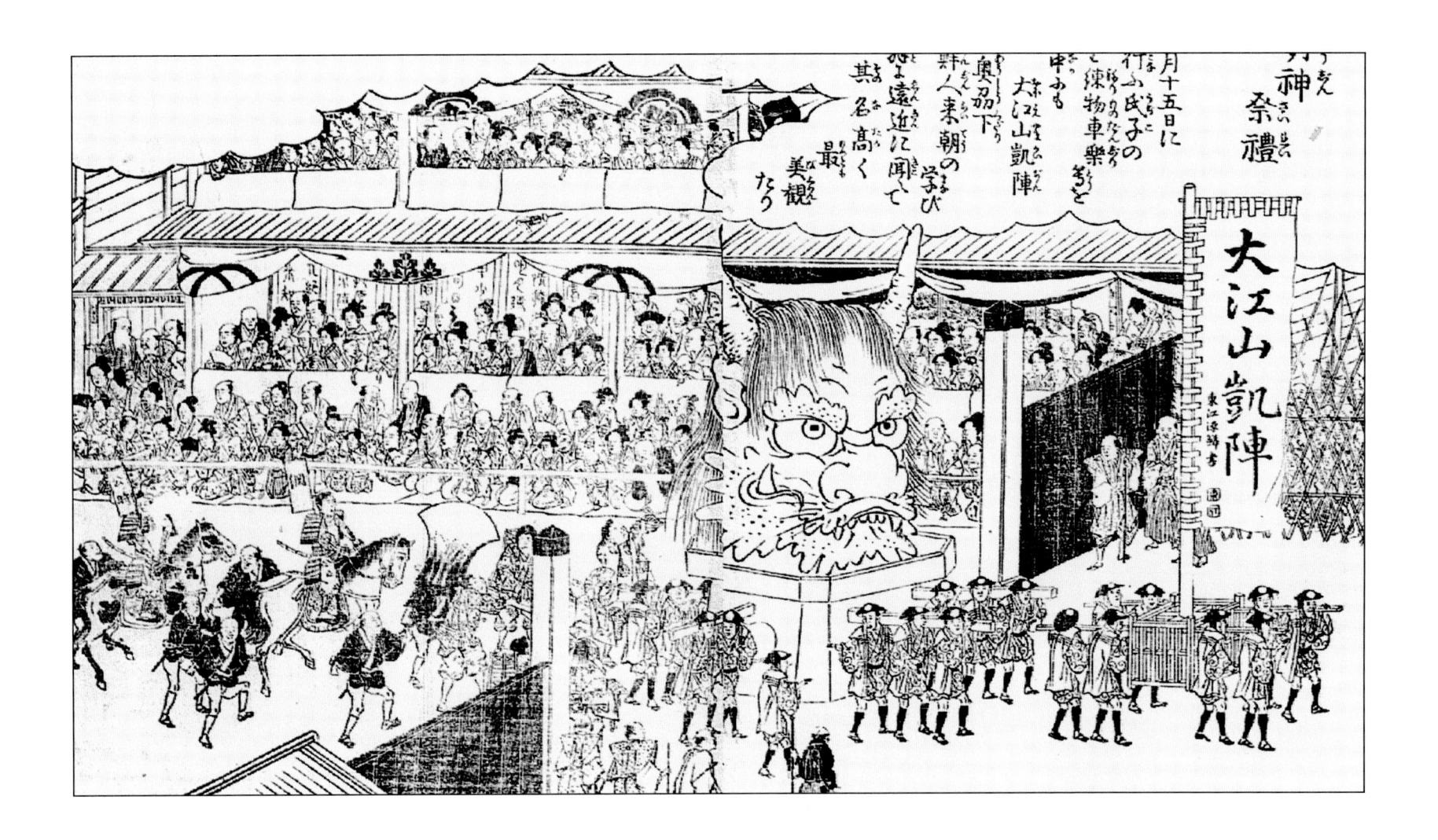

月十五日に行ふ氏子の踊り練物車樂などゝ中ふも大江山凱陣は奥政下狩人来朝のまゝ学び遠近に而て其名高く最美觀なり

大江山凱陣
東江源鱗書

087 Zeremonie des ersten Pflanzens von Reisschößlingen

　　Der Reisanbau ist eine wichtige Grundlage für das Leben der Japaner. Weil besonders bis zur Edo-Zeit die Steuern in Reis erhoben wurden, war das Aufgehen oder Nichtaufgehen des Reises Jahr für Jahr eine Angelegenheit von größtem Interesse. Die Zeremonie des Gebetes um eine reiche Ernte gab es in ganz Japan, und die direkteste ist das Gebet an die Gottheit, die den Reisanbau in ihrer Obhut hat. Beim Gebet um eine reiche Ernte, das zu den Kulthandlungen um den Reisanbau gehört, gab es sowohl den Kult der Bitten (yoshuku), bei dem man, noch bevor mit dem eigentlichen Naßfeldbau begonnen wurde, an Neujahr und zu Frühlingsbeginn auf den Reisfeldern um eine gute Ernte für dieses Jahr betete, als auch den Kult des Reisauspflanzens, den man zum Zeitpunkt des tatsächlichen Reispflanzens ausübte. Bei beiden hoffte man auf die Erfüllung einer reichen Ernte dadurch, daß man den Gottheiten Freude bereitete. Aber besonders beim Kult der Bitten zum Frühlingsanfang ging es meistens darum, durch Nachahmung des Fortpflanzungsaktes die Kraft der Entstehung von Leben auf das Feld zu übertragen. Beim Kult des Reisauspflanzens wiederum pflanzten Jungfrauen die Sämlinge und brachten der Gottheit des Feldes Opfer dar. Außerdem wurden die verschiedensten Künste vorgeführt.

　　Die Abbildung stellt das Reisauspflanzen im Feld der Gottheit am Rokusho-Schrein in Fûchû bei Edo dar. Nachdem die Bauern die Sämlinge gebracht und das Gebet um reiche Ernte in Form des Reisauspflanzens verrichtet haben, tanzt man auf den Feldern und führt Sumô-Kämpfe auf. Die frisch gepflanzten Sämlinge werden niedergetreten und mit Schmutz bedeckt. Aber am Tag darauf stehen sie seltsamerweise wieder ganz gerade, und dies wird als Vorzeichen einer reichen Ernte gedeutet. (Hayashi)

０８７　田植神事

　稲作は日本人の生活にとって重要な基盤であった。ことに江戸時代まで、米で税が徴収されていたので、毎年毎年の米の出来不出来は重大関心事であった。豊作祈願の行事は日本全土で行われているが、最も直接的なものは稲作を司る田の神への祈願であった。稲作をめぐる豊作祈願の神事には、まだ実際の水田耕作が始まる前に、正月や早春に田圃でその年の豊作を祈念して行なわれる予祝（よしゅく）神事と、実際の田植の際に行われる田植神事とがある。いずれも田の神を喜ばせることによって豊作を成就させようとするが、特に初春の予祝神事では、生殖行為を模倣して田に生命誕生の力を伝染させようとするものが多い。一方、田植神事では美しく着飾った早乙女（さおとめ）が苗（なえ）を植え、田の神に供え物をし、さらに時代によって様々な芸能が行われたり、相撲が行われたりした。

　図は、甲州街道沿いの江戸近郊の村、府中の六所（ろくしょ）神社（現在の大国魂神社）の神田での田植神事を描いたものである。ここでは在住の農民たちが苗を持ちよって豊作祈願の田植を行い、その後、田の中で踊りや相撲を行なった。植えられた苗は踏まれて泥にまみれるが、不思議と翌日にはまっすぐに立って、必ず豊かな実りを結んだという。　（林）

田植
武蔵
苗を
神田
巡り

あしき
さき
もて
うち
又
れく
さき
八雲
とこ
ろの
神き
を越

088 Das Fest der Weggötter in Kamedo-mura (Tôkyô)

　Die Gottheiten haben die Gemeinschaft auch vor Bösem beschützt. Die Gottheiten Dôsojin verehrte man im Grenzgebiet einer Ansiedlung und wollte dadurch das Eindringen böser Geister von außen verhindern. Oft hat man sie an der Dorfgrenze, auf einem Hügel oder am Zugang zu einer Brücke usw. verehrt. "Dôsojin" ist die sinojapanische Aussprache, früher hießen sie "Sae no kami" in der Bedeutung von "saegiru=versperren"-kami = Gott oder Götter. Als Dôsojin verehrte man neben einem ca. 30 cm großen Stein, in den die Zeichen "Dôsojin" eingraviert waren, Figuren einer Gottheit mit einem Szepter, geschnitzte Figuren von Mann und Frau in harmonischer Verbindung und Umarmung und auch Natursteine in der Form von Yin und Yang. Die Figuren von Mann und Frau in harmonischer Verbindung und die Yin-Yang-Steine wurden in dem Glauben heilig gehalten, sie würden die Kräfte des Bösen vom Akt der Fortpflanzung fernhalten. Man verehrte die Dôsojin immer mehr nicht nur, weil sie die Grenzwelten beschützen oder vor Katastrophen bewahren, sondern auch weil sie die glücklichen Verbindungen und die Harmonie schaffen. Das Fest der Dôsojin wird in vielen Gebieten in dem "kleines Neujahr" (koshôgatsu) genannten Zeitraum zwischen dem 14. und 16. Januar gefeiert, und gleich danach kam dann auch das Feuerfest der Kinder und Jugendlichen.

　Die Zeichnung beschreibt das Dôsojin-matsuri in dem Dorf Kameido in Edo. Die Jungen gehen mit kleinen gebastelten Schiffe singend von Haus zu Haus und sammeln die Opfergaben und Dekorationsstücke vom Neujahrfest ein. Am Abend wird dann ein Feuerfest veranstaltet, bei dem sie all das vor den Dôsojin miteinander verbrennen. (Hayashi)

０８８　道祖神（どうそじん）

　神はまた邪悪なものから共同体を護ってくれるものでもあった。道祖神は集落の境界に祀ることによって、外部からの邪霊の侵入を妨げようとしたものである。多くは村境、山坂、橋のたもとなどに祀られた。「道祖神（どうそじん）」は中国風の言い方であるが、古くは「遮（さえぎ）る神」という意味で「サエノカミ」と言った。３０センチほどの石に「道祖神」の文字を刻んだもののほか、笏（しゃく）を持った神像や、また男女の和合像や抱擁像を刻んだもの、さらには陰陽（いんよう）の形をした自然石などが道祖神として祀られている。男女和合の像や陰陽石は、人間の生殖行為の力が邪悪な力を退けるという原始的な信仰に基づいて祀られたが、そのモチーフから、境を守る神、災難除けの神としてのみならず、縁結びの神、和合の神としても信仰されるようになった。道祖神の祭は、多くの地で「小正月（こしょうがつ）」と呼ばれる１月１４日から１６日の間に行われ、やがて子供や若者集団による火祭りも行われるようになった。

　図は江戸亀戸村（かめどむら）での道祖神の祭を描いている。男の子たちが小さな船の造り物を持ち、唄いながら家々を回って供え物や正月の飾り物を集めている。晩には道祖神の前でそれを燃やして集う火祭りが行われた。（林）

とむら戸邑
さいの神祭

正月十四日
の夜行はると
ぶれ多く
と菱垣
よひ頃の
建松竹採
り其中
師と
とつる受て
そと其辺
に映り
て門童
をなし
會して祝
くゞを
垣側とて

089 Kultischer Ringkampf (Sumô)

　　Um die von dem Willen der Gottheiten abhängige nahe Zukunft zu erfahren, war es notwendig, die Gesinnung der Gottheiten zu ergründen. Die direkteste Methode war es, die Gottheiten einzuladen und ihr Orakel zu hören, aber es gab die indirekte Methode, die Gesinnung der Gottheiten durch den Sieg oder die Niederlage in einem Wettspiel zu erfahren. So hat man auch Sumô-Wettkämpfe, bei denen es um das Kräftemessen geht, als kultische Handlungen zur Prophezeihung einer reichen Ernte überall in Japan veranstaltet. Sumô ist auch zur Unterhaltung veranstaltet worden, aber eigentlich erst nach der Mitte der Edo-Zeit und da auch nur in den großen Städten. Der Sumô-Wettkampf erhielt in Edo und Ôsaka als Veranstaltung seine äußere Form und ist als traditionelle japanische Sportart zum heutigen Ôsumô geworden. Die Sumô-Kämpfer der Edo-Zeit gelangten zusammen mit den Kabuki-Schauspielern als Stars zu absoluter Beliebtheit im Volk. Es waren individuelle Sumô-Kämpfer aktiv, mit Ringnamen wie Tanikaze ("Talwind") oder Raiten("Blitz und Donner").

　　Die Abbildung zeigt die kultische Handlung eines Sumô-Wettkampfes im Hiraoka-Schrein, einem alten Schrein in Kawachi (bei Ôsaka). Beim kultischen Sumô-Kampf am Kaiserhof in alter Zeit waren die Ringer aus dem ganzen Land versammelt. Aber bei den Sumô-Kämpfen, die die einzelnen Schreine veranstalteten, wurden als Teilnehmer Kinder aus den Klans ausgewählt. Beim Sumô-Wettkampf am Hiraoka-Schrein sieht es so aus, als wären die Männer aus der Nachbarschaft sehr überzeugt von ihren Kräften, aber dahinter steckt wohl die Tradition des Sumô-Wettkampfes als Kult, d.h. als ein Gebet um ein reiches Erntejahr. (Hayashi)

０８９　相撲（すもう）

　神の意志によって左右される近未来を知るために、神の心意を測る必要があった。最も直接的な方法は、神を招来してその託宣（たくせん）を聞くことであったが、間接的な方法としては、勝負事の勝ち負けによって神の心意を知る方法があった。力競べの相撲も、豊作を占う神事として、日本各地で行われてきた。相撲はやがて見せ物として興行されるようになったが、それは、江戸中期以降の、しかも、都市に限られたことであった。相撲は、江戸と大坂で興行としての形態が整えられ、日本の伝統的なスポーツとして今日の大相撲になったのである。江戸時代の力士は、歌舞伎役者と同様に、スターとして庶民の絶大な人気を得、谷風（たにかぜ）や雷電（らいでん）などの「醜名（しこな）」を持つ個性的な力士が活躍した。

　図は、河内（かわち）の古い神社である枚岡（ひらおか）神社で行なわれている神事の相撲を描いている。古代の宮廷での神事相撲では、全国から力持ちが集められたが、各地の神社で行なわれた相撲では、取り手は氏子から選抜された者か、子どもたちであった。枚岡神社の相撲は、近隣の男たちが力を自慢する場になっていたようであるが、その底には豊年祈願の神事の伝統が流れていたはずである。　（林）

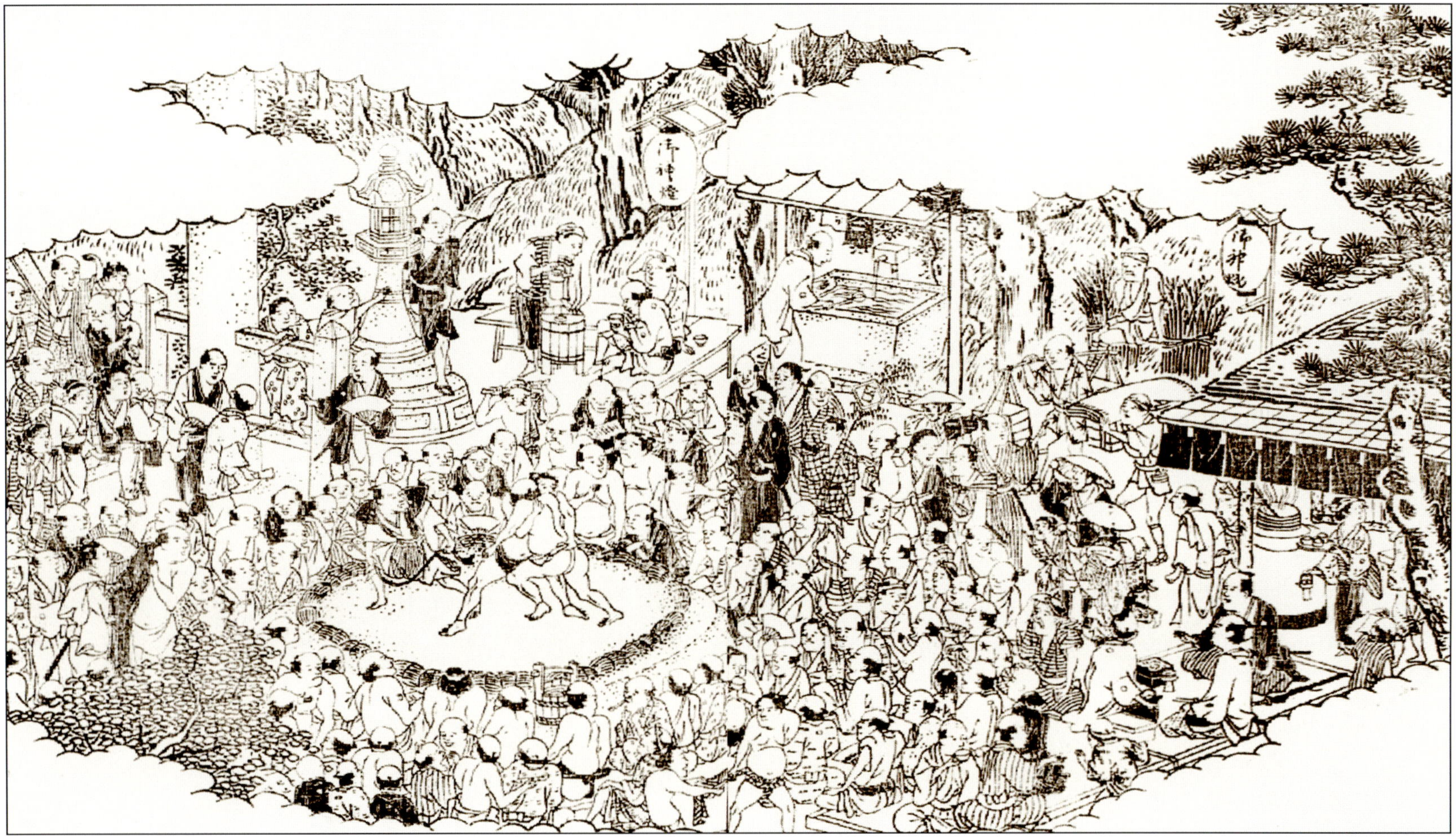

090 Ringer (Sumôtori)

Gr. Farbholzschnitt: Ôban. Sammlung Lieselotte Kraft.

   Das Sumô-Ringen entstand vor 2000 Jahren wohl aus archaischen Fruchtbarkeitsriten als Kräftemessen. Es war ein Teil shintoistischer Zeremonien. Neuerdings weisen vor allem japanische Forscherinnen (Kaneda; Omatsu) darauf hin, daß spätestens seit dem Jahre 466, als Kaiser Yuryaku Frauen zum Ringen (onna-zumô) aufforderte, auch diese zum Ernteerfolg beitragen und beispielsweise Regen herbei- oder fortzaubern durften, indem sie sich wie die männlichen Sumôtori gegenseitig aus einem Tonring (dohyô) zu drängen hatten. Bis zur Edo-Zeit hatte sich Sumô dann einerseits zum reinen Schauvergnügen entwickelt - nicht ohne skurrile und derbe Auswüchse (1772 Verbot gemischter Turniere von Blinden mit Frauen) - und andererseits zum professionellen Sport. Damenringkämpfe werden in den populären Romanheften (Ukiyo-zoshi) gern geschildert, wohingegen Portraits der Sportler zum beliebten Sujet der aufwendigeren farbigen Einblattdrucke avancieren. Mitte des 18. Jahrhunderts etablierte sich eine von der Sumô-Vereinigung begründete Hierarchie, die von Jonokuchi bis Yokozuna reichte. Abgebildet ist eine größere Gruppe von Champions. - Lit.: Kaneda Hideko, Onna-zumô. In: Sumô no uchûron. Tôkyô 1993, S.109ff. (Dufey)

０９０　相撲取

相撲取り、彩色大判木版画、リーセロッテ　クラフト女史蔵。

　相撲は今からおよそ２０００年ほど前、古代の豊穣儀式として発生したと考えられる。最近とりわけ日本の女性研究者たちが誇らしげに述べているところによれば、雄略天皇が女性たちに相撲を取るように命じた４６６年以来、女性たちも男の相撲取りのように相手を「土俵」という粘土のリングの外に押出して豊穣な収穫に寄与し、或いは雨乞いいや雨払いすることができた。　江戸時代までに相撲は、一方では全くの見せ物　—　お上の取り締まりを受けるほど常軌を逸した野卑な行き過ぎ（目の不自由な人と女性との混合相撲は１７７２年に禁止）がないわけではなかった）　—　に、他方ではプロのスポーツに発展していた。女性相撲は大衆読本（浮世草紙）に好んで取り上げられ、これに対し力士の肖像画は豪華な彩色木版画の好材料になった。　十八世紀後半ば、相撲協会が設定した序の口から横綱にいたる力士の階級が確立された。ここに描いているのは横綱たち群像である。(Dufey)

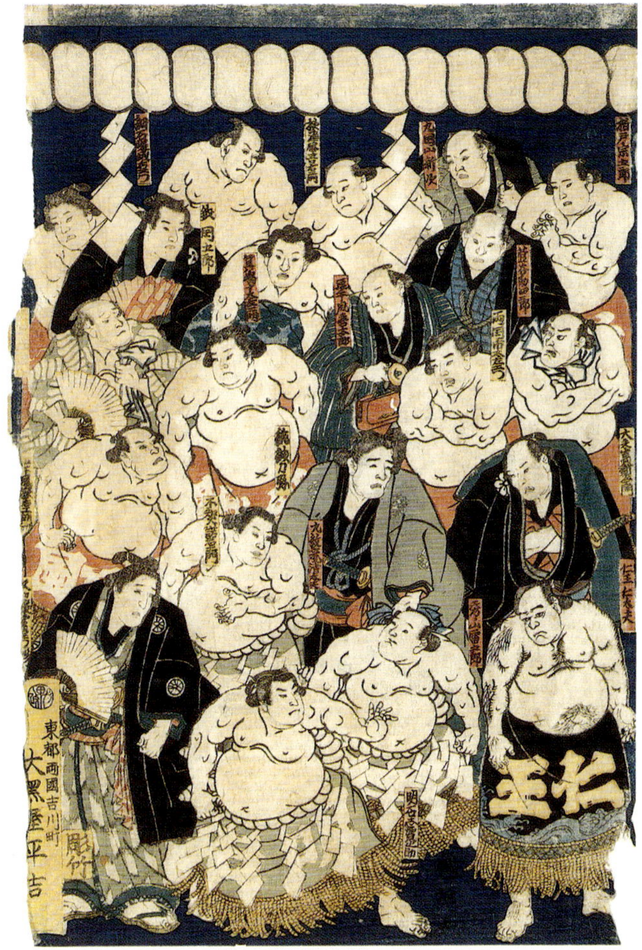

東都両國吉川町
大黒屋平吉
彫竹

091 Einladung der Toten (Obon, Kyôto)

Der Buddhismus wurde nach Japan um die Mitte des 6. Jahrhunderts gebracht. Er war zu Beginn eine Religion der herrschenden Klasse, ist aber bald auch tief in die Volksschichten eingedrungen. Allerdings sind im Verlauf dieses Prozesses eigenständige japanische Glaubensformen mit dem Buddhismus verschmolzen. Auch die Obon-Feiern, die jedes Jahr um den 15. August abgehalten werden, sind zwar buddhistische Riten, aber dahinter steckt in starkem Maße ein japanischer Volksglaube, der Glaube an die Seelen der Ahnen. In Japan kehren die Seelen der Vorfahren zweimal im Jahr- an Neujahr und an Obon- zu ihren Nachfahren zurück. Die Nachfahren bereiten für sie besondere Opfergaben und ein Regal vor, wo sie diese aufstellen. Sie zünden am Abend des 13. August ein Feuer an, um die Seelen der Vorfahren zu begrüßen. Solange die Seelen der Ahnen im Hause sind, werden ganz bestimmte Speisen dargebracht. Daß man normalerweise dazu weder Fisch noch Fleisch nimmt, kommt aus dem buddhistischen Denken. Am 16. zündet man wieder ein Feuer an, geleitet die Seelen der Ahnen hinaus und bringt die Opfergaben weg an die Straßenseiten und auf die Gräber oder baut Schiffe und läßt sie auf den Flüssen oder im Meer schwimmen. Auch die "Versammlung der Seelen" (shôryôe) am Kinkô-Tempel ist ein Teil solcher Obon-Riten.

Die Abbildung zeigt den Obon-Tanz. Daß die Obon-Zeremonie mit Tanz verknüpft wurde, ist wahrscheinlich in der Edo-Zeit aufgekommen. Der schon vor der Edozeit übliche Fûryû-Tanz und der aus dem Buddhismus kommende Nembutsu-Tanz wurden, mit Obon verknüpft, zu Tänzen für die Unterhaltung der Seelen der Verstorbenen. (Hayashi)

０９１　お盆

　日本に仏教が伝わったのは６世紀の中ごろであった。仏教は、最初は支配者層の宗教であったが、やがて深く庶民層にも浸透して行った。しかし、その過程で仏教には日本に固有の信仰が溶け込んでいった。毎年８月１５日を中心として行われる「お盆」と呼ばれる行事も、仏教の行事であるが、その根底には日本の民俗信仰である祖霊信仰が強く流れている。日本では先祖の霊は年に２回、正月と盆（ぼん）に子孫のところに帰って来る。子孫は帰ってくる先祖の霊のために、特別の供え物やそれを飾る棚を準備し、８月１３日の夕刻には祖霊を迎えるための火を焚く。祖霊が家にいる間は決められた食事が供えられるが、普通魚肉類を用いないのは仏教思想による。１６日の日にはまた火を焚いて祖霊を送り、供物を辻や墓に持って行ったり、舟を作って川や海に流したりする。珍皇寺の聖霊会（しょうりょうえ）も、そのようなお盆行事の一環である。
　図は、名古屋のある町でお盆の時期に踊られる「盆踊り」を描いている。盆行事と踊りとが結び付いたのは江戸時代に入ってからと考えられる。江戸時代以前から行われていた華やかな飾り物をともなう「風流踊り」や、仏教から出た「念仏踊り」がお盆と結び付いて、死者の霊魂を供養するための踊りとなった。　（林）

行も具もきが中
よふあ後をと一て
ん龍く後をとーて
小く考奠坊る
人よ考よりハ
を事もとうく
　抄よの切
　よハり
　り切り
　切を
　を

092 Verabschiedung der Toten (Daimonji okuribi, Kyôto)

Zum Abschluß der Obon-Feiern veranstaltet man das "Feuer des Abschiedsgeleits". Am Abend des 16. Augusts zündet man ein Feuer an und geleitet die Seelen der Ahnen, die bis dahin ihre Familien besucht hatten, zum Abschied hinaus. Entfacht wird das Feuer an den verschiedensten Orten, an einer Kreuzung des Dorfes, am Meeresufer, auf einem Berg, an der Tür der einzelnen Häuser usw. Es kommt auch vor, daß man Fackeln hoch in die Luft wirft, oder Hängelaternen an hohen Kiefern aufhängt, um wenigstens ein klein wenig den Weg der Ahnenseelen, die in die Leere zurückkehren, zu erleuchten. Daß man auch auf Bergen Feuer entzündet, kommt wohl auch von dieser Idee. Als Feuer zum Abschiedsgeleit, auf einem Berg entzündet, ist mehr als irgend ein anderes das Daimonji okuribi von Kyôto bekannt. Daß man auf dem Berg Higashiyama Nyoigatake (besser bekannt als Daimonjiyama) das Zeichen dai ("groß") mit Fackeln darstellt, stammt etwa aus der Mitte des 16. Jahrhunderts. Aber es scheint, als würde allgemein einer Legende geglaubt, nach der ein hoher Priester aus dem 10. Jahrhundert, Kôbô Daishi, damit begonnen habe. Neben dem Zeichen "groß" gibt es auch noch das Zeichen myôhô ("geheimnisvolles Dharma") und auch die Form eines torii, eines Bootes usw. Die Leute von Kyôto gehen alle nach draußen und geleiten die Seelen ihrer Ahnen.

Die Zeichnung zeigt das Feuer des Abschiedsgeleits auf dem Daimonji. Die Bewohner der Dörfer am Fuße des Daimonji-Berges fällen am Anfang des Monats Kiefern, lassen sie trocknen, stapeln sie an deutlich sichtbaren Orten in einer bestimmten Form auf und entzünden sie alle gleichzeitig. Wenn das Feuer nach einer knappen Stunde erlischt, leuchtet nur noch der Mond des beginnenden Herbstes. (Hayashi)

０９２　送り火

　盆行事の締めくくりとして、「送り火」が行なわれた。８月（太陰暦では７月）１６日の夕刻に火を焚き、それまで各家にあった先祖の霊を送り出すのである。火が焚かれる場所は村の辻、海辺、山、各戸の門など、さまざまであるが、中には松明（たいまつ）を空高くに投げ上げたり、高い松の木の上に灯篭（とうろう）を吊したりして、少しでも虚空を帰って行く祖霊の道が明るいようする場合もある。山上に火を焚くのもまた同じ発想によるものだろう。山上に火を焚く送り火としては、何と言っても京都の「大文字（だいもんじ）送り火」が名高い。東山如意嶽（にょいがたけ）、通称大文字山に「大」の字が灯もされるようになったのは１６世紀頃のようであるが、９世紀の高僧、弘法大師が始めたとする伝説が一般には信じられていたらしい。「大」の字の他にも、「妙法（みょうほう）」の字や、鳥居や船の形などがあり、京都の庶民たちは皆戸外に出て、心静かに祖霊を見送った。

　図は、大文字の送り火を描いたものである。大文字山の麓の村民が月の初めに松を伐って乾燥させ、定められた印の場所に井桁（いげた）に組んで積み、いっせいに点火した。小一時間ののちに火が消え行けば、暗くなった山の端には十六夜の月が初秋の空を照らすのみである。（林）

七月
十六夕
大文字送り火

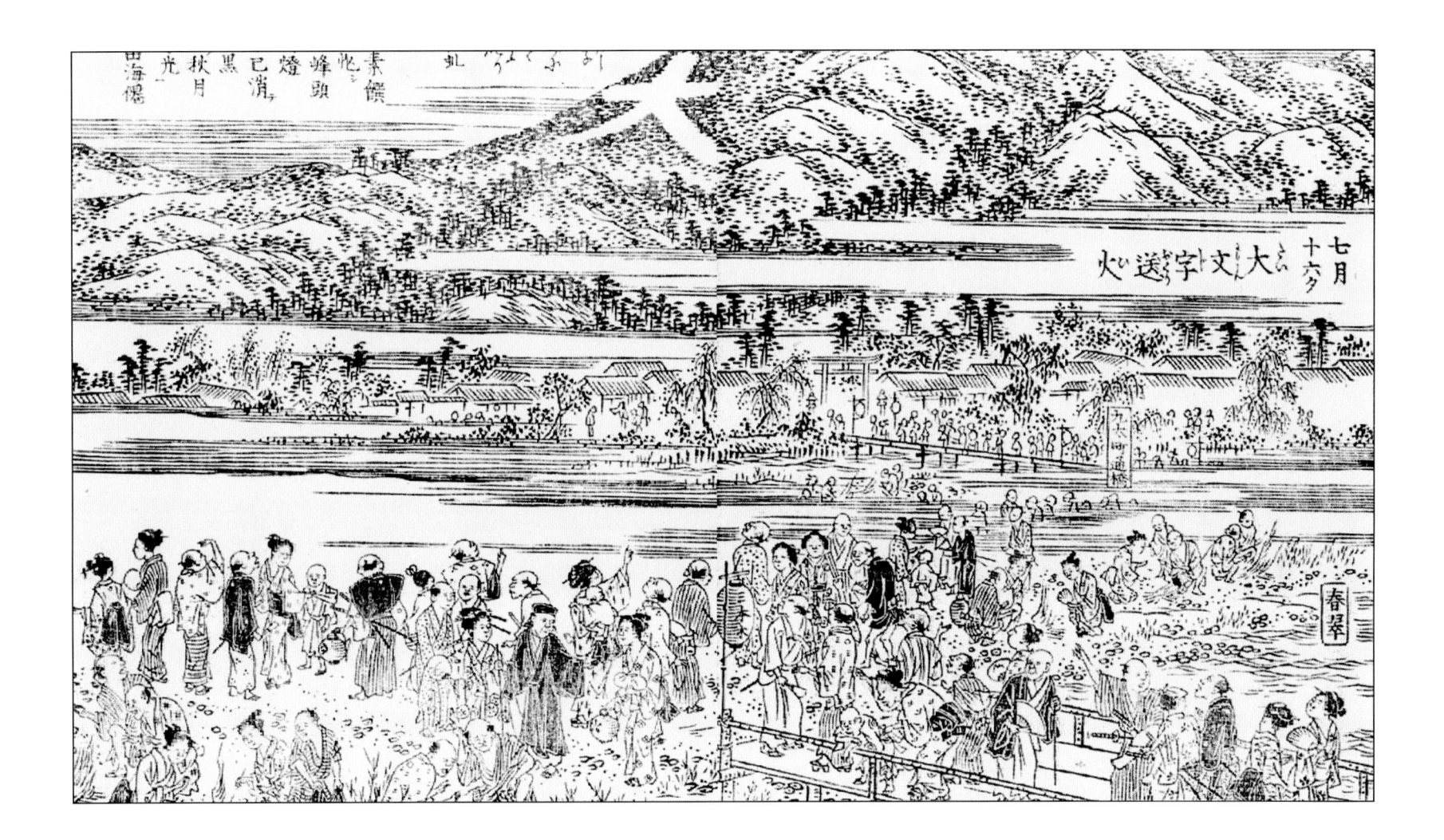

素峰や灯頭巳に黒消秋月光海涯

093 Gebet für die "Hungrigen Geister"*

Im Buddhismus heißt es, daß jemand, der in einem früheren Leben Böses begangen hat, auf den "Weg der Hungergeister" absinkt, wo es nichts zu essen gibt, und er zu einem Hungergeist wird, abgemagert und hungrig. Die Zeremonie, die man segaki nennt, ist eine Versammlung von Gläubigen, bei der man an diese zu Hungergeister gewordenen Lebewesen Almosen verteilt. Man hat solche Versammlungen in den Tempeln fast aller religiösen Gruppierungen des Buddhismus abgehalten. In der ursprünglichen buddhistischen Lehre hielt man den Weg der Hungergeister für eine Vergeltung für böse Taten in einem früheren Leben. Aber in Japan wurde daraus die Vorstellung, daß auf den Weg der Hungergeister diejenigen herabsinken würden, die keine Nachfahren haben, welche nach dem Tod für sie beten. So hat man die segaki-Zeremonie für diese Toten, für die niemand betet, abgehalten. Man glaubte, daß das Spenden von Opfergaben für die Hungergeister den Toten Sühne und Fürbitte und den Lebenden gute Gesundheit und langes Lebens brächte. In der Edo-Zeit fand segaki in der Zeit des Obon-Festes statt. Auch die (segaki-) Versammlungen der einzelnen Tempeln blühten auf. In der Tempel-Halle wurden an den vier Ecken des Altars, auf dem man die Opfergaben darbot, fünffarbige Fahnen aufgestellt, auf denen Sutren oder buddhistische Namen geschrieben waren. Wenn die Versammlung zu Ende war, erhielten die anwesenden Gläubigen eine kleine Fahne, kehrten heim und stellten sie auf ihrem buddhistischen Hausaltar oder auf dem Feld auf.

Die Zeichnung zeigt eine Gebetsversammlung für segaki im Rakan-Tempel in Honjo in Edo. (Hayashi)

０９３　施餓鬼（せがき）

　仏教では、生前に悪行のあった者は、食べ物のない餓鬼道（がきどう）に落ちて痩せこけ、飢えに苦しむ餓鬼になるという。「施餓鬼」と呼ばれる行事は、この餓鬼となった生き物や亡者（もうじゃ）に食べ物を施す法会（ほうえ）で、ほとんどの宗派の寺院で催された。本来の仏教の教えでは、餓鬼道に落ちるのは生前の悪行の報いとされていたのだが、日本では死後に祀ってくれる子孫のない者が餓鬼道に落ちると考えられるようになり、施餓鬼は無縁の仏に対して行われるようになった。施餓鬼の供物をすれば、死者には滅罪と供養になり、生者には息災と延命の利益が有るとされた。江戸時代には、施餓鬼は盆の時期に行われるようになって、各寺での法会も盛んになった。寺院の法会では供物を供えた壇の四隅に経文や仏名を書いた五色の幡（はた）をたて、法会が終わると参列していた信者たちは小幡（こばた）をもらって帰り、仏壇に上げたり、畑に立てたりした。
　図は江戸の本所（ほんじょ）にある羅漢寺（らかんじ）の施餓鬼法会である。中央の高僧を囲んで僧侶の集団が、餓鬼の救済を願ってお経をあげている。画面の左下隅では、上下姿の信者代表が、供え物を参詣者たちに配っている。（林）

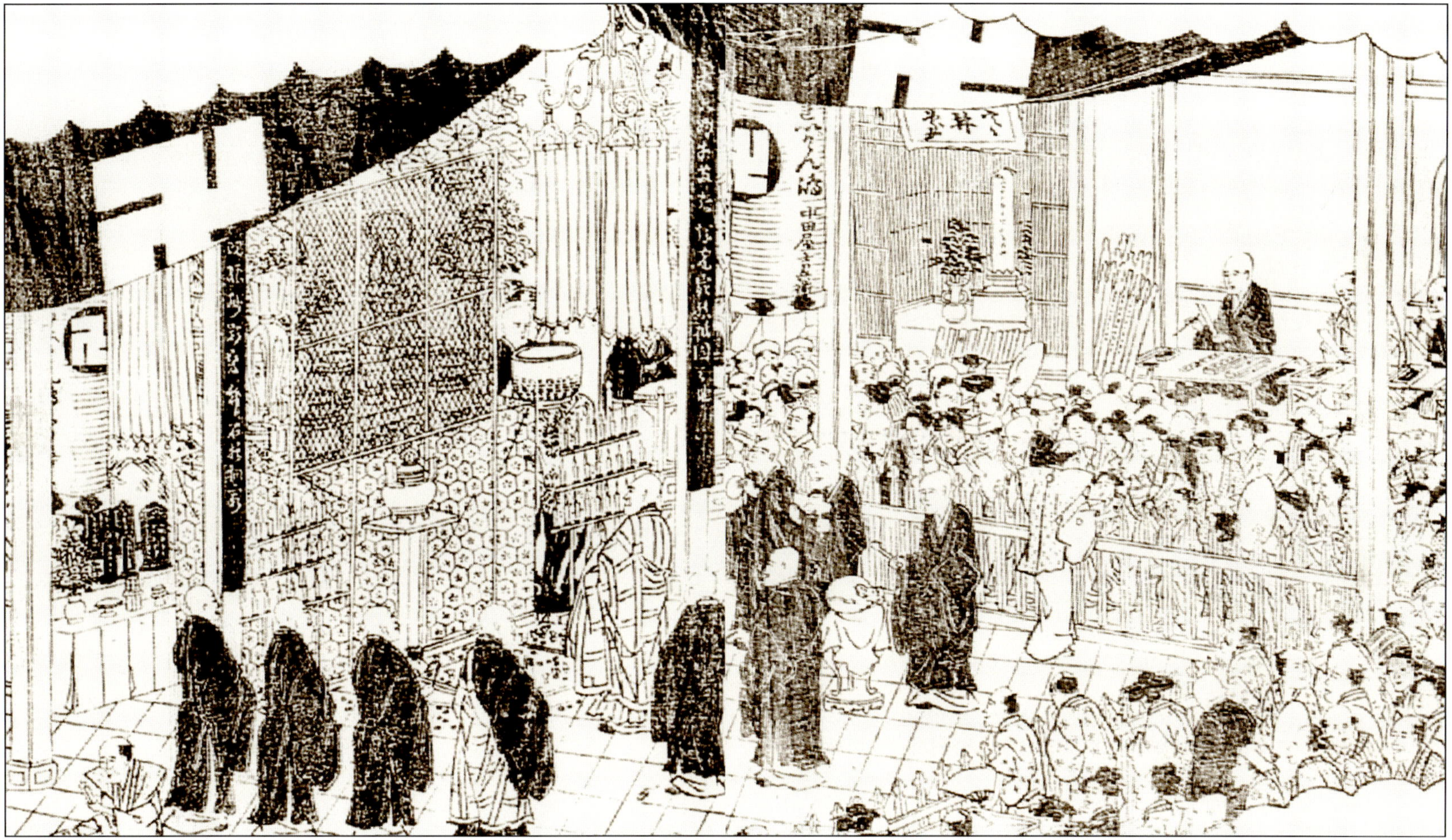

094 Feier der Herabkunft des Amida-Buddha

Im Buddhismus nach der Zeitenwende wird Buddha durch die verschiedensten Statuen und Malereien dargestellt, aber in Japan gibt es buddhistische Versammlungen, bei denen dies auch als Festumzug mit Verkleidung aufgezogen wird, damit man die Welt des Buddha am eigenen Leib erfahren kann. Etwa im 10. Jahrhundert entstand der Glaube, daß Amida-Buddha, der Buddha des Paradieses des Reinen Landes, den Sterbenden entgegenkomme (raigô). Bald gesellten sich zu Amida-Buddha noch 25 Bodhisattvas. Es setzte sich im Bewußtsein des Volkes die Vorstellung fest, daß die Sterbenden gemeinsam mit dieser Gruppe ins Paradies des Reinen Landes gelangen. Die Art und Weise dieses Entgegenkommens Buddhas ist in der Malerei sehr häufig beschrieben worden. Aber schließlich kam es zu den Versammlungen zu Ehren Amida-Buddhas, bei denen auch die 25 Bodhisattvas selber auftraten. Die Boddhisattvas haben sich mit einer Bodhisattva-Maske bedeckt, tragen eine Aureole auf den Schultern und überqueren eine Brücke. Das ist der Weg, der vom Paradies in diese Welt führt. Die Gestalten, die im Frühlingslicht des 14. März zum Klang der Biwa-Musik herabkommen, haben bei den einfachen Leuten den Eindruck erweckt, das Paradies des Reinen Landes tatsächlich zu sehen, und haben sie um so stärker die Wiedergeburt in diesem Paradies nach dem Tod wünschen lassen.

Die Zeichnung zeigt die Amida-Versammlung (raigô-e) am Nembutsu-Tempel in Shintorigoe in Edo. Diese Zeremonie fand in der Edo-Zeit statt und war in der Tempô-Zeit, als das Higashi miyako saijiki ("Aufzeichnungen aus der Zeit der Östlichen Hauptstadt") gedruckt wurde, bereits ausgestorben. (Hayashi)

０９４　来迎会（らいごうえ）

　仏教では仏を様々な彫像や画像によって表現したが、日本ではさらにそれを仮装行列に仕立て、居ながらにして仏の世界を体感する法会が行なわれた。１０世紀ころには臨終の者を、極楽浄土の仏である阿弥陀仏が迎えに来るという来迎の信仰が生まれた。やがて阿弥陀仏には、２５人の菩薩が付添い、集団で極楽浄土に連れて行くという形態が定着し、広く庶民の間にまで浸透した。この来迎の有様は画像としても数多く描かれたが、さらに、「二十五菩薩」が実際に登場する来迎会が行われるようになった。菩薩はすっぽりと首まで被う菩薩面をかぶり、光背を背負って橋を渡ってくる。それは極楽からこの世に架けられた道である。３月１４日の陽春の光の中を、雅楽の調べにのせてゆらゆらとこちらに向かってくる菩薩たちの姿は、庶民たちには本当の極楽浄土を見る思いを起こさせ、一層強く死後の極楽往生を念じさせることになった。

　図は、江戸の浅草新鳥越（しんとりごえ）念仏院の来迎会である。この行事は、江戸時代には行われていたが、『東都歳事記』が出版された天保年間にはすでに絶えていた。　（林）

念佛院
逆供養
年々の
にぎ
はひ

月乃
つき
直朝

095 Blütenschau im Frühling (Omuro, Kyôto)

 Die vier Jahreszeiten sind in Japan klimatisch ganz deutlich unterschieden, und die Japaner haben die dadurch bedingten Naturveränderungen immer sehr genossen. Im Frühling, wenn die Blüten von der Kälte befreit ihre Pracht entfalten, findet das Kirschblütenfest statt. Die Blüte der Kirsche ist die Nationalblüte Japans, und für viele Japaner ist sie die "japanischste" aller Blüten. Von alters her hat man die Kirschblüte in Liedern gepriesen. Ihr Name wird auch als Fachbegriff bei der Abstimmung der Farben von Kleidungsstücken verwendet. Wahrscheinlich entstand der Brauch der Betrachtung der Kirschblüten (hanami: "Blütenschau") im Mittelalter.

 Wenn im Frühling die Blüten der Kirschbäume in voller Pracht stehen, besucht man die Orte, die für die Kirschblüte berühmt sind und veranstaltet dort ein Mahl.

 Das Bild zeigt die Szene einer Blütenschau. Da sitzen zwischen aufgespannten Vorhängen viele Leute auf ausgebreiteten Matten direkt unter den Kirschbäumen. Sie genießen Essen und Trinken, Rauchen, Musik, spontane Gedichte über die Kirschblüte. Oft verlor sich allmählich die Förmlichkeit. Die zwei Damen mit dem über den Kopf gezogenen Kimono sind die Hauptpersonen auf dem Kirschblütenfest hier. Eine vornehme Dame trug früher, wenn sie ausging, gegen den Staub und um ihr Gesicht nicht zu zeigen, immer einen Kimono-Teil über dem Kopf. Diese zwei Damen sind auffallend hübsch angezogen. Die Männer schauen ihnen durch einen Spalt zwischen den Vorhängen zu. Es gab sogar die Sitte, sich eben wegen dieses Kirschblütenfestes ein neues Kleidungsstück anfertigen zu lassen. So durch die eigene Aufmachung die Aufmerksamkeit der Menschen auf sich zu ziehen, war auch etwas, was das Kirschblütenfest interessant machte. (Mori)

０９５　春の花見

　日本は四季の移り変わりが明確であり、四季それぞれの自然を、さまざまな方法で楽しんだ。冬の寒さから解放され花が咲き誇る春には、桜の花を愛でることが行なわれた。桜は日本の国花とされ、多くの日本人が、最も「日本らしい」花と感じているものである。古代より桜は、歌に詠み込まれ、衣服の配色の名となり、さまざまな形で愛でられてきたが、おそらく中世期、桜を鑑賞するにあたって１つの方法が確立した。「花見」である。桜の花が満開となる春、桜の名所とされる特定の場所へ出かけて行き、酒宴を催すのである。
　図には多くの人たちが、桜の根元に敷物をひろげ、幕を張りめぐらせて座り込んでいる。桜花の下で飲食・喫煙・音楽、あるいは桜を題材に即興の文学を楽しむのである。画面に見える女性２人がこの一行の主人であり、彼女たちは「被衣（きぬかつぎ）」姿といって頭から着物をかぶっている。身分の高い女性は、外出時、塵（ちり）よけと顔をあまり人目にさらさないために、頭に着物をかぶるのである。この２人はきわめて美しく身を飾りたてており、両側の幕の隙間から男たちがのぞき見をしている。花見のために着物を新調することさえあった。周囲の注目を集めるほど着飾ることも、花見の関心事の一つなのである。　（森）

花見

096 Yoshino-Gebirge.

Kaibara Atsunobu: Yoshinoyama shôkeizu. Faltbuch. Handkoloriert. 1731?

  Das in der Nara-Präfektur gelegene Gebirge von Yoshino zählt in Japan zu den "acht schönsten Landschaften" (hakkei), besonders zur Zeit der Kirschblüte (wie auf der Panoramakarte von Itsukushima, vgl. Nr.103).
(Dufey)

０９６　吉野山

　貝原篤信筆、吉野山景勝図、折本、筆彩、１７３１年頃。

　奈良県にある吉野山は日本八景のうちの一つ。特に桜の季節はここに見られる景観図の通りである。(Dufey)

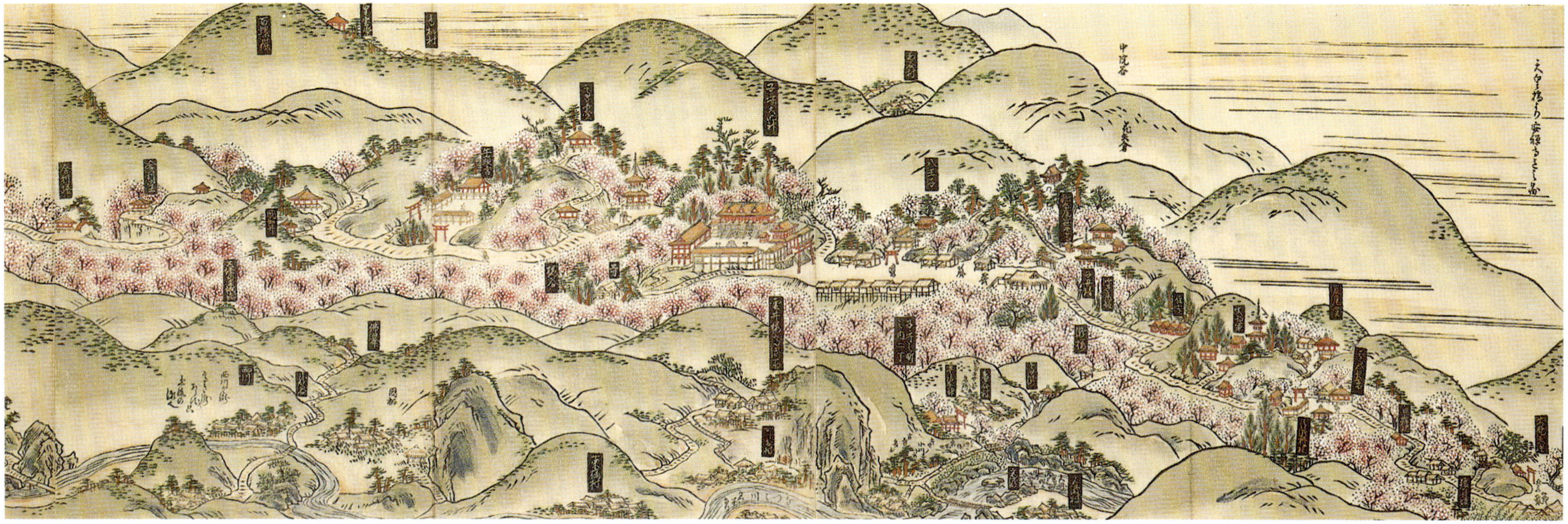

097 Muschelsammeln (Shinagawa, Tôkyô)

　　Shiohigari ist eine vergnügliche Beschäftigung, nämlich an einem warmen Frühlingstag am flachen Strand Muscheln zu sammeln. Auch heute noch gehört dies für Familien mit Kindern zu dem, worauf man sich im Frühling freut. Um diese Zeit fand früher auch das Fest für die Mädchen, momo no sekku, statt. Die laue Luft an den warmen Stränden, vermischt mit dem Bewußtsein von der Muschel als Symbol der Ehe und der Fruchtbarkeit, ließ viele Assoziationen aufkommen. Die Muster der Muscheln wurden als Frühlings-und Glücksmuster (kishômoyô) für Kimonos verwendet oder im Kunsthandwerk. Man bemalte z.B. die Schale einer Venusmuschel mit schönen Farben und bewahrte sie in einem lackierten Behälter auf. Diese kaioke (Muschelschale) war bei Hochzeiten eines der wichtigsten Mitgiftstücke der Braut.

　　Das Bild zeigt eine Szene mit Muschelsammlern am Strand von Shinagawa in Edo. Wenn sich bei Ebbe das Wasser zurückzieht, entsteht ein weiter Sandstrand, und wenn man dort gräbt, findet man eine Menge Muscheln. Die beiden Frauen am Bildrand rechts unten tragen eine Art Hut auf dem Kopf, um sich gegen den salzigen Seewind zu schützen. Man nennt diesen tenugui. Er besteht aus einem rechteckigen Stück Baumwollstoff, das - wie der Name schon sagt - zum Händewischen bestimmt ist. So wie hier geschickt um den Kopf gewickelt hat man tenugui manchmal auch als einfachen Hut für die Arbeit oder zum Ausgehen verwendet. Beim einfachen Volk waren tenugui sehr geschätzt, weil man sie ganz klein falten konnte und sie auch leicht zu waschen waren. (Mori)

０９７　潮干狩り

　「潮干狩り」とは、春もいっそう暖かくなって、遠浅の浜辺に出かけ、貝をとる遊びである。現代もなお、親子連れなどで楽しむ春の風物詩である。同じ時期に「桃の節句（せっく）」すなわち女児の成長を祝う祭りも行われる。暖かい海辺の高揚した気分と、婚姻や多産の象徴としての貝に対する意識が混ざり合い、貝は、日本人のあいだにさまざまなイメージをはぐくんできた。貝の模様は、春の模様、あるいは吉祥模様（きっしょうもよう）として着物や工芸品にデザインされて親しまれてきた。なかでも蛤（はまぐり）の貝殻に美しい彩色を施して蒔絵（まきえ）の容器に納めた貝桶（かいおけ）は、婚礼の際の、花嫁の最も重要な持参品とされた。

　図は、江戸の品川の浜辺での潮干狩りの様子である。干潮の時、潮が遠くまで引き、広い砂浜が現れる。そこで人々は砂を掘って、たくさんの貝を採るのである。画面右下の２人の女性は、頭髪を潮風から保護するために帽子のようなものをかぶっているが、これは「手拭（てぬぐい）」である。手拭いは長方形の木綿の布で、その名のとおり手を拭うためのものであるが、図のように折り方を工夫して頭に巻き付け、労働や外出の時には簡単な帽子として用いた。小さくたためる上、洗濯も容易なので庶民の間で重宝された。　（森）

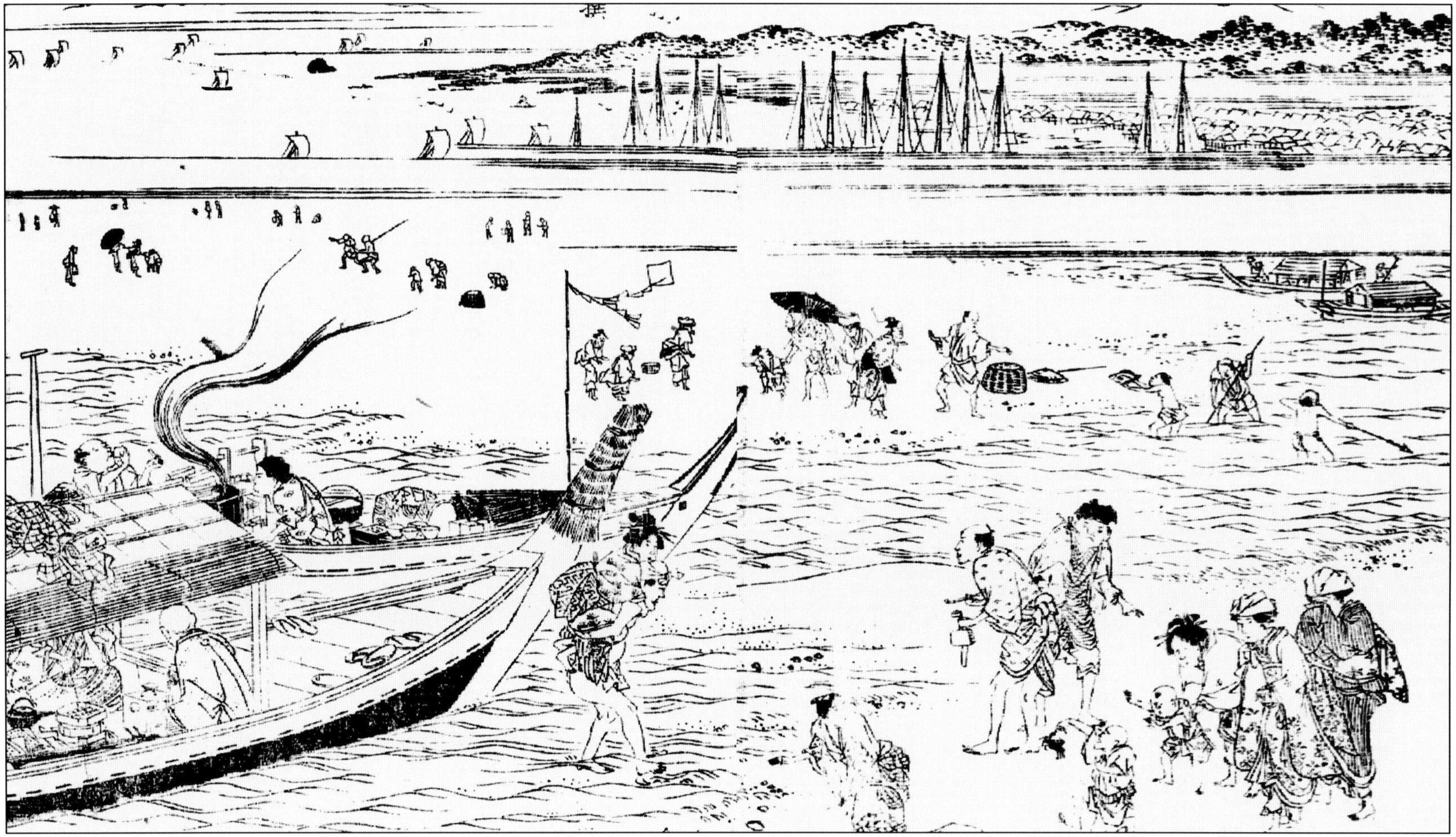

098 Muschelsammeln (Sumiyoshi, Ôsaka)

Nihon sankai meibutsu zue, 1797.

   Auch in Ôsaka widmete man sich im Frühling dem Vergnügen des Muschelsammelns am damals noch naturbelassenen Strand von Sumiyoshi (Ôsaka-Süd). Vgl. auch das Muschelsammeln in Shinagawa, Edo (097).(Dufey)

０９８　潮干狩り

日本山海名物図絵、１７９７。

　大阪の人々も春の季節に潮干狩りで遊んでいた。当時は住吉という大阪市南部の地域にまだ天然の浜があったのである。(Dufey)

住吉浦汐干

三月朔日ごろ今十日比まで大汐ひてすくひ多
汐干とて貴賤群集するく堺住吉浦凡三里に
あえ込の男女浦まるきて蛤とられく又和の人
こぞて汐干に入海のちひろまでもひろ／＼中
し尾崎浦の沖まで一望海原におもしろく
みさきやちひろ沖浦よりひらめ貝多く堀るとみなの人ゑ

099 Glühwürmchenjagd im Sommer (Uji bei Kyôto)

Die Glühwürmchenjagd ist ein Naturerlebnis in den lauen Sommernächten. Glühwürmchen leuchten in der Sommernacht. Der berühmte Roman Genji-monogatari widmet sogar den Glühwürmchen (hotaru) einen ganzen Abschnitt. Als der Prinz Hyôbu no Kyô in einer Sommernacht die umworbene Tamakazura besucht, erhellen für ihn die Glühwürmchen das Gesicht der Geliebten.

Das Bild zeigt eine Glühwürmchenjagd am Ufer des Ujigawa-Flusses in Kyôto. Glühwürmchen leben in der Uferböschung am Wasser, und man jagt sie entweder vom Ufer oder vom Wasser aus in einem Boot mit Fächern, die an der Spitze einer langen Bambusstange befestigt sind, oder mit Bambusblättern, und sammelt sie in einem Behälter. Links unten sieht man eine Person mit einem Fächer in vorgebeugter Haltung. An dem langärmligen Kimono und dem langherabfallenden, auf dem Rücken gebundenen Gürtel sieht man, daß es sich um eine junge Dame handelt. Das Muster des Kimono ist sehr prächtig. Die Dame war also wohl kein gewöhnliches Mädchen, sondern vielleicht die Tochter eines Samurai, und wohl verwandt mit dem rechts danebenstehenden jungen Mann mit dem Schwert. Dieser junge Mann trägt einen Hosenrock (hakama) und einen langärmeligen Kimono, der mit Wellenmuster und Familienwappen versehen ist. Man vergleiche die Kleidung dieses jungen Mannes mit der des anderen etwa gleichaltrigen Mannes rechts unten. Der nämlich trägt kein Schwert und auch keinen Hosenrock. Sein Kimono ist kurzärmelig und hat ein bescheidenes Muster und natürlich kein Familienwappen. Sein Haar ist kurz geschnitten. Am Unterschied in der Kleidung kann man die verschiedene Herkunft der beiden jungen Männer erkennen. (Mori)

０９９　夏の蛍狩

　蛍狩は、夏の夜の風物詩である。蛍は夜になると光を放つところが喜ばれ、古くは平安時代の名作『源氏物語』に「蛍」の帖がある。この物語のなかで、蛍は、夏の夜、１人の女性を慕ってやってきた男性に、その恋しい人の顔を照らし出して見せるという役割を果たしている。

　図は、京都の宇治川のほとりでの蛍狩の様子を描いたものである。蛍は水辺の草むらに棲息しているので、川べりや船上から長い竹竿（たけざお）の先につけた団扇（うちわ）や笹の葉で蛍を追い、虫籠（むしかご）に集める。暑い夏の夕涼みも兼ねているのである。画面下やや左に、団扇を手に前かがみになっている人物がいる。袖丈（そでたけ）の長い振袖（ふりそで）に、帯を後ろに結んで長く垂らしているので、まだ年若い女性と分かる。華やかな着物の模様からして、低い身分の者には見えず、右隣の刀を差した少年の関係者とすれば武家の娘ということになる。その少年は振袖に袴（はかま）、振袖は波の模様で家紋がついている。画面右下にもう１人、同じ年頃の少年がいるが、服装を比べられたい。こちらは袴も刀もなく、着物は振袖ではなく短い袖、模様も地味でもちろん家紋はない。髪型も小さくまとまっている。こうした身なりの違いは２人の身分の違いをあらわしているのである。　（森）

源三位頼政

100 Herbstausflug zu den Hagi-Sträuchern (Kyôto)

Das Muster akigusa, eine Zusammensetzung von verschiedenen Herbstgräsern, ist seit alters her hoch geschätzt. Es wird in verschiedener Gestalt für Wandschirme verwendet und für Fächer, Kimono, Möbelstücke usw. Die Hagi-Blüte ist die repräsentativste Herbstpflanze. Die unaufdringlich-traurige Atmosphäre der Hagi-Blüte paßt zur langsam kälter werdenden Übergangszeit vom Sommer zum Herbst.

Die Szene im Bild zeigt viele Bürger, die zum Kôdai-Tempel in Kyôto gekommen sind, um die Hagi-Blüte zu sehen. Sie bewundern diese traurig-schönen Blüten. Aber jemand trinkt da auch Tee, ein anderer raucht. Man ist also trotzdem auch sehr ausgelassen. Man achte auf die Person, die mit dem Rücken zu uns die Blüten betrachtet (rechts von der Mitte des Bildes). Der Kimono, den sie trägt, ist kein langärmeliger furisode-kimono, sondern er hat kurze Ärmel (tomesode). Der Gürtel ist nicht so wie heute nach hinten, sondern nach vorne gebunden. Furisode ist eigentlich ein Kimono für die noch nicht volljährigen Jugendlichen. Wenn man ihn in fortgeschrittenem Alter trug, dann nicht mehr mit einem nach hinten, sondern nach vorn gebundenen Gürtel. Bei der Dame handelt es sich also um eine ältere Person. Was sie auf dem Kopf trägt, könnte ein wattierter Hut aus Seide sein (watabôshi). Man hat ihn auch auf der Straße zum Schutz gegen Kälte verwendet. Die Schnur an der linken Hüfte nennt man kakaeobi. Weil Kimonos ab der Mitte der Edo-Zeit eine bis auf den Boden reichende Schleppe hatten, wurde diese beim Ausgehen hochgezogen und mit einer Schnur befestigt. Heute wird dieser Teil immer unter den Gürtel gesteckt, sodaß die Taille fest eingeschnürt ist, und das schmerzt. Deshalb tragen die jungen Leute von heute ungern einen Kimono. (Mori)

１００　秋の萩

「秋草」という昔から好まれてきた図案がある。秋の草花を集めた図案で、屏風や扇、着物、家具などにさまざまな形で表現されてきた。萩（はぎ）は秋草の代表格である。少しずつ寒くなっていく時期に、萩の花の、決して華やかでない寂しげな風情はぴったりのように思える。

図は、京都の高台寺（こうだいじ）で、多くの男女が萩の花を見物している光景である。彼らは哀愁に満ちた萩の花を愛でてはいるのだが、茶を飲み、煙草をのんでいるところなどは、大層はしゃいでいるようにも見える。画面中央右寄りの後ろ向きに萩を眺める人物に注目しよう。まず着物は、振袖ではなく袖丈（そでたけ）が短く、江戸時代にいうところの留袖（とめそで）である。帯は現代の着物のように後ろ結びではなく前結びである。振袖は元服前の着物で、帯も年輩になると後ろ結びをやめて前結びにした。つまり、向こうを向いてはいるがこの人物は年輩の女性であることが分かる。頭に載せているのは綿帽子（わたぼうし）であろう。綿帽子は防寒用、外出用の真綿でできた帽子で、いろいろな形があるが、これもどちらかというと年輩の女性が用いた。腰の左側で結んだ紐（ひも）は抱え帯（かかえおび）である。江戸時代中期以降の着物は通常、裾（すそ）をひきずるように長く仕立てたので、外出のときなどは持ち上げてこうした帯で留めたのである。（森）

萩の花

101 Aussichtsturm Shuami mit Blick über Kyôto

 Als nach der Muromachi-Zeit die wirtschaftliche Lage immer besser wurde, begannen viele Städter mit ihren Freunden die Sehenswürdigkeiten zu besichtigen und in den Gaststätten zu speisen. In der Edo-Zeit nennt man das monomiyusan.
 Das Bild zeigt den auf einem Berg gelegenen mietbaren Aussichtsplatz Shuami. Da man von dort aus die ganze Stadt Kyôto überblicken konnte, galt dieser Berg als ein beliebtes Ausflugsziel. Der Typ des Genrebilds Rakuchû rakugai zu, d.h. der Darstellung Kyôtos aus der Vogelperspektive, war von der Muromachi- bis in die Edo-Zeit weit verbreitet. Das Bild hier kann dem Rakuchû rakugai zu zwar keine Konkurrenz machen. Dennoch sind auf ihm einige repräsentative Gebäude Kyôtos gut sichtbar. Das am linken Rand des Bildes mit Daibutsu-den ("Halle des Großen Buddha") bezeichnete Gebäude ist Hôkôji Daibutsuden. Der Hôkô-Tempel wurde vom Toyotomi-Klan errichtet, in dessen Hand die Stadt Kyôto in der Muromachi-Zeit gefallen war. Die Daibutsu-Halle ist leider abgebrannt. Rechts über der Daibutsu-Halle steht der Higashi-Hongan-Tempel und noch weiter rechts der Nishi-Hongan-Tempel. Die Schloßmauer genau hinter der Person, die mit einem Fernglas aus einem Gästezimmer schaut, gehört zum einstigen Regierungssitz des Shôgun (Nijôjô). Die Komposition des Bildes Rakuchû rakugai-zu aus der frühen Edo-Zeit, nämlich die Gegenüberstellung der vom Toyotomi-Klan errichteten Daibutsu-Halle und des vom Tokugawa-Klan bewohnten Nijô-Schlosses wurde in diesem Bild der späten Edo-Zeit in scheinbar selbstverständlicher Weise beibehalten, obwohl doch der Toyotomi-Klan schon längst untergegangen war. (Mori)

１０１　珠阿弥座敷の眺望

 図は、京都を一望できる山上にあった「珠阿弥（しゅあみ）」と呼ばれた僧坊の貸し座敷で、高いビルのなかった江戸時代の人々に人気のあった行楽地である。京都の景観に対してつきない興味が抱かれていたことは、京の町を空から眺めたかのような「洛中洛外図（らくちゅうらくがいず）」という絵画の１ジャンルが、室町時代から江戸時代まで盛行したことからも窺い知れる。
 この図にもいくつか京の代表的建造物が描き込まれている。まず左端に「大佛（だいぶつ）」と書き添えてあるのが方広寺大仏殿。方広寺は桃山時代に京都を手中にした豊臣氏が建てた寺である。大仏殿はこの『都林泉名所図会』刊行の前年に焼失している。その上方に小さく見える塔が東寺、大仏殿の右上が東本願寺、さらに右上が西本願寺、大仏殿の松をはさんで右隣は法観寺八坂塔（ほうかんじやさかのとう）であろう。そして画面右、座敷から遠眼鏡（とおめがね）を覗く人物のはるか向こうに見える城壁が、江戸時代の京都を治めていた二条城である。豊臣家の大仏殿と徳川家の二条城が京の町をはさんで対峙するという江戸時代初めの「洛中洛外図」の構図は、驚くべきことに、豊臣家が滅んで何百年も経つ江戸時代後期の絵画にまで継承され、こんなところにも当り前のように描かれているのである。　（森）

春風や　ふく々と　あをき野ら　うごく縦よ

月舌

102 Bergsteigen im Herbst, gemalt von Ike no Taiga

Ike no Taiga: Taigadô gahô. Farbholzschnittbuch. 1804.

  Aufgeschlagen ist: "Bergsteigen im Herbst." Der Maler und Kalligraph Ike no Taiga hat zusammen mit seiner gleichfalls malenden Frau Gyokuran schon im 18. Jahrhundert als einer der ersten das Bergsteigen vorwiegend als Selbstzweck betrieben. Das ausgestellte Werk bringt seine Bilder aus dem Besitz seiner Frau in Holzschnitte umgesetzt, und zwar in kreativer Fortführung des chinesischen Literatenstils - darunter viele aus der für das 18. Jahrhundert neuartigen "Flugzeugperspektive" des Alpinisten. Der für Hiroshige so typische erhöhte Blickpunkt hat hier einen Vorläufer. Taiga zierte sich mit dem "nom de guerre" Sangakudôsha ("Dreigipfelbegeher"), weil er die drei höchsten Gipfel Japans, also auch den heiligen Fuji, erstiegen hatte. - Lit.: Hillier, Jack, The art of the Japanese Book. London 1987. S.629. (Dufey)

１０２　秋の登山

池大雅、大雅画法、１８０４年、彩色木版画本。

　ここに展示してあるのは秋登山のページ。画家で書もよくした池大雅は、その妻でやはり画家の玉蘭とともにすでに十八世紀に初めて登山を登山として楽しんだ人たちのうちの一人である。ここに展示されているのは中国の文人画の流れをくみながら、登山者を空中から眺める等、十八世紀としては斬新な独自の画法を駆使した絵画が木版画化されたもの。広重独特のやや高めの視点は、ここに一人の先駆を見出せる。池大雅は、日本の三最高峰を、従って聖なる富士山にも登頂したので、三峰を極めた者の意で「山岳道者」と号していた。(Dufey)

秋登

秋來只怕雨毛毛
甲子多雲亦萬憂
事宜善獲稻畢
工隨晴曜穀自
須晴到入倉時
新築場泥鏡
面平如砥折搨趣
霜晴笑歌聲趣
東輕雷動一
夜連枷響到明

103 Panoramakarte der Insel Itsukushima

Kaibara Atsunobu, Aki no kuni Itsukushima shôkei-zu. Handkoloriert, 1731?

  Aufgeschlagen ist hier der berühmte Itsukushima-Schrein. Dieses Shintô-Heiligtum liegt auf der kleinen Itsuku-Insel bei Hiroshima, auf der wegen der uralten religiösen Meidungsgebote, keine Geburten und Bestattungen stattfinden durften. Es handelt sich um eine von dreien, wegen ihrer charakteristischen Schönheit gerühmten Landschaften Japans (Nihon sankei). Zwar wurde der Schrein schon im 6 Jh. von Suiko-Tennô gestiftet und von der Taira-Familie ausgebaut. Die heutigen Bauten wurden aber erst ab 1570 (größtenteils im Wattenmeer) errichtet. So entsteht bei Flut der Eindruck, der Schrein schwimme im Meer. Ein neues Torii im Wasser hat 1875 das abgebildete ersetzt. - Lit.: Kodansha Encyclopedia of Japan. III, S.357. (Dufey)

１０３　厳島パノラマ図

貝原篤信著、安芸国厳島勝景図、１７３１年頃、筆彩。

　これは広島郊外の瀬戸内海に浮かぶ厳島神社である。小さな厳島にある著名なこの神社では神道の教義上、　生誕や埋葬の儀式を行う事が許されていなかった。厳島は日本三景の一つで、既に六世紀、推古天皇によって建立されたが、現在の建物は１５７０年以降、ほとんどが干渇となる海中にたてられた。満潮のおりにはさながら神社が海に浮かんでいる観がある。この海に浮かぶ鳥居は１８７５年、新しい鳥居と取り替えられた。(Dufey)

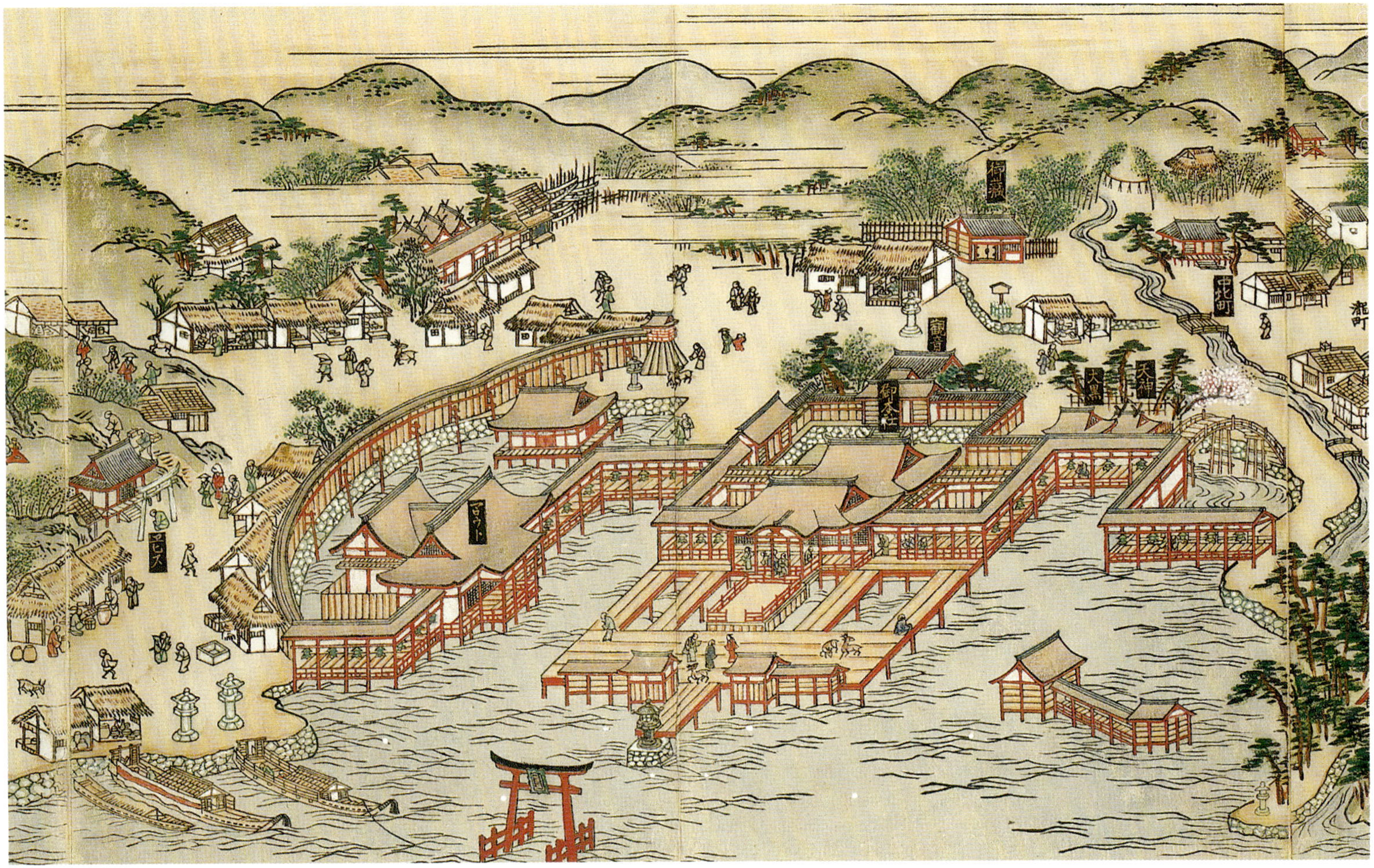

104 Holländische Händler im Tôfu-Laden (Gion, Kyôto)

Gion ist ein beliebtes Vergnügungsviertel, das ursprünglich als Vorstadt für den Yasaka-Schrein angelegt worden war. Es gab hier ständig viele einheimische und auswärtige Besucher. Der Name Nikenchaya kommt daher, daß einst gegenüber dem Torbogen vor dem Yasaka-Schrein "zwei Teehäuser" standen. Die beiden Teehäuser waren berühmt für das Gericht dengaku, gebratenes Tôfu mit Sojabohnenpaste.

Das Bild zeigt einen Holländer im Laden von Nikenchaya. Die holländische Vertretung mit Sitz auf der Insel Deshima bei Nagasaki war die Zweigstelle der Ost-Indischen Kompanie in Japan. Der Direktor dieser holländischen Vertretung begab sich jedes Jahr an Neujahr nach Edo, um dem Shôgun einen Besuch abzustatten. Dabei hat er unterwegs anscheinend meist bei Nikenchaya in Kyôto Halt gemacht. Daß der hier abgebildete Holländer kaum Ähnlichkeiten mit einem wirklichen Holländer des 18. Jahrhunderts hat, ist den heutigen Japanern klar. Seine Kleidermuster und seine Haartracht muten chinesisch an. Daraus läßt sich ein Schluß ziehen auf das Auslandsbild der damaligen Japaner: Ausland bedeutete für viele zunächst einfach China. Man sieht unter den Passanten, die am Teehaus vorbeigehen, Personen aus allen sozialen Schichten, Alte und Junge, Männer und Frauen usw., einen Samurai mit dem großen und dem kleinen Schwert, ein bürgerliches Mädchen mit einem schwarzen Schutzkragen (kakeeri), eine vornehme Dame mit einem seidenen Überwurf. Ist der Herr mit der Hofbeamtenmütze ein Hofadeliger? Dann ist da noch ein Pilger mit einem Hut auf dem Kopf und einem Wanderstock in der Hand und ein Yamabushi-Bergmönch. Das bunte Leben in Gion und die Anziehungskraft dieses dicht bevölkerten Viertels wird hier sehr deutlich geschildert. (Mori)

１０４　行楽（こうらく）

　祇園は八坂神社の門前町で、京の内外の人がもっとも多く集まる遊興の地である。二軒茶屋は、鳥居のある通りをはさんで２軒の茶屋が向かい合っていたことからその名がある。「田楽（でんがく）」という、豆腐に味噌をつけて焼いた料理を出して人気があった。

　図は、二軒茶屋で田楽を食べようとしているオランダ人である。長崎出島のオランダ商館は東インド会社の日本支社で、商館長は、毎年正月に将軍に挨拶するため江戸に赴く。その途中、京を通ると二軒茶屋で休む習わしがあったようだ。そのオランダ人であるが、これが実際の１８世紀のオランダ人の服装とかけはなれていることは、現代の日本人ならば容易に察しがつく。しかし、外国人を目にする機会がほとんどなかった当時の日本人にとって、オランダ人のイメージとはこのようなものであった。衣服の模様や頭部などには中国風が入り込んでおり、外国といえばまず中国であった日本人の意識を推し量ることができる。一方、茶屋の前の通行人の中には、老若男女、あらゆる階層の人物が描き込まれている。大小の刀を差した武士、黒の掛け衿（かけえり）の町家の娘、被衣（きぬかつぎ）をかついだ上流の女性、烏帽子（えぼし）・直衣（のうし）は公家であろうか。笠や杖を持つのは巡礼者、山伏の姿もみえる。さすが祇園の賑わい、雑多な人々の集まる遊興の地の迫力が見事に表現されている。（森）

さくら細工小
陀り
闇の
酔ひの
御豆腐の
やうふか
吉

105 Mahl in einem traditionellen japanischen Restaurant (Atsuta)

Das Bild zeigt ein Bankett in einem feinen, traditionellen japanischen Restaurant in der Vorstadt des Atsuta-Schreins (Nagoya). Der Atsuta-Schrein gilt nach dem Ise-Schrein als der zweitwichtigste Shintô-Schrein Japans. Die Stadt Atsuta ist in der Edo-Zeit reich geworden als eine Poststation an der Ostmeerstraße (Tôkaidô). Heute liegt es dank der Entwässerung und Urbanisierung weit weg vom Strand. Aber in der Edo-Zeit mußte man von hier aus ein Schiff besteigen, um die nächste Poststation Kuwana zu erreichen. Atsuta war also eine Schreinstadt und zugleich eine Poststation mit einem Hafen. Damit erfüllte die Stadt als Vergnügungsort alle Voraussetzungen, um viele Menschen anzuziehen.

Man sieht auf dem Bild nackt tanzende männliche Gäste. Das Bankett scheint in vollem Gange zu sein. Bei den Dienerinnen handelt es sich im wesentlichen um zwei Kategorien. Das sieht man an der Kleidung. Die Frauen der ersten Kategorie sind Geishas, die die Gäste mit Gesang und Tanz unterhalten. Sie sind prächtig gekleidet. Ihre Haare sind mit einem großen Kamm und mit einer Art Haarspange und verschiedenen Haarnadeln geschmückt. Die Frauen der zweiten Kategorie mit einem schwarzen Kragen und einem schlichten Kimono-Muster sind die Dienerinnen, die sich beim Essen und Trinken um die Gäste kümmern. Ihr Haarschmuck besteht lediglich aus einem kleinen Kamm und einer Haarnadel. Der schwarze Kragen wird kakeeri genannt und hat sich damals als typisch bürgerliche Tracht etabliert. Heute sind man ihn kaum noch. Hinter dem Wandschirm setzt eine Frau eine Hofbeamtenmütze auf und bereitet sich zum Tanz. (Mori)

１０５　料亭での宴会

　図は、熱田神宮の門前町にある料亭での宴会の様子である。熱田神宮は日本の神社の中でも伊勢神宮に次ぐ大社とされる。江戸時代、熱田は東海道五十三次の宿場となり栄えた。現在では干拓と都市化のため浜から遠く隔たっているが、江戸時代にはここから船を出し、次の宿場桑名（くわな）へ渡ったのである。つまり熱田は、門前町であり宿場町であり港町であって、多くの人が集まるという遊興地の条件を兼ね備えた場所であったことになる。

　図には、料亭での遊びは描写される。裸で踊っている男性客などもあり、座は相当乱れつつあるようだ。彼らをもてなす女性たちは、大きく分けて２通りあることが服装から分かる。１つは歌舞音曲で客を楽しませる芸者で、華やかな着物を着け、頭髪には大きな櫛とたくさんの笄（こうがい）、簪（かんざし）を挿している。一方、衿（えり）が黒く模様の少ない着物を着た女性たちは、客の飲食の世話をするのである。髪飾りも小さな櫛と簪が１本である。黒い衿は掛け衿（かけえり）と呼ばれる。衿の汚れを防ぐ目的で労働着や日常着に別布の衿を取り付けたのであるが、光沢のある黒生地を用いたためかえって美しく、広く町人の風俗として定着した。江戸時代後期から大正頃まで行われたが、高級感に欠けるせいか、現代はほとんど見られない。画面左寄り下の女性は、衝立（ついたて）の陰で花簪（はなかんざし）に烏帽子（えぼし）を着け、舞を舞う準備をしている。
（森）

地樓上の興

106 Bad in heißen Quellen (Wakayama)

Das Thermalbad ist eine typisch japanische Vergnügungsstätte. Man setzt sich in das heiße Quellwasser, das heilkräftig und gesundheitsfördernd sein soll, trinkt Sake, genießt besondere Gerichte und besichtigt danach die Sehenswürdigkeiten und historischen Stätten in der Nähe. Das ist eine Art der Erholung am Wochenende, wie sie von vielen Japanern praktiziert wird.

Seit alters wurden diese Thermalbäder unter dem Vorwand "Krankheiten zu kurieren" von den oberen Schichten gern besucht. Daß wie heute auch das einfache Volk die heißen Quellen genießen kann, ist eine Entwicklung der Edo-Zeit.

Das Bild zeigt das Thermalbad Ryûjin Onsen in der Provinz Kii (Präfektur Wakayama). Während der Edo-Zeit haben Frauen und Männer in städtischen Badehäusern getrennt gebadet. Aber auf dem Land badeten sie meist zusammen. Wenn man in einem traditionellen Gasthaus mit Thermalbad übernachtet, bekommt man auch heute täglich frische Badetücher und einen frischen yukata (Bade-Kimono). Was die Gäste auf dem Bild tragen sind yukata. Der Vorgänger des yukata hieß yukatabira. Das war ein ungefütterter Kimono aus Leinen. Früher sind die feinen Leute mit diesen yukatabira ins Wasser gegangen. Während der Edo-Zeit wurde daraus der yukata, den man nach dem Bad anzieht. Er ist gewöhnlich aus Baumwolle. Weil der yukata im Vergleich zu den üblichen Kimono leichter anzuziehen und zu waschen ist, wurde er nicht nur als Kleidung nach dem Bad, sondern auch als Nachtgewand, Hauskleid und sogar Festtagskleidung gebraucht. Die Japaner tragen heute nicht mehr sehr häufig Kimono. Aber der yukata ist, auch weil er billig ist, nach wie vor ein überaus beliebtes traditionelles Kleidungsstück. (Mori)

１０６　温泉

　温泉は、日本人の代表的な遊興の場である。病に効く、身体に良いとされる湯につかり、名物料理を味わい、酒を飲み、ついでに付近の名所旧跡を見学して帰途に就く。多くの日本人が経験したことのある週末のレクリエーションである。古代より温泉は病気治療の名目で上流階級の人々に楽しまれてきたが、現代のように広く庶民が親しむようになったのは江戸時代のこととされる。
　図は、紀伊国（和歌山県）の竜神温泉の様子である。竜神温泉は、弘法大師の夢のなかに竜王が現れて、その場所を告げたことによって発見されたと言われる温泉である。江戸時代、都会の風呂屋では男女が別々に入浴したが、このような地方の温泉場では、男女混浴も珍しくはなかった。今でも温泉旅館にいくと新しいタオルと浴衣（ゆかた）が用意されているが、図の下方で温泉客たちが着ているのが浴衣である。浴衣の元祖は「湯帷子（ゆかたびら）」といって、かつては貴人が着用したまま入浴した、麻製の単（ひとえ）の着物である。江戸時代にはこれが湯上がりに着る着物となり、木綿製が一般的となった。普通の着物に比べて着用も洗濯も容易であったため、湯上がりだけでなく、寝間着・室内着、更には祭りの衣装として使用されるようになった。着物離れが進んでいる現代の日本ではあるが、浴衣は、安価なことも加わって、依然として親しまれている伝統衣装である。（森）

入浴の
戯楽番月服

狂哥
山とやら
もぬち
いざとふ
谷の温泉
上がり
ひをのけで
ぬく

吾浦

107 Der Minister Sugawara no Michizane als Gottheit*

　　Die Wundertaten der Shintô-Götter und Buddhas nennt man reiken ("spirituelle Erfahrung"). In die Meisho-zue, in denen Sehenswürdigkeiten und historische Stätten von überall her vorgestellt sind, wurden viele Anekdoten über lokale reiken aufgenommen. Dadurch erfuhren die Leser etwas über das Leben bekannter Persönlichkeiten in der jenseitigen Welt, und über die bedeutungsvolle Geschichte des betreffenden Ortes.

　　Das Bild erzählt die Geschichte des Mönches Dôken. Er war zum Kimpu-Berg in Yoshino in der Provinz Yamato (Präfektur Nara) gekommen und aufgrund der Vorsehung des Boddhisattvas Zao Gongen, der auf diesem Berg am meisten verehrten Gottheit, wurde ihm eine Unterredung mit dem bereits verstorbenen Minister Sugawara no Michizane gewährt. Weil Michizane in der Heian-Zeit als Politiker gegen die Hegemonie der Fujiwara-Familie opponiert hatte, war er verleumdet und nach Kyûshû verbannt worden. Dort starb er als gebrochener Mann. Auf Grund seiner Verbitterung wurde Sugawara no Michizane zu einem unheilbringenden Rachegott. Nachdem der Mönch Dôken von Sugawara no Michizane den wahren Grund erfahren hatte, warum sein Totengeist den Menschen Unglück bringen muß, erbaute er auf dem Kimpu-Berg einen Shintô-Schrein, um Michizanes Seele zu trösten. Dieser Schrein ist der Itokutenjin-Schrein.

　　Im Bild steht Sugawara no Michizane im Gewand eines Shintô-Priesters. Von den beiden in der Luft schwebenden Dämonen stellt die linke Figur (mit dem Windsack) den Windgott dar und die rechte Figur (mit der Trommel) den Donnergott. (Kishi)

１０７　天神

　神や仏の不思議な力の現れを「霊験（れいげん）」と言う。全国各地の名所・旧跡を紹介した「名所図会」には、必然的に、その地にまつわる「霊験」の逸話が数多く採取される。

　図は、大和国（奈良県）吉野の金峯山（きんぷせん）に至った道賢（どうけん）という僧侶が、金峯山の本尊である蔵王権現菩薩（ざおうごんげんぼさつ）の導きによって、すでに他界の存在となっていた菅原道真（すがわらのみちざね）に面会した物語を描いている。菅原道真は、平安時代、藤原氏の権勢に対抗する立場に立ったがゆえに、讒言されて、九州へ流され、失意の内にその地で没した政治家である。彼は、恨みを抱いて神となっており、後世の日本人に「祟り」と呼ばれる災いをもたらす存在となっていた。道賢は、災いをもたらさざるをえない道真の恨みを聞き、金峯山に帰ると、道真を慰める神社を建立した。その神社が威徳天神社（いとくてんじんのやしろ）である。図の左に立つ「衣冠束帯（いかんそくたい）」姿の貴族が菅原道真であり、その周りには、災いを起こす力をもつ異形の鬼神たちが描かれている。また、空に描かれている２人の鬼神は、左が、風の袋をもつ風神（ふうじん）、右が、雷の音を出す太鼓を背負った雷神（らいじん）である。　（岸）

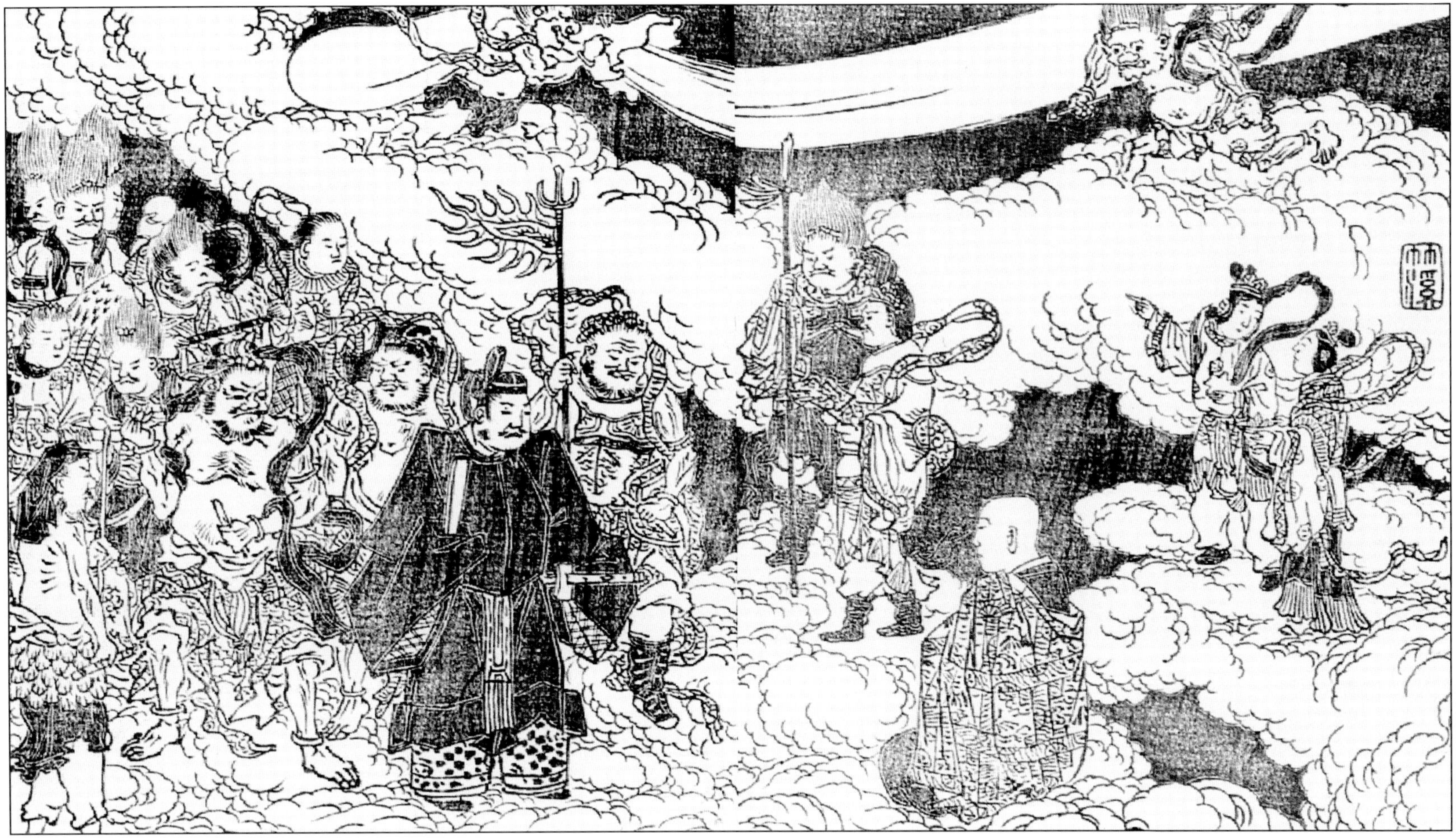

108 Der General Nitta Yoshioki als Gottheit*

    Man glaubte, daß die Seelen der Menschen, die bei ihrem Tod verbittert waren, etwa weil es ein Tod durch Verrat oder feigen Fememord war, nicht erlöst werden können. Sie sollen deshalb vielfachen Fluch über die Menschen bringen. Die Erzählung von Nitta Yoshioki z.B. ist sehr bekannt. Er war aufgrund einer Intrige dazu gezwungen worden, auf der Überfahrt in der Fähre nach Yaguchi (Edo) sich das Leben zu nehmen. Er war der Sohn von Nitta Yoshisada, einem berühmten Feldherrn des 14. Jahrhunderts. Nach dem Tod seines Vaters hatte er in Echigo (Präfektur Niigata) Gleichgesinnte um sich versammelt. Als der Feind davon erfuhr, schickte er mehrmals Truppen, um Nitta Yoshioki zu ermorden, wurde aber jedesmal zurückgeschlagen. Schließlich aber gelang es einem Samurai aus dem gegnerischen Lager, Takezawa, so zu tun, als stünde er auf der Seite von Nitta. Gleichzeitig aber verbündete er sich mit dem Landvogt von Ômi. Gemeinsam ermordeten sie Nitta Yoshioki in der Fähre nach Yaguchi. Jedoch kamen nach und nach, angefangen bei Takezawa und dem Landvogt von Ômi sämtliche gegnerischen Heerführer durch Vergeltungsakte des Rachegeistes von Nitta Yoshioki ums Leben. Zur Besänftigung der Seele des Verstorbenen errichtete schließlich die einheimische Bevölkerung einen Shintô-Schrein. Man verehrt Nitta Yoshioki dort als Nitta Daimyôjin.

    Das Bild zeigt den Rachegeist von Nitta Yoshioki, der sich, in einer roten Ritterrüstung, einen Helm mit einem Drachenkopf auf den Kopf setzt. Er reitet auf einem Schimmel mit Hörnern. Donnergetöse begleitet ihn. Rechts sieht man seinen Mörder, den Landvogt von Ômi, der erschrocken vom Pferd stürzt. (Kishi)

１０８　新田大明神（にっただいみょうじん）

　裏切りや、卑怯な謀（はかりごと）によって、恨みを呑んで死んで行った人たちの霊魂は成仏することができず、さまざまな「祟り」をもたらすと信じられた。例えば、江戸の矢口の渡しにおいて、奸計の故に自害した新田義興（よしおき）の物語はよく知られたものである。彼は、１４世紀の名将の１人と言われた新田義貞（よしさだ）の子であるが、父が戦死した後は、越後国（新潟県）で同志を集めていた。このことを知った敵方は、義興を殺害するべく度々軍隊を差し向けたが、いずれも失敗に終った。敵方の１人竹沢は偽って、義興の味方となり、江戸近江守（おうみのかみ）と共謀して、矢口の渡しにおいて、義興を謀殺した。その後、義興の怨霊（おんりょう）の復讐によって、竹沢と江戸近江守をはじめ、敵方の武将たちは次々と死に追いやられた。その後、土地の人たちは、義興の霊を慰めるために、神社を造り、新田大明神と崇め祀った。

　図は、義興の怨霊が、赤く飾りたてた鎧に、竜の頭のついた兜で身を固め、角の生えた白馬にまたがって、雷鳴とともに出現した場面を描いている。画面右には、義興を謀殺した江戸近江守が、驚いて馬から転落する姿が描かれている。　（岸）

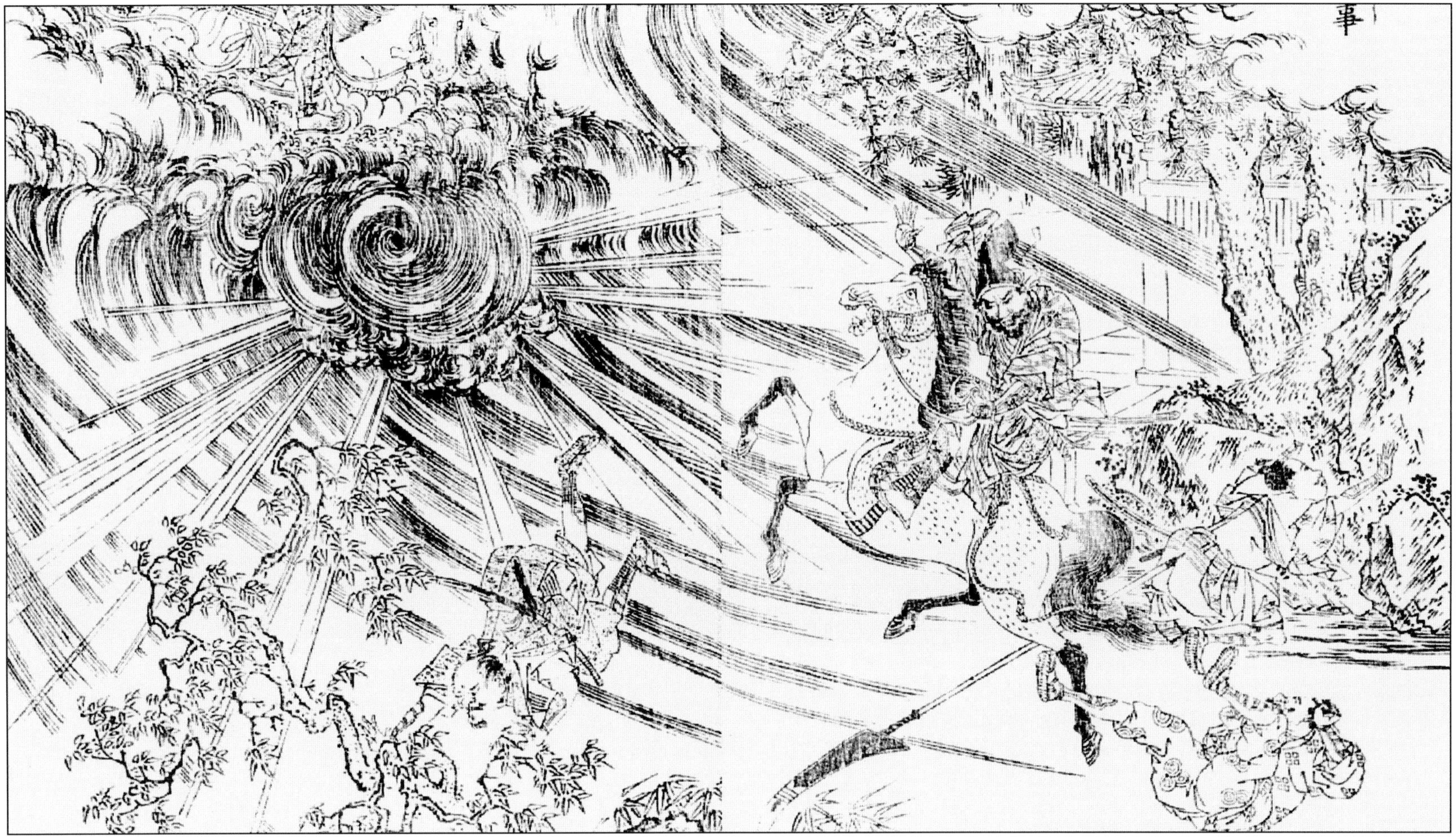
事

109 Orakel mit Hilfe von Gedichten*

Früher erhitzte man Rehgeweihe oder Schildkrötenpanzer und las aus den Rissen das Orakel über Glück oder Unglück ab. Man wandte auch die Astrologie an, die auf den Bewegungen der Sterne beruht. Oder man benützte die Yin-Yang-Methode, eine Wahrsage-Methode, die aus China überliefert worden ist. Es gab auch die Möglichkeit, durch Lieder vorauszusagen, ob in naher Zukunft Gutes oder Böses geschieht. Dies bezeichnete man als uta-ura. Nach der in Ise (Präfektur Mie) noch erhaltenen Überlieferung hingen an einem Bogen eine Menge Papierstreifen mit japanischen Gedichten. Während der Wahrsager die Saite des Bogens anschlug, zog man eines der Papierstücke heraus. Anhand des Gedichtes darauf sagte der Wahrsager Glück oder Unglück voraus. In dem Nô-Gesang Uta-ura, der sich auf eine alte Überlieferung stützt, tritt ein männlicher Wahrsager auf. Er war zu seinen Lebzeiten ein Priester des Ise-Schreins. Plötzlich starb er. Aber nach drei Tagen kehrte er wieder ins Leben zurück. Obwohl er noch jung war, hatte er dabei ganz weiße Haare bekommen. Er zog im Land umher und verkündete tanzend und rezitierend, was er in dieser Zeit zwischen Leben und Tod über die Hölle erfahren hatte. Als nun das Kind Saikikumaru, das auf einer Reise war, um seinen Vater zu finden, am Fuße des Haku-Bergs die Gedicht-Wahrsagung dieses Priesters angehört hatte, fand es seinen Vater wieder. Dieser Nô-Gesang ist wohl eine Ausschmückung der alten Überlieferung aus der Provinz Ise.

Das Bild zeigt, wie der Wahrsager, der mehrere Papierstreifen an seine Bogensehne hängte, den Bittsteller einen Papierstreifen auswählen läßt. (Kishi)

１０９　歌占

　日本の占いには、鹿の骨や亀の甲を焼いてその割れ方によって吉凶を判断する方法があった。また、星の運行に基づく星占いや、中国伝来の陰陽道（おんみょうどう）に基づく方法などが用いられた。また、近い将来、良いことが起こるか、悪いことが起こるかを判断するために、歌によって占う方法もあった。これが「歌占（うたうら）」である。伊勢国（三重県）に残る伝承によれば、弓に歌を書いた短冊をつけ、「巫（みこ）」と呼ばれる占者・予言者が弓の弦（げん）を打ち鳴らしながら、その短冊の１つを取り、短冊に書いてある歌によって、吉凶を占う方法であった。日本の古い伝承に取材した謡曲である『歌占』には、男性の歌占いが登場する。彼は、伊勢の神主の１人であったが、急死して３日目に蘇ったため、若くして白髪となってしまった。諸国を巡って、急死の間に見聞した地獄の有様を舞ながら物語っていた。子どもの幸菊丸（さいきくまる）は、父を捜して旅に出、加賀国（石川県）の白山（はくさん）の麓で、歌占を聞いて、父と再会することになる。この謡曲は伊勢国にあった伝承をもとにして脚色されたものであると考えられる。

　図は、男の歌占いが、弦に短冊をぶらさげた弓を持って、かき鳴らし、占いの依頼者に、短冊を選ばせているところである。（岸）

ゆくほどもなく、村尾の曾家次が宿にそと渡べ一ける
みちのく
箱崎せ一
大敵役
かねハ
長原を
絞田見
法園 一見
てやかて
かくて
秋よ氣
近地らくの
つれねて
月日の
林の
そめるや

110 Kupferstich von Nagasaki

Okada Shuntôsai: Nagasaki maruyama. Kyôto. nach 1856.

   Im letzten Jahrzehnt der Edo-Periode schufen die Kupferstecher Matsuda Ryokuzan und Okada Shuntôsai Miniaturen japanischer Sehenswürdigkeiten nach Vorlagen aus verschiedenen Werken. Das Album erwarb Ph. F. v. Siebold (heute im Staatlichen Museum für Völkerkunde).
   Der aufgelegte Stich zeigt zwei Holländer in Rokokokleidung mit japanischer Gesellschafterin, die auf den Hafen von Nagasaki mit den Niederlassungen und den Schiffen der Chinesen und ihres eigenen Landes hinabblicken. Europäer hiessen in der Edo-Zeit Nanbanjin, Barbaren aus dem Süden, da ihre Schiffe aus dieser Richtung einliefen. (Dufey)

１１０　長崎の銅版画

岡田春燈斎作、長崎丸山、京都１８５６年後。

　江戸時代末の十年に、銅版画家松田緑山と岡田春燈斎は、様々な作品を手本にして日本の名所の細密画を作成した。これはシーボルトが入手した画集である（現在、民族学博物館蔵）。
　ここに展示されている銅版画には、ロココ風の衣装をまとった二人のオランダ人が、日本女性を伴なって、商館のある長崎港とそこに碇泊している中国や自国の船を鳥瞰している様が描かれている。江戸時代にはヨーロッパ人たちは南蛮人と呼ばれていた。これは南方から来た野蛮人を意味するが彼らの船が南の方角からやってきたからである。(Dufey)

肥前　長崎之㕝

イ　唐人荷物蔵
ロ　支那船
ハ　唐人屋舗
ニ　唐人番人
ホ　遠見番人
ヘ　十善寺
ト　御戸町御番所
チ　御蔵
リ　阿蘭陀出嶋舘
ヌ　阿蘭陀船
ル　西泊御番所
ヲ　女神矢火矢堂
ワ　一番石火矢御番所
カ　和蘭新二番同七番
ヨ　和蘭船此所ニ繋リ
タ　荷積スル
レ　長崎大波戸ヨリ一里

此圖方角ハ向ノ
見渡シ申ノ方ナリ

春盤
Chasa

KUWAGETOEROO
fikisaja.

111 Stadtplan von Kyôto

Miyako machi-ezu saiken taisei. Maßstab 1:5000. Kyôto 1831.

Das 794 in Form eines Rechtecks nach dem Vorbild der chinesischen Hauptstadt Chang'an, heute Xi 'an, angelegte Kyôto zählte alsbald 400 000 Einwohner. 1560, also bei Ankunft der Europäer, hatte es die Million überschritten, doch nachdem Edo 1603 zur Hauptstadt erhoben wurde, sank die Einwohnerzshl wieder. Als 1680 Engelbert Kämpfer die damals Miyako genannte Stadt, die Sitz des Kaisers geblieben war, bereisen durfte, zählte sie nur noch 680 000, was von den westlichen Lesern seiner "Geschichte Japans", einschließlich des Herausgebers Scheuchzger, dennoch als dreiste Übertreibung angesehen wurde. Die Karte zeigt Kyôto 1831, als Siebold dort weilte.Die Hauptsehenswürdigkeiten, wie die Paläste des Shôguns und des Kaisers, der Kiyomizu-Tempel, der Ryôan-Tempel usw. sind heute noch ziemlich unverändert zu besichtigen, zumal die Kaiserstadt von den Bombardements des Zweiten Weltkriegs verschont blieb. (Heute ist der Stadtplan im Besitz des Staatlichen Museums für Völkerkunde.) - Lit.: Beans, George H.: A list of japanese maps of the Tokugawa era. Jenkintown 1951. S.35. (Dufey)

１１１　京都市街地図

京町絵図細見大成、１：５０００。京都、１８３１年。

　７９４年中国の首都長安（現在の西安）にならって長方形に設計された京の都は、たちまち人口４０万を数えるに至った。１５６０年、すなわちヨーロッパ人が渡来する頃には、その数１００万を超えていたが、１６０３年に江戸に首都が移されてからは、京の人口は再び減少していた。ドイツ人の医師、エンゲルベルト・ケンパーが１６８０年、依然として天皇の居住地であったため都と呼ばれ続けていた京都の旅行を許されたとき、その人口は６８万人を数えるにすぎなかった、とされている。しかし彼の日本史を呼んだ西洋の人々は、偏執者のショイツガーを含め、この数には随分誇り張があるとみなしている。この町絵図に見られるのは、シーボルトがそこに滞在した１８３１年当時の京都である。御所、二条城、清水寺竜安寺等の主たる名所は、今日でも当時とほとんど変わらぬ姿で見ることができる。それはこの都が第二次世界大戦の爆撃を免れたからである。（現在、民族学博物館蔵）。(Dufey)

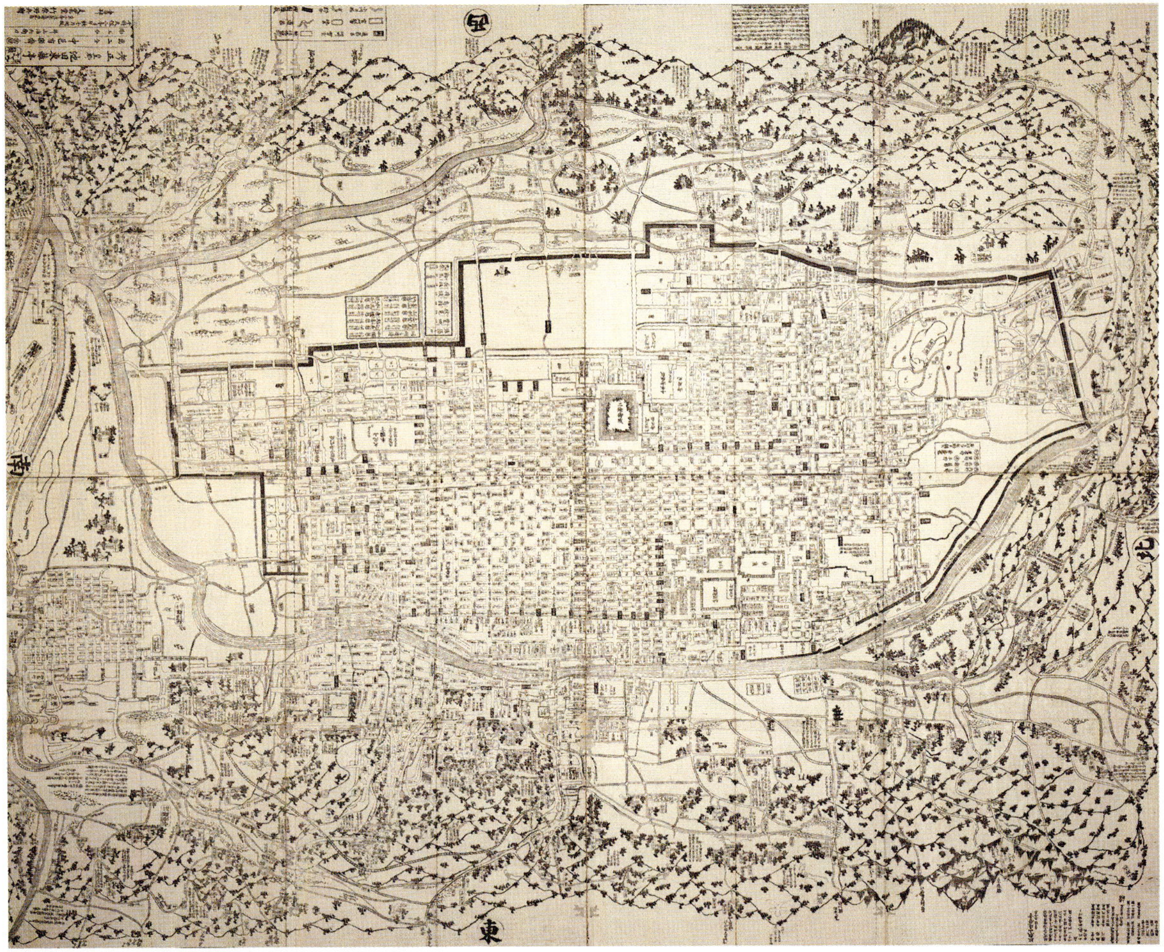
西
南
北
東

112 Erster Stadtatlas von Tôkyô

Holzschnitte handkoloriert.; 1680, Maßstab 1:3000.

 Edo, jap." Flußtor", oder ainu "Altwasser", war zunächst nur ein Fischerdorf, wuchs aber, nachdem es 1603 Sitz des Shogunats geworden war, sehr schnell und umfaßte um 1680 schon fast 70 qkm, da die Regionalfürsten nunmehr verpflichtet waren, jedes zweite Jahr beim Shôgun mit Gefolge in Edo zu verbringen und dort in großen Residenzen ihre Familien als Geiseln wohnen zu lassen. Die Fürstenresidenzen sind auf den Karten mit ihren Wappen (mon) gekennzeichnet. Der Atlas ist der älteste von Tôkyô und wohl nach einem Atlas von Japan aus dem Jahre 1666 der zweitälteste japanische Atlas. Nach dem Titel will er "leicht überschaubar" sein, was dem mutmaßlichen Hauptzweck entgegenkommt, den Besuchern und Lieferanten der Residenzen dienlich zu sein. Darum zeigt die Beschriftung der Anwesen stets auf die Eingangstore mit den Wappen.- Als der Atlas erschien, wohnte auch der berühmte Haiku-Poet Basho in Edo. Die japanischen Forscher Kira und Takahashi fanden seinen Wohnsitz mit Hilfe dieses Kartenwerkes im hier aufgeschlagenen Stadtteil Fukagawa heraus. - Lit.: Wattenberg, Ulrich, Maps and map collections in Japan, in: Japanese Studies, British Library, Occasional papers 11, London 1990, S.53ff. - Matsuo Bashô, Tôkyô 1990, Abb. S.23. (Dufey)

１１２　最古の江戸町内地図帳

　江戸方角安見図。江戸、延宝八年（１６８０）、二巻４５、４１枚、３３：２３cm、木版刷り、筆彩、平均縮尺　１：３０００、羅針盤地図。

　江戸（日本語で河口、恐らくアイヌ語の旧河床から派生した語）は初め　単なる一魚村で、１６０３年に将軍の居住地になってから急激に発展し、１６８０年頃にはその面積が既に約７０平方Kmに及んでいた。これは一つに、地方の大名たちが一年おきに参勤交代のために自分の家来を引き連れて将軍のいる江戸に向かい、その間彼らの家族たちは一種の人質として江戸屋敷で暮らさなければならなかったことによる。
　ここでは大名の屋敷が各々の家紋で記されている。これは現存する最古の江戸町内地図で、１６６６年に発行された最古の日本地図帳に次ぐものである。見出しにより誰にも分かりやすく使えるように出来ており、江戸を訪れる人や大名屋敷に出入りする商人に便利であった。各々の大名屋敷の名称は家紋のある入り口の門につけられているこの地図が発行された当時、かの有名な俳人芭蕉も江戸に住んでいた。日本の二人の学者がこの地図の一角、ここに展示されている深川に芭蕉の住居を見つけている。(Dufey)

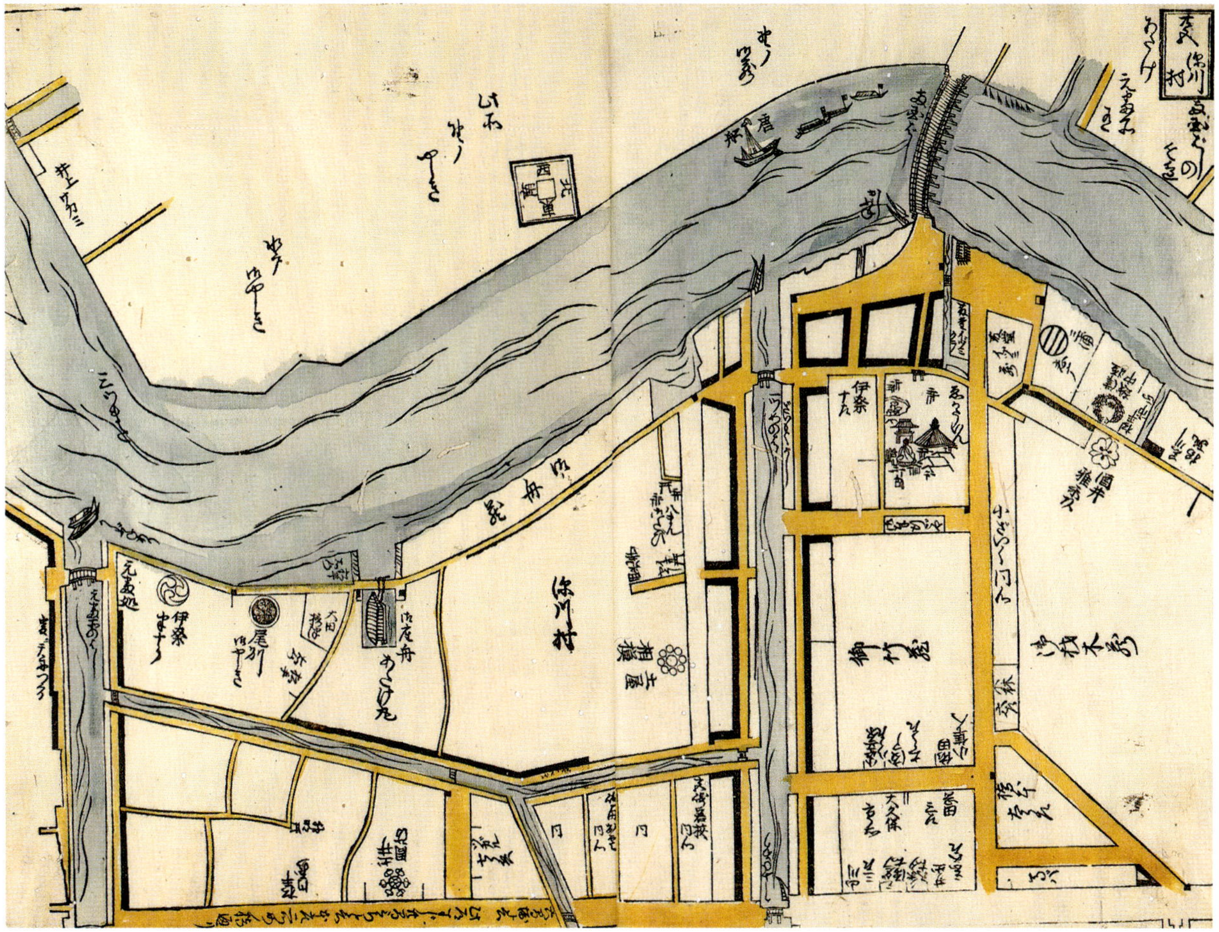

113 Nihombashi (Tôkyô) - Ausgangspunkt der Landesstraßen

Die Tokugawa-Regierung ließ zur Festigung ihrer Herrschaft im ganzen Land Hauptstraßen ausbauen. Die Hauptstraßen wurden gokaidô ("Die fünf Straßen") genannt und begannen alle in Edo. Die Tôkaidô ("Ostmeerstraße") führte nach Kyôto, wo der Kaiser residierte, die Nakasendô ("Gebirgsstraße") zog sich durch die Japanischen Alpen und mündete bei Kyôto in die Tôkaidô ein. Die Kôshûdô berührte Kôfû (Präfektur Yamanashi), das eine der Verteidigungsbasen von Edo war. Die Nikkôdô führte nach Nikkô zum Tôshô-Schrein, dem heiligen Ort, an dem Tokugawa Ieyasu bestattet ist. Die Ôshûdô schließlich führte nach Shirakawa, das eine Basis für die Herrschaft über Japans Norden war.

Die Abbildung zeigt Nihombashi in Edo, wo der Anfangspunkt der gokaidô war. Entlang der Straßen hatte man, bei Nihombashi beginnend, alle 4 km (1 ri) Wegmarken gesetzt und in passenden Abständen Poststationen mit Herbergen eingerichtet. Entlang der Tôkaidô-Straße z.B. gab es 53 dieser Stationen, die durch Hiroshiges Holzschnittserie "Die 53 Stationen der Tôkaidô-Straße" sehr bekannt sind. Auf der Abbildung ist das lebhafte Neujahrstreiben bei Nihombashi zu beobachten. Verschiedene Händler eröffneten dort Läden. Der Stadtteil entwickelte sich zum Vergnügungsviertel. Gewöhnlich waren da viele Menschen unterwegs. Wie man sieht, wimmelte es an Neujahr besonders von Menschen. Sie machen gegenseitig Neujahrsbesuche oder pilgern zum Schrein. Weil bei Nihombashi viele Menschen zusammenkamen, war an der Südseite der Brücke ein Anschlagplatz (kôsatsuba) eingerichtet worden, an dem Anordnungen der Regierung ausgehängt wurden. (Kurumizawa)

１１３　街道の起点

　徳川幕府は、全国の支配体制を固めるに当たって、主要な道路の整備を行なった。主要な道路は「五街道（ごかいどう）」と呼ばれ、すべて江戸を起点としていた。「東海道」は天皇のいる京都に通じ、「中山道（なかせんどう）」は中部山岳地帯を経て京都の近くで東海道に合流し、「甲州道中」は江戸防衛の拠点のひとつであった甲府（山梨県）に通じていた。また、「日光道中」は徳川家康の遺体を葬った聖地である日光東照宮に、そして、奥州道中は北部日本支配のための拠点である白河に通じていた。

　五街道の起点となったのは江戸の日本橋である。街道筋には、この日本橋を起点として、１里（およそ４キロ）ごとに一里塚が築かれ、また、休泊施設としての宿場も適当な間隔で配置された。例えば、東海道には５３の宿場が設けられ、これらは、広重の浮世絵版画『東海道五十三次』でよく知られている。

　図は、その日本橋界隈の正月の賑わいを描いたものである。ここは交通の要所である。多様な商人が店を構え、盛り場として発展し、普段から人通りは多かったが、正月というので、年始・初詣等の人で特にごった返している様子が見て取れる。人が多数集まる場所だということで、橋の南側には幕府の命令が掲示される「高札場（こうさつば）」が設けられていた。　（胡桃沢）

初春路上圖

芳雲集
　　　高民沢
くろきゆふ
　　　世に住民の
いく千町
餝八重の
　　　杉そそる
門
　　　　實陵五

香龍闕下大橋
限、回望雲間佳
氣來萬戶陽春
治雨深千門半
鳥池搖江閣上
苑花紅壁郎邊
多少外儀題柱
察六合應有賊
都才
　　　服元喬

114 Andô Hiroshiges 53 Stationen der Ostmeerstraße

Tôkaidô Gojûsantsugi meisho-zue, 1855-58. 21. u. 22. Station: Mariko u. Okabe.

 Hiroshige hat sich wie auch Hokusai die Holzschnittdarstellung der zweiwöchigen idyllischen Reise auf der Ostmeerstrasse nicht entgehen lassen. Die berühmte Strecke, die heute der Hochgeschwindigkeitszug Shinkansen in drei Stunden durcheilt, führte durch ein Gebiet von 15 alten Provinzen auf der Hauptinsel Hondo vom heutigen Tôkyô his zum Biwasee bei Kyôto. An vielen Stationen gab es gastronomische Leckerbissen, so daß der Kenner die Namen der regionalen Spezialitäten anstelle der Ortsnamen herunterzusagen wußte. Aufgeschlagen sind die Stationen Mariko, wo den Reisenden mit einer Suppe aus Süßkartoffeln und Tang (Tororojiru) aufgewartet wurde, sowie der Tsuta-Pfad bei Okabe mit Blick auf den Berg Utsu. - Lit.: Katsushika Hokusai. 53 Stationen der Tokaido. Ausstellungskatalog Galerie Sorko. Nürnberg 1978. - Yoneda, Shigeko und Lutz Walter, Andô Hiroshige. Germering 1981. (Dufey)

１１４　安藤広重筆、東海道五十三次名所図絵

二十一及び二十二番宿場、鞠子宿と岡部宿。

　広重は北斎と同様、のどかな二週間の東海道の旅を木版画として残すことを忘れなかった。東海道は本州にあって、昔の十五地方を貫く今の東京から京都の近くの琵琶湖までの街道で、現在高速の新幹線で約三時間で通過する行程である。東海道の宿場にはそれぞれの地方の美味しい名物料理があり、食通は宿場の名称のかわりに、お国自慢の料理の名前を挙げることもあった。ここでは鞠子宿とそこで旅人に出されるところ汁と山芋と海苔を使ったスープと宇津の山を見晴らす岡部宿付近の蔦の山路が見える。
(Dufey)

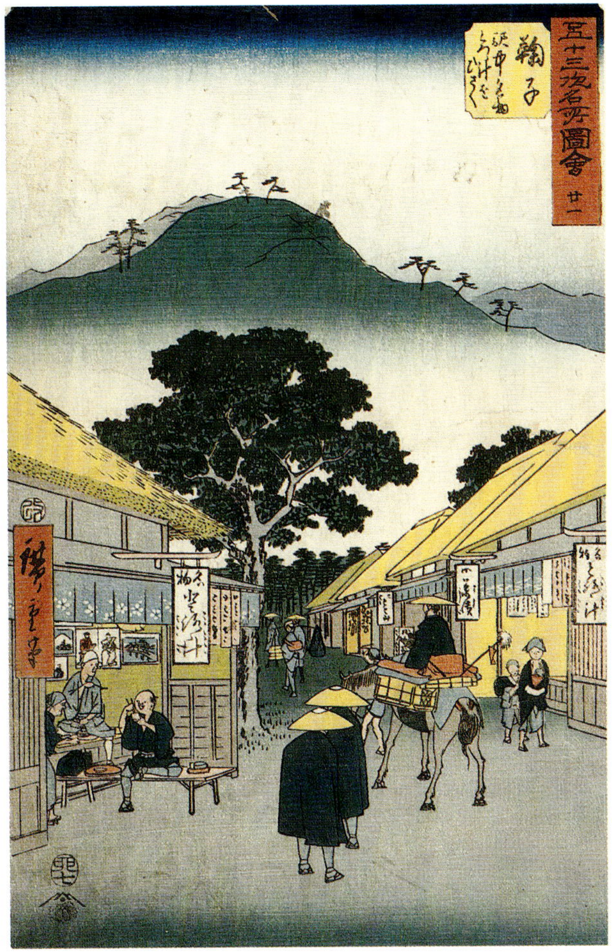
五十三次名所圖會 廿一
鞠子

115 Andô Hiroshiges 53 Stationen der Ostmeerstraße

Die 5o. Station der Ostmeerstraße: Tsuchiyama im Frühlingsregen. Gr. Farbholzschnitt. Nach 1834. Sammlung Lieselotte Kraft.

 Die fünfzigste der dreiundfünzig Stationen der Ostmeerstrasse. Die Spitze eines Daimyô-Zuges überquert eine Brücke über Stromschnellen und erreicht die ersten Häuser. Kleinere Reisegruppen hatten sich hier vor den als Teufel kostümierten Straßenräubern dieser Gegend zu fürchten. - Lit.: Binyon, Laurence, A catalogue of Japanese and Chinese woodcuts... London 1916. S.389. (Dufey)

１１５　安藤広繁重東海道、五十三次、名所図絵

五十番宿場、土山、春の雨、１８３４年以降、彩色大判木版画、リセロッテ　クラフト女史蔵。

　東海道五十三次の五十番宿場、土山宿。大名行列の先頭が急流に架かった橋を超えて樹木に囲まれた最初の人家に行き着いた場面。この辺りでは小グループの旅人たちは、鬼を装った追い剥ぎに襲われるかもしれないとおびえざるを得なかった。(Dufey)

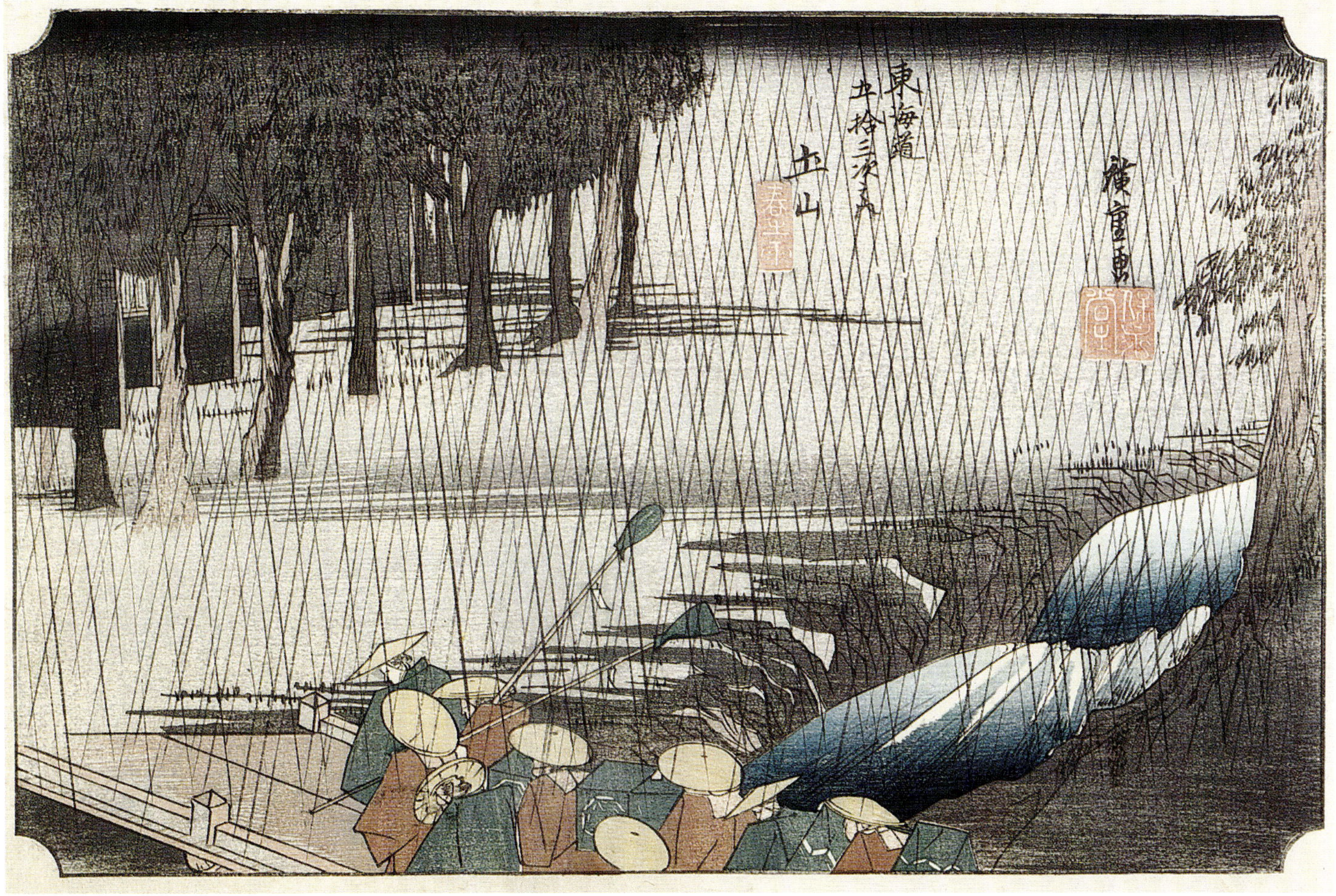
東海道
五拾三次之内
土山
春之雨
廣重画

116 Andô Hiroshiges 53 Stationen der Ostmeerstraße

Die 6.Station der Ostmeerstrasse: Totsuka. Mit Blick auf den Fuji. Sammlung Lieselotte Kraft.

  Bei Totsuka, 40 km von Edo entfernt, wurde meist zum ersten Mal übernachtet. Bei dem Orte hat Hiroshige in einer überaus reizvollen Komposition das Aussetzen der Reisschößlinge auf den Terrassenfeldern an der Ostmeerstraße gemalt, wo auch Reisende unter einem Schutzdach den Fujiyama im Hintergrund betrachten. (Dufey)

１１６　安藤広重、東海道五十三次

六番宿場、戸塚宿、山より富士眺望、　リセロッテクラフト女史蔵。

　江戸から４０キロメートルほどの距離にある戸塚付近は、たいてい江戸を出て第一夜の宿白地と成った。広重が極めて魅力的な構図で、東海道のみえる段々畑の田植えの様を、その下で軒下の旅人たちが背景の富士山を眺める様を描いたのはこの付近である。(Dufey)

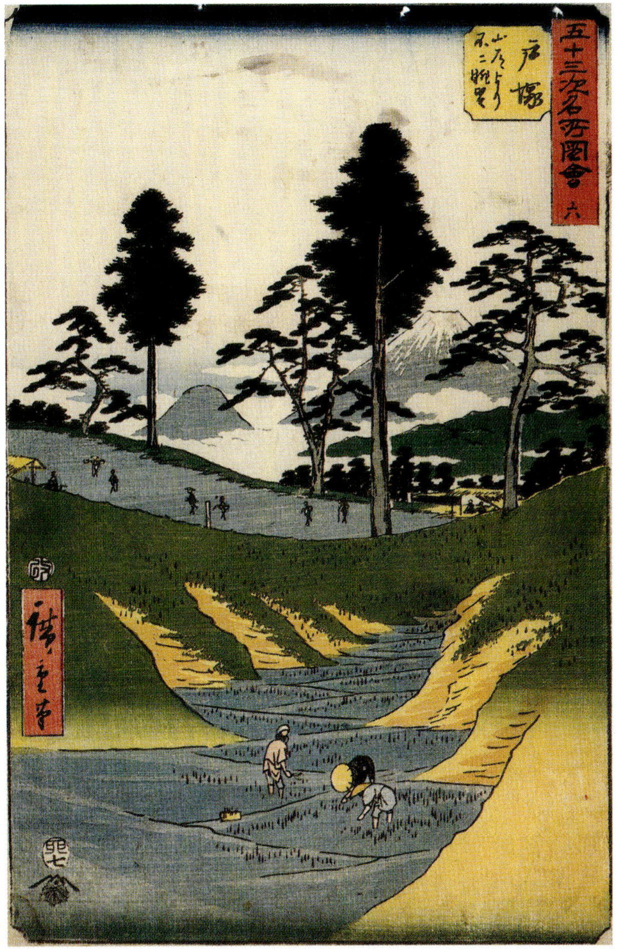
五十三次名所圖會 六
戸塚
山道より不二眺望
廣重筆

117 Andô Hiroshiges 53 Stationen der Ostmeerstraße

Die 38. Station der Ostmeerstrasse: Fujikawa. Sammlung Lieselotte Kraft.

 Hiroshige zieht es vor, die Schnee-Idylle des Dorfes Yamanaka (wörtlich: "Inmitten des Gebirges") nahe einer Ostmeerstraßen-Station zu zeigen. Die ärmeren Fußwanderer sind in Umhänge aus Binsen oder Stroh gehüllt. (Dufey)

１１７　安藤広重、東海道五十差n三次

三十八番宿場、藤川宿。リセロッテ　クラフト女史蔵

　広重はこの宿場付近の山壊にある山中村の雪景色を好んで描いている。ここではあまり裕福でない徒歩の旅人たちは藺草か藁で編んだ蓑をまとっている。(Dufey)

五十三次名所圖會 卅八 藤川 山中乃里 名宝猿山
廣重

118 Streit der Pferdetreiber

In Japan gab es das Verkehrsmittel Pferdekutsche lange Zeit nicht. Die Reisenden auf den Straßen der Edo-Zeit waren im Prinzip alle Fußgänger. Reiche, Alte oder Erschöpfte stiegen in eine Sänfte oder auf ein Pferd, das von einem Pferdetreiber geführt wurde. Ihre Tätigkeiten waren vielfältig. Sie führten die Reittiere über Straßen wie Tôkaidô und Nakasendô oder sie begleiteten die Lasttiere beim Transport der Waren. Bei den Reittieren führte ein Treiber ein Pferd, für den Materialtransport galt, daß um die Effizienz zu erhöhen, mehrere Pferde hintereinander hergingen.

Die Abbildung zeigt eine Station an der Ostmeerstraße. Es ist ein Streit unter Pferdetreibern ausgebrochen, weil einer ein wichtiges Pferd zurücklassen wollte. Gleichzeitig sind Menschen dargestellt, die sich einmischen, um den Streit zu schlichten, oder die ihn aus der Ferne im Vorbeigehen betrachten. In der Muromachi-Zeit waren die Pferdetreiber oft Anführer von Aufständen und traditionell von wildem Temperament. Aber in der Edo-Zeit unterlagen sie staatlicher Kontrolle und erhielten eine sehr wichtige Funktion bei der Beförderung von Personen, Waren und Nachrichten. Aber es sind auch welche abgebildet, die vor oder nach dem Besuch einer Spielhölle in einen internen Streit verwickelt sind. Es läßt sich wohl sagen, daß diese Illustration die Lage der Pferdetreiber symbolisch darstellt. (Kurumizawa)

１１８　馬士（うまかた）

　日本には、馬車という交通機関がほとんどなかった。街道を旅する人たちは、徒歩が原則であり、裕福な者や年寄りや疲れた者は、駕籠に乗り、あるいは馬子の曳く馬に乗った。馬を使って人を運ぶことを業とする者を「馬士（うまかた）」「馬子（まご）」あるいは「馬追（うまおい）」などと言う。彼らの活動の場は広く、東海道・中山道などの街道で旅人の乗用馬を引く者から、もっぱら物資輸送に従う者まで、多様な形態が存在した。旅人の乗る馬の場合、馬士１人が１頭を引いたが、物資を輸送する場合は、輸送効率を高めるために、１度に数頭を追うこともあった。

　図は、東海道の宿場の一場面である。馬士同志が肝心の馬をほったらかしにして争いを起こしており、止めに入る者、遠巻きに眺めながら通る者も、あわせて描かれている。彼らは、室町時代には一揆の主導者となるなど、伝統的に気性が荒かった。しかし江戸時代には、幕府の統制下に置かれ、人間と物資と情報の流通にきわめて重要な役割を果たした。もっとも、時として、縄張りをめぐって同業者間で争ったり、賭場に出入りして揉め事を起こしたりする者もあった。この挿絵は、そんな彼らの生態を象徴的に描いたものといってよいだろう。

（胡桃沢）

　　　　　　　　　　　　　　はじめ
　　　　　　　　　　　　　　馬士の桃合ふる
　　　　　　　　　　　　　寄ぶ気くらべするかな
　　　　　　　　　　　　　気能ならん僥の降
　　　　　　　　　　　眠つころも　ろと馬つこれ社
　　　　　　　　　スミノ
　　　　　　　蕉翁の
　　　　　かくの細道ふ
　　　　　ご家ずて月日百代の
　　　　ふるほまゝ
　とうえて　藤人さ身の上か
花と　生涯とうく
ひうふろ　馬の口
あうて
旅あつて
旅を栖らむ
ゆるをれとも
あれとの
時次
のろ
あろ
うし

維恵筆

119 Zerbrochene Sänfte

Skizzenheft mit farbigen Cartoons im Stile Hokusais. Frühes 19. Jh. Staatliches Museum für Völkerkunde.

In den Zeichnungen wird mitunter auf den Namen des Karikaturistenvereins Tobagashukai angespielt, dem der nicht genannte Zeichner komischer Alltagsszenen wohl angehört hat. Den Abt Toba Sôjô (1053-1140) betrachteten die altjapanischen Karikaturisten wegen seiner grotesken Tiermalereien als Ahnherren. - Auf der Ostmeerstraße konnten einem Mißgeschicke wie dem um Fassung ringenden Samurai widerfahren, der sich unvermittelt rücklings auf den Resten der Sänfte findet. Da von der Bakufu-Behörde keine Fahrzeuge mit Rädern zugelassen waren, gab es viele Sänften unterschiedlichen Wartungszustands, wobei die frühen Fahrverbote noch nicht umweltpolitisch motiviert waren. (Dufey)

１１９　壊れた駕籠

画家不詳、北斎風彩色漫画写生帳、十九世紀初期。民族学博物館蔵。

　この素描集の中には、鳥羽画集会なる戯画作者の会の名がほのめかされているが、日常の滑稽な場面を描いたこの匿名画家は、恐らくその会に属したのだろう。鳥羽僧正（１０５３－１１４０）は、その鳥獣戯画のゆえに、戯画作者たちから彼らの祖とみなされていたのである。一東海道の道中では、突然抜け落ちた駕籠底の上に仰向けに取り残されて泡を食っている侍のように、そんあ不運に見舞われるこ	ともあった。車輪付きの乗り物は幕府から許可されていなかったので、たくさんの駕籠があったが、その整備の状態はまちまちであった。なお、昔の走行禁止令は、まだ環境政策上の理由によるものではなかった。(Dufey)

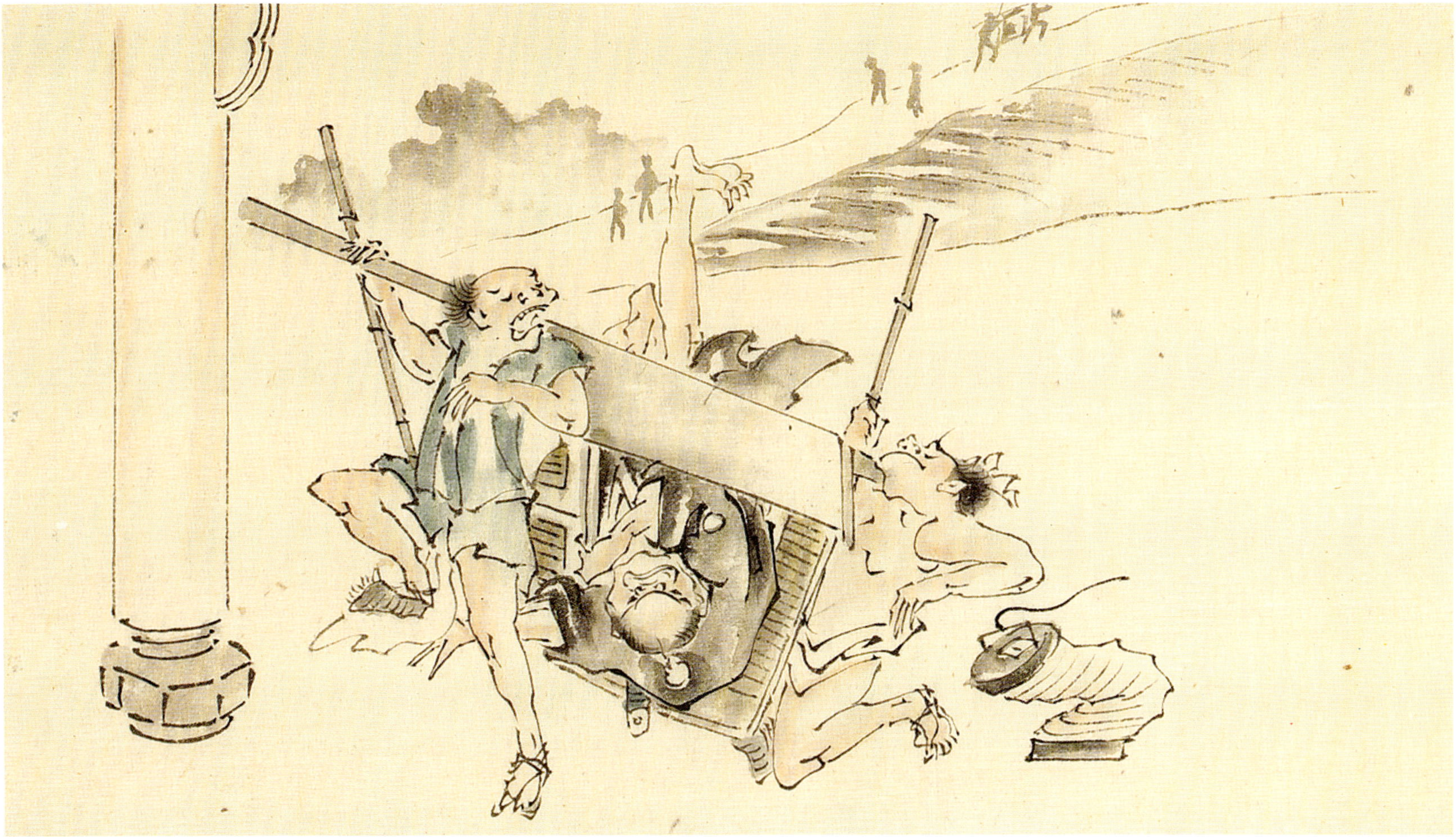

120 Planiglobium (Weltkarte)

Bankoku sôzu. Kyoto. 1671. Ein handkolorierter Holzschnitt.

  Mit Matteo Ricci konnten die Jesuitenmissionare 1601 durch beeindruckende Demonstrationen von Räderuhren und vor allem wegen der die Chinesen erstaunenden Weltkarte, die das Reich der Mitte nicht ins eigentliche Zentrum gesetzt hatte, endlich i n der Hauptstadt Peking Fuß fassen.1602 entstand dann dort ein Nachdruck der Karte, der aus sechs parallelen Holzschnitten bestand und zwar nicht in China aber in Japan noch auf Hängerollen oder Stellschirmen montiert in Sendai und Kyôto erhalten ist.Bilder von Paaren verschiedener Nationen wurden erstmals von dem Holländer Jocodus Hondius mit Karten kombiniert. Erhalten ist ein StelIschirm in Kobe aus dem Jahre 1645, dessen Gegenstück die 40 Völkerschaften zeigte. Darauf basieren wiederum Drucke in verkleinertem Maßtab wie der hier aufgelegte dritte Nachdruck. Er ist nicht weniger selten als seine beiden Vorgänger und kam wohl als Dankgeschenk von Missionaren nach München. - Lit.: Japan und Europa 1543-1929. Berlin 1993. S.228ff und 331. (Dufey)

１２０　世界地図

万国総図、彩色木版、京都　１６７１。

　マッテオ　リッチが中国人に歯車仕掛けの時計や、殊に中国を中心を置いていない世界地図を印象的に披露する事によって、イエズス会はようやく北京に地歩を固める事ができた。この世界地図の複製が１６０２年に北京で六牧続きの木版刷りとして発酵されたが、いまは中国にはなく、日本の仙台や京都に掛軸や屏風に取り付けられた形で残っている。
各国人男女図はオランダ人ヨコドゥス　ホンティウスが初めて世界地図と組合せたもの。神戸に現存する１６４５年の屏風に張られた世界地図の対面には４０種族の男女が描出されている。それを原版トして縮小された第三の複製がここに展示されている。これは第一と第二の複製版と同様に極めて稀なものであり、宣教師のお礼の進物としてミュンヘンに届いたものと推測される。(Dufey)

萬國總圖

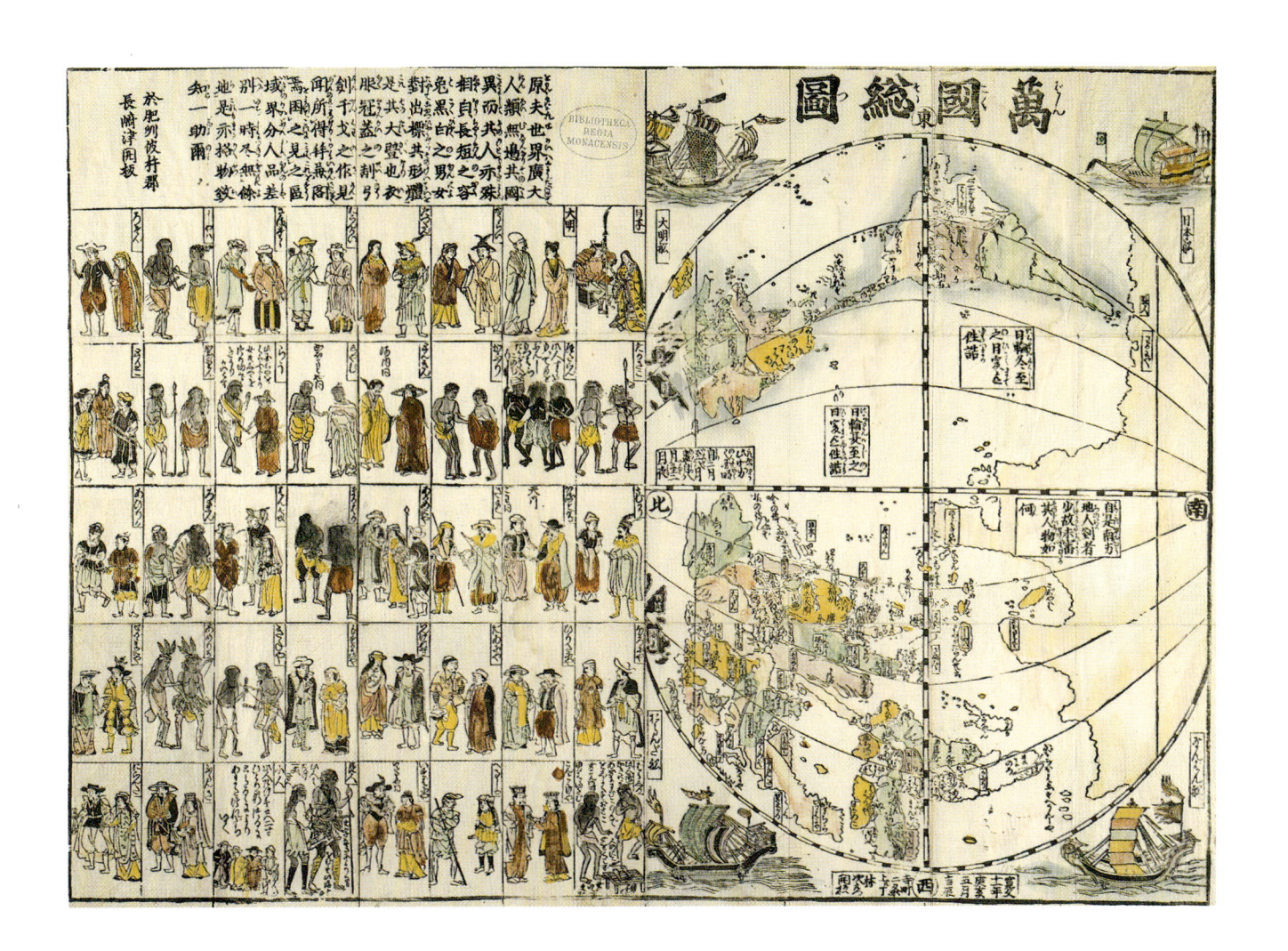

原夫世界廣大人類無過其國異而其人殊相貌自異長短之形黒白之色冠蓋之作衣服共別剪戈之製鬼形之容千差萬別所得科斗之文字創出域界分之圖區為蔦聞所見地別一時不可不無無除致物地亦知一助爾

於肥前佐杵郡
長崎浮月板

121 Seewege

Die Edo-Regierung verwendete viel Energie auf den Ausbau der Seewege. Während der Zeit der Landesabschließung waren die Wege nach Übersee zwar abgeschnitten, aber die Westroute, auf der Waren von der Westküste - an Shimonoseki vorbei - durch die Inlandsee nach Ôsaka transportiert wurden, und die Ostroute, auf der Waren von der Westküste durch die Tsugaru-Straße nach Edo gebracht wurden, entwickelten sich gut. Insbesondere auf der Südroute, die Edo und Ôsaka miteinander verband, wurden große Mengen von Waren transportiert. Ôsaka wurde die "Küche des Reiches" genannt. Konsumgüter aus dem ganzen Land wurden nach Ôsaka transportiert. Auch der Schiffsbau stand hier in Blüte.

Dargestellt ist der Stapellauf von einer Werft bei Terashima in Ôsaka. Terashima, damals eine Insel im Delta der Ôsaka-Bucht, liegt heute auf dem Festland. In der Bilderläuterung heißt es, der Bau des Schiffs hätte mehrere tausend ryô gekostet, und um freie Fahrt des Schiffs und Gewinn zu sichern, habe man für die Stapellauf-Zeremonie Körper und Geist gereinigt, den für die Sicherheit auf See zuständigen Gott des Sumiyoshi-Großschreins angerufen und gemeinsam mit den Familien Reiswein geopfert. Am Bug des neuen Schiffes legen einige Schiffsschreiner letzte Hand an, und in der Mitte des Schiffes hat sich eine große Zahl von Leuten versammelt, die Reisklöße werfen. An dem "rhombenförmigen Muster" an der Längsseite des Schiffes erkennt man, daß es sich um ein hishigaki kaisen handelt. In der Mitte der Edo-Zeit verkehrten davon etwa 160. Mit ihnen standen die etwa 100 schnelleren taru kaisen ("Fässer-Schiffe") im Wettstreit um die Vorherrschaft im Seeverkehr. (Kurumizawa)

１２１　海の道

　江戸幕府は、海上交通路の整備にも力を入れた。鎖国体制で、遠洋航路は遮断されていたが、沿岸航路については、日本海側の物資を下関・瀬戸内海を通って大坂へ運ぶ西廻り航路と、同じく日本海側の物資を津軽海峡を通って江戸に運ぶ東廻り航路とが開発された。特に大坂と江戸とを結ぶ南海路には、大量の物資が輸送された。大坂は「天下の台所」と呼ばれ、全国から様々な生活用品が集積される土地であると同時に、造船所の経営が盛んな土地でもあった。

　図は、大坂の寺島の造船所での「船下し（進水式）」を描いたものである。寺島は今は陸続きとなっているが、かつては大坂湾デルタ地帯のひとつの島で、船大工が多く住む造船地であった。大船を造るには数千両費やし、海上を自由に乗り回して利益を得ようとするので、進水式にあたっては心身を清めて、海の守護神である住吉大社の神を招き、親族が寄り合って酒を供え、祝いの儀式を行なうとある。進水を控え、船の前方部では船大工達が最後の調整をする一方で、中央部では餅まきが行われて多数の人が群がっている。この船は舷側に菱形模様の細工が見えるところから、「菱垣廻船」と呼ばれる船の種類であることが分かる。この種の船はいささか船足が遅いが、江戸中期には、１６０隻ばかり就航していた。それに対して、船足の速い「樽廻船」はおよそ100隻ばかり就航し、海上交通の覇を競っていた。　（胡桃沢）

新伊
勢物
語船
卸

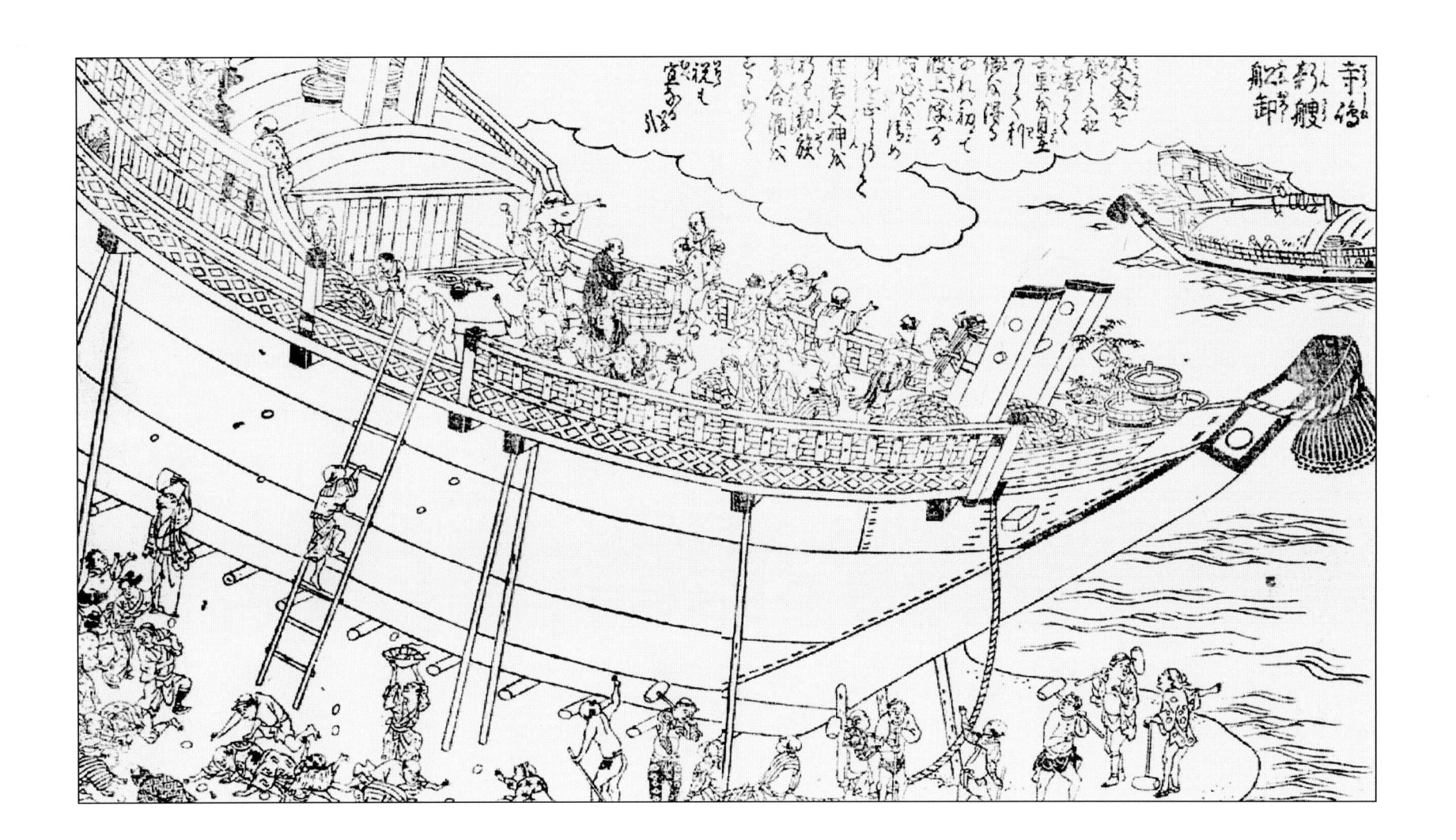

大太皷を
どろく〳〵
うちならす
これも大神の
めぐみ也
うかうか
うかりて
初おろし
浮かれ浮かれて
うかうか
それ〳〵
鳶の者共
任せ大神酒
も合酒
親類
祝義も
沈も宜き有様

122 Verkehr mit China

In Japan bildete sich zwischen dem 3. und 5. Jahrhundert ein Staat mit einer Zentralregierung. Besonders im 5. Jahrhundert vollzog sich die Einigung schnell. Dabei spielten Personen vom überseeischen Festland eine wichtige Rolle. Der Überlieferung nach brachte Wani, der von der koreanischen Halbinsel kam, den Konfuzianismus nach Japan, und ein Nachkomme des ersten Ch'in-Kaisers, Yusagi no kimi, führte die Webkunst ein. Auch der Buddhismus wurde vom Kontinent nach Japan gebracht. Nach offiziellen Chroniken schickte der König von Kudara (Südwest-Korea) zum ersten Mal Mitte des 6. Jahrhunderts dem japanischen Kaiser Buddhabilder und Sutren. Im 7. Jahrhundert sandten der Kaiser und die mächtigen Familien Gesandschaften ins Sui- und ins T'ang-Reich und orientierten sich am Vorbild der progressiven chinesischen Kultur. Als Folge davon fand in der Nara-Zeit (8. Jh.) der japanische Staat des Altertums auf der Basis des chinesischen Gesetzessystems und der buddhistischen Kultur seine endgültige Form.

Auf der Abbildung ist dargestellt, wie der Mönch Ganjin im Jahr 753 bei seinem fünften Versuch (nach vier Schiffbrüchen) auf Einladung des Kaisers nach Japan kommt. Ganjin steht am Bug des Schiffs und gibt gerade dem Drachengott einen Teil von Buddhas Asche als Opfer, um die stürmische See zu beruhigen. Der Seeweg von China nach Japan ist etwa 900 Kilometer lang, und die Reise dauert bei günstigem Wind vier bis fünf Tage. Aber es kam häufig vor, daß die Schiffe bei Sturm in Seenot gerieten. (Konta)

１２２　中国との交流

　日本において統一国家が形成されたのは３〜５世紀であるが、とくに５世紀に急速に統一事業が進展した。この事業に大きな役割を果たしたのが、大陸からの渡来人たちである。朝鮮半島から来た王仁（わに）は日本に儒学を伝え、中国の秦の始皇帝の子孫である弓月君（ゆづきのきみ）は機織（はたおり）の技術を伝えたという伝承がある。日本に仏教をもたらしたのも渡来者たちであるが、公式の記録では、６世紀の中ごろに、朝鮮半島の百済の国王が日本の天皇に仏像と経典を贈ったのが最初とされている。一方、７世紀になると、日本の天皇・豪族は遣隋使、ついで遣唐使を派遣して、中国文化を積極的に導入しようとした。その結果、８世紀の奈良時代になると、中国の律令制度と仏教文化を基礎にして、古代国家が完成されることとなった。

図は、奈良時代に、天皇の招きによって日本に渡ろうとした鑑真和上（がんじんわじょう）が、４度の遭難を乗り越えて、７５３年、５度目の渡航にしてようやく日本に到達する様子を描いたものである。鑑真は船の舳先に立ち、竜神に仏舎利を与えて風波を鎮めようとしているところである。中国と日本の間は、海路にしておよそ９００キロであるが、暴風に巻き込まれて遭難することが多かった。（今田）

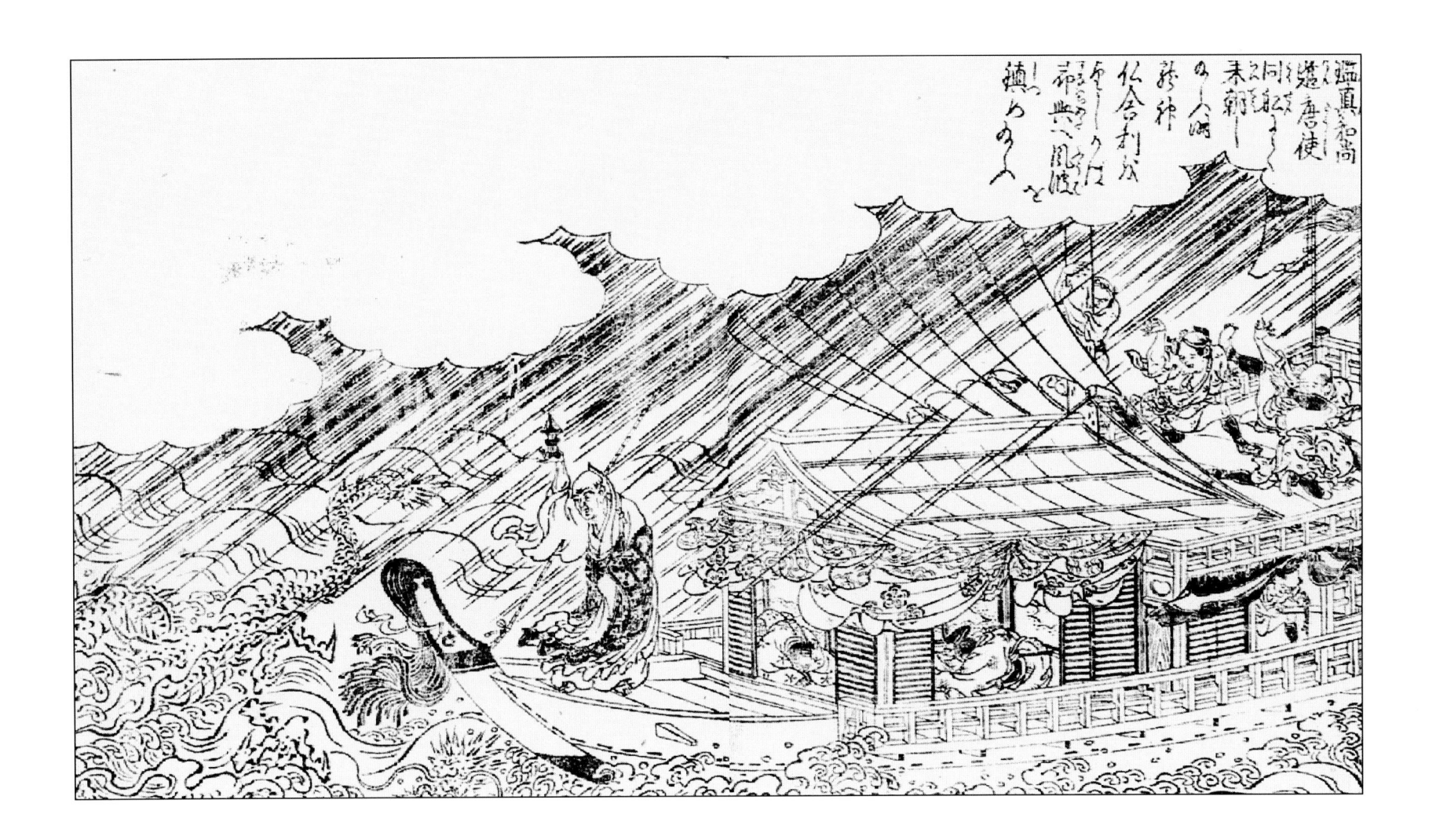

鑑真和尚
遣唐使と同船して
本朝に渡る
一の御
祓神
仏舎利並
わに
祝殿
神興へ遷殿を
獲わり来

123 Gesandte aus Korea

Die Kontakte Japans zu Korea standen an Bedeutung denen zu China in nichts nach. Es kam häufig vor, daß chinesische Kultur über Korea nach Japan gelangte. Dabei übten die Chôsentsûshinshi, d.h. die Gesandschaften aus Korea, bedeutenden kulturellen Einfluß auf das Japan der Edo-Zeit aus. Mit tsûshinshi war eine ausländische Gesandschaft gemeint, die vom koreanischen König beauftragt war, dem japanischen Shôgun Beglaubigungsschreiben und Geschenke zu überbringen. Diese Praxis begann in der Muromachi-Zeit, wurde aber erst in der Edo-Zeit, in der zwölf Gesandschaften nach Japan kamen, zur Regel. Wenn ein neuer Shôgun den Thron bestieg, kam eine koreanische Gesandschaft zur Gratulation. Die Gesandtschaft, d.h. der Gesandte und sein Troß (zusammen etwa 500 Personen), fuhren übers Meer und dann durch die Inlandsee nach Ôsaka. Von dort reisten sie über Kyôto nach Edo. Aus der Sicht japanischer Intellektueller war Korea damals ein in Hinsicht auf Kultur und Gelehrsamkeit hochentwickeltes Land. Bei den Zwischenstationen der Reise der Gesandtschaft kamen viele interessierte Leute zusammen - ohne Einladung. Sie bemühten sich um kulturellen Austausch.

Die Abbildung zeigt, wie bei einem Quartier in Nagoya in der Provinz Owari ortsansäßige Intellektuelle die Gesandschaft aufsuchen und mit ihr chinesische Gedichte und Prosa austauschen. Während es für die Japaner eine Ehre war, ihre selbstgemachten chinesischen Gedichte und Prosawerke den Gesandten überreichen zu dürfen, war es für die Gesandten meist eher eine Belästigung. (Konta)

１２３　朝鮮通信使

　日本と朝鮮との関係も、中国との関係におとらず重要であった。中国の文化は、朝鮮を経由して日本に至ることが多かったからである。なかでも「朝鮮通信使」とよばれる使節団は、江戸時代の日本に多くの文化的影響を及ぼした。

　「通信使」とは、朝鮮国王が国書と贈り物を日本の将軍に届けるために派遣した外交使節団のことである。その始まりは室町時代であるが、本格的に行なわれるようになったのは江戸時代であり、来朝の回数は１２回に及んだ。新しい将軍が就任するたびに、その祝賀のために来朝したのである。一行の人員は、正使・副使以下、およそ５００名で、海路、瀬戸内海に入り、大坂に達し、京都を経て、江戸に至った。当時の朝鮮は、日本の知識人からみれば、文化・学問の先進地であり、通信使の道筋の宿泊所には、大勢の人々が押しかけて、文化の交流を試みた。

　図は、尾張名古屋の性高院（しょうこういん）に宿泊している通信使たちを、当地の知識人たちが訪ねて、漢詩文の交換を行なっている場面である。日本人にとっては、自分の作った漢詩文を通信使に贈るだけでも名誉なことであったのだが、通信使の方は大いに迷惑を蒙ったようである。　（今田）

諸学士性高院の書院に朝鮮人と詩文贈答の図

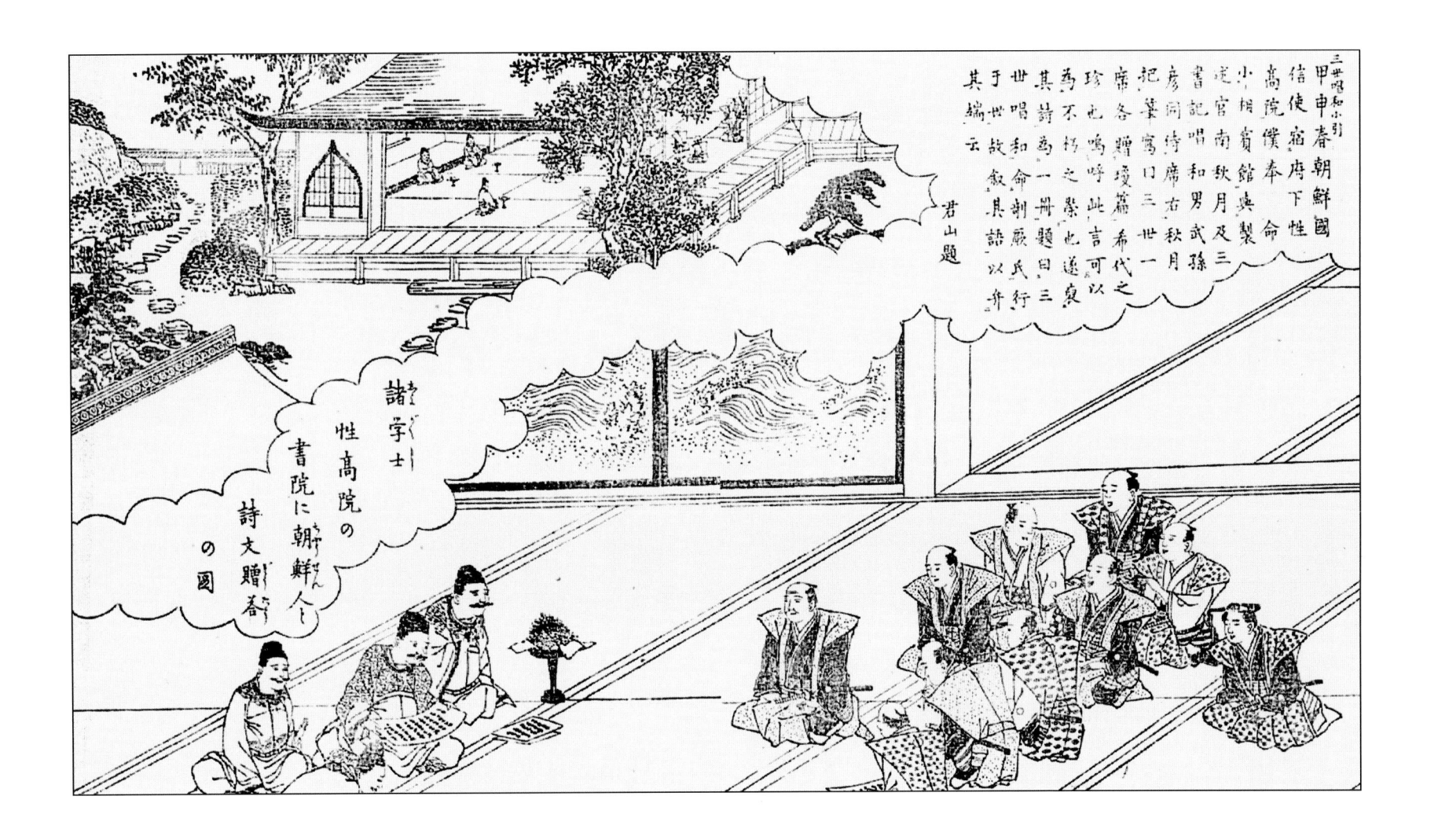

三世嗚和示引
甲申春朝鮮國
信使宿本性
高院僕下性
高院僕奉命
小相賓館典製
迄官南秋月及
書記唱和男武孫
彦同侍席右秋月
把筆寫口三世一
席各贈瓊篇希代之
珍也嗚呼此言可以
為不朽之榮此遂良
其詩為一冊題曰三
世唱和命剞劂氏行
于世故叙具語以弁
其端云

君山題

124 Verkehr mit dem Westen

Verglichen mit den Kontakten nach China und Korea war der Verkehr mit den Ländern Europas etwas Neues. Die ersten Europäer die nach Japan gelangten, waren Portugiesen, die im Jahre 1543 auf der Insel Tanegashima südlich von Kyûshû strandeten. Dies war eine günstige Gelegenheit für den Beginn des Handels mit Japan. Schließlich kamen auch die Spanier nach Japan. Sie wurden nanbanjin ("Südbarbaren") genannt und brachten die westliche Kultur nach Japan. Symbolisch dafür stehen die Feuerwaffen und das Christentum. Feuerwaffen hatten großen Einfluß auf die Etablierung des Feudalsystems in Japan. Die christliche Lehre wurde, da sie die Kraft in sich barg, die Basis asiatischen religiösen Denkens zu erschüttern, seit der Edo-Zeit vollständig unterdrückt. Seit 1600 mahmen auch Briten und Holländer am Japanhandel teil. Sie wurden kômôjin ("Rothaarige") genannt und lagen mit den nanbanjin im Wettstreit um die Vorherrschaft im Japanhandel. Schließlich standen sich nur noch das katholische Portugal und die protestantischen Niederlande gegenüber. Die Holländer nahmen den Shôgun dadurch für sich ein, daß sie nicht versuchten zu missionieren, und gewannen schließlich das Monopol im Japanhandel. Den Holländern wurde erlaubt, auf Deshima vor Nagasaki eine Zweigstelle der Ostindischen Kompanie zu eröffnen. Für 200 Jahre blieb Holland das einzige europäische Land, das mit Japan im Verkehr stand.

Die Abbildung zeigt ein holländisches Schiff, das im Hafen von Nagasaki vor Anker liegt. Längseits des Schiffes haben japanische Handelsschiffe festgemacht. (Konta)

１２４　西洋との交流

　中国・朝鮮との関係に比べると、ヨーロッパ諸国との交流はいたって新しいものである。日本に初めてやって来たヨーロッパ人はポルトガル人で、１５４３年に、九州南方の種子島（たねがしま）に漂着し、これをきっかけとして日本との貿易を開始した。ついでスペイン人も来航するようになり、彼らは「南蛮人（なんばんじん）」と呼ばれて、新しい西洋文化をもたらすことになった。その象徴的なものは、鉄砲とキリスト教である。鉄砲は、日本の封建国家の確立に大きな影響を与えたが、キリスト教は、アジアの宗教思想を根底から揺るがすような影響力を秘めていたことによって、江戸時代に入ると徹底的な弾圧を受けることになった。１６００年以降、オランダとイギリスが日本貿易に加わった。彼らは、「紅毛人（こうもうじん）」と呼ばれ、日本貿易の主導権を握るために南蛮人と競いあった。最後には、旧教国・ポルトガルと、新教国・オランダの対立となり、キリスト教の布教を試みなかったオランダが将軍に取り入って、日本貿易を独占するようになった。オランダは、長崎の出島に、東インド会社の支社を開設することを許され、以後200余年のあいだ、ヨーロッパ諸国のなかで日本と交渉をもった唯一の外国となった。

　図は、長崎港に停泊しているオランダ船であり、舷側には、日本の物売り船が横付けされている。（今田）

紅毛船

125 Elefant

　　Die aus dem Ausland nach Japan importierten Errungenschaften der Zivilisation waren zahlreich. Die Importwaren der Edo-Zeit waren Güter wie Rohseide, Seiden-, Woll- und Baumwollstoffe und in großen Mengen Arzneimittel und Zucker. Aus China wurden auch viele Bücher eingeführt. Japanische Exportwaren waren hauptsächlich Silber, Kupfer und Meeresprodukte. Als Geschenke für den Shôgun wurden Elefanten, Kamele und Pfauen per Schiff nach Japan gebracht. Sie erregten große öffentliche Aufmerksamkeit. So wurden z.B. persische Pferde importiert und zur Verbesserung der kleinwüchsigen japanischen Pferde benutzt. Aber in vielen Fällen wurden diese Tiere, statt im Schloß von Edo gehalten zu werden, vom Staat verkauft und zur Schau gestellt.

　　Die Abbildung zeigt wie beim Sannô-Fest des Hie-Schreins (in Edo) ein Elefant herumgetragen wird. Natürlich ist es kein richtiger Elefant, sondern eine Nachbildung. Das erste Mal gelangte ein Elefant in der Muromachi-Zeit nach Japan. Zu Beginn des 18. Jahrhunderts wurde ein zum Geschenk für den Shôgun bestimmtes Elefantenpaar von Nagasaki nach Edo gebracht und in Unemegahara zur Schau gestellt. Man kann nicht gerade behaupten, daß es ein glückliches Leben hatte. Aber die Nachricht von den Elefanten verbreitete sich im ganzen Land und regte die Phantasie der Menschen an, die noch nie einen Elefanten zu Gesicht bekommen hatten. Es heißt, daß damals unter der Landbevölkerung Tôhokus das Gerücht umging, ein Elefant sei bis zu 30m groß, sanften Gemüts, schneller als ein Pferd und falls er verwundet würde, könne diese Verletzung durch ein nächtliches Bad im Mondlicht geheilt werden. (Konta)

１２５　象

　外国から輸入された文物は数多い。江戸時代の輸入品は、第１に、生糸・絹織物、毛織物、綿織物などの高級織物類であり、ついで多かったのが、薬品や砂糖の類であった。中国からは、以上の他に、書籍が多くもたらされた。日本からの輸出品は、銀・銅・海産物が主であった。また、将軍への献上品として、象・駱駝（らくだ）・孔雀（くじゃく）などが舶載され、大いに衆目を驚かせた。ペルシアの馬などももたらされて、日本の小型の馬の改良に役立つという例もあった。しかし多くの場合、動物は江戸城内で飼育されるよりは民間に払い下げられて、見せ物となった。　図は、江戸の日枝神社（ひえじんじゃ）の山王祭（さんのうまつり）の行列に担ぎ出された象である。もっとも象の実物ではなく、造り物であった。象がはじめて日本にやって来たのは室町時代である。１８世紀初め、８代将軍に献上された雌・雄２頭は、長崎からはるばる江戸まで運ばれて、采女が原（うねめがはら）で見せ物となった。彼らはあまり幸福な生活を送ったとはいえないが、象のニュースは全国に広まって、いまだ象を見たことのない地方の人々の想像力を大いに刺激した。東北の農民たちは、象の大きさは３０メートルもあり、思いの外柔らかく、馬よりも速く駆け、もし傷を負った場合は、夜に星の光を浴びれば治るという話を聞いたという。（今田）

其二

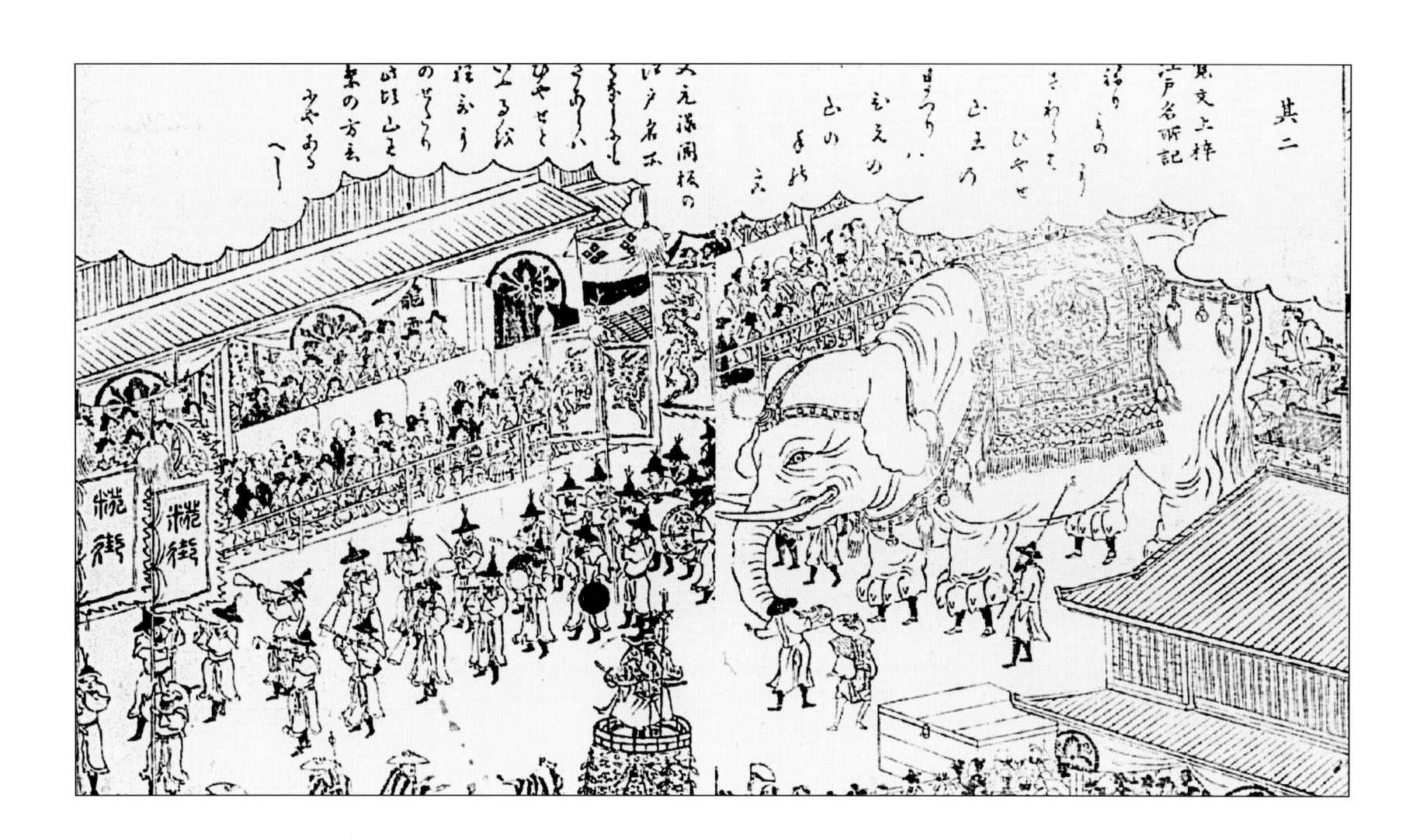

東支上根
江戸名所記

詠（よ）ひ物
さわらで
ひやと
山王の
目まつり
もへの
山のよきえ

又元禄開板の
江戸名所不
さ山
ひやと
江る成
経ろう
のそろり
山日山を
宗の方玄
ちやあ
へ

126 Spezialgeschäft für ausländische Waren

In der Zeit der Landesabschließung war der freie Verkehr mit Ausländern eingeschränkt. Dennoch beherrschte die Japaner eine heftige Neugier auf die Güter europäischer Zivilisation. Unter den Daimyô gab es viele, die darauf brannten, Waren von den holländischen Schiffen in ihre Hand zu bekommen. Das Interesse konzentrierte sich dabei auf Waren wie Whisky, Wein, bedruckten Kattun, Würste, Glasbilder.

Es war Ôsaka, wo in- und ausländische Waren in großer Zahl umgeschlagen wurden. In Osaka enstanden auch Fachgeschäfte für ausländische Waren, tô-koma-mono genannt, die große Popularität erlangten. In der Bilderklärung heißt es: "Eine Person betrachtet in Fushimi den Tôkomamono-Laden Hikida, wo in holländischen Zeichen ein kyôka angebracht ist." Daneben ist das Gedicht angefügt. Das erste Wort wird "Japan" gelesen und auf den ersten Blick sieht es aus wie Holländisch, tatsächlich ist es aber mit lateinischen Buchstaben geschriebenes Japanisch. Im Text ist die Lesung in Katakana daneben angegeben: Wakoku ni mo, chinpunkan no mise arite, kaite wo hikida, mokuzen no kara ("Auch in Japan gibt es einen Laden für Kuriosa, der Kunden anzieht: Hikida und China vor Augen") ist da zu lesen. Auf dem Firmenschild von Hikida steht "Neues und Seltenes aus fremden Ländern - Schirmgeschäft", links stehen chinesisches Porzellan und Schalen mit holländischen Diamanten. In der Mitte des Ladens steht ein Elektrisiergerät, erekiteru genannt, und erregt bei den Kunden großes Staunen. (Konta)

１２６　舶来品専門店

　鎖国の時代には、外国人との自由な交渉は妨げられていたのであるが、日本人のヨーロッパの文物に対する好奇心はきわめて旺盛であった。大名の間には、オランダ船の舶載する物品を手に入れることに熱中する者も多く、ウイスキー・ぶどう酒・更紗（さらさ）・ソーセージ・ガラス絵など、さまざまな物が関心を集めていた。
　大坂には、「唐高麗物（とうこまもの）」と称して、異国の品々を専門に売る商店も現れて、人気を博していた。図の説明には、「ある人、伏見町、唐高麗物屋（とうこまものや）疋田（ひきだ）が店を見て、阿蘭陀（おらんだ）文字にて狂歌を書き侍る」として、横文字の歌を書付けている。最初の語は「Ｊａｐａｎ」と読めて、全文が一見したところオランダ語のように見えるが、じつは、この語以外は日本語のローマ字表記である。文章にはカタカナで振り仮名が付けてあって、「ワコクニモ、チンプンカンノミセアリテ、カイテヲヒキダ、モクゼンノカラ（和国にもちんぷんかんの店ありて、買手を疋田、目前の唐）」と読める。疋田屋の看板には、「異国新渡奇品珍物類　蝙蝠堂（こうもりどう）」とあって、左の方には、さまざまな中国陶磁器やオランダのギヤマンの杯などが置かれている。また、店の中央に置かれているのは「エレキテル」と呼ばれる起電機で、お客を大いに驚かせている。（今田）

Japan na moten on Oran
no Mise Ali te keiste
No fiki da
Mo tiu Zen in fuula

127 Ainu-Familie

Hayashi Shihei: Sangoku tsûran zusetsu. 1786.

  Das fast ausgestorbene Volk der Ainu hielt sich Totemtiere, deren wichtigstes der Bär war. Der Holzschnitt zeigt, wie die Ainu-Frauen solche Bären-Jungen stillten. Die ausgewachsenen Tiere, die die Seele eines Gottes beherbergten, wurden dann in einer die Japaner befremdenden Zeremonie beim Bärenfest "zu ihren Ahnen in den Bergen entsandt", d.h. auf rituelle Weise zu Tode gequält. Das Blut wurde getrunken und das Fleisch verzehrt. Der im Käfig gehaltene Fischadler diente hingegen hauptsächlich als Nutztier, dem je nach Bedarf Pfeilfedern ausgerupft wurden. Die wenig schmeichelhaften Darstellungen hier entsprechen vielleicht nicht dem, was heute als "political correctness" gilt. Existieren doch Photographien von Ainu-Frauen, die trotz einer eigentümlichen Mundtätowierung viel anziehender wirken. - Lit.: Batchelor, John, Ainu life and lore. Tôkyô 1927, S.119 und 205ff. (Dufey)

１２７　アイヌ

林子平著、三国通覧図説、１７８６。

　ほとんど絶滅したアイヌ民族は熊を初め、とーテム動物を信仰していた。この木版画では、アイヌ女性が子熊に人乳を与えている。このようにして成長し、　神の魂をもった熊は和人にとってはいささか奇妙にに思われる熊祭のあと、祖先の座する山へ還された。　すなわち、アイヌたちが熊を儀式的に屠殺して、その血をのみ、肉をともに食したのである。これとは違って、　おりに囲われた猛鳥ミサゴは主に実用動物として用いられ、　必用に応じてこの鳥から失羽がむしり取られた。これら描写されているあまり好感の持てない風習は現在の時点からすると異論なしとされないかもしれない。しかし写真に写し出されたアイヌ女性は風変わりな入れ墨をしているが、大変魅力的である。(Dufey)

下品女夷間熊ノ子ニ乳ヲ飲スル者アリ

鷲嶋鶚ノ類ヲ養テ箭羽ヲ取也
ツミミラクロウ

蝦夷ノ家皆一間造リ、掘立柱ニシテ藤蔓ノ類ヲ以テ結固ル也、其国鋸斧ノ類ナシ然ル故ニ上品ノ家ト云ヱ皆此制也

128 Wallfahrt nach Ise*

In Japan gab es seit frühen Zeiten die Wallfahrt zu bestimmten Tempeln und Schreinen. In der Edo-Zeit nahm dies noch zu. Vor allem die Reise mit einer Pilgergruppe zum Ise-Schrein, Ise-mairi genannt, wollte man einmal im Leben machen. Vielleicht wurde dieses Shintô-Heiligtum für den am meisten göttliche Gnade verheißenden Schrein gehalten, weil in Ise die Klangottheit des Kaisers und der Gott der Landwirtschaft verehrt werden. Im Ise-Schrein kümmerten sich Geistliche mit der Bezeichnung Oshi ("ehrwürdige Lehrer") um die Reisenden. Ihnen waren jeweils bestimmte Regionen zugeteilt. Sie besuchten die Gläubigen zu Hause, verkauften ihnen Ofuda, Talismane, für die Verehrung am Hausaltar und luden sie zur Wallfahrt ein. Für diese Tätigkeit bekamen sie eine Vergütung. Sie wurde bald als Privileg betrachtet und zum Gegenstand von Vererbung und Verkauf.

Auf dem Bild ist dargestellt, wie Gläubige auf der Wallfahrt nach Ise im Gasthaus-Viertel von Nakagawahara übernachten. Links im Bild sind Oshi dargestellt, die Pilger von der Reise abholen. Beim Gasthaus (ryôkan) steht das Schild einer Gruppe von Gläubigen aus der Gegend mit der Aufschrift kô (Pilgersparverein oder -bruderschaft). (Kurumizawa)

１２８　伊勢参り

　日本では、はやくから特定の寺院や神社へ「参詣（さんけい）」することが行なわれていたが、江戸時代にはいっそう盛んとなった。特に伊勢神宮に集団で参詣する旅は「伊勢参り（いせまいり）」と呼ばれて、一生に一度は出かけたいと願われるようになった。おそらく、伊勢神宮が天皇の祖先神と農耕神を祀るもので、最も豊かな霊験を約束してくれる神社と信じられていたからであろう。伊勢神宮には、参詣の旅の世話をする「御師（おし）」と呼ばれる人たちがいた。彼らはまた、特定の地域を分担して、在住している信者たちの家を訪問しては、神棚に祭る「御札（おふだ）」と呼ばれる護符（ごふ）を配付して参詣の勧誘を行なった。彼らは、この活動に対して謝礼を受け取る形をとっており、これは権利（株）と見なされて相続の対象となり、売買の対象ともなっていた。
　図は、伊勢参りの信者たちが宿泊する中川原（なかがわら）の旅館街の様子を描いたものである。図の左には、旅姿の信者たちを出迎える御師たちが描かれており、旅館には、地方の信者たちの団体である「講（こう）」の名称を記した看板が立てかけられている。
（胡桃沢）

中川原

諸国の参詣人
を御師の
人を出し
家々
江草御師
の名護
の御院の

概都賊
諸此の
毎に招牌
を出して
竹葦
のつらし

129 Das Vergnügungsviertel Ai-no-yama*

In der Neueren Zeit war das häufigste Motiv für das einfache Volk, sich auf eine Reise zu begeben, zu einem Tempel oder Schrein, insbesondere nach Ise, zu pilgern. Nur war dies in Wirklichkeit nicht nur eine religiöse Angelegenheit, sondern vielfältige Vergnügungen waren dabei ein wichtiger Bestandteil. Die Wallfahrten verbanden die gegensätzlichen Elemente des Heiligen und des Profanen. Um der profanen Seite der Wallfahrten zu entsprechen, errichtete man Vergnügungsviertel vor den Toren der Tempel und Schreine.

Die Abbildung zeigt den etwa in der Mitte zwischen dem Inneren und Äußeren Schrein von Ise liegenden Hügel Ai-no-yama. Hier, an einem für die Pilger eingerichteten Ort, ist Platz für Artisten und Freudenmädchen. Rechts spielen Mädchen, die seit Generationen Osugi oder Otama genannt werden, shamisen. Sie erhalten Geld dafür, daß sie ein Lied über die Vergänglichkeit menschlichen Daseins, das Ai-no-yama-Lied singen. Links kann man sehen, wie eine Mutter den Rhythmus schlägt und ihr Kind dazu tanzen läßt.. In Japan jener Zeit waren Kinder, denen ihre armen Eltern eine Kunst gelehrt hatten, um sie zur Schau zu stellen, ein häufiger Anblick. Die Frau in der Bildmitte, die den vorbeiziehenden Pilgern etwas zuruft, ist wohl eine bikuni, d.h. hier ein Freudenmädchen. Bikuni bedeutete ursprünglich Nonne. In der Neueren Zeit meint es aber auch Freudenmädchen.
(Kurumizawa)

１２９　精進落とし　（間の山）

近世、庶民が旅に出る動機として最も多かったのは、伊勢をはじめとする社寺参詣である。ただ、その実態は、単に信仰を目的とするだけのものではなく、旅先のさまざまなレクリエーションを楽しむことも重要な要素であった。参詣は、聖と俗の二面性をあわせ持つものであった。「精進落とし」と呼ばれる参詣のこの俗的な部分に対応すべく、門前町には歓楽街が成立してゆくのである。

図は、伊勢神宮の内宮（ないくう）と外宮（げくう）のほぼ中間にある坂で、「間の山（あいのやま）」と呼ばれる。ここは、伊勢参詣者を目当に形成された場所の一つで、芸人や遊女も現れる場所であった。画面右で三味線を弾いているのは、代々「お杉・お玉」と呼ばれる女性で、人生の無情を内容とする俗謡（ぞくよう）の一つである「間の山節」を歌っては銭を貰っていた。左には、母親が拍子をとって子を踊らせるのが見える。当時の日本では、貧しい者が子どもに芸をさせて見世物にするのはよく見られることであった。画面中央で、通りがかりの参詣者に声をかけている女性は「比丘尼（びくに）」と呼ばれた遊女であろう。「比丘尼」とは元来尼僧を意味する言葉であったが、近世には、遊女をも指すようになったのである。
（胡桃沢）

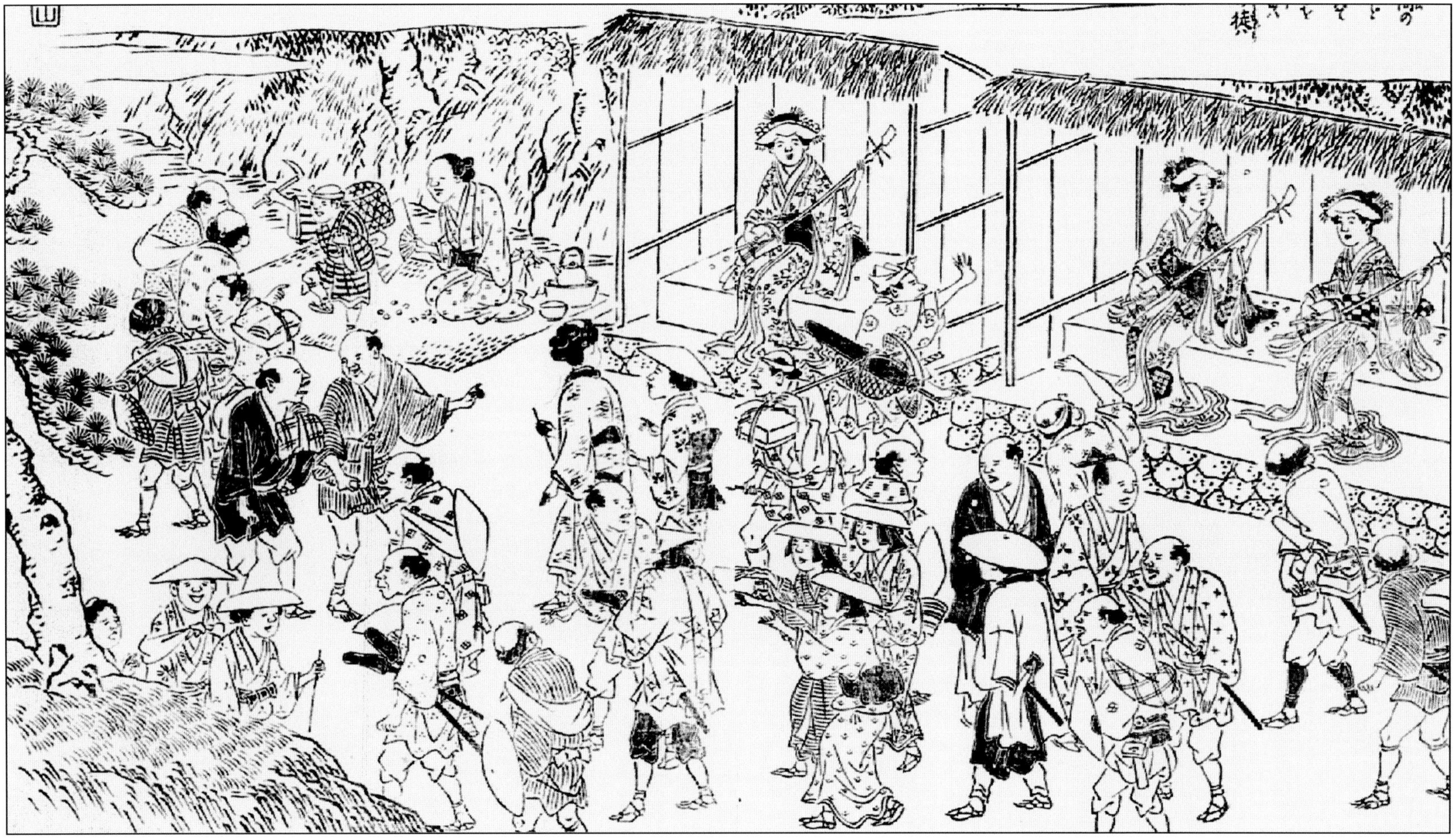

130 Wallfahrt zum Schutzgott der Fischer und Seeleute*

Neben dem Ise-Schrein gehörte der Kompira-Schrein in Shikoku zu den Schreinen, die in der Edo-Zeit das Volk anzogen. Der in diesem Schrein verehrte Gott galt als zuständig für reichen Fischfang und Sicherheit auf See. Es wurden dort aber auch Zeremonien des Reispflanzens und der ersten Ähren abgehalten. Kompira trug auch den Charakter eines Landwirtschaftsgottes in sich. Auf alle Fälle war er ein Gott für die Gewerbe des Volkes. In einer Zeit des unbequemen Reisens konnten nicht alle Menschen der verschiedenen Regionen, die wollten, auf Wallfahrt gehen. Deshalb gab es auch das Verfahren, daß die, die dies unbedingt wollten, eine kô (eine Bruderschaft oder einen Pilgerverein) organisierten, Geld sparten, einen daisansha (Stellvertreter) wählten und ihn auf die Reise schickten.

Auf der Abbildung hat ein solcher Stellvertreter sein Gepäck in einem Teehaus abgesetzt, das an einer steilen Stelle der Tôkaidô-Straße bei Mikawa (Präfektur Aichi) liegt. Bemerkenswert ist, daß der Pilger ein großes Brett bei sich trägt, auf das der Kopf eines tengu (wörtlich "Himmelshund", ein Dämon) gemalt ist. Dabei handelt es sich um eine Votivtafel (ema), die dem tengu dargebracht wird, um den Rachegeist des Ex-Kaisers Sutoku zu besänftigen. Obwohl zu jener Zeit die Menge des Reisegepäcks begrenzt war, gab man sich nicht mit Wäsche zum Wechseln zufrieden, sondern legte Wert darauf, auch große Dinge mitzunehmen, um sie in den Schreinen zu opfern. Der Rücken dieses Pilgers läßt auf die Existenz einer Bruderschaft eifriger Gläubiger schließen, die er vertritt. (Kurumizawa)

１３０　金比羅参り（こんぴらまいり）

　伊勢神宮の他に、江戸時代の庶民を引きつけた神社のひとつが、四国の金比羅大権現（現在の金刀比羅宮）である。この神社に祀られた神は、豊漁・航海の安全を司る神であると信じられていたが、現地では田植・初穂の神事も行われ、農業神としての性格もあわせ持っていた。いずれにせよ、金刀比羅の神は、庶民の生業に関わる神であった。交通不便な時代、地方に住む者は、希望者全てが参詣の旅に出ることは出来なかった。そのため、志をひとつにする者が「講（こう）」と呼ばれる信仰集団を組織して、金を積立て、「代参者（だいさんしゃ）」と呼ばれる参拝の代表者を選んで送りだすという方法も行なわれた。

　図は、東海道の三河（愛知県）の険しい坂道にある茶店で、荷物を降ろしている代参者を描いている。注目すべきは、天狗の顔が描かれた大きな板を携行していることである。これは、崇徳上皇の怨霊を鎮めたとされる天狗に奉納するための「絵馬（えま）」であった。この時代の旅は着替えも満足に持てないほど荷量が限られていたのに、神社に奉納するものは大きな物でも大切に運んだのである。彼の背後には熱心な信者達の存在が伺われる。（胡桃沢）

椎林を
双六
仇ふ

中の
阪ん

131 Rundwallfahrt auf den Spuren Shinrans*

Seit der Muromachi-Zeit war es auch im Volk üblich geworden, mehrere zuvor festgelegte Tempel in einer bestimmten Region nacheinander in einer Rundwallfahrt (junrei) aufzusuchen. Es gab zwei Typen der Rundwallfahrt. Beim ersten Typ pilgerte man zu einem bestimmten Gott oder Buddha, beim anderen pilgerte man zu Orten, die zu einem bestimmten Heiligen in Bezug standen. Ein Beispiel für den ersten Typ ist die Rundwallfahrt zu den 33 Kanon-Tempeln Westjapans, die auf der Verehrung des Bodhisattva Avalokiteshvara beruhte. Ein Beispiel für die zweite Art ist die Rundwallfahrt zu den 88 Tempeln der Insel Shikoku, die Kôbô Daishi in seiner Zeit besucht hatte. In der Gegend nannte man diese Rundwallfahrt auch henro.

In der Abbildung sind Rundpilger vor dem Tor des Kôraku-Tempels in der Provinz Shinano (oder Shinshû, heute Präfektur Nagano) dargestellt. Der Kôraku-Tempel ist einer der Tempel, die die 24 Schüler des in der Kamakura-Zeit aktiven Heiligen Shinran in der Kantô-Region erbauten. Die Menschen der Edo-Zeit pilgerten nacheinander zu den Tempeln, die zu diesen 24 Schülern Shinrans in Beziehung standen. Dieser Ort war ein Verkehrsknotenpunkt. Hier kamen die Pilger zu den Tempeln der 24 Schüler, die Wallfahrer zum Zenkô-Tempel und die nach Ise vorbei. Es kam vor, daß Pilger unterwegs zusammenbrachen. Dann wurden kuyôtô ("Gedenktürmchen") errichtet, die an diesem Ort erhalten geblieben sind. (Kurumizawa)

１３１　巡礼　（じゅんれい）

　室町時代になると、一定地域において予め指定されたいくつかの寺院を順に回って参拝する「巡礼」が庶民の間でも行なわれるようになった。巡礼には、特定の神仏を巡るものと、聖人ゆかりの地をめぐるものという、２つのタイプが存在する。前者の代表例は、西国三十三箇所の寺院をめぐるもので、観音信仰に基づくものであった。後者の代表例は、四国八十八箇所の寺院をめぐるもので、昔、弘法大師がめぐったとされる寺を回る。地元ではこの巡礼を「遍路（へんろ）」とも呼んでいる。

　図は、信濃国（長野県）の康楽寺（こうらくじ）の門前を行く巡礼者を描いたものである。康楽寺は、鎌倉時代に活躍した親鸞上人の関東における２４人の門弟が建てた寺院のひとつで、江戸時代の人たちは、２４人の弟子たちゆかりの寺々を順にめぐったのである。この地は交通の要所で、２４人ゆかりの寺院を巡拝する人たちをはじめ、善光寺参詣者や、伊勢参詣に赴く者も通った。巡礼者は道中行き倒れになることもあって供養塔が建てられたが、この地にもそれが残されている。　（胡桃沢）

烏山樂寺門前の圖

132 Bergasketen (Yamabushi)*

Neben den buddhistischen Mönchen und Shintô-Priestern, die ortsgebunden in Tempeln und Schreinen religiöse Übungen vollzogen, gab es auch die hijiri und yamabushi, die umherziehend alle Arten religiöser Aktivitäten entfalteten. Hijiri waren niedrige Mönche, die durch alle Provinzen pilgerten und z.B. Tote aus armen Familien beerdigten. Yamabushi waren Personen, die in den Bergen mit den Kräften der Natur in Verbindung traten und so religiös-magische Kräfte gewannen. In der Heian-Zeit traten in allen Regionen Yamabushi-Gruppen in Erscheinung. Sie trugen Waffen und übten gesellschaftlichen Einfluß aus. Auf Reisen religiöse und andere Werke zu vollbringen, war für sie typisch. Unterwegs nahmen sie Kontakt zu den Bauern auf und erwarben sich mit magischen Praktiken deren religiöses Vertrauen. Unter ihnen gab es welche, die neben ihren religiösen Übungen mit Kurzwaren o.ä. handelten und so als Vorläufer der reisenden Händler wirkten, oder solche, die im Auftrag einflußreicher Persönlichkeiten als Spione Informationen sammelten.

In der Abbildung ist ein Yamabushi dargestellt, der auf dem Katsuragi-Berg an der Grenze der Provinzen Yamato (Präfektur Nara) und Kawauchi (Ôsaka) praktiziert. Auf diesem Berg liegt der der Überlieferung nach von En no Ozunu gegründete Tempel Kongôsan Tembôrin. En no Ozunu sammelte in den Bergen magische Kräfte und wurde so zum Vorläufer der Yamabushi. Er konnte durch die Luft fliegen, Geister beschwören und selbst vom Kaiser nicht zum Gehorsam gezwungen werden. Der von ihm errichtete Tempel wurde zu einem wichtigen Ort asketischer Übungen der Yamabushi. Die von hier aus im Süden gelegenen Berge von Yoshino, Ômine und Kumano sind ebenfalls heilige Orte, auf denen sie ihre Übungen machten. (Kurumizawa)

１３２　山伏（やまぶし）

特定の寺院や神社に定住して宗教活動を行なう僧侶や神主に対して、旅をしながら諸々の宗教的活動を行う者に「聖（ひじり）」とか「山伏」とかがいた。「聖」とは、諸国に赴いて参詣を勧め、貧困な家の死者を弔ったりする下級の僧である。「山伏」とは、山中において自然の霊気に触れて宗教的な力を獲得した者である。平安時代には、各地に山伏集団が出現し、武装するなどして社会的な影響力を行使した。彼らは、旅をしながら活動するのが特徴で、道中里人とも接触し、呪術を行っては宗教的信頼を獲得するようになった。彼らのなかには、宗教的実践のかたわら、小間物等の物品を商って商人の先駆け的存在となるものや、有力者から依頼されて情報を収集する密偵の役割を果たすものもあった。

図は、大和（奈良県）と河内（大阪府）の国境に位置する葛城山で活動する山伏を描いたものである。この山には、山中で霊力を獲得し山伏の先駆者となった役小角（えんのおづぬ）が開基したと伝えられる金剛山転法輪寺がある。彼は、天を駆ける力をもち、神々を召し使い、天皇でさえ服従させることができなかった山伏であり、彼の創建した寺は、山伏の重要な修行の場となった。ここから南に連なる吉野・大峰（おおみね）・熊野（くまの）の山々は、彼らが修行し活動した聖なる地域であった。（胡桃沢）

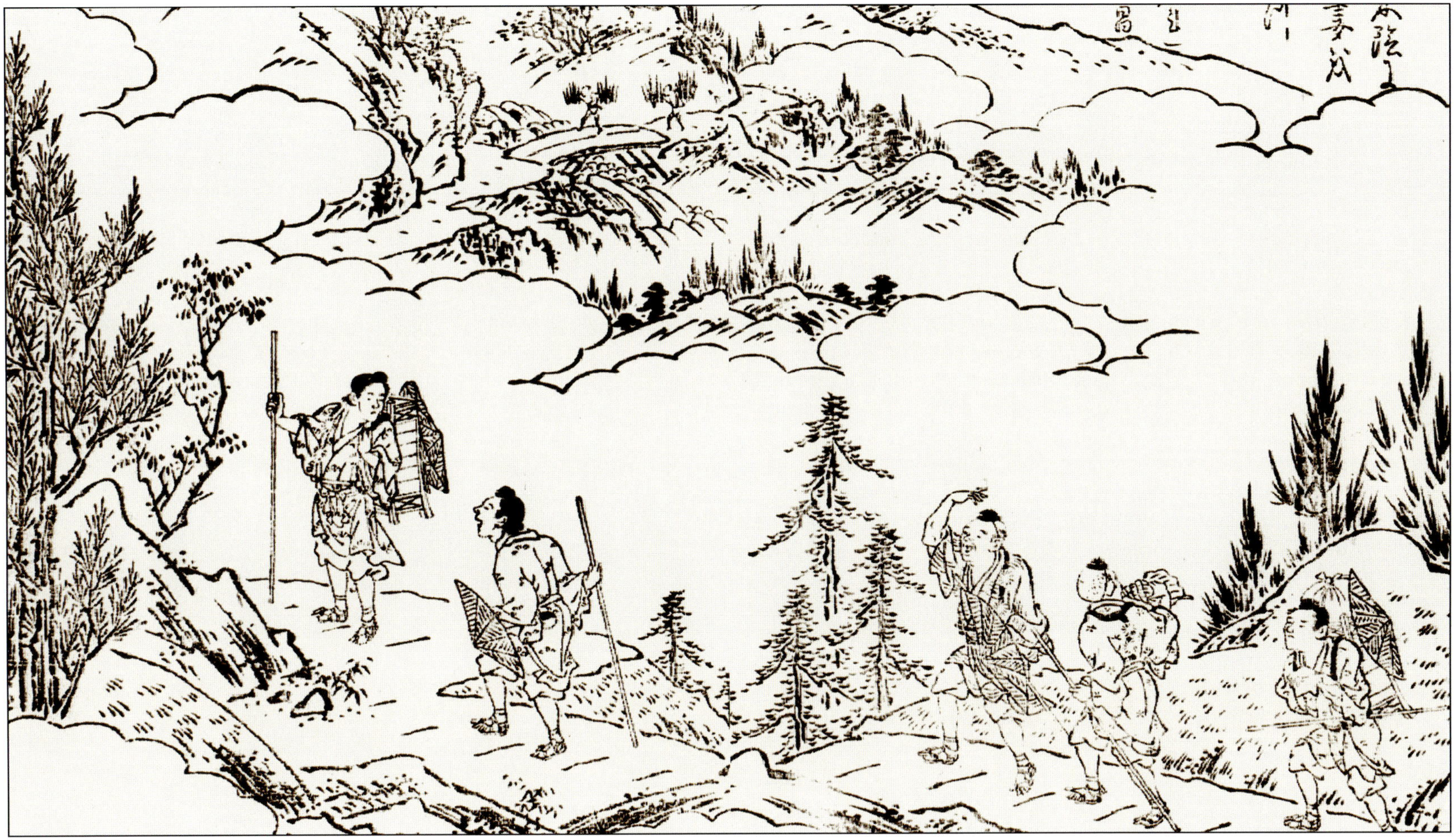

133 Ausstellung eines Buddhabildes*

Wenn das Volk von Schrein zu Schrein oder von Tempel zu Tempel pilgerte, nannte man das junrei. Wenn das Heiligste eines Schreins oder Tempels zum Volk kam, hieß das degaichô. Wenn in Tempeln oder Schreinen zu bestimmten Zeiten die sorgfältig verwahrten Götter und Buddhas zugänglich gemacht wurden, hieß das kaichô, fand dies an einem anderen Ort statt, wurde es degaichô genannt. Besonders in Edo, mit seinen über 1 Million Einwohnern, fanden solche degaichô statt. Die dabei eingehenden Summen an geopferten Münzen waren immens. degaichô aus allen Provinzen in Edo standen vor allem in der zweiten Hälfte der Edo-Zeit in Blüte. Zu dieser Zeit mußte man vom Kommisar für Tempel und Schreine eine Genehmigung bekommen, und der zeitliche Abstand zwischen den einzelnen Ausstellungen eines Buddha-Bildes wurde auf 33 Jahre festgelegt. Das kaichô war ursprünglich eine heilige Handlung, aber schließlich wurden um einen ausstellenden Schrein oder Tempel Teehäuser und Schaubuden errichtet. Daraus entwickelte sich ein herrliches Freizeitangebot für das Volk.

In der Abbildung ist ein degaichô im Ekô-Tempel in Ryôgoku in Edo dargestellt. Der Ekô-Tempel war zum Gedenken an die über 100.000 Opfer der Feuersbrunst von 1655 erbaut worden. Es war der Ort, an dem die meisten degaichô stattfanden. Wegen der guten Lage in der Nähe des geschäftigsten Viertels von Edo war der Ort für degaichô sehr populär. (Kurumizawa)

１３３　出開帳（でがいちょう）

　庶民が社寺をめぐるのを「巡礼」と呼ぶならば、社寺の本尊が庶民の間をめぐるのが「出開帳」である。社寺が、秘蔵の神仏を、特定期間に限り、拝観させることを「開帳（かいちょう）」と言うが、他所に出向いて行う開帳を「出開帳」と呼ぶのである。特に人口百万の江戸では、諸国の本尊の出開帳が行なわれ、そこの集まる賽銭も莫大なものとなった。諸国からの江戸出開帳が盛んになるのは江戸時代の中ごろ以後で、当時は寺社奉行に願い出て許可を得なければならず、開帳の間隔も３３年と定められていた。開帳は、本来、聖なる行事であるが、やがて、開帳社寺周辺には茶店や見世物小屋が建ち並ぶようになって、庶民のレクリエーションの絶好の機会となった。

　図は、江戸両国の回向院（えこういん）における出開帳の模様を描いたものである。回向院は、明暦の大火の１０万人を越える犠牲者を弔うために設立された寺院であるが、出開帳が最も多く開催された場所でもある。江戸の最大の盛り場である両国界隈に近いという立地条件の良さから、開催場として人気を集めたのである。　（胡桃沢）

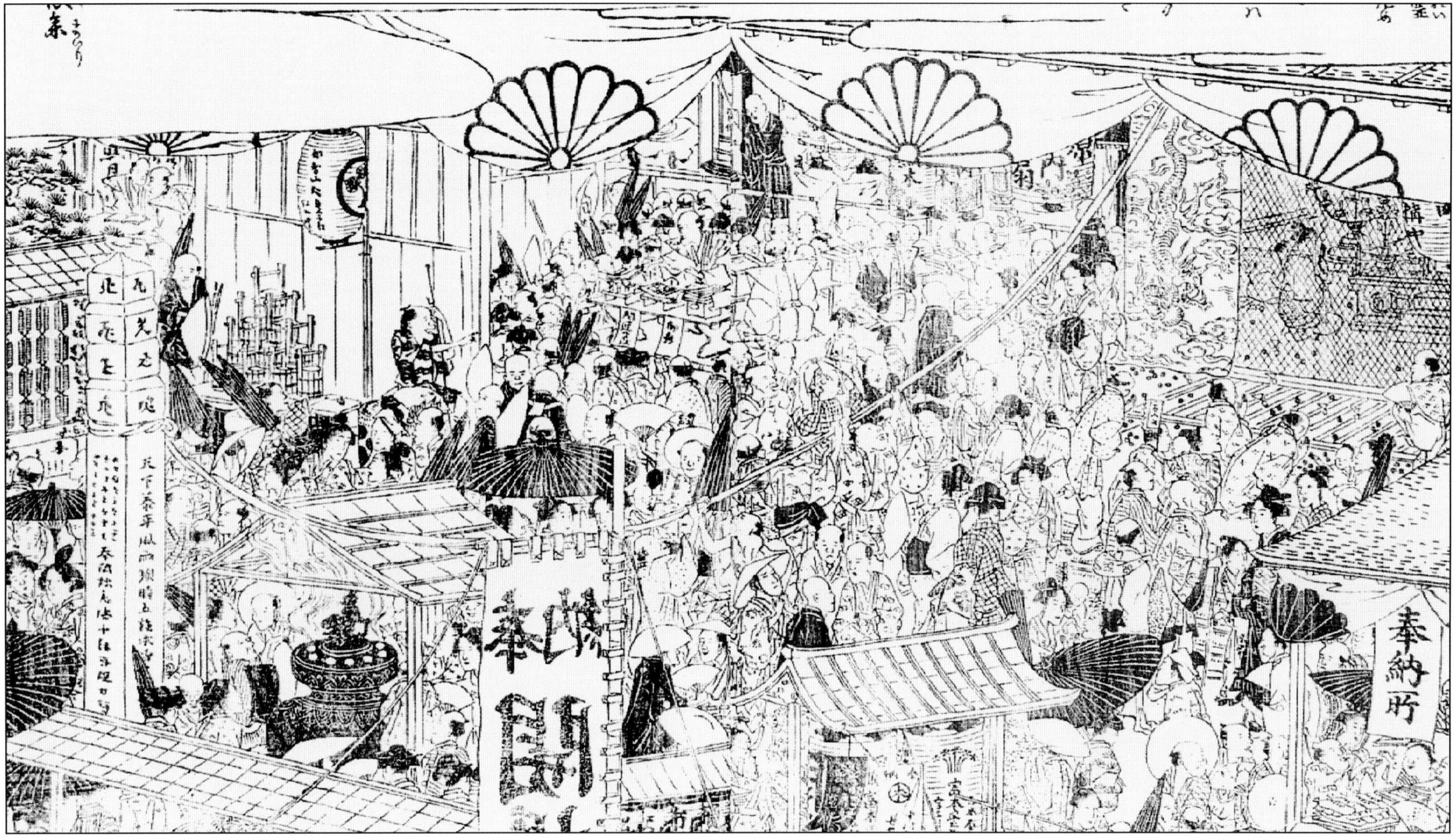
奉納所

134 Reismarkt

In Ôsaka, das auch "die Küche des Reiches" genannt wurde, gab es die "drei Großmärkte": den Gemüsemarkt von Tenman, den Fischmarkt von Zakoba und den Reismarkt von Dôjima. Der wichtigste davon war der Reismarkt. Den Reis, den die Daimyô als Steuer einnahmen, sandten sie nach Ôsaka und lagerten ihn dort in den kurayashiki, d.h. Lagerhäusern ein. Zu einem frei gewählten passenden Zeitpunkt verkauften sie ihn dann. Auch Kaufleute ließen den im Land aufgekauften Reis nach Ôsaka transportieren. So wurde der Reismarkt als Ort des Reishandels gegründet. Der Reismarkt war in Nakanoshima gegründet worden, wurde aber nach Dôjima verlegt. Da der Preis des auf diesem Markt gehandelten Reises zum landesweiten Standard wurde, war der Reismarkt unter denen des Landes von zentraler Bedeutung.

Die Abbildung zeigt die Lagerhäuser der Daimyô in Nakanoshima. Die aus allen Landesteilen mit großen Schiffen herangebrachten Reissäcke (tawara), werden in der Bucht von Ôsaka auf kleine Schiffe umgeladen und an Land gebracht. Das Laden wurde von den nakashu (Schauerleuten) als Spezialisten erledigt. Man kann sehen, daß sie ihrer Tätigkeit fast halbnackt nachgingen und auf einmal zwei der ca. 60kg schweren Säcke trugen. Vor dem Verladen wurde die Qualität des Reises geprüft, und es gab arme Leute, die sich auf den dabei verschütteten Reis stürzten. Das eigentliche Reisgeschäft fand am anderen Ufer in Dôjima vom frühen Morgen bis Sonnenuntergang statt. Die Verständigung dort, die mit Handzeichen (für Zahlen) und lauter Stimme geführt wurde, schloß auch einen bestimmten Ruf für das Tagesende ein. (Kurumizawa)

１３４　米市

　「天下の台所」と言われた大坂には、天満の青物市、雑喉場（ざこば）の魚市、堂島の米市の「三大市場」があったが、最も重要な役割を果たしたのが米市であった。大名たちは税として徴収した米を大坂の「蔵屋敷（くらやしき）」と呼ばれる倉庫に送って保管し、ころあいを見はからって換金したからである。また、商人が地方で買い集めた米も大坂に運ばれ、こうした米を売買する場所として米市が設立されたのである。米市は、はじめは中之島に設けられたが、やがて堂島に移転された。この市場で売買される米の値段は全国の基準とされたから、この市場は全国の米市場の中心的存在となった。

　図は中之島にある大名の蔵屋敷を写す。国元から大船で運ばれてきた「俵（たわら）」と呼ばれる米の入った袋が、大坂湾で小舟に積み替えられ、陸揚げされる。搬入は「仲衆（なかしゅ）」と呼ばれる者が専門に行ったが、彼らはほとんど半裸体で、およそ６０キロの俵を１度に２つ運んでいたのが見てとれる。搬入前には米の品質を調べたが、その際にこぼれ落ちる米を目がけて来る貧しい者もいた。米の取引そのものは、対岸の堂島の米市で、早朝から日没まで行われた。互いに指先で数を示したうえ声を掛け合って交渉したが、終日独特の喧騒に包まれた。（胡桃沢）

のゆふ
のちもく
からしく
眼を
さんも
かうた

れ一を役有間でぼの
松らく旅
りの

135 Monatsmarkt

Es gab Märkte als Dauereinrichtung und Märkte, die in regelmäßigen Abständen abgehalten wurden. In den großen Städten fanden täglich Märkte für Gemüse, Fisch usw. statt. In den Orten des Hinterlands wurde einmal im Monat an einen festgesetzten Tag Markt gehalten. Diese Art von regelmäßigen Märkten nannte man tsukinami-ichi (Monatsmarkt). In Japan kamen die regelmäßigen Märkte in der Kamakura-Zeit auf. Sie wurden gewöhnlich einmal im Monat abgehalten. Aber an den Verkehrsknotenpunkten kam es auch vor, daß dreimal monatlich Markt gehalten wurde (sansaiichi). Seit der Muromachi-Zeit gewannen diese sansaiichi an Verbreitung und in der Sengoku-Zeit entstand schließlich der sechsmal monatlich stattfindende rokusaiichi und wurde allgemein üblich. Später wurden die "Monatsmärkte" mit diesen "Sechsmalmärkten" identifiziert.

In der Abbildung ist ein typischer Monatsmarkt in Ichinomiya in der Provinz Owari (Präfektur Aichi) dargestellt. Diese Gegend blühte als Poststation auf. Weil das Umland durch den Anbau von Handelswaren prosperierte, wurde hier an allen Tagen mit einer 3 oder einer 8 im Datum Markt gehalten. Auf der Abbildung erkennt man, daß auf diesem Markt Lebensmittel wie Fisch und Gemüse, Textilien wie Seide, Baumwolle oder fertige Kleidung, Holzwaren wie z.B. Fässer sowie Bücher, Schwerter, Haarnadeln usw. gehandelt wurden. Interessant ist, daß hier Bücher an die Landbevölkerung verkauft wurden. Dieser Markt fand vor dem Tor des Jônen-Tempels statt. Er spielte eine bedeutende Rolle auch als Verbindungspunkt für Herstellung und Vertrieb von Waren des Umlandes. (Kurumizawa)

１３５　定期市

　市には、常設のものと、定期的に開催されるものとがあった。都市の青物市や魚市などは毎日開かれたが、地方の都市では、毎月決まった日に市が開かれた。このように定期的に開催されるものが「月並市（つきなみいち）」である。日本で定期市が開かれるようになるのは鎌倉時代であるが、通例は月に１度の開催であった。交通の要地では、月に３度開催されるところもあり、これを「三斎市（さんさいいち）」と呼んだ。室町時代に入ると、この三斎市が普及するが、戦国時代には、更に発展して６回開く「六斎市」が一般化した。以後「月並市」と言えば、この六斎市のことを指すようになった。

　図は、尾張国（愛知県）の一宮の月並市の模様を描いたものである。この地は、東海道と中山道を結ぶ岐阜街道の宿駅として栄え、付近一帯で商品作物の栽培が盛んになったことを背景として、３のつく日と８のつく日に六斎市が開かれるようになった。図を見ると、この市では、魚や野菜などの食料品をはじめとして、絹や綿や仕立てられた衣服などの衣料品、樽などの木工品、さらには本や刀や簪（かんざし）といったものまで売買されていることが分かる。特に本の販売は、地方民への本の普及を表しているようで興味深い。ここは、常念寺と呼ばれる寺の前で、月並市はこの地方の商品生産と流通の結節点として大きな役割を果たしたのである。（胡桃沢）

市

136 Reisende Händlerinnen

Der Handel mit Waren wurde nicht nur in festen Ladenlokalen und auf regelmäßig abgehaltenen Märkten betrieben, sondern auch von umherziehenden Händlern. Die Frauen, die von der Gegend um Ôhara bei Kyôto aus jeden Tag in der Stadt Kyôto Feuerholz, Feldfrüchte, Blumen usw. verkauften, wurden Ohara-me genannt. In Japan war es häufig, daß Frauen Handel trieben. Sie wurden in alter Zeit Hisagi-me genannt. In der Muromachi-Zeit begann ihr Gewerbe zu blühen, als der Konsum in der Hauptstadt zunahm. Als Straßenhändlerinnen zwischen Kyôto und den umliegenden Bauerndörfern waren neben den Ohara-me auch die Katsura-me aktiv.

Die Abbildung stellt einige Ohara-Frauen dar, die im Norden Kyôtos auf einer am Fluß entlang verlaufenden Weg nach Kyôto gehen. Sie tragen Feuerholz, eine für sie typische Ware. Man kann drei Arten des Tragens beobachten. Es gibt die Methode, die Last auf dem Kopf oder an einem über die Schulter liegenden Stock zu tragen oder auf ein Pferd zu laden. Die Frau, die das Pferd führt, trägt selbst etwas auf dem Kopf. Daraus läßt sich die Kraft dieser Frauen ermessen. Ohara-me sind auch heute noch in Kyôto tätig. Es gibt dabei auch Ohara-me, die nur für Touristen posieren. (Kurumizawa)

１３６　行商人

　商品は、常設の店舗や定期的に開催される市場で販売されるだけではなく、移動する行商人によっても販売された。京都の大原一帯を根拠地として、薪や野菜や花などを毎日京都市内に行商した女性たちは「大原女（おはらめ）」と呼ばれた。日本では、行商は女性によって営まれることが多く、古くは「販女（ひさぎめ）」と呼ばれていた。彼女たちの活動が盛んになったのは室町時代で、都での消費活動が活発になってからである。京都とその周辺農村部との間を行き交う行商人としては、大原女のほかに「桂女（かつらめ）」と呼ばれる女性たちが活躍した。
　図は、京都北部の川沿いの道を、京都を目指して歩く大原女たちを描いたものである。運んでいるのは薪（まき）で、これは彼女達の代表的な販売品であった。注目すべきは、運搬法が三態見られることだろう。頭に載せて運ぶ方法、天秤棒を使って肩で担う方法、馬の背に載せて運ぶ方法である。しかも、馬を曳く女性は、自らも頭上に物を載せており、彼女達の逞しさが見て取れる。大原女は今も京都市内で活動しているが、観光モデルの大原女もいる。　（胡桃沢）

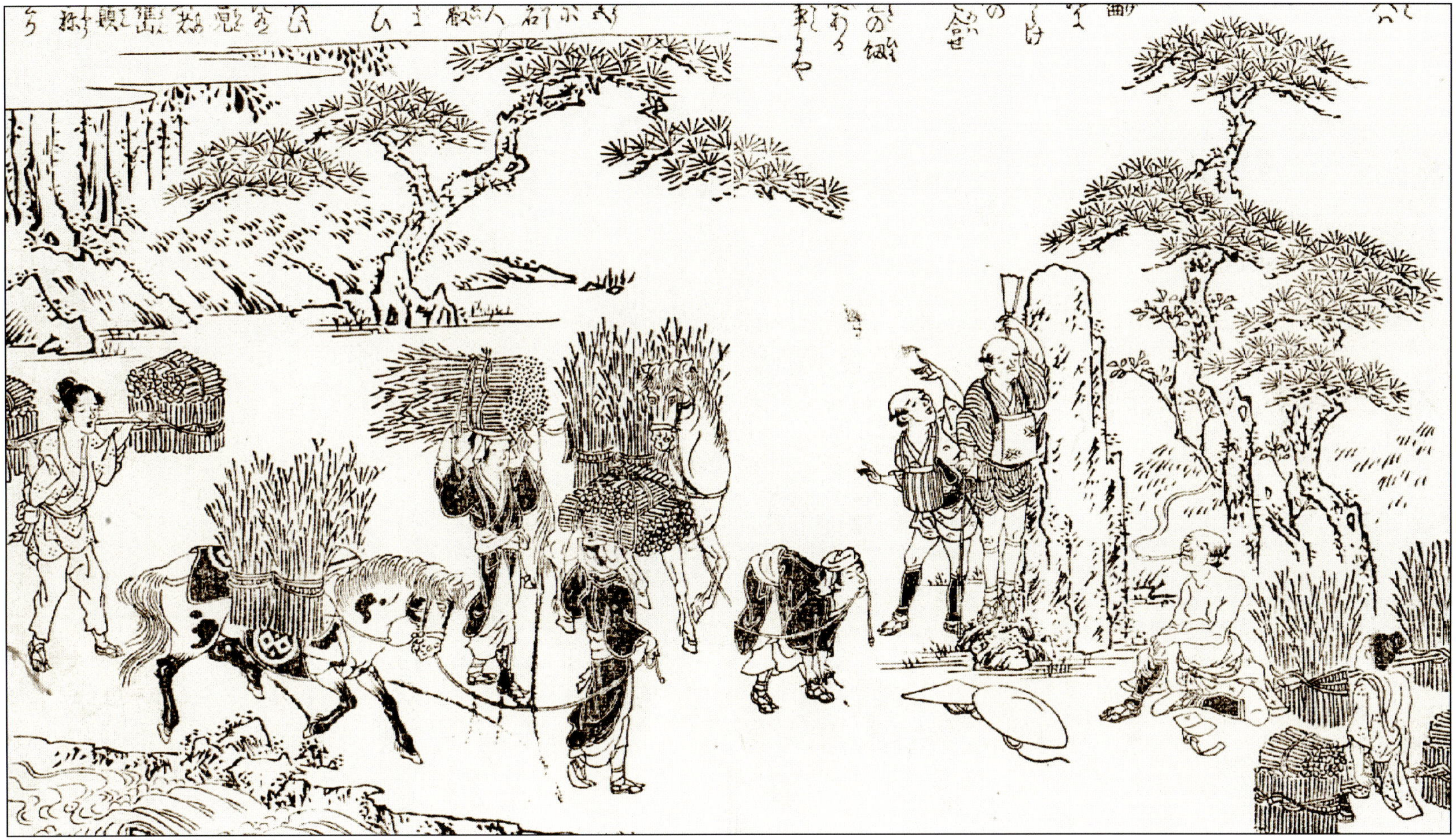

137 Buchhändler

　　Vor der Edo-Zeit wurden hauptsächlich in Tempeln Bücher gedruckt, aber die Drucke wurden nicht verkauft. Der Druck konzentrierte sich auf innerhalb der Religionsgemeinschaft verwendete Texte, die zur buddhistischen Lehre in Bezug standen. In der Edo-Zeit traten zum erstenmal in Kyôto Unternehmer auf, die Druckwaren herstellten und verkauften. Chinesische Werke, vor allem buddhistische, konfuzianistische, historische, medizinische Werke, die bisher die privilegierte Intellektellen aus Adel und Klerus monopolisiert hatten, wurden nun als Holzdruck zur Massenware. Auch viele Klassiker der japanischen Lyrik und erzählenden Literatur wurden gedruckt. Ende des 17. Jahrhunderts war die Zahl der erhältlichen Titel auf etwa 7000 gestiegen. Infolge der Verlagerung des politischen Zentrums von Kyôto nach Edo verschob sich auch das Zentrum des Druckgewerbes dorthin.

　　Links oben in der Abbildung ist die Front des Ladens von Suharaya Mohei, dem mächtigsten unter den etwa fünfzig Buchhändlern Edos, dargestellt. An der Ladenfront ist ein kastenförmiges Schild mit der Aufschrift Shoshi (Buchhandlung) zu sehen, rechts daneben wird für Edo meisho-zue geworben. Die Edo meisho-zue waren neben den immer wieder revidierten Beamtenverzeichnissen des Shôgunats (bukan) und Stadtplänen von Edo Suharayas wichtigste Verkaufsschlager. Der Laden lag im Zentrum von Edo, im ersten Block der Nihombashi-Straße. In der lebhaften Atmosphäre des Jahresendes ist man mit der Vorbereitung des Neujahrsschmucks beschäftigt. (Konta)

１３７　本屋

　江戸時代以前においても、本の出版は寺院を中心行なわれていたが、出版物が販売されることはなかった。出版は、宗教教団の内部で使用される仏教関係のテキストが中心だったのである。江戸時代になってはじめて、商品としての印刷メディアを生産・販売することを目的とした業者が京都に出現した。彼らは、中国の仏教書・儒学書・歴史書・医学書など、それまで日本の貴族・僧侶などの特権的知識層が独占していた書物のほとんどを、木版印刷にして商品とした。彼らはまた、日本の和歌・物語などの古典類も出版し、１７世紀の末には、およそ７０００種にものぼる出版物を売り出していた。政治的な中心が京都から江戸に移行するに伴って、出版業の中心も江戸に移った。

　図の左上には、およそ５０人を数える江戸の出版業者のなかでも、最も有力であった須原屋茂兵衛（すはらやもへい）の店頭が描かれている。店頭に「書肆（しょし）」と書かれた箱型の看板が見え、右隅には『江戸名所図会』の広告が掛けられているのが見える。『江戸名所図会』は、随時改訂される幕府の職員録である『武鑑』や『江戸地図』と並ぶ、須原屋の主力商品であった。店は、江戸の中心である日本橋通り１丁目にあり、慌ただしい歳末の雰囲気のなかで、正月用の飾り物の準備に忙しい。　（今田）

江戸名所図会

138 Bilderhefthändler

Es gab zwei Arten von Buchdruckern. Solche die ernsthafte, solide Dinge wie wissenschaftliche Bücher, Lehrbücher oder religiöse Werke druckten, wurden honya oder shomotsuya (Buchhändler) genannt. Wer leichte Ware für die Massen wie Puppenspiel-Texte (jôruribon), populäre Gedichtbände, ukiyo-e oder Bilderhefte für Kinder druckte, hieß sôshiya (Hefthändler) oder ezôshiya (Bilderhefthändler). Dabei entwickelten die ezôshiya die originellsten Medien von Edo: die mehrfarbig gedruckten ukiyo-e und die im Volk sehr populären bebilderten Erzählungen (kibyôshi, gôkan). Die Bevölkerungszahl der neu entstandenen Großstadt Edo lag Ende des 17. Jahrhunderts bei 500.000 Samurai und 1 Million Bürgern. Samurai und Bürger waren Leser der ezôshi, und die Liebesgeschichten der gôkan genossen große Popularität unter den Töchtern der Samurai. Samurai, die wegen des Systems des abwechselnden Dienstes der Daimyô beim Shôgun (sankinkôtai) mit nach Edo gekommen waren, kauften bei ihrer Rückkehr in die Heimat gewöhnlich ezôshi als Souvenir, und auch Kaufleute brachten ihren Kunden im Hinterland ezôshi (vor allem ukiyo-e) als Geschenk mit.

Die Abbildung zeigt die Bilderheft-Handlungen Izumiya und Masu-ya vor dem Shiba-jinmei-Schrein in Edo. An der Ladenfront sind alle Genres des Edo-ukiyo-e, wie Bilder von schönen Frauen, von Schauspielern oder Sumô-Ringern, aufgereiht. (Konta)

１３８　草紙屋

　出版業者には、２つの種類があった。学問書・教養書・宗教書などの本格的なもの、堅いものを出版する業者は「本屋」「書物屋」と呼ばれ、人形芝居の脚本である「浄瑠璃本（じょうるりぼん）」や流行の「歌の本」や・「浮世絵」、子供向けの「絵本」など大衆的なもの、柔らかいものを出版する業者は「草紙屋（そうしや）」とか「絵草紙屋（えぞうしや）」と呼ばれた。なかでも絵草紙屋は、江戸独自のメディアを開発した。多色刷りの木版画である「浮世絵」や、大衆の読み物として人気のあった絵入りの小説である「黄表紙（きびょうし）」や「合巻（ごうかん）」がそれである。江戸は新興の大都市で、１７世紀の末には武士階級の人口が５０万に達しており、町人の人口と合わせて１００万であった。武士も町人もともに絵草紙類の読者で、「合巻」の恋愛物は、武士の子女たちにも大変な人気であった。参勤交替のために江戸に来た武士が故郷に帰るときの土産には、必ず江戸の絵草紙類が用いられ、商人が地方の取引先に持参する土産も、浮世絵をはじめとする絵草紙類であった。

　図は、江戸の芝神明前にあった「和泉屋（いずや）」と「舛屋（ますや）」という絵草紙屋である。店頭には、美人画をはじめ、役者絵、相撲絵など、江戸の浮世絵のあらゆるジャンルの商品が並べられる。（今田）

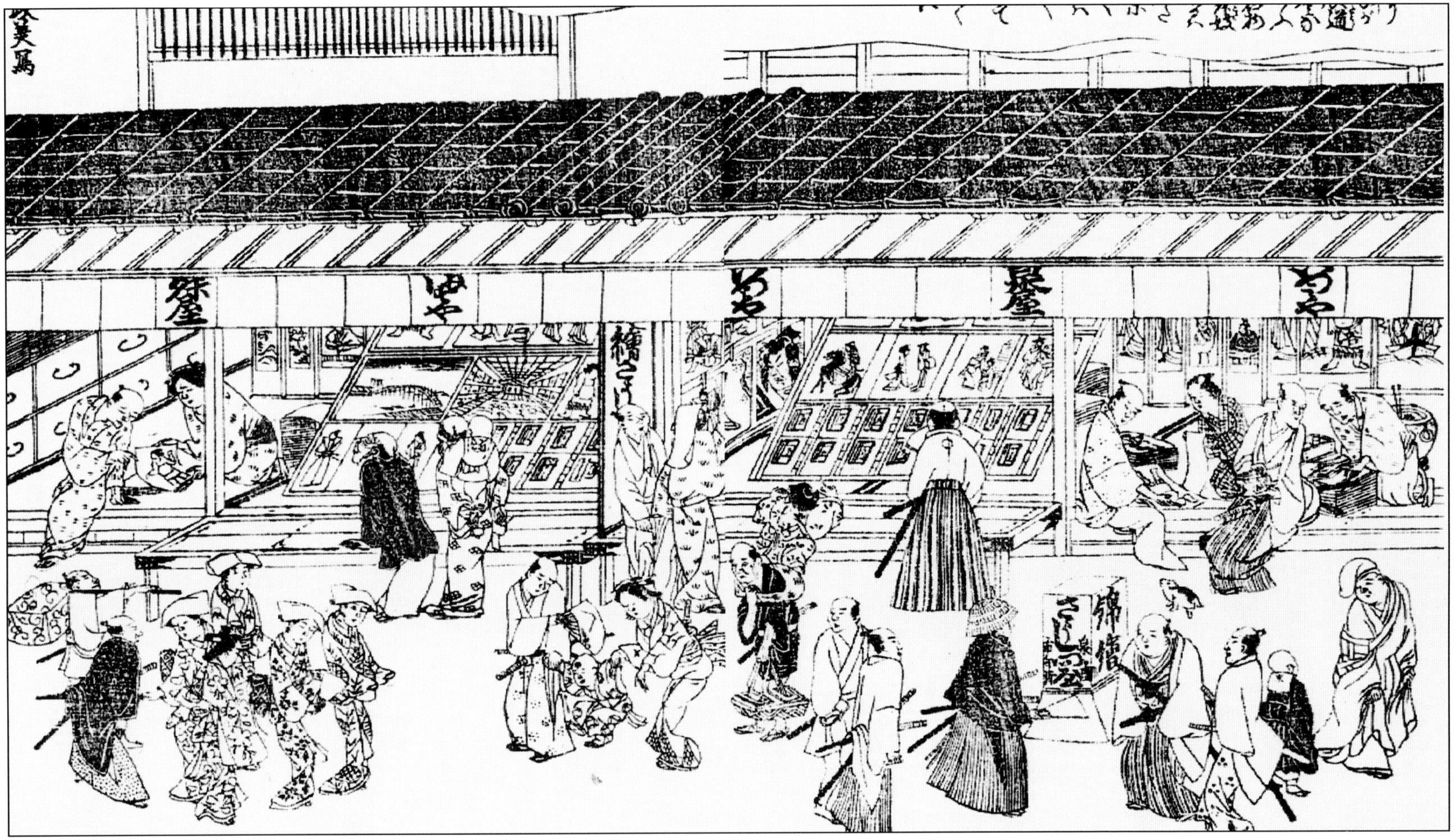

139 Kulttanz (kagura/daikagura)*

Die japanischen Künste haben ihren Ursprung in religiösen Riten des Altertums. Mit Gesang und Tanz wurden die Götter angerufen, gerühmt, erfreut, besänftigt. Diese Lieder und Tänze wurden von Generation zu Generation weitergegeben und gelangten in der Kunst des Kulttanzes kagura (oder daikagura) zur Reife. Dieser wird auch heute noch in Dörfern, Tempeln und Schreinen in den verschiedenen Regionen Japans aufgeführt.

In der Abbildung ist ein daikagura dargestellt, dessen Anfänge zu Beginn der Edo-Zeit in den Provinzen Ise (Präfektur Mie) und Owari (Präfektur Aichi) liegen. Es handelt sich dabei um eine Art von kagura, dessen Merkmale die beim Tanz getragenen Shishikashira (Löwenhäupter) sind. Die Shishikashira sind Masken vom Kopf des Löwen, wie man ihn sich vorstellte. Sie wurden als göttlich betrachtet. Das abgebildete daikagura wird von Leuten aus dem Dorf Tayûmura in Kuwana profesionell aufgeführt. Tänzer aus diesem Dorf bereisten alle Regionen Japans und führten zusammen mit dem traditionellen Tanz mit den Löwenmasken zur Vertreibung des Bösen auch neuentwickelte Schautänze vor. Außerdem hatten sie ein Programm mit Akrobatik und Jonglierkunststücken, das hôka hieß. Es gehörte ebenfalls zur Unterhaltung auf den Bauerndörfern. Auf der Abbildung vollführt ein Mann das Kunststück, während er Flöte spielt, auf einem dünnen Stock übereinander Fächer, Bälle und Geschirr geschickt zu balancieren. Rechts neben dem Mann ist ein Löwenkopf zu sehen, der in einem tragbaren Schrein verehrt wird. (Hayashi)

１３９　太（代）神楽（だいかぐら）

　日本の芸能は、古代の神事に源をもつ。歌や踊りは、神を招き、神を讃え、神を喜ばせ、神を慰めるためのものであった。そうした歌や踊りは世代から世代へと継承されて、「神楽」と呼ばれる芸能へと成長し、今でも日本各地の村や寺社で演じられている。

　図は、伊勢国（三重県）や尾張国（愛知県）で江戸時代初頭に始まった「太神楽（だいかぐら）」を描くものである。これは神楽の一種で、獅子頭（ししがしら）を持って舞うところに特徴がある。「獅子頭」とは、想像上の動物である獅子の頭の仮面であり、神と見なされている。この太神楽は、桑名の太夫村（たゆうむら）という村の人たちが専業に行っていたもので、この村の人々は日本各地に出かけて、邪悪なものを除くために獅子頭を被って伝統的な舞を行なうとともに、新たに工夫した「見せ物」としての舞を演じた。また、「放下（ほうか）」と呼ばれる曲芸や手品の演目もあって、これらは農村の娯楽にもなっていた。図では、一人の男が、笛を吹きながら、細い棒に扇や鞠（まり）や食器の類を重ねて巧みにバランスをとる曲芸を行っており、その男の右手には、移動式の社に安置されている獅子頭が見える。
（林）

日永追分

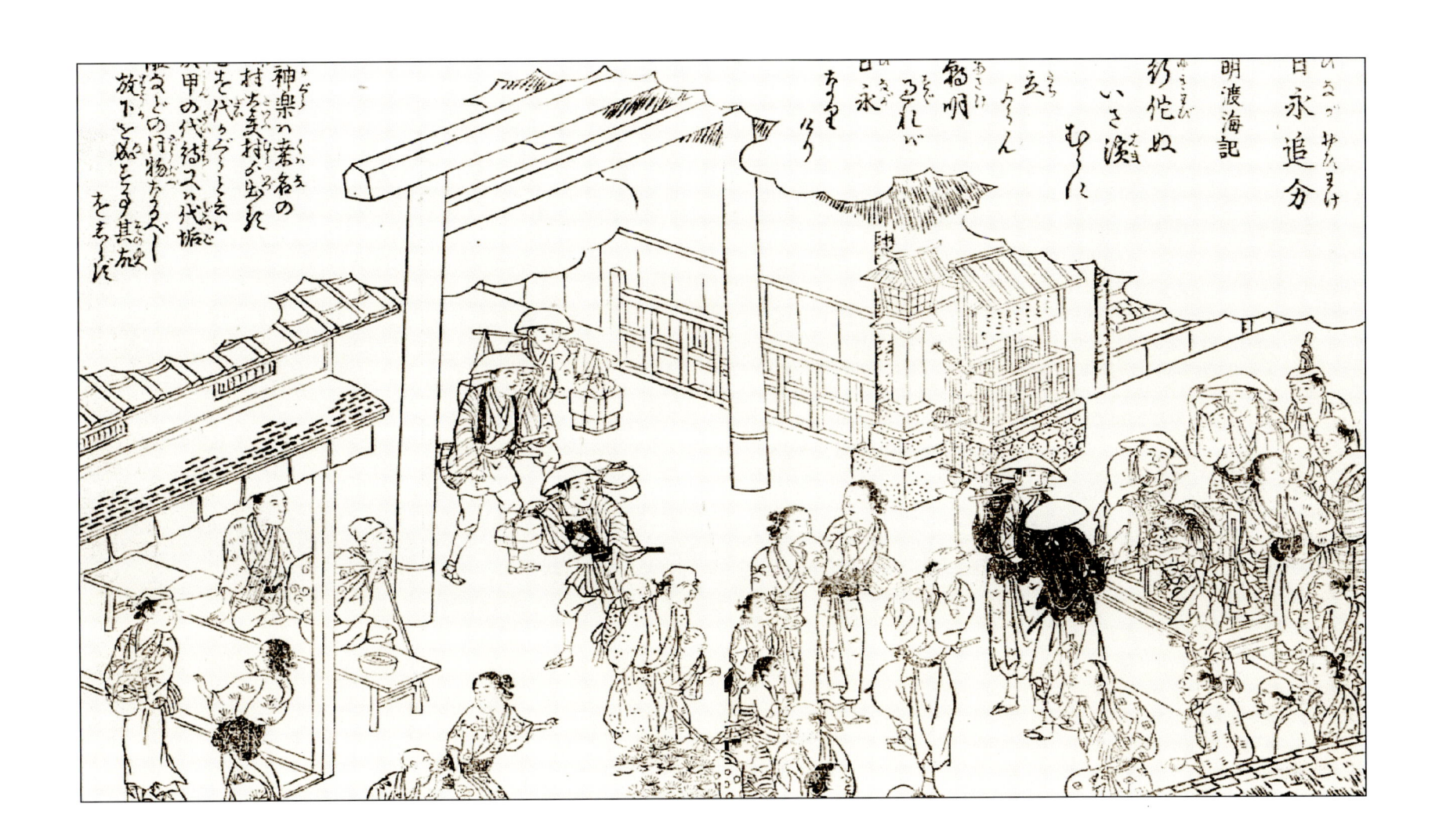

明渡海記

紛れぬ
いさ湲
亀明
　あさい
　日永
　むつく
　ふれい
　なり

神楽の素名の村を美村を出て
を代るぐへと云ひ
六甲の代組入代故
神などの同物なるべし
放下をもぬとる其處
をもつた

ひなかやわけ

140 Volkstheater (Dengaku)*

Dengaku (heute meist übersetzt als "Volkstheater") gehörte zu den künstlerischen Tätigkeiten, die man den Göttern darbot, um eine reiche Reisernte zu erflehen. Dengaku wurde zu Anfang mit den traditionellen Instrumenten tsuzumi (Handtrommel) und suri-sasara (Reibholz aus Bambus) aufgeführt, später wurden Musik und Tanz aus China mit taiko (großer Trommel), bin-sasara und Flöte als Rhythmusinstrumenten integriert. Schließlich wurde es zu einer Schaukunst, die in Tempeln, Schreinen und an Straßenkreuzungen in Städten für Zuschauer aufgeführt wurde. Im Kyôto der Kamakura-Zeit wurden häufig Aufführungen von dengaku veranstaltet, für die provisorische Zuschauertribünen errichtet wurden. Die Samurai, die in ihrem allzu großen Dengaku-Fieber den Spitznamen dengakubô erhielten, wurden zu seinen Hauptförderern. Aber in der Muromachi-Zeit erkaltete dieser Enthusiasmus. In der Edo-Zeit war dengaku nur noch etwas für Schrein- und Tempelfeste.

Auf der Abbildung ist ein dengaku für das Fest des Sumiyoshi-Großschreins in Ôsaka dargestellt. Die Hauptdarsteller des dengaku sind Tänzer, die eine große Trommel (taiko) an den Hüften tragen. Hier jedoch sind einbeinige Stelzenläufer (taka-ashi) dargestellt. Das dengaku wird von einer Truppe professioneller Künstler aufgeführt. Neben dem Tanz gab es auch Akrobatik mit Schwertern und Kugeln sowie unterhaltsame Sketche. (Hayashi)

１４０　田楽

　稲作の豊かな実りを祈って神に捧げる芸能に田楽があった。「田楽（でんがく）」は、はじめ「鼓（つづみ）」や「摺（すり）ささら」と呼ばれる伝統的な楽器を演奏するものであったが、中国から渡来した太鼓・びんざさら・笛をリズミカルに用いる音楽と踊りが取り入れられ、やがて寺社や都の辻で行なわれる「見せ物」としての芸能となった。鎌倉時代の京都では、大きな仮設の観客席を設けた田楽の興行が頻繁に行われるまでになり、田楽にあまりに熱中して「田楽公方（でんがくくぼう）」とあだ名される武家の棟梁も出た。しかし、室町時代になるとその熱狂も冷め、江戸時代になると寺社の祭礼に奉納されるだけのものとなった。
　図は、大坂の住吉大社の祭礼に奉納された田楽を描いている。田楽の主体をなすのは太鼓を腰に付けた踊り手たちであるが、ここに描かれているのは、高足（たかあし）という一本足の竹馬の曲芸である。田楽はプロフェッショナルな芸人たちの一座が行う芸能で、踊りのほかに、刀や玉を使う曲芸や、滑稽な寸劇も行なわれたのある。　（林）

田樂之圖

141 Nô-Theater*

Die erste Kunst mit dramatischem Inhalt war in Japan das Nô-Theater. Es entsand in der Kamakura-Zeit und fand in der Muromachi-Zeit eine feste Form. Nô umfaßt Elemente von Musik-, Tanz- und Maskentheater. Zur Begleitung werden die Instrumente kotsuzumi (kleine Trommel), ôzutsumi (größere Trommel) und taiko (größte Trommel) verwendet. Für die Dialoge entwickelte sich der Singstil utai, die Gestik geht auf Tanzformen zurück. Die Erzählungen, die den Texten zugrunde lagen, waren häufig höfische Literatur oder Legenden. Das Nô hatte zunächst als Kunst für Tempel- und Schreinfeste begonnen, entwickelte sich dann aber unter dem Schutz einflußreicher Persönlichkeiten. In der Edo-Zeit wurde das Nô-Theater zur "Tafelbelustigung" der Samurai-Klasse, und Daimyô-Familien hatten Nô-Schauspieler exklusiv in ihren Diensten stehen. Auch war es nicht selten, daß ein Daimyô selbst im Nô eine Rolle übernahm. Der bürgerlichen Oberschicht war es nicht erlaubt, Nô-Bühnen zu errichten. Aber das Erlernen des utai war als Bildung sehr populär. Bei Festen wurde Nô auch für das gewöhnliche Volk aufgeführt.

In der Abbildung ist die alljährlich im dritten Monat auf der Bühne des Itsukushima-Schreins auf Miyajima in der Provinz Aki (Präfektur Hiroshima) stattfindende Nô-Stück Matsukaze dargestellt. Viele Zuschauer haben sich versammelt und es heißt, daß auch aus dem Freudenvierteln schön aufgeputzte Freudenmädchen kamen, um gesehen zu werden. Die Bühne des Itsukushima-Schreins ist, da der Schrein selbst am Meer liegt, ins Meer gebaut. Eigentümlich für die Form der Nô-Bühne ist die sich links an die 4x6 Meter große überdachte Hauptbühne anschließende 10 Meter lange Brücke, die man hashigakari nennt. (Hayashi)

１４１　能

　日本で最初の演劇的内容を備えた芸能は「能（のう）」であり、鎌倉時代に起こり室町時代に形式が確立された。能は、音楽劇・舞踊劇・仮面劇の要素を含んでいる。伴奏音楽に、笛・小鼓（こづつみ）・大鼓（おおづつみ）・太鼓（たいこ）が用いられ、科白は「謡（うたい）」という歌の形式で発せられ、その動作は舞踊の型をふまえている。物語の題材となっているのは、古代の王朝文学や伝説が多い。最初、寺社での祭礼の芸能として始まり、やがて時の権力者の保護を受けて発達した。江戸時代にはいると、能は武家の「宴席の余興としての芸能」となり、大名家には専属の能役者が奉仕するようになった。また、大名自身が能を演じることも珍しいことではなかった。上級の町人の間では、能の舞台を構えることは許されていなかったが、教養として謡を習うことが流行した。祭礼の時などには、能は一般庶民にも公開された。

　図は安芸国（広島県）の宮島にある厳島神社の舞台において、毎年3月に公開された能「松風」を描いたものである。多くの観客が集まり、遊女町からも美しく着飾った遊女たちも見物に来たと言う。厳島神社の能舞台は、神社自身が海辺にあるため、舞台も海中に建てられていた。能舞台は、屋根の付いた約6メートル四方の舞台に、「橋懸（はしがかり）」と呼ばれる１０メートルの通路が左後方に付いた特殊な形をしている。　（林）

斯乃不志あるものゝ諸山
を負ふぎ崇敬一途
の間奥城
きんむべき
のう

むりょうは為小於て
度をありといへども江上
張て奥行せーことい観
もドまりはよー棚子
ふ尺そよう

142 Der Weg der Dichtung

Bestimmte Künste und Wissenschaften formalisierten in der Weitergabe von Generation zu Generation bestimmte inhaltliche und technische Muster. Diese Formen nennt man "Wege" (dô). Von der Literatur wie waka oder haiku, über unterhaltende Künste wie Gesang, Tanz, Tee, Blumen, Duft und Sportarten wie Kemari, Bogenschießen, Fechten oder Angeln bis hin zu Wissenschaften wie Medizin, konfuzianistische Studien oder Mathematik, überall entstand eine eigenständige Form der Praxis. In der Edo-Zeit nutzten Stadtbürger und Samurai ihre freie Zeit, diese "Wege" zu erlernen. Dies war nicht nur ein individuelles Vergnügen, sondern auch eine unverzichtbare Voraussetzung für Bildung und gesellschaftlichen Verkehr.

In der Abbildung ist ein im Tenman-Schrein von Itsukushima in der Provinz Aki (Präfektur Hiroshima) stattfindendes Renga-Treffen dargestellt. Unter renga (Kettendichtung) versteht man eine Methode des Dichtens, bei der eine Person die drei Verse des Oberstollens eines waka, das aus 5 Versen zu 5-7-5-7-7 Silben besteht, dichtet, während eine weitere Person die zwei Verse des Unterstollens anfügt und so fort. Im Mittelalter war es üblich, daß mehrere Personen hundert Stollen zusammenstellten. Diese Form des Dichtens stärkte nicht nur den Gruppenzusammenhalt, sondern ermöglichte auch eine eigene Welt der Lyrik, in der nur mehrere Produzenten gemeinsam etwas machen konnten. Das in der Edo-Zeit im Volk populäre haiku ist eine Verselbständigung des Oberstollens (5-7-5) des waka. (Hayashi)

１４２　歌道

　何らかの専門の学芸は、世代から世代へと引き継がれるなかで、守るべき固有の思考や技術のパターンとして様式化されたが、その様式を「道（どう）」という。和歌・俳句などの文学、歌・舞・茶・花・香などの遊芸、蹴鞠（けまり）・弓・剣・釣（つり）などのスポーツから、医学・儒学・算学などの学問諸分野にいたるまで、それぞれの分野に固有の「技術の様式」が形成された。江戸時代には、武士も町人も余暇を利用して、これらの「道」を学習することが行なわれた。それは、個人的な楽しみであるばかりでなく、教養として、また社交のための必須の条件であった。

　図は、安芸国（広島県）にある厳島神社内の天満宮で行われていた連歌会を描いている。「連歌」は五・七・五・七・七の和歌を上の句（五字・七字・五字）と下の句（七字・七字）に分ける。中世に起こった文芸で、普通複数の人が百句をまとめあげる形式が一般的である。このような詩作は、グループの精神的連帯感を強めるとともに、複数の作り手でなければ作ることのできない独自の詩の世界を創造することを可能とした。江戸時代に庶民の間で大流行した「俳句（はいく）」は、和歌の上の句（五・七・五）だけを独立させたものである。
（林）

摂津名所図会
浦月
蓮の会

143 Der Weg des Blumensteckens

Blumen als Schmuck in einer Vase zu arrangieren (ikebana), hat als religiöse Praxis, vor Buddhabildern Blumen darzubringen, begonnen. Dies war eine Art des Schmückens des Buddha, wie das Darbringen von Tee oder Räucherwerk. In der Muromachi-Zeit, wenn sich Leute in einem zashiki als dem Raum gesellschaftlichen Austausches zu einer Party trafen, auf der man renga dichtete und Tee trank, wurde das Ikebana neben einer Kalligraphie oder einer Keramik zur wichtigen Dekoration der Hausnische tokonoma. Schließlich wurden auch Bankette zum Zweck abgehalten, um Ikebana zu würdigen, und Fachleute traten dabei auf. Ein Mönch des Rokkaku-Tempels in Kyôto, Ikenobô Senkei, machte sich einen Namen als Experte für tatebana, geschmackvoll präsentierte Blumenarrangements im großen Stil. In der Edo-Zeit wurde die Technik des Blumenarrangements verfeinert, formalisiert und "rikka" genannt. Ikenobôs Name wurde als der der Schule des rikka weithin bekannt, und es war etwa um diese Zeit, daß der Weg des Blumensteckens ins Bewußtsein rückte. In der Mitte der Edo-Zeit schließlich wurde mit dem nageirebana, statt dem reglementierten rikka, eine natürlichere Form des Arrangements geboren und es entstanden viele Strömungen.

Die Abbildung zeigt ein von Meister Ikenobô ausgerichtetes rikka-Treffen anläßlich des Tanabata-Tages. Der Brauch, an Tanabata Blumen zu arrangieren und zu ihrer Würdigung viele Gäste einzuladen, war plötzlich im Mittelalter entstanden. Ikenobô, der Begründer des rikka, folgte dieser Tradition und schuf an Tanabata ein Blumenarrangement. (Hayashi)

１４３　華道

　花を瓶に入れて飾る「生け花」という行為は、最初、仏前に花を供えるという一種の宗教的な行為として始められた。それは、供茶、供香とともに仏前の飾り付けの１つであった。室町時代になって、「座敷」という社交のための空間に人々が寄り合い、連歌や喫茶を伴う宴が催されるようになると、生け花は、書画や器物とともに、床の間を演出する重要な飾りとなった。やがて、生け花そのものを観賞することが目的の宴も行われるようになり、専門家が現れるようになった。京都六角堂の僧であった池坊専慶（いけのぼうせんけい）は、演出をこらした生け花である規模の大きい「立花（たてばな）」の名手として名を成した。

　江戸時代になると、花を生ける技法が洗練され様式化されて、「立花（りっか）」と呼ばれるようになった。池坊の名は立花の家として広く知られるようになり、「華道」が意識されるようになるのもこの頃である。さらに、江戸時代も中期になると、規則に縛られた「立花」にかわって、「抛入花（なげいればな）」と呼ばれる、より自然な生け花の形式が生まれ、多くの流派が誕生した。

　図は、七夕の日に催された池坊邸における立花の会である。花を立て、多くの人を招いて観賞させるという習慣は、すでに中世の貴族社会の中に生まれていたが、立花の家元である池坊ではその慣例にしたがって七夕に生け花を行ったのである。　（林）

槇花と
畳ふきて
門の々
頼ふ
百花氏
池の坊
生のうち
塚入の
修産みし

144 Sen no Rikyû, der Begründer des Teewegs

Indischer Tee kam als Getränk in der Kamakura-Zeit nach Japan. Der Tee war auch schon aus China nach Japan gekommen. Er wurde bei Riten in Zen-Tempeln getrunken und fand endlich in ganz Japan Verbreitung. Tee war ein Getränk, daß man nur Gästen servierte. Ein Spiel (tôcha), bei dem es um Teenamen ging, stand in Blüte. Schließlich wurde wabicha erfunden, das darauf abzielte, daß Hausherr und Gast gemeinsam in einer der Klause eines Eremiten nachgebildeten Grashütte im ländlichen Stil Tee tranken. Der im 16. Jahrhundert lebende Sen no Rikyû war der Vollender dieser Richtung. Rikyû war ein reicher Stadtbürger aus Sakai und diente später den Mächtigen seiner Zeit als Teemeister. Der Grundstein für den heutigen Teeweg liegt in Sen no Rikyûs wabicha. Der Teeweg wurde in der "Zeit der kämpfenden Reiche" (Sengoku-jidai: 15. - 16. Jh.) unter den Kriegsherrn plötzlich zu einer Kunst des gesellschaftlichen Verkehrs. In der friedlichen Edo-Zeit verbreitete sie sich unter den Samurai und den Kaufleuten als vergnügliche Kunst, die man erlernen konnte.

Die Abbildung zeigt Sen no Rikyû in einem schneebedeckten Teehaus (chashitsu) sitzen. Oft wurde als Ort des Teetrinkens ein einfaches Gebäude im ländlichen Stil errichtet und ein geschickt die Natur nachahmender Garten angelegt. Dies war nicht einfach ein ländliches Haus inmitten von Natur, sondern eine Erfindung mit dem Ziel, den idealen Platz und die ideale Umgebung zu schaffen. Durch ungekünstelte Gestecke aus Gräsern und Blumen sollte auch im Raum eine natürliche Atmosphäre gegeben werden. Auf der Abbildung gibt Sen no Rikyû dem Jungen wohl den Auftrag, einen kleinen blühenden Pflaumenzweig abzuschneiden. (Hayashi)

１４４　茶道

　インド原産の茶が飲料として日本にもたらされたのは鎌倉時代であった。茶は中国から持ち帰ったものであり、最初、禅宗寺院の儀礼の中で飲まれるようになり、やがて日本全国に広がった。茶は、寄り合いに際して客をもてなすための飲料であるばかりか、茶の銘柄を当てる遊技である「闘茶（とうちゃ）」も盛んに行われた。やがて、隠遁者の住居を模した田舎風の草庵で、主人と客が茶を通して時間を共有することを目的とした「侘茶（わびちゃ）」が考案された。１６世紀の千利休はその大成者である。利休は堺の富裕な町人であり、後には茶人として時の権力者に仕えた。今日の茶道の基礎は千利休の侘茶にある。茶は戦国時代の武将の間で、すでに社交の術となっていたが、泰平の江戸時代には武家、商人たちの間に遊芸として広まり、習い事としての形式が整えられるに至った。

　図は、雪の茶室に座る利休を描いたものである。茶道では茶を飲む場所として「茶室（ちゃしつ）」という素朴な田舎風の建物が建てられ、巧みに自然を模した庭がしつらえられた。それらは、田舎家や自然そのものではなく、あくまでも理想的な場所と環境を作り上げるための工夫であった。また、草や花をさりげなく生けて室内に自然を感じさせる工夫もされた。画中の利休は、少年に命じて花の咲いている梅の小枝を切らせようとしているのであろう。（林）

体の
ふり
の
ちりふ
みそきく
へくうあ
りそうり

145 Drei Adepten des Teeweges

Ogata Kôrin: Kôrin gashiki.1818.

 Drei Chadô-Adepten schreiten auf Trittsteinen zum Teehaus. Holzschnitt-Adaption in zarten Farben von Bildern des Begründers der Rinpa-Malerschule Ogata Kôrin durch Aikawa Minwa. 1818. Das Ritual der Teezeremonie wurde im 16. Jahrhundert in den verschiedenen Schulen des Teewegs vervollkommnet. - Lit.: Hillier, Jack,The art of the Japanese Book. London 1987. S.669. (Dufey)

１４５　茶の湯礼讃

尾形光琳筆、光琳画式、１８１８年、彩色木版画。

　光琳は、その名に因んで琳派といわれる大胆で奇麗な画風を確立した。無だのない筆つかいのスケッチからかれの鋭い洞察力がうかがえ、しかもそれはここにみられるように多彩な絵師合川によって彩色木版画化されるのにうってつけである。１８１８年に発行されたこの画集は、例えば茶の湯礼讃の三大家が勿体ぶって飛石を波り茶室に向かう様など、題名通り光琳画風の格好の紹介となっている。茶道の儀式は十六世紀に幾つかの流派の中で完成された。
(Dufey)

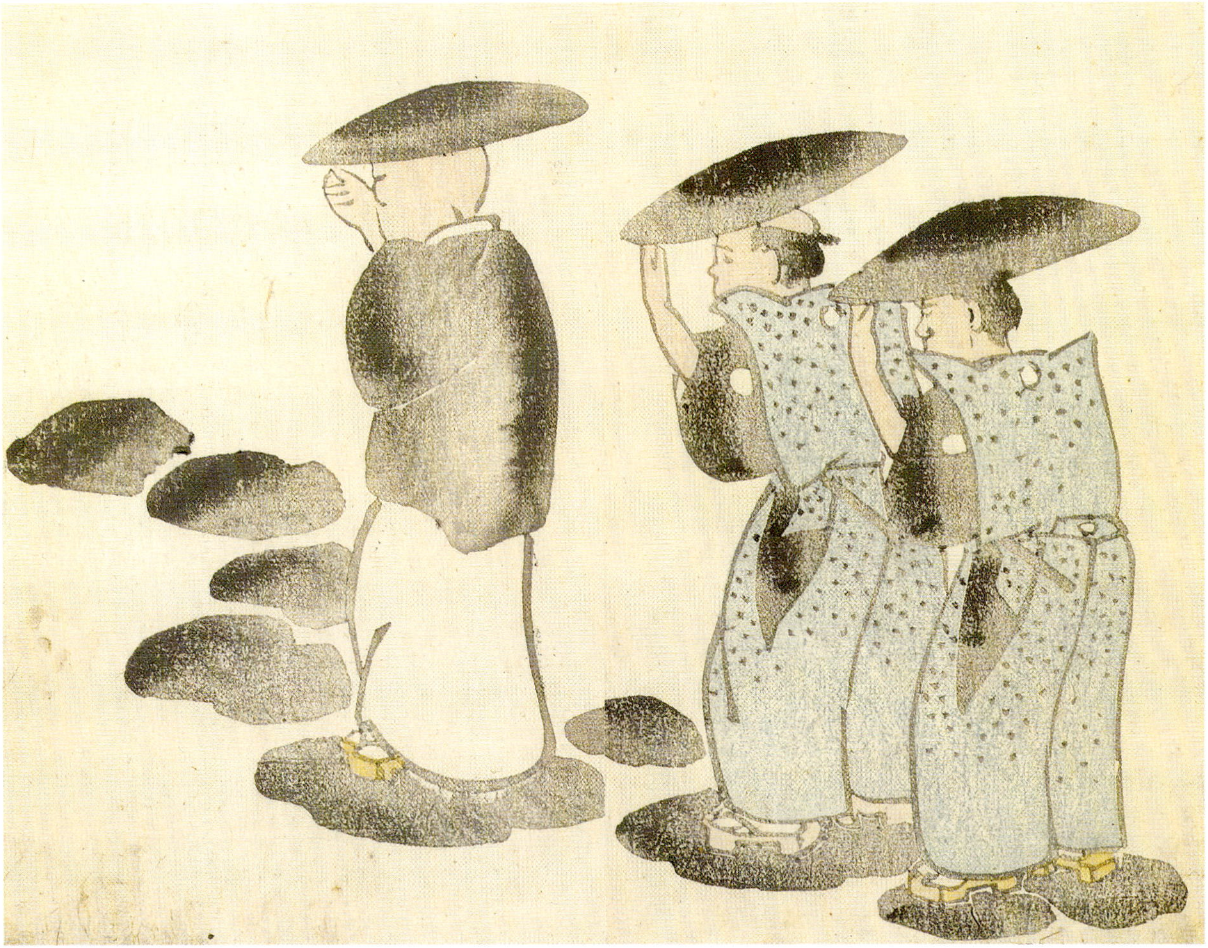

146 Der Weg der Kalligraphie

Es gibt in Japan traditionell drei Arten von Schriftzeichen. Das sind die den chinesischen Zeichen folgenden kanji, die originär japanischen, aus vereinfachten kanji entstandenen Lautzeichen hiragana und die nur einen Teil eines kanji verwendenden katakana. Diese Zeichen sind nicht nur Werkzeuge der Bedeutungsübermittlung, sondern mußten auch dem Verlangen nach künstlerischer Schönheit gehorchen. Die kanji, die die Grundlage für alle Schriftzeichen bildeten, wurden zuerst für das Schreiben der Sutren verwendet. Da diese Gaben an den Buddha waren, war Korrektheit und Schönheit der Schrift wichtig. Deshalb suchten Adel und Mönche in Japan nach einer idealen Schrift und ahmten die Zeichen der chinesischen Gelehrten und Literaten nach. Die Kunst des Schreibens solcher Schriftzeichen heißt shodô (Kalligraphie). Als besonders vorbildhaft wurden in Japan die Zeichen des Chinesen Wang Xi Zhi, eines berühmten Kalligraphen des 4. Jahrhunderts, und des Chinesen Ou Yang Xun aus dem 7. Jahrhundert betrachtet. Außerdem bewunderte man Schriftzeichen der Japaner Kûkai, eines Mönchs des 8.- 9. Jahrhunderts, des Fujiwara no Yukinari, eines Adligen des 1o.- 11. Jahrhunderts, und des Son'en Hosshinnô, eines kaiserlichen Prinzen des 14. Jahrhunderts.

Auf der Abbildung sehen wir ein Kalligraphie-Treffen in einem Restaurant in Maruyama in Kyôto. In Higashiyama (östlicher Stadtteil von Kyôto) fanden Ende des 18. Jahrhunderts im großen Stil Ausstellungen (shoga-kai) statt, in denen neue Bilder und Kalligraphien gezeigt wurden. Viele Leute kamen zusammen. Das auf der Abbildung dargestellte Kalligraphie-Treffen ist ein Ausdruck dieser Mode. (Hayashi)

１４６　書道

　日本の伝統的な文字には３つの種類がある。中国の文字に倣った「漢字」、漢字をくずした草体から作り出した日本独自の表音文字である「平仮名（ひらがな）」、そして漢字の一部を応用した「片仮名（かたかな）」である。これらの文字は、意味を伝達する道具であるばかりではなく、芸術的な美しさが要求された。それは、すべての文字の基本である漢字がまず使用されたのが「写経」であり、それは仏に捧げられるものであったから、正しくかつ美しい書体であることが必要であったからである。そのために、日本の貴族や僧侶たちは、理想的な書体を求めて、中国の学者や詩人の文字を模倣した。こうした文字の書き方の様式を「書道」と呼ぶ。日本で特に模範とされたのは、中国人では、４世紀の書の名人であった王羲之（おうぎし）や、７世紀の欧陽詢（おうようじゅん）の文字、そして日本人では、８世紀から９世紀の僧であった空海や、１０世紀から１１世紀の貴族であった藤原行成（ふじわらのゆきなり）、１４世紀の皇子であった尊円法親王（そんえんほっしんのう）の文字などである。

　図は、京都円山の料亭で行なわれた書会の様子を描いたものである。京都の東山では、１８世紀の終わりごろから「書画会」と呼ばれる、新作の絵画と書を展示する大規模な展覧会が行なわれるようになり、多くの庶民を集めるようになった。図に描かれた書会も、そのような流行の一端を担うものであろう。　（林）

興庵阿弥
布會

147 Schule im Altertum

Die ersten Schulen in Japan wurden im 7. Jahrhundert gegründet. Der japanische Staat des Altertums, der das Staatssystem von China übernommen hatte, richtete in der Hauptstadt eine der Zentralverwaltung unterstehende Schule (daigaku) ein, und in den Regionen gründete er den Regionalbehörden unterstehende Schulen (kokugaku), um eine Beamtenelite heranzuziehen. Die Lese- und Schreibfähigkeit sowie das sachliche Wissen der gewöhnlichen Beamten sollte gesteigert werden.

Die Abbildung zeigt die Schule der Provinz Owari (Präfektur Aichi). Natürlich ist es ein Phantasiebild. Vor dem Lesepult sitzt der ins Amt des Gouverneurs neu berufene Ôe no Masahira (sein Titel war in dieser Gegend Ende des 10. Jahrhunderts kokushu) und liest vor. Wir wissen nicht, was er vorliest, aber vielleicht handelt es sich um ein konfuzianistisches Werk aus China oder eines über japanische Geschichte. Vermutlich sind die drei Personen links im Bild, die dem Betrachter den Rücken zuwenden, leitende Beamte, die Masahira Gegenübersitzenden mittlere Beamte und die daneben Sitzenden junge Schüler. Personen, die hier hervorragende Ergebnisse erzielten, konnten auf Empfehlung in die daigaku in der Hauptstadt gehen. Es war gewiß kein bloßer Traum, durch wisenschaftliche Betätigung als Provinzler in die Zentralverwaltung aufzusteigen. Auch wenn man nicht in die Zentralverwaltung gelangte, bestand noch die Möglichkeit, Priester zu werden und sich in der Welt der Religion einen Namen zu machen.
(Kohsaka)

１４７　古代の学校

日本に学校が設立されたのは７世紀の初めである。中国から国家の諸制度をそっくり学んだ古代国家は、エリート官僚を育て、一般官僚の読み書き能力と知識とを高めるために、都には中央政府が管理する「大学」と呼ばれる学校、地方には「国衙（こくが）」と呼ばれる地方行政府が管理する「国学」と呼ばれる学校を設営した。

図は、尾張国（愛知県）の「国学」の様子である。もちろん想像図であるが、書見台を前にして座って講義をしているのは、１０世紀の末にこの地に「国守（こくしゅ）」と呼ばれる長官として赴任した大江匡衡（おおえのまさひら）である。どのような書物を講義しているのかは分からないが、おそらく中国の儒学書か日本の歴史書などであろう。図の左で背を向けている３人の人物はこの地方の行政府の幹部役人、匡衡の正面で講義を聞いているのは中堅の役人、次の間に座っているのは若き学生たちであろう。ここで優秀な成績を修めた者は、推薦されて都の「大学」に入ることもできた。学問をすることによって、地方出身者も中央の官僚になることも夢ではなかったのである。官僚にならなくても僧籍に入り、宗教界で名を上げることも可能であった。　（高坂）

匡衡講
圖

匡衡朝臣ハ和漢の大なり
野群載本朝文粋詩ハ新
集和謌ハ後拾遺集續古
集古今集中古哥仙
等不見候自撰
書ハ江吏部集
家集あうや

148 Schule in der Neueren Zeit

In der Erziehung der Neueren Zeit bildete der Konfuzianismus, insbesondere die Shushigaku, die Hauptströmung. Die Shushigaku begründete das Feudalsystem und die soziale Position des Einzelnen mit Hilfe der Vernunft. Dem Konfuzianimus wurde als einer Gelehrsamkeit, die ein für die Feudalgesellschaft wünschenswertes Menschenbild vorstellte, vom Shôgun und von den Daimyô Achtung entgegngebracht. Deswegen richtete das Edo-Shogunat nach dem Vorbild der daigaku des Altertums eine Schule ein, die shôheikô hieß. Als die Daimyô davon Kenntnis erhielten, errichten sie den kokugaku des Altertums entsprechend Daimyatsschulen (hankô). Die Zahl der hankô stieg in der Edo-Zeit bis auf 280. Im 17. und 18. Jahrhundert verbreitete sich Gelehrsamkeit (eigentlich eine Sache der Samurai-Klasse) bis ins Volk, und es entstanden die shijuku, private Gelehrtenschulen. Zu den bekannten Shijuku gehörten die Kokidô in Kyôto, die Kansuidô in Ôsaka und, ebenfalls in Ôsaka, die Kaitokudô. Jede hatte ihre eigene Unterrichtsweise.

Die Abbildung zeigt, wie der Leiter der Kokidô-Schule von Kyôto Itô Tôgai, in der Schule Kansuidô (die von einem reichen Bürger aus Hirano in der Provinz Settsu finanziert und gebaut worden war) eine Gastvorlesung hält. Das Rollbild in der Nische hinter Tôgai zeigt Konfuzius, den Vater des Konfuzianismus. Vor Konfuzius brennt Räucherwerk. In der Bücherkiste daneben befindet sich das "Kompendium der 21 Dynastiegeschichten", eine Sammlung offizieller chinesischer Geschichtswerke. Die Zahl von sieben Studenten scheint ein wenig klein, in Wirklichkeit waren es wohl mehr. Am Eingang steht ein Schwertständer. Dies hat zu bedeuten, daß sich in der Welt der Gelehrsamkeit die sozialen Unterschiede auflösen. (Kohsaka)

１４８　近世の学校

　江戸時代の教育の主流は儒学、とりわけ朱子学であった。朱子学は封建制度・身分制度を理論的に説明し、封建社会にとって望ましい人間像を提示する学問として、将軍・大名に尊重された。そのために江戸幕府は、古代の大学に当たる「昌平黌（しょうへいこう）」という学校を設立し、各地の大名もそれにならって古代の国学に相当する「藩校（はんこう）」を設立した。藩校の数は江戸時代を通じて２８０校にものぼった。１７、１８世紀には、学問は、武士階級はもちろんのこと、庶民にまで広まり、民間学者の私的な学校である「私塾（しじゅく）」も誕生した。庶民の為の、庶民による私塾として著名なのは、京都の「古義堂（こぎどう）」、平野（現在は大坂に含まれている）の「含翠堂（がんすいどう）」、大坂の「懐徳堂（かいとくどう）」であり、それぞれが特色ある教育を行なった。

　図は、平野の有力町人が資金を出し合って設立した「含翠堂」に、京都の「古義堂」の塾主である伊藤東涯（いとうとうがい）が招かれて講義を行っているところである。東涯の背後の床の間の掛物は、儒学の祖である「孔子像」で、その前には、心を落ちつけるために香が焚かれている。香の横の本箱には「廿一史（にじゅういちし）」とあって、このなかには中国の公式の歴史書シリーズが納められていることが分かる。入口には「刀置き」があって、学問の世界では、身分の差が解消されている。（高坂）

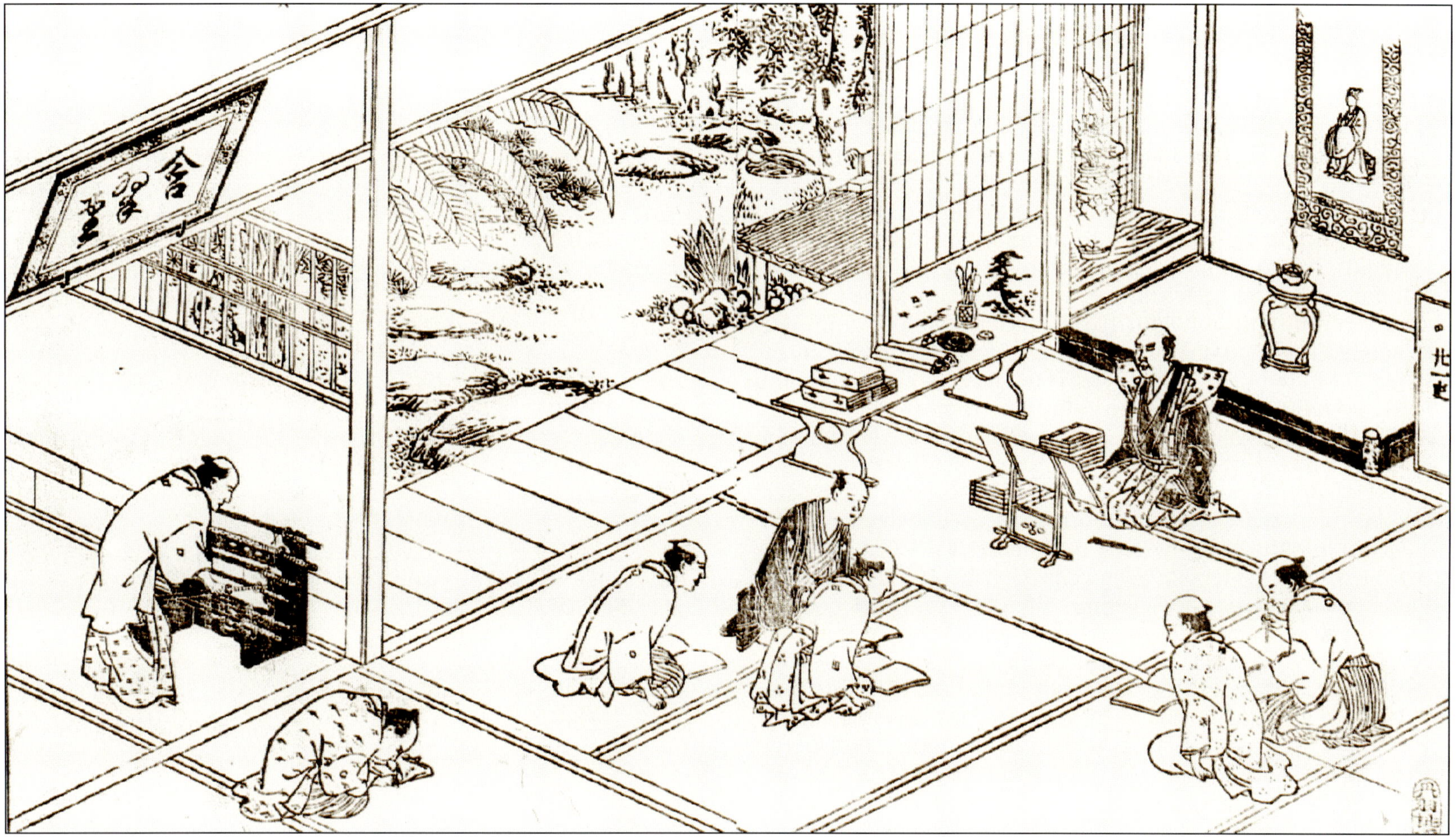
含翠堂

149 Bauernschule

In der Edo-Zeit entstanden natürlich in den Städten, aber auch in den Dörfern die sogenannten Tempelschulen (terakoya). Sie vermittelten eine Elementarbildung. Man schätzt, daß gegen Ende des Shôgunats 30% der Jungen und 10% der Mädchen in diesen Schulen im Lesen und Schreiben unterrichtet wurden. Auf Lese- und Schreibfähigkeit wurde großer Wert gelegt, da inzwischen bei den Handelsgeschäften, die parallel zur Steigerung der Produktivität zunahmen, alle Verträge, Bestellungen oder Empfangsbestätigungen schriftlich dokumentiert wurden. Auch die Steuern wurden schriftlich fixiert. Selbst von der Landbevölkerung wurde jetzt verlangt, lesen und schreiben zu können. Mit dem Anwachsen der Produktivität nicht nur beim Reis, sondern auch bei Raps, Indigo, Baumwolle, Seide, Mandarinen usw., entwickelte sich auch das für die Produktion erforderliche komplexe bautechnische und landwirtschaftliche Wissen. Durch die ständig gestiegene Alphabetisierung der Landbevölkerung wurde der Informationsaustausch erleichtert.

Die Abbildung zeigt, wie zu Beginn der Edo-Zeit - es gab damals noch keine terakoya, und der Alphabetisierungsgrad der Landbevölkerung war noch gering - Bauern unterrichtet wurden. Es wird überliefert, daß ein Lokalbeamter der Provinz Kii (Präfektur Wakayama), Kimura Hachirô aus Kummer um die Armut der Dörfer die Dorfbewohner versammelte, selbst zum Ackergerät griff, mit ihnen den mageren Boden kultivierte und sie zur Produktion von Mandarinenkörben anleitete. Voll tiefer Dankbarkeit verehrten die Dörfler Kimura als Gott. (Kohsaka)

１４９　農民学校

　江戸時代には、都市はもちろんのこと農村にまで、初等教育を授ける寺子屋が現れ、幕末には、こうした教育機関で読み書き能力の訓練を受けているものは、男子の３０パーセント、女子の１０パーセントであると推定されている。読み書き能力が重視されたのは、生産力の高まりとともに発展した商業取引において、発注や受領などの契約はすべて文書によって行なわれ、また納税関係の取り決めも文書によるという時代になったからである。農民といえども読み書き能力が要請される時代なのであった。江戸時代における生産力の増大は、米ばかりでなく、菜種・藍（あい）・綿・生糸・蜜柑（みかん）などの商品作物にも及び、その生産を支える複雑な土木技術、高度な農業技術なども発達した。それらは、農民の読み書き能力の向上によって知識の交通（コミュニケーション）が容易に、かつ豊かになったことと大いに関係がある。

　図は、江戸時代の初め、まだ寺小屋もなく、農民の読み書き能力が向上していなかった時代の、農民の教育風景である。紀伊国（和歌山県）の一地方の役人をしていた木村八郎という人物が、村の困窮を憂え、村の農民を集め、自らも農具を取って、ともに痩せた土地を改良し、また、蜜柑籠（みかんかご）の製造業をはじめさせたという話が伝わっている。農民たちは深く感謝し、木村先生を神に祀った。　（高坂）

大窪村本
ちくり
戸祝する
木村先生
當初貧
困流離の
民を集
め己之共
に衣食
ら百方
末郡を
勸農の
図

150 Ausstellung von Arzneimitteln in einer Ärtzteschule

Die Kenntnis von Arzneimitteln fand zu allen Zeiten großes Interesse, weil sie das Leben des Menschen direkt betrifft. Der erste Tokugawa-Shôgun Ieyasu und die ihm folgenden Shôgune maßen diesem Wissen große Bedeutung bei und stellten viele Ärzte an. Außerdem machten auch die einzelnen Daimyô Ärzte zu Vasallen. Die Ärzte unterrichteten nicht nur ihre eigenen Kinder, damit diese den väterlichen Beruf weiterführen konnten, sondern nahmen auch noch zusätzlich jukusei genannte Schüler auf. Unter den Ärzten hielt man die aus China für die besten. Es gab Vertreter der klinischen Medizin oder der Erfahrungsmedizin. Die Erforschung der Heilwirkung von in der Natur vorkommenden Pflanzen, Metallen, Tieren usw. blühte. Der achte Shôgun Tokugawa Yoshimune förderte in der ersten Hälfte des 18. Jahrhunderts die Arzneimittelforschung. Daher entwickelte sich die Pharmazie rasch. Um die Mitte des 18.Jahrhunderts traten Gelehrte auf, die im großen Stil Arzneimittelmessen (yakuhinkai) veranstalteten, auf denen verschiedene Arzneien gezeigt wurden. Besonders berühmt waren die von Hiraga Gennai veranstalteten yakuhinkai.

Auf der Abbildung ist eine von der Hofarztfamilie des Daimyats Owari, Arai, veranstaltete Messe dargestellt. Die Familie Arai eröffnete eine Medizinschule, in der sich nicht nur viele Schüler aus den Nachbarprovinzen sammelten, sondern auch die Ärzteprüfungen der Provinz durchgeführt wurden. Auf der Messe des Hauses Arai wurden mehr als zehntausend Exponate gezeigt, angefangen von seltenen Kräutern und Hölzern, Vögeln und Tieren, Insekten und Fischen, Edelsteinen usw. bis hin zu Kuriositäten aus West und Ost. (Kishi)

１５０　医学校の薬品展覧会

　薬物の知識は、人間の生命に関わることだけに、あらゆる時代の最大の関心事であった。最初の徳川将軍である家康も、それ以後の将軍たちも、そのような知識を重視し、多くの医者を召し抱え、また、各地の大名もみな家来の中に医者を加えていた。医者は、自分の子どもに家業を継がせるために教育を施すとともに、「塾生（じゅくせい）」と呼ばれる学生を寄宿させたりもした。医者たちのなかには、中国の医学は観念的すぎると考えて、臨床や実験の医学を主張する者が現れ、自然界に存在する植物・鉱物・動物などの薬効を研究することも盛んに行なわれるようになった。１８世紀前半の８代将軍である徳川吉宗は、薬物研究を奨励したので、薬品学はいっそう発展した。さらに、１８世紀の中ごろには、全国の薬品学に関心のある人たちに呼びかけて、さまざまな薬品を展示する「薬品会（やくひんかい）」と呼ばれる大規模な博覧会を催す学者も現れた。とくに著名なのは、平賀源内の薬品会である。

　図は、尾張藩の侍医である浅井家の医学館で行われた薬品会の様子を描いている。浅井家は、医学校を開いて、近隣諸国からたくさんの学生たちを集めるとともに、藩における医師試験の試験官の仕事もしていた。その浅井家の薬品会は、山海の草木・鳥獣・虫魚・玉石などの珍品から、西洋・東洋の奇物まで、１万余種の物産を展示する展覧会であり。（岸）

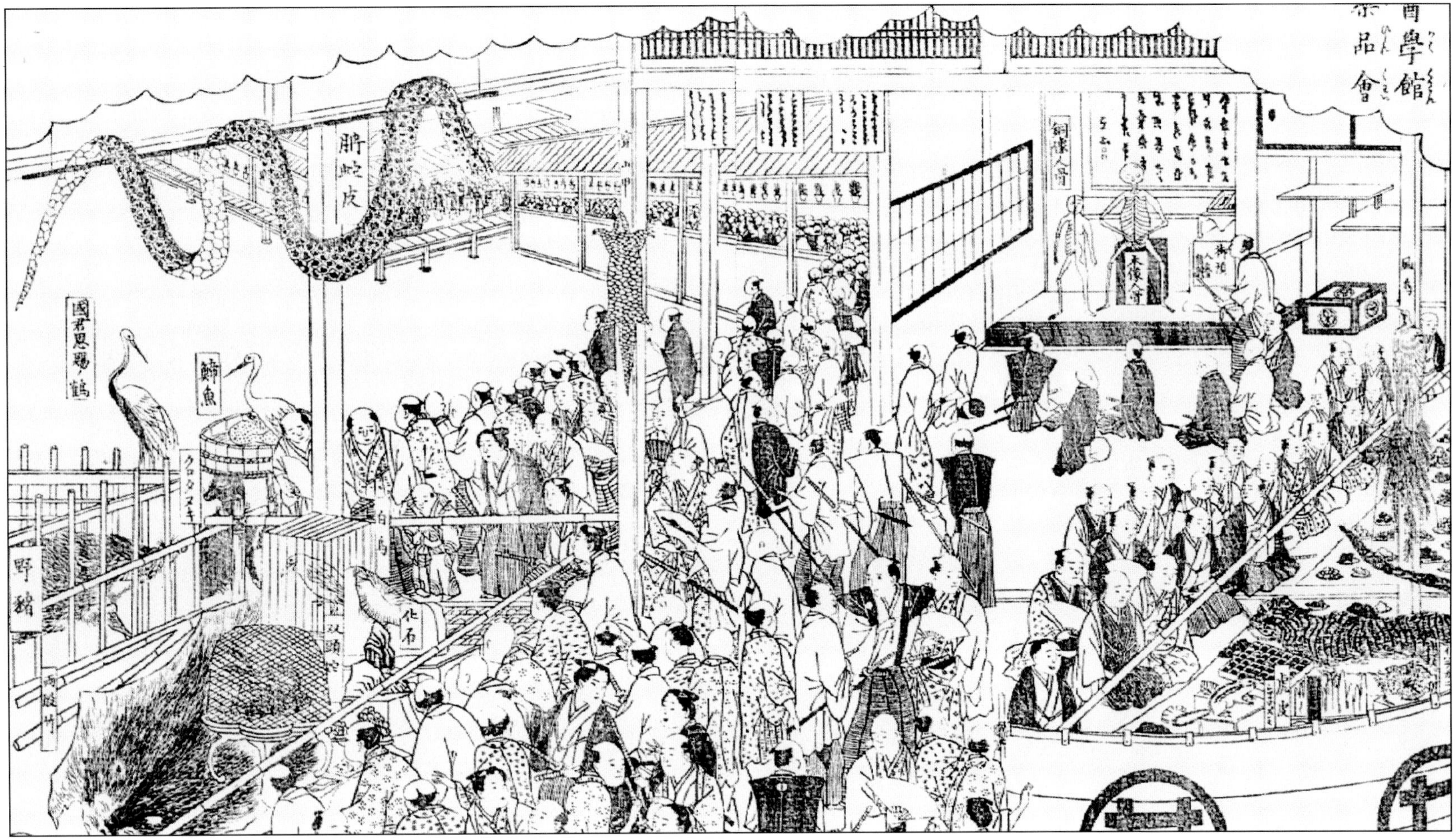

151 Westliche Medizin

Nakamura Tekisai: Kinmô zui taisei. Kyôto 1849. Staatliches Museum für Völkerkunde.

　Den Erwerb des volkstümlichen Bilderlexikons mit knappen Texten ließ sich kaum ein Europäer entgehen, den es in der Edo-Zeit nach Japan verschlug. Den Erstdruck aus dem Jahre 1661 hatte der deutsche Arzt in holländischen Diensten auf der Insel Deshima, Engelbert Kämpfer, mit nach Deutschland gebracht. Nach seinem Tode gelangte er über Sir Hans Sloane ins Britische Museum und mithin in die jetzige British Library. Die Bayerische Staatsbibliothek konnte ihrer Ausgabe von 1789 vor einigen Jahren noch eine im Jahre 1668 auf den originalen Blöcken gedruckte hinzufügen. Die aufgelegte Edition aus dem Jahre 1849 wurde von Ph. Franz v. Siebold gekauft und kam ins Münchner Völkerkundemuseum. Aus ihr wird die Rezeption der westlichen Medizin deutlich, wie beispielsweise bei der Abbildung der Eingeweiden ersichtlich ist. - Lit.: Gardener, Kenneth B.: A descriptive cat. of Japanese books in the British Library printed before 1700. London 1993, Nr. 231-233.
(Dufey)

１５１　西洋医学

中村剔斎著、順蒙図彙大成、京都１８４９年、民族学博物館蔵。

　江戸時代に日本へ波たったようなヨーロッパ人なら、この簡潔な説明文の付いた挿絵入国民百科辞典をたいていは購入した。オランダ勤務で長崎の出島にいたドイツ人医師、エンゲルベルト・ケンパーは１６６１年に出た初版本をドイツへ持ち帰っていた。それはハンス・スローン卿の手を経て大英博物館、今の大英図書館に届いた。ババリア州立図書館はその１７９８年版を手に加えて、数年前に原版の版木で刷られた１６６８年版を入れることができた。展示されている１８４９年版は、シーボルトが買ったもので、ミュンヘン民族博物館に入っているものである。この版からは、例えば内臓の模写に見られるように、西洋医学の受容が明らかに認められる。
(Dufey)

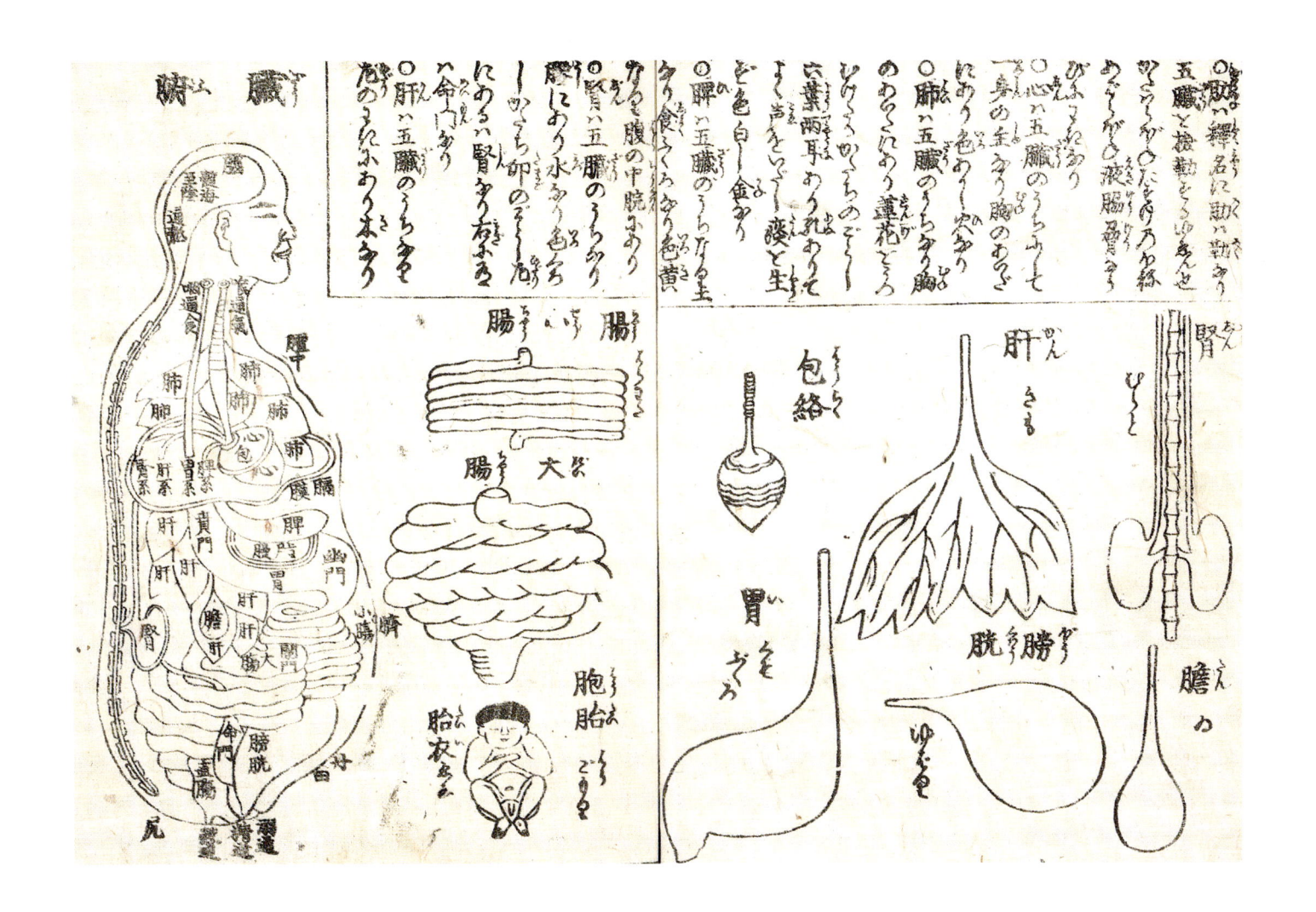

○液に譯名に助じゃう
五藏と接勤をるゆへんせ
あるなり○たとへば袋二つ
そうめんのごとくにう液腸胃あり

○心は五臓のうちにて一身の君なり胸のむなさ
きのしたにあり色赤く蓮花ころひ
のわるにあり○童花ところ
○肺は五臓のうちにて胸のむなさ
きのうへにあり色白し金なり
のどをいふ咳と生
ず○六葉両耳わかれあり
よく声をいぶ咳と生
ずかるゆへよく物をき
くなり色白し金なり

○脾は五臓のうちなり腹のまん
中にあり水穀のかゆる主
にてより水穀の色あり
うつうにあり卯のうふ胞
にあるなり腎ふたつあり
のあいにあり本ふ

○肝は五臓のうちなり
胃のうへにあり
色あかし木なり

○胃は五臓のうちなり
腹の中脘ふあり

○命門は
五臓のうちに
入さふらへ
あうふあり本ふ

臓 腑

肺
脾
腎
心包
肝
胃
大腸
小腸
膀胱
命門

腸
小腸

大腸

胞胎
胎衣

腎

肝

包絡

胃

膀胱

膽

152 Die Enstehungsgeschichte des Mandala im Taima-Tempel*

Bilder wurden nicht nur als etwas Schönes geschätzt. Bilder fungierten neben den Schriftzeichen als die wichtigsten Medien zwischen Sender und Empfänger. Sie boten nämlich vielfältige Kommunikationsmöglichkeiten.

Die Abbildung schildert die sich um das Mandala des Taima-Tempels in Yamato (Provinz Nara) rankende Legende. Das Taima-Mandala besteht aus einem Stück handgewebter Seide. Streng genommen ist es kein Bild, sondern erzählt eine höchst interessante Geschichte über die Frau, deren religiöses Portrait es ist. Die Geschichte stammt aus der Nara-Zeit. Chûjôhime betete jeden Tag: "Ich verehre den Amida-Buddha". Da erschien ihr eines Tages eine Nonne und sagte, sie solle hundert Lotos-Blumen sammeln. Als Chûjôhime das getan hatte, zog die Nonne aus den Stengeln die Fäden. Und es heißt, da erschien von irgendwoher eine schöne Frau und webte mit diesen Fäden in einer Nacht das Bild des Reinen Landes, wo Amida-Buddha wohnt. In der Illustration stellt die Frau am Webstuhl den Bodhisattva Avalokiteshvara (Kannon Bosatsu) dar. Daneben erkennt man eindeutig Amida-Buddha. Beide, Amida-Buddha und Bodhisattva Avalokiteshvara bezeugen die Korrektheit des Bildes vom Reinen Land, das sie am besten kennen. (Kishi)

１５２　曼荼羅（まんだら）

　絵画は、単に「美しいもの」として鑑賞されてきただけではない。絵画は、発信者と受信者の間を媒介するメディアのひとつとして、しかも、文字と並ぶ最も重要なメディアのひとつとして、さまざまなコミュニケーション機能を果たしてきた。

　図は、大和（奈良県）の当麻寺に伝来する「当麻曼荼羅（たいままんだら）」にまつわる伝説を描いたものである。「当麻曼荼羅」は絹でできた綴織（つづらおり）で、厳密にいえば絵画ではないが、宗教的画像（イメージ）の制作者は本当は誰なのかについて、きわめて興味深い物語を教えてくれる。話は、奈良時代のことである。日頃から「生身の阿弥陀仏を拝みたい」と念じていた中将姫（ちゅうじょうひめ）のところに、ある日、1人の尼（実は阿弥陀如来）が現れ、百本の蓮（はす）を集めよと言う。そして、中将姫が蓮を集めると、尼はその蓮の茎から糸を取った。すると今度は、どこからともなく１人の美しい女性（実は観音菩薩）が現れ、一夜の内に、その糸で阿弥陀仏の住む極楽浄土を織り上げたという。挿絵で、機を織る女性の側であれこれ指示しているのは、まぎれもなく阿弥陀仏自身である。極楽浄土のイメージの「正しさ」を保証するのは、その様子を最もよく知っている阿弥陀仏と観音菩薩自身であるというわけである。　（岸）

當麻寺の曼陀羅は彌陀
觀音の兩尊織せ給ふ所
もつとも其上品
上生中品中生と
同じ織るところ
の銘文晝十
三軸最寄巧
有つ實に
三國無雙の
霊寶と
いふぞ

153 Votivbilder: ema *

Ema sind Bilder, die nach den religiösen Wünschen des Volkes gemalt wurden. Wenn man in alten Zeiten zu einem Buddha oder Shintô-Gott um die Erfüllung eines Wunsches betete oder sich für die erfüllte Bitte bedankte, gab man eine Stiftung für die in den Tempeln und Schreinen lebenden Pferde. Man dachte nämlich, Pferde seien die Reittiere der Götter. Aber bald, wahrscheinlich um die Nara-Zeit, stiftete man statt lebender Pferde kleine Holztäfelchen, auf die Pferde gemalt waren (ema). In der Muromachi-Zeit schließlich wurden der Gott oder Buddha, der die Bitte erhörte, oder ihn symbolisierende Attribute oder der Inhalt des Wunsches im einzelnen aufgemalt. Diese Täfelchen waren fast immer nur 10 bis 15 cm breit (koema). Sie wurden häufig von namenlosen Malern oder dem Stifter selbst gemalt.

Die Abbildung zeigt die in der Halle des Jimmoku-Tempels in der Provinz Owari (Präfektur Aichi) ausgestellten ôema. Ôema sind gerahmte, an der Wand aufgehängte ema, die die Stifter häufig von namhaften Malern malen ließen. Das ema rechts in der Abbildung, zeigt die Szene, wie Ushiwakamaru und Benkei auf einer Brücke in Kyôto kämpfen. Diese Erzählung ist den Japanern wohlbekannt. Der Stifter betete wohl darum, daß sein Kind zu einem so gesunden und aufgeweckten Kind wie Ushiwakamaru heranwachsen möge. (Kishi)

１５３　絵馬

　庶民のきわめて身近な願望と結びついて描かれた絵画として絵馬がある。日本では、もともと、神や仏に願いが叶うことを《依頼》する場合や、その願いが叶えられたことに《感謝》する場合には、社寺に生きた馬を奉納する習慣があった。馬は神の乗り物と考えられていたからである。しかしやがて、おそらく奈良時代の頃から、生きた馬の代わりに、小さな板に馬の絵を描いた「絵馬（えま）」を奉納するようになった。さらに室町時代になると、願いを聞き届ける神仏そのものの姿や、神仏を象徴する持物、そして、願いの内容を具体的に描くことなどが行われるようになった。これらは、ほとんどの場合、幅が１０センチから１５センチほどの「小絵馬（こえま）」で、名もない町絵師か、奉納者自身が描くことが多かった。

　図は、尾張国（愛知県）の甚目寺（じんもくじ）本堂に掲げられた「大絵馬（おおえま）」である。「大絵馬」とは、額に入れて長押の上に掲げる大画面の絵馬のことで、パトロンが著名な専門絵師に依頼して描かせたものが多い。図の右端の大絵馬は「牛若丸と弁慶が京都の五条の橋の上で戦う場面」を描いている。この物語は日本人になじみの深いものであり、この絵馬のパトロンは、おそらく、我が子が牛若丸のように元気で利発な子どもに育つことを願っているのであろう。　（岸）

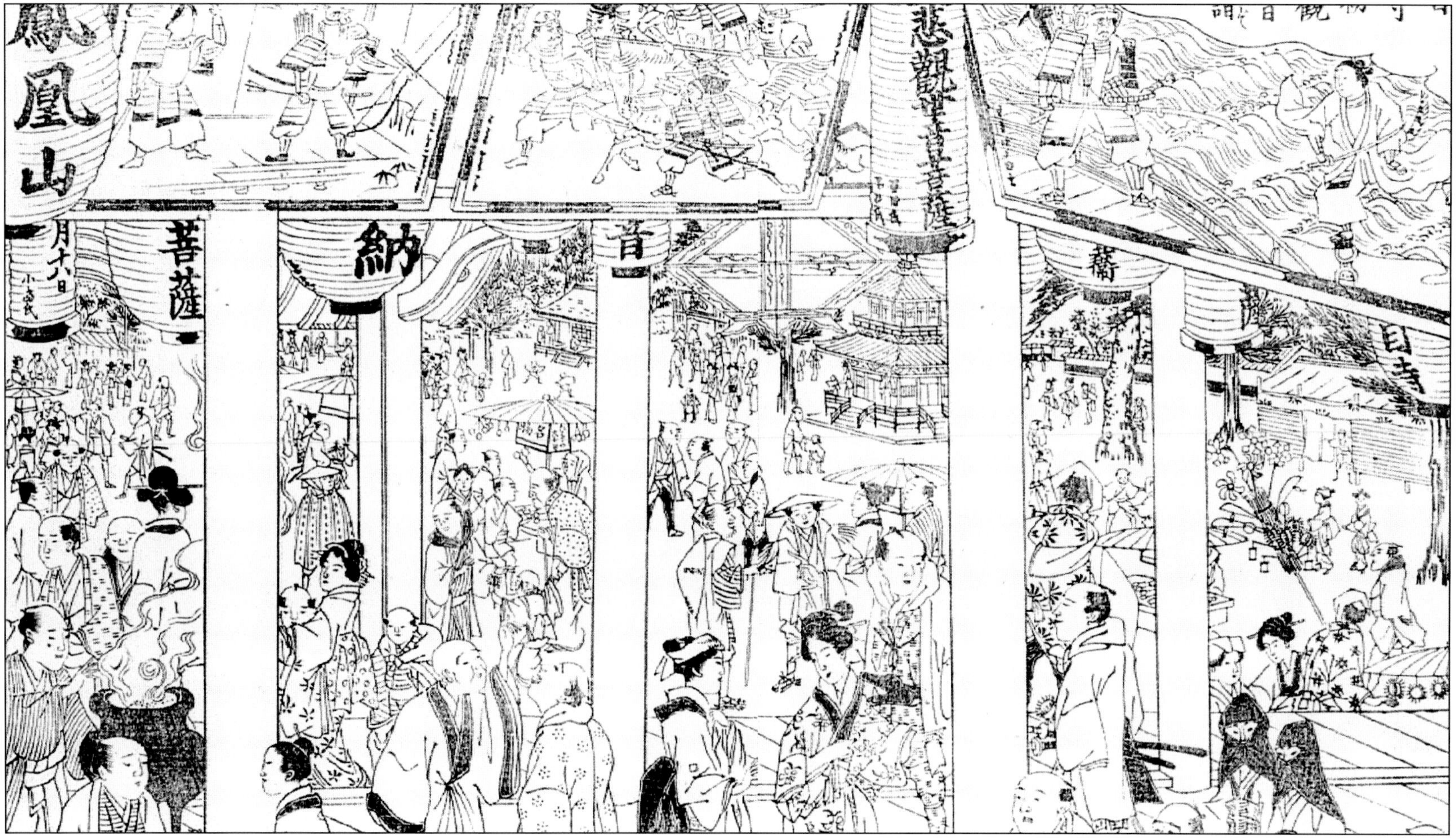
鳳凰山
菩薩
納
音
悲観世音菩薩

154 Laden für Ôtsu-e *

Unter den Bildern, die mit dem Volksglauben zu tun hatten, gab es auch die Ôtsu-e. Ôtsu-e sind Bilder, die zu Anfang der Edo-Zeit in der Provinz Ômi (Präfektur Shiga) mit der Stadt Ôtsu als Zentrum hergestellt wurden. Zu Beginn wurden Buddhabilder gemalt, die den Amida-Buddha oder Bodhidharma priesen. Aber bald wurden auch lehrhafte Bilder mit einem versteckten moralischen Sinn gemalt. So gemahnte das "Glyzinienmädchen" (ein Mädchen mit einer Glyzinienranke) an die Vergänglichkeit. Aber als durch den Holzdruck die Ôtsu-e zu allgemein verbreiteten Massenprodukten wurden, interpretierten die Käufer ihre persönlichen konkreten Wünsche hinein. Die Ôtsu-e wurden zu einer Art Talisman. Das Glyzinienmädchen z.B. wurde zu einem Glücksbringer für die Eheschließung. Ôtsu war eine Station an der Ostmeerstraße (Tôkaidô), die Kyôto und Edo verband. So wurden die Ôtsu-e von den Reisenden als preiswertes Souvenir im ganzen Land verbreitet.

Die Abbildung zeigt die Ladenfront eines Geschäfts, das Ôtsu-e verkauft. Auf das Ladenschild ist die Szene "der Teufel ruft den Buddha an" gemalt. Indem ein Dämon eine Glocke läutet, ruft er Buddha an. Darin steckt die Ermahnung, Buddha nicht bloß mit den Lippen (ohne ein barmherziges Herz) anzurufen. Aber im Volk wurde daraus bald ein Talisman gegen das nächtliche Schreien von Babys. Er hing in Häusern an der Wand, wo es ein Baby gab. An der Wand des Ladens ist auch ein Buddhabild aus der Anfangszeit der Ôtsu-e angebracht. (Kishi)

１５４　大津絵

　庶民の信仰と結びつた絵画に大津絵（おおつえ）がある。「大津絵」とは、江戸時代のはじめに、近江国（滋賀県）の大津を中心に制作された絵画である。初期のころは、肉筆で、阿弥陀仏や達磨などを《讃える》絵画である「仏画」が描かれていたが、やがて、教訓的な「寓意画（ぐういが）」が描かれるようになった。例えば、藤の枝をかつぐ娘の姿を表した「藤娘」は、花の盛りは移ろいやすいことを《警告》する絵画である。しかし、大津絵が、版画による量産によって一般庶民の物となるとともに、消費者が自らの具体的な願いを込めて解釈するようになり、大津絵は「護符（ごふ）」のようなものへと変化した。例えば、「藤娘」は「縁結び」のためのお守りとなったのである。大津は、京都と江戸とを結ぶ東海道の宿場町であり、大津絵は格好の土産物として全国に流布したのである。

　図は、大津絵を販売する店の店頭図である。看板に描かれているのが、大津絵を代表する「鬼の念仏」である。これは、鬼が鐘を鳴らしながら念仏を唱えている図であり、慈悲の心もなく口先だけで念仏を唱えることを《警告》する絵画であったが、やがて、庶民の手に渡るとともに、赤子の「夜泣き封じ」のお守りとなり、赤子のいる庶民の家庭の壁面を飾ることとなった。店の壁面に飾られているのは、初期の大津絵をしのばせる「仏画」である。（岸）

下河辺拾恵写

155 Yasaka-Pagode als Votivbild (Kyôto)

Hayami Shungyôsai: Hengaku kihan. Kyôto 1821.

 Aikawa Minwa und Kitagawa Harunari haben in diesem Kompendium Votivtafeln aus Tempeln in und um Kyôto nachgezeichnet, die von Hayami Shungyôsai beschrieben wurden. Von einer sich über mehrere Doppelseiten erstreckenden Votiv-Tafel, die ein Panorama Kyôtos aus dem Jahre 1676 zeigt, ist die Yasaka-Pagode und das Stein-Torii mit Maruyama im Hintergrund sichtbar. (Dufey)

１５５　絵馬　（京都の八坂t塔）

速水春暁斎筆、偏額木版、京都１８２１年。

　合川民和と北川春成は略中略外の社寺にある速水春暁斎が作成した絵馬を模写し、この画集にまとめた。１６７６年当時の京都全景を描いた目開き数頁にわたる絵馬からは、円山を背景にした八坂の塔、石の鳥居が見られる。(Dufey)

圓山

八坂ノ塔

文政三年
右の字末の
高の地を喜ひ
東大谷々
至ル新道
これ

石鳥居

牛王地

菊ケ演

156 Tanz der Ausländer

Hayami Shungyôsai: Hengaku kihan. Kyôto 1821.

　Aikawa Minwa und Kitagawa Harunari haben in diesem Kompendium Votivtafeln aus Tempeln in und um Kyôto nachgezeichnet, die von Hayami Shungyôsai beschrieben wurden. Der Tanz dieser "Fremdlinge" (ikokujin) ist einem Tableau aus dem Jahr 1655 nachgeschnitten. (Dufey)

１５６　躍る異国人

速水春暁斎筆、偏額木版、京都１８２１年。

　合川民和と北川春成は、略中略外の社寺にある速水春成が作成した絵馬を模写し、この画集にまとめた。異国人の踊りは１６５５年に描かれた或る絵馬を模写して刻まれたものである。(Dufey)

○異國人形弄之圖　泉水　表唐四年　重名子記

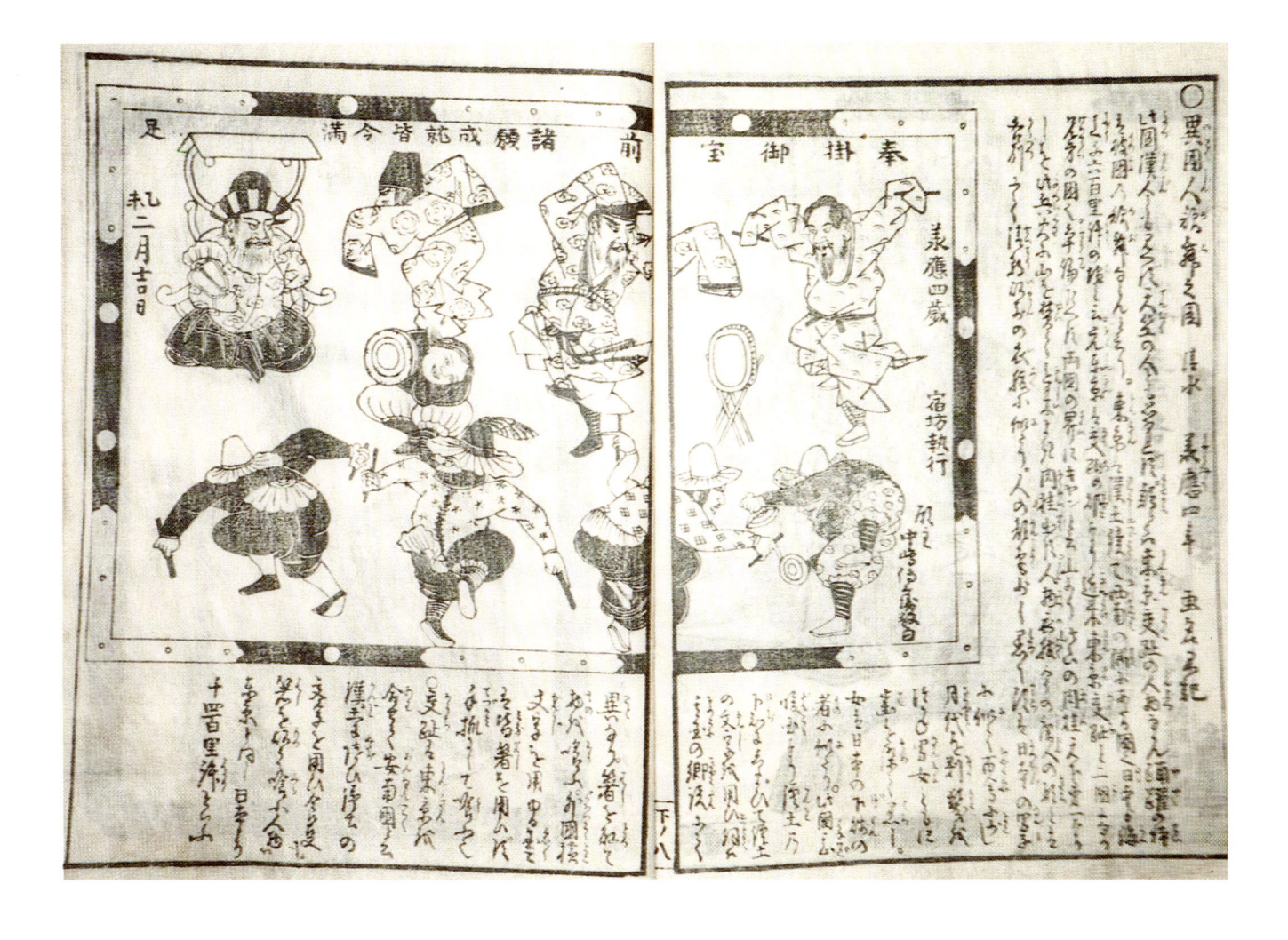

前諸願成就皆令滿足
札二月吉日

奉掛御寶
表應四歳
宿坊執行
願之　中崎伝左衛門

（本文は崩し字のため略）

157 Schneekristalle

Suzuki Bokushi, Hokuetsu setsufu.

 Die Illustrationen der meisho-zue beschreiben - abgesehen von den Fällen, in denen sie Legenden und Personen der Vergangenheit wiedergeben - Ansichten zeitgenössischer Tempel und Schreine oder halten zeitgenössische Sitten und Bräuche fest. Die als meisho-zue zusammengefaßten Bilder stellen nicht wie die in den japanischen Gedichten (waka) kultivierten meisho-e Landschaften vor, die der Autor nie mit eigenen Augen gesehen hat. Sie zeigen vielmehr Szenen des japanischen Lebens vom Ende des 18. bis zum Beginn des 19. Jahrhunderts, die die Maler mit eigenen Augen gesehen haben. Das ist auch aus dem Vorwort des Miyako meisho-zue (1780) ersichtlich, das die große Popularität dieser Bildergattung begründete. Dort wird als Intention der Publikation "das Nachzeichnen der heutigen Landschaft, wie sie ist" angegeben. Auch ist überliefert, daß sich der Maler Takehara Shunchôsai gemeinsam mit dem Autor dieses Werks mit einer Megane genannten Camera obscura auf Reisen begab.

 Die Abbildung zeigt eine Illustration aus Suzuki Bokushis Hokuetsu setsufu. Hokuetsu setsufu sind Nachrichten, die der in der Provinz Etchigo (Präfektur Niigata) lebende Autor, an die Menschen in Edo und im Kamigata-Gebiet sandte, die das Schneeland noch nie gesehen hatten. Seine Illustrationen übermittelten ein lebendiges Bild vom Leben im Schneeland. Die Abbildung zeigt mit dem Mikroskop betrachtete Formen von Schnee. Sie ist aus dem Werk Sekka zusetsu ("Erklärung der Schneeblüten") von Doi Toshitsura entnommen, dem Chef des Furukawa-Klans. (Kishi)

１５７　雪の結晶

鈴木牧之筆、北越雪譜。

 「名所図会」の挿絵は、過去の伝説や故人を描く場合を除いて、同時代の神社・仏閣の景観を《説明》する絵画であるか、同時代の風俗・習慣を《記録》する絵画である。「名所図会」に集められたさまざまの日本の「名所図」は、決して、和歌の中で培われてきた観念的なイメージとしての「名所絵」ではない。すなわち、それは、実際に見たことのない風景を想像して描いた物ではない。それは、１８世紀末から１９世紀初めにかけて、画家が自分の足で実際に歩き、そして自分の目で見た光景を描いたものである。そのことは、「名所図会」が大流行する発端となった『都名所図会』（１７８０年刊）の序文に、「今時の風景をありのままに模写」することが出版の意図であると記されていることからも分かる。また、画家の竹原春朝斎は、本文の作者とともに、「眼鏡（めがね）」と呼ばれるカメラ・オブスキュラを携えて旅行したという話も伝えられているほどである。

 図は、鈴木牧之の著した『北越雪譜』の挿絵である。『北越雪譜』は、越後国（新潟県）在住の著者が、雪国をよく知らない江戸や上方の人たちに送ったメッセージであり、その挿絵は雪国の生活を生き生きと《伝達》している。図は、顕微鏡で観察した雪の形状である。この図そのものは、古河藩藩主、土井利位（どいとしつら）が出版した『雪花図説（せっかずせつ）』という書物から引用されたものである。（岸）

雪状を審ふ視する図

天機元ミ百花中六出奇龍別示工

洋雪菴箒第拾冊茲抽珍図厚

高風 趣 雪花圖 牧之

158 Blumen

Ôoka Shunboku : Minchô shiken, 1813.

   Die erstmals 1746 erschienenen zarten Holzschnitt-Adaptionen von Bildern des Begründers der Rinpa-Schule nach floralen Ming-Gemälden gelten als eines der schönsten japanischen Malerbücher überhaupt. Der geniale Autodidakt Shunboku hat einen in China verschollenen Vorläufer des "Senfkorngartens" - laut Vorwort Shengdong huayuan - als Vorlage benutzt. Auch der rare Nachdruck von 1813 in München nimmt durch delikate und erlesene Farbgebung gefangen. Diese fällt von Exemplar zu Exemplar verschieden aus, weil der doppelte Aufwand von Farbdruck und Handkolorierung für lauter Unikate gesorgt hat. Hier aufgelegt: Blumen nach einem Bild des vielseitigen chin. Malers Wen Jin aus Hangzhou in Zhejiang. (Dufey)

１５８　花

大岡春卜筆、明朝紫硯、１８１３年。

　明朝の花の絵を繊細に木版画化して１７４６年に初版が出された。これは日本の絵本の中でも極めて美しく大評判となったものの一つである。天才的な独学の人、大岡春卜は、この本の序文によると「芥子園」画伝の先駆けであり、中国では既に忘れ去られた「生動画園」を模範にしたという。ミュンヘンに保管されているこの貴重な１８１３年の再判も、その洗練された選り抜きの彩りによって心をひきつける。それぞれ一冊しかない本を発行するという意図で、色刷りしてから更に筆で彩ると言う手間をかけたため、本ごとに彩りが異なっている。ここに展示されているのは、杭州出身の多才な画家文進の作品を手本にした花の絵である。(Dufey)

為誦廬蓺賦
十年休買深
文進

159 Fische (Bonito und Makrele)

Kitao Masayoshi (Künstlername Keisai): Gyokai-ryakuga-shiki. Farbholzschnitte. Ôsaka 1813. - Dazu zwei gerahmte und kolorierte Originaldruckplatten: Leihgabe der Galerie Monika Schmidt München.

Kitao Masayoshi, dessen Landschaftsskizzenbuch Keisai ryakuga-shiki ebenfalls gezeigt wird (vgl. Nr.067), schuf auch delikat gezeichnete und als Holzschnitt gedruckte Pflanzen- und Tier-Bücher. Zum aufgelegten Fischbuch sind glücklicherweise zwei Druckplatten erhalten, nämlich die für den Bonito (katsuo) und die Makrele (saba). (Dufey)

１５９　魚（鰹と鯖）

北尾政美（恵斎）筆、魚貝略画式、彩色木版画本、大坂、１８１３年。さらに、版木二牧、モニカ　シュミット女史（ミュンヘン）のギャラリ蔵。

　北尾政美の風景写生画集である恵斎略画式が展示されているいるが、かれはまた精妙に描いた動植物木版画集も作成した。展示された魚類集のうち、幸いにも鰹と鯖の版木二枚が同じく彩色され縁付けして保存されている。(Dufey)

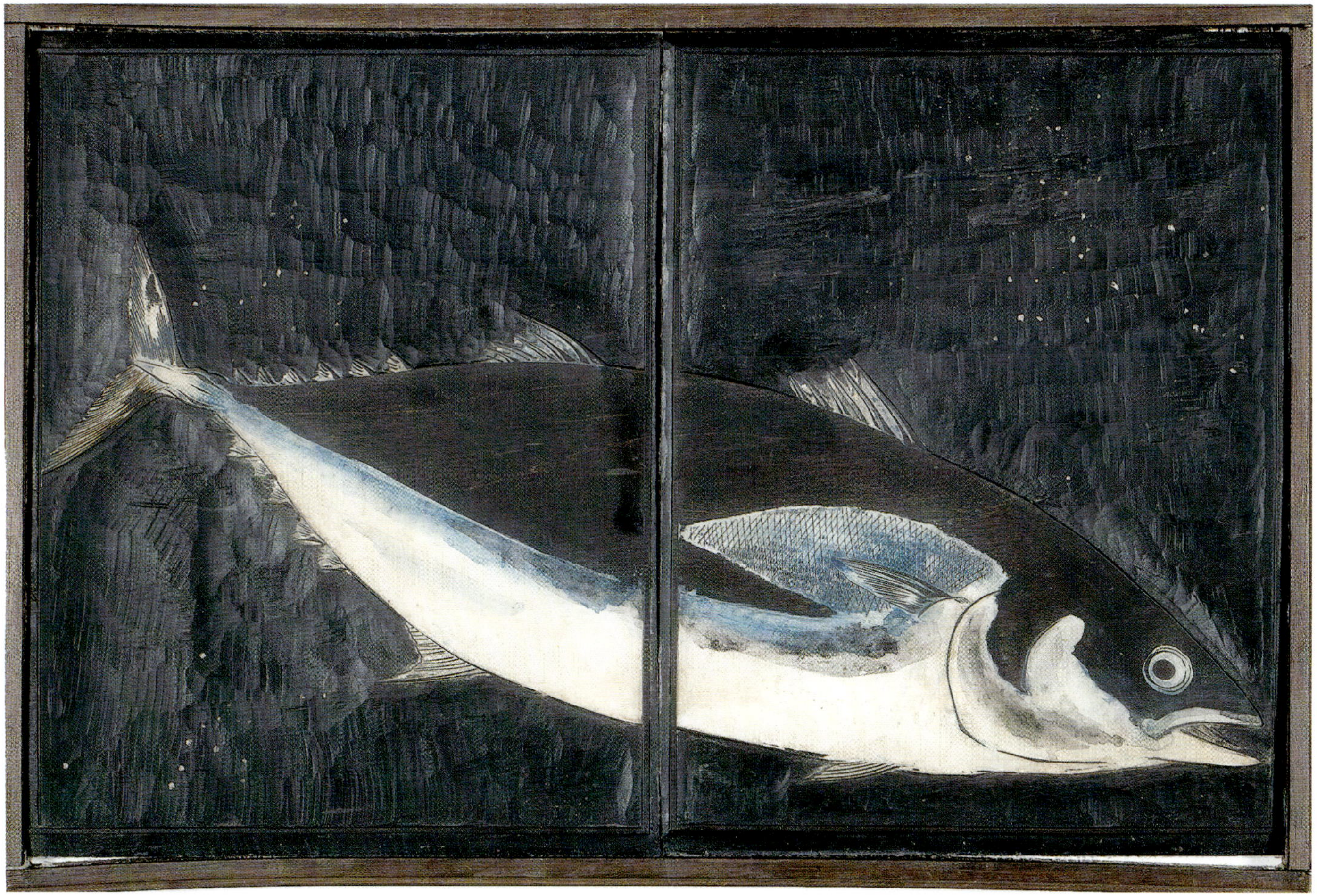

160 Japanische Druckplatten

1 Set Ukiyoe-Druckplatten bestehend aus 6 Platten. Leihgabe Deutsches Museum München.

１６０　木版印刷用のプレート

　浮世絵の印刷プレート、６つのプレートを含むセット。トイツ博物館　ミンヘェン　所蔵品。

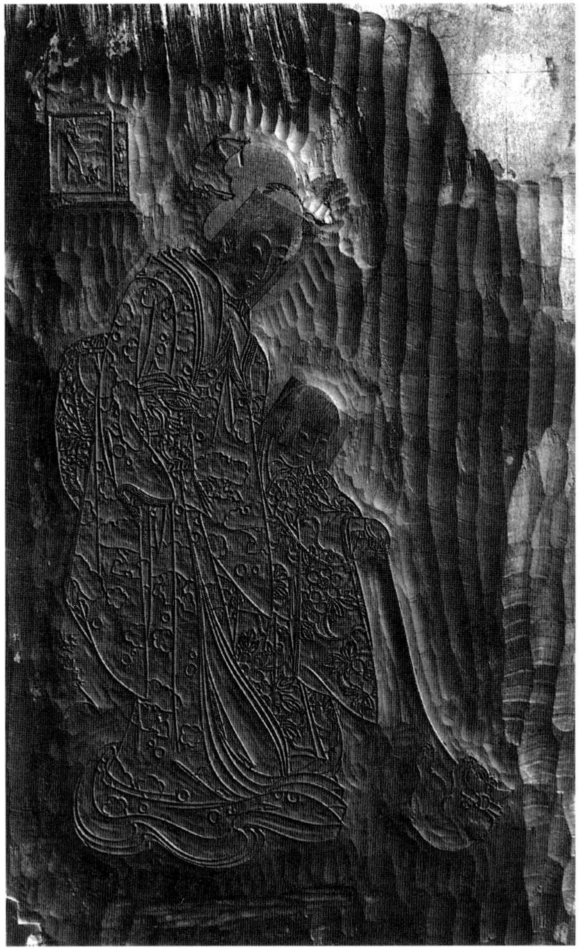

主要「名所図会」一覧

『都名所図会』6巻6冊、秋里籬島・竹原春朝斎、安永9・1780　京都吉野屋為八

『拾遺都名所図会』4巻5冊、秋里籬島・竹原春朝斎、天明7・1787　京都吉野屋為八

『大和名所図会』6巻7冊、秋里籬島・竹原春朝斎、寛政3年・1791　京都小川多左衛門・殿為八、大坂柳原喜兵衞・高橋平助

『住吉名勝図会』5巻5冊、秋里籬島・岡田玉山、寛政6年・1794　江戸西村源六・雁金屋治右衛門
　　　京都殿為八・小川太左衛門・藤井孫兵衞・松村九兵衞　大坂柳原喜兵衞・田中九兵衞・高橋平助・赤松九兵衞・大西甚七

『和泉名所図会』4巻4冊、秋里籬島・竹原春朝斎、寛政8年・1796　京都小川多左衛門・戸野為八　大坂松村九兵衞・柳原喜兵衞・高橋平助

『伊勢参宮名所図会』6巻8冊、秋里籬島カ・蔀関月、寛政9年・1797　京都小川多左衛門　大坂柳原喜兵衞・高橋平助・森本多助

『東海道名所図会』6巻6冊、秋里籬島・竹原春朝斎、寛政9年・1797　大坂柳原喜兵衞
　　　京都田中庄兵衞・出雲寺文次郎・小川多左衛門・殿為八・今井喜兵衞　武林甚兵衞・桝谷市兵衞　江戸須原茂兵衞・前川六左衞門・小林新兵衞

『摂津名所図会』9巻12冊、秋里籬島・竹原春朝斎ら、寛政8年4冊・1796　同10年8冊・1798
　　　京都小川多左衛門・殿為八　大坂柳原喜兵衞・松村九兵衞・田村九兵衞

『都林泉名勝図会』5巻5冊、秋里籬島・西村中和ら、寛政11年・1799　京都小川多左衛門

『河内名所図会』2編6冊、秋里籬島・丹羽桃渓、享和元年・1801　京都出雲寺文次郎・小川多左衛門・殿為八
　　　大坂高橋平助・柳原喜兵衞・森本太助

『播磨名所巡覧図会』5巻5冊、秦石田・中江藍江、文化元年・1804　大坂柏原屋清右衛門・柏原屋与左衛門・勝尾屋六兵衞・塩屋忠兵衞

『木曽路名所図会』6巻6冊、秋里籬島・西村中和、文化2年・1805　大坂河内屋太助

『阿波名所図会』2冊、探古室墨海、文化8年・1809（文化11年2月売広御免）
　　　作者蔵版主・南久宝寺町㈱丁目布屋喜兵衞）　大坂河内屋太助

『紀伊国名所図会』初集5冊、2集5冊・高市志友・西村中和　文化9年・1812　江戸須原屋茂兵衞・前川六左衛門
　　　名古屋永楽屋東四郎　京都小川多左衛門・鉛屋安兵衞
　　　和歌山帯屋伊兵衞（高市志友　大坂糟屋仁兵衞・勝尾屋六兵衞・河内屋太助
　　　3集・高市志友・西村中和ら、天保9年・1838
　　　製本書林　江戸須原屋茂兵衞、浪華河内屋太助、和歌山帯屋伊兵衞
　　　後編・加納諸平・神野易興著・小野広隆画、嘉永4年・1851
　　　発行書林　江戸須原屋茂兵衞、大坂河内屋喜兵衞・河内屋太助　紀伊書肆　帯屋伊兵衞梓

『近江名所図会』4巻4冊、秋里籬島・秦石田編著　蔀関月・西村中和画　文化11年・1814
　　　大坂塩屋忠兵衞・河内屋喜兵衞・河内屋太助

『鹿島志』（鹿島名所図絵）2巻2冊、北条時鄰・画者未詳、文政6年・1823　江戸須原屋茂兵衞

『熱海温泉図彙』1巻1冊、山東京山・岩瀬京水・渓斎英泉・歌川国安　天保3年・1832　江戸山口屋藤兵衞

『江戸名所図会』7巻20冊、斎藤幸雄（長秋）・同幸孝（莞斎）・同幸成（月岑）

長谷川雪旦画、天保5年10冊、同7年10冊刊　江戸須原屋茂兵衞ら
『厳島図会』10巻10冊、岡田清・山野春峰ら、天保13年・1842　厳島神庫蔵版　彫刻　広島　山口宗五郎
　　　製本書肆　広島樽屋惣左衛門・世並屋伊兵衞
『尾張名所図会』前編7冊、深田正韶・小田切春江、天保15　名古屋菱屋久兵衞ら
　　　後編5冊、岡田啓・野口道直著・小田切春　明治13年
『金毘羅参詣名所図会』6巻6冊、暁鐘成・浦川公左、弘化4年・1847　江戸須原屋茂兵衞ら
『善光寺道名所図会』5巻5冊、豊田利忠著画・小田切春江補画　嘉永2年・1849　名古屋　美濃屋伊六（版元）
　　　発行書林　江戸須原屋茂兵衞・岡田屋嘉七　大坂河内屋喜兵衞・河内屋茂兵衞　津篠田伊十郎　松本高美屋甚左衛門
　　　名古屋美濃屋清七・美濃屋伊六
『西国三十三所名所図会』8巻10冊、暁鐘成・松川半山・浦川公左　嘉永6年・1853、江戸須原屋茂兵衞ら
『讃岐国名所図会』前編5巻5冊、梶原景紹・松岡信正、嘉永7年・1854　（後編7冊・続編3冊は予告のみ）　書肆不明
『成田名所図会』5冊、中路定俊・同定得・長谷川雪堤ら、安政5年・1858　成田山新勝寺蔵版
『唐土名勝図会』初集6冊、木村兼葭堂遺意・岡田玉山著、岡田玉山・大原東野画
　　　文化2年・1805、大坂河内屋吉兵衞

Überblick über wichtige Meisho-zue

1780 Miyako meisho-zue, 6 Bände, 6 Hefte, verlegt /verkauft in Kyôto
1787 Shûi Miyako meisho-zue, 4 Bände, 5 Hefte, verlegt/verkauft in Kyôto
1791 Yamato meisho-zue, 6 Bände, 7 Hefte, verlegt /verkauft in Kyôto und Ôsaka
1794 Sumiyoshi meisho-zue, 5 Bände, 5 Hefte, verlegt /verkauft in Kyôto, Ôsaka und Edo
1796 Izumi meisho-zue, 4 Bände, 4 Hefte, verlegt/verkauft in Kyôto und Ôsaka
1797 Ise-sangû meisho-zue, 6 Bände, 8 Hefte, verlegt/verkauft in Kyoto und Ôsaka
1797 Tôkaidô meisho-zue, 6 Bände, 6 Hefte, verlegt/verkauft in Kyôto, Ôsaka und Edo
1797 Settsu meisho-zue, 9 Bände, 12 Hefte (1796: 4 Hefte, 1798: 8 Hefte), verlegt/verkauft in Kyôto und Ôsaka
1799 Miyaki rinsen meisho-zue, 5 Bände, 5 Hefte, verlegt/verkauft in Kyôto
1801 Kawachi meisho-zue, 2 Teile, 6 Hefte, verlegt/verkauftt in Kyôto und Ôsaka
1804 Satsuma meisho-junran-zue, 5 Bände, 5 Hefte, verlegt/verkauft in Ôsaka
1805 Kiso-ro meisho-zue, 6 Bände, 6 Hefte, verlegt/verkauft in Kyôto und Ôsaka
1809 Awa meisho-zue, 2 Hefte, verlegt/verkauft in Ôsaka
1812 Kii-kuni meisho-zue, 1. Sammlung, 5 Hefte, 2. Sammlung, 5 Hefte, (3. Sammlung 1838), verlegt/verkauft in Kyôto, Ôsaka, Edo u.a. Orten
1814 Ômi meisho-zue, 4 Bände, 4 Hefte, verlegt/verkauft Kyôto und Ôsaka
1823 Kagoshima-shi oder Kagoshima meisho-zue 2 Bände, 2 Hefte, verlegt/verkauft in Edo

1832 Nekkai onsen zu-i, 1 Band, 1 Heft, verlegt/verkauft in Edo

1832 Edo meisho-zue, 7 Bände, 20 Hefte (1834: 10 Hefte, 1836: 10 Hefte), verlegt/verkauft in Edo

1842 Itsukushima meisho-zue, 10 Bände, 10 Hefte, verlegt/verkauft in Hiroshima

1844 Owari meisho-zue, 1. Teil, 7 Hefte, 2. Teil 1880, 5 Hefte, verlegt/verkauft in Nagoya

1847 Kompira sankei meisho-zue, 6 Bände, 6 Hefte, verlegt/verkauft in Edo

1849 Zenkôji-dô meisho-zue, 5 Bände, 5 Hefte, verlegt/verkauft in Nagoya , Edo, Ôsaka

1853 Saigoku sanjûsanjo meisho-zue, 8 Bände, 10 Hefte, verlegt/verkauft in Edo

1854 Sanuki-kuni meisho-zue, 1. Teil 5 Bände, 5 Hefte, (2. Teil, 7 Hefte, 3. Teil, 3 Hefte nur angekündigt), Verleger unbekannt

1858 Narita meisho-zue, 5 Hefte, verlegt/verkauft in Narita (?)

1805 Morokoshi meisho-zue, 1. Teil, 6 Hefte, verlegt/verkauft in Ôsaka

Literaturverzeichnis (in alphabetischer Reihenfolge)

Asakura, Haruhiko, Hrsg., Nihon meisho fûzoku zue, 18 Bände, 1 Sonderband, Kadokawa Shoten. Tôkyô 1987-1988
朝倉治彦編集、『日本名所風俗図絵』　全１８巻、別巻１巻、１９８７－８８、角川書店

Hayashiya, Tatsusaburô, Moriya, Katsuhisa, Hrsg., Edo-jidai zushi, 25 Bände, 2 Sonderbände, Chikuma Shobô, Tôkyô 1975-1976
林屋辰三郎、森谷克久、編集、『江戸時代図誌』　全２５巻、別巻２巻、１９７５／７６、筑摩書房

Verzeichnis der orientalischen Handschriften in Deutschland
Wolfgang Voigt (Begr.), Dieter George (Hrsg.), Franz Steiner Verlag Wiesbaden GmbH Sitz Stuttgart

Band 27. Japanische Handschriften und traditionelle Drucke aus der Zeit vor 1868: Band 27/2 In München: Bayerische Staatsbibliothek, Dt. Museum, Münchener Stadtmuseum - Puppentheatermuseum, Staatl. Museum für Völkerkunde, Universitätsbibliothek / beschrieben von Eva Kraft) Stuttgart 1986.-
Band 27/5 In München: Neuerwerbungen der Bayerischen Staatsbibliothek / beschrieben von Eva Kraft, Stuttgart 1994